本研究属于国家社科基金西部项目结项成果,项目名称:"德国观念论与海德格尔研究"。

|博士生导师学术文库|
A Library of Academics by
Ph.D.Supervisors

德国观念论与海德格尔研究
——方法与视点

孙冠臣 著

光明日报出版社

图书在版编目（CIP）数据

德国观念论与海德格尔研究：方法与视点 / 孙冠臣著 . -- 北京：光明日报出版社，2022.12
　ISBN 978-7-5194-7055-5

　Ⅰ.①德… Ⅱ.①孙… Ⅲ.①哲学—研究—德国②海德格尔（Heidegger, Martin 1889-1976）—哲学思想—研究 Ⅳ.①B516②B516.54

中国版本图书馆 CIP 数据核字（2022）第 253310 号

德国观念论与海德格尔研究：方法与视点

DEGUO GUANNIANLUN YU HAIDEGEER YANJIU: FANGFA YU SHIDIAN

著　　者：孙冠臣	
责任编辑：杨　娜	责任校对：阮书平
封面设计：一站出版网	责任印制：曹　净

出版发行：光明日报出版社
地　　址：北京市西城区永安路106号，100050
电　　话：010-63169890（咨询），010-63131930（邮购）
传　　真：010-63131930
网　　址：http://book.gmw.cn
E - mail：gmrbcbs@gmw.cn
法律顾问：北京市兰台律师事务所龚柳方律师
印　　刷：三河市华东印刷有限公司
装　　订：三河市华东印刷有限公司
本书如有破损、缺页、装订错误，请与本社联系调换，电话：010-63131930

开　　本：170mm×240mm	
字　　数：386千字	印　　张：21.5
版　　次：2023年4月第1版	印　　次：2023年4月第1次印刷
书　　号：ISBN 978-7-5194-7055-5	
定　　价：99.00元	

版权所有　　翻印必究

摘　要

本书主要研究德国观念论的源与流，以及海德格尔对德国观念论的解释。其学术价值在于聚焦德国观念论各体系的立场和方法，并将立场和方法问题贯穿于海德格尔与德国观念论的关系研究中。

具体而言，德国观念论围绕着"物自体"与康德的斗争（海德格尔语），这其实是立场与方法的不同：康德批判哲学的方法是知性反思，反思方法带来的结果不仅是感性直观与智性直观的区分，而且更带来了主体与客体的区分。康德为理性划界是因为他深刻地洞察到人类理性的有限性，在现象与本体的区分中，本体是一个界限概念。德国观念论打破了康德的理性边界概念，费希特首先将康德的自我改造为绝对自我、绝对主体，通过智性直观把握绝对无条件的"自我是自我"原理。谢林在此基础上主张智性直观与主体-客体绝对同一的一体性，提出哲学方法是直观，而康德与费希特哲学都停留在反思立场上。黑格尔将谢林的哲学是自我意识的历史这一立场贯彻到底，提出理性在历史中逐步认识到自己为精神，是绝对精神。但"自我"事实上是有限的，因此德国观念论各体系本质上都需要辩证法，因为自我的自我发展和自我认识为精神，是以自身为中介的扬弃过程。本书站在海德格尔的立场上将德国观念论对康德的完成其核心问题总结为无限性与有限性问题：康德持人类此在的有限性立场，而德国观念论的辩证法取消了有限性，张扬了理性的无限性。

本书有意识地将海德格尔也视为康德的完成者，并将德国观念论与海德格尔之间的争辩也纳入无限性与有限性、确定性与可能性、实体与个体问题领域中。按照这一立场，海德格尔一方面是站在康德的有限性立场上与德国观念论者展开思想的对话与争辩，这样就凸显了德国观念论对康德的"完成"本质上是一种"背离"；另一方面，海德格尔与德国观念论之间的思想对话与争辩主要是服务于海德格尔存在思想的展开。本书将海德格尔对康德与德国观念论的现象学解释把握为思想家之间的对话与争辩,海德格尔实际性的解释学方法、现象学的"看"、形式的显示,尤其是把哲学定义为实际性生命的解释活动,是思想对话与争辩的立场与方法论,这样就进一步坐实了海德格尔作为康德的完成者与德国观念论之间的争辩本质上也是方法与视点之争。

本书最后一章"德国观念论与实存哲学渊源考"进一步梳理和论证了海德格尔作为康德的完成者身份。通过视点透视方法,把康德、费希特、谢林、黑格尔、海德格尔围绕着康德的形而上学问题格局或者说围绕着存在的意义问题格局整体关联起来,德国观念论围绕着"自我"与"物自身"对康德的完成,与海德格尔围绕着"此在"与"时间性"对康德的完成在不同时空中的交汇就成为可能。

前　言

德国观念论代表着一个时代，这个时代还没有过去，因为其问题的原始性作为典范，依然促进着当前的哲学活动。海德格尔对德国观念论的现象学解释活动就属于当前哲学研究活动之一，其当前性不仅在于其解释活动作为哲学活动发起了克服主体性形而上学的现代性运动，而且在于其解释活动作为哲学活动构成其实际性的解释学的主要内容，对解释学、语用学都产生了巨大的影响。海德格尔实际性的解释学是解释学处境的显示，对此在实际性的生活而言，是一种活生生的当前之处境，因此是此在的生存论。海德格尔在其"那托普报告"中提出了解释学处境的三个基本要素，他说："每一种解释都具有如下三个因素：第一，它或多或少明确地占有固定的视位；第二，一个由视位为动因的视向，在其中，阐释的'作为什么'（das 'als was'）及其'何所向'（das 'woraufhin'）得以规定自己，而阐释对象就是在这个'作为什么'中得到先行把握的，并且是根据这个'何所向'中得到阐释的；第三，一个由视位和视向限定起来的视域，阐释的当下客观性要求就在这个视域范围内活动。"① 对我们当前的哲学研究而言，海德格尔的解释学处境论意义重大：一方面，它为我们提供了视位、视点和方法的支撑，这正是我们展开德国观念论与海德格尔研究的出发点；另一方面，解释的"作为什么"和"何所向"不仅对界定我们把握海德格尔对康德和德国观念论者的解释有意义，也先行规定着我们对德国观念论者作为康德完成者的理解。此外，解释视域也规定了我们关于德国观念论与海德格尔关系研究的范围：解释处境要求把"过去"理解为"当前"，以构成真正的问题领域，这就要求我们把德国观念论者对康德的完成与海德格尔对康德的完成一起当前化为存在的历史。

---

① 海德格尔. 形式显示的现象学：海德格尔早期弗莱堡文选[M]. 孙周兴, 编译. 上海：同济大学出版社, 2004：76-77.

解释学处境的视位首先在德国观念论中被操练为视点透视POV（Point Of View）①。在完成康德的过程中，德国观念论神圣家族每一个成员都是视点，随着视点的转换，问题视野也在不断转移，但视点运动轨迹描画出的问题只有一个，即完善由笛卡尔的"我思"而来的康德关于"自我"的学说和解决因康德现象与本体的区分所导致的物自身（Ding an sich）不可知的问题。众所周知，康德关于人类知识的"至上原理"，或者说"统觉的源始综合统一"，是所有德国观念论者的思想源头，不仅费希特和谢林对此满怀敬意，黑格尔也对此给予崇高的评价，他们以各自不同的视点展现人类的思想和行动都归属于"自我意识"。因此，当我们以黑格尔为视点，讨论他对康德的背离时，不仅仅是关注他对康德的批评和超越，也必然勾连着他如何反对其他德国观念论者（费希特、谢林）关于康德论题的立场和解读。当视点转换到海德格尔与德国观念论对置的视域中后，就以海德格尔为视点中心，探讨他对德国观念论的解释与争辩（auseinandersetzung）。尽管海德格尔对康德、德国观念论的解释是本研究的一个重要组成部分，但澄清康德与德国观念论的基本立场也是必须要做的工作，以便将海德格尔与康德、德国观念论对置（auseinandersetzung）起来。因此，随着视角的不断转移和"思想实情"的展开，本研究所要讨论的每一个德国观念论者都将依次进入我们的视野。本书分上下两卷，上卷从每一个德国观念论者（费希特、谢林、黑格尔）的视点来呈现整个德国观念论的发展态势、互动关系、本质特征；下卷从海德格尔的存在论视点来呈现现象学的解释学视域中的德国观念论的基本走势、在形而上学史中的位置和本质特征。这种多视点的研究方法应用于德国观念论，存在着一个难点，即我们先行讨论康德的时候，并不准备粗暴地将历史倒转，并试图用康德来驳斥黑格尔，历史的现实是康德仅仅对费希特自我哲学提出了质疑，并对二人思想关系做了切割声明；也不会像对德国观念论者所做的那样，提供一个关于德国观念论的康德视角。在研究中必须遵守的规则是让康德及其身后的观念论者出场；让海德格尔的视点出场；研究者的视点绝不允许进场，研究者在这里的研究工作只限于见证他们出场。如果能够严格遵守这条研究规则，这种多视点的研究方法将确保康德、费希特、谢林、黑格尔、海德格尔这些伟大的哲学家是不可替代的，而同时又能从每一

---

① 感谢乔治·雷蒙德·理查德·马丁的奇幻小说《冰与火之歌》所提供的视点透视写作手法之典范。同时作者认为，美国著名学者罗伯特·皮平的《黑格尔的观念论：自我意识的满足》就采用了类似于视点透视的研究方法，为了更好地理解黑格尔观念论立场，他将康德、费希特、谢林都纳入黑格尔观念论的视野之中。

个哲学家的视点出发来总览德国观念论的主导问题与基本问题。

解释学处境也规定了海德格尔的视点,海德格尔对康德的现象学解释以及对德国观念论者(费希特、谢林、黑格尔)的系列讲座,并不同于以往以及今后诸多已经做过甚至还要继续进行的,对哲学史上经典哲学家注疏式的阐释,而是海德格尔与哲学史上经典作家们的一次思想上的对话、争辩、对峙。这种争辩也不是海德格尔对哲学史上的经典作家思想的一种驳斥,而是海德格尔针对哲学史上的经典作家对哲学主导问题的回答所提出的"另一个"立场,并基于"另一个"立场形成对峙的观点,以此来彰显形而上学作为存在的历史以及他自己的存在学说。

最伟大的普遍性总是通过个性展现出来,古典哲学被冠之以专属于德国的名称,就是为了彰显德意志民族作为形而上学的民族之精神,并表彰它对人类思想的伟大贡献。文德尔班认为,德意志民族精神在短短的四十年(1780—1820)就发展到了顶峰,这是史无前例的事件,而达到这一顶峰的力量则在于"哲学和诗歌的结合"①。他说:"康德和歌德诞生于同一时代,两人的思想又融合于席勒一身——这就是当时时代起决定作用的特色。通过这种最高的文化的渗透作用,文学和哲学相互促进,创作园地百花盛开,致使德意志民族发展成为一个崭新的完整的民族。"② 因此,德国古典哲学的四十年实际上应该拓展为百年,将德国古典哲学与德国文学上的狂飙突进运动,以及接踵而至的德国浪漫主义运动结合起来。但这并不是说,德意志民族就诞生于德国观念论时期,即使将这个时期扩展到文学上的狂飙突进运动和浪漫主义运动,现代德意志民族的诞生早在路德时期就开始了。黑格尔说,路德的宗教改革,乃是日耳曼人的"根本革命",在路德那里,人的主体性第一次得到复活。主体性唯有在自身之中方能感受到神的在场,毫无疑问,宗教改革肯定了人的主体性与绝对者的宗教联系。

在中国西方哲学学界,德国古典哲学与德国观念论这两个概念在大多数时候不做区分③,直接互换使用,但从海德格尔的视点出发,这两个概念还是有细微差别的:一般而言,德国观念论包括康德、费希特、谢林、黑格尔;从细

---

① 文德尔班. 哲学史教程:下卷[M]. 罗达仁,译. 北京:商务印书馆,1997:727.
② 文德尔班. 哲学史教程:下卷[M]. 罗达仁,译. 北京:商务印书馆,1997:727.
③ 德国古典哲学这个名称强调其神圣家族成员——康德、费希特、谢林、黑格尔——哲学的体系特征;德国唯心主义这一名称与马克思辩证唯物主义相对,以黑格尔唯心辩证法为核心;德国观念论这个名称则重在强调康德、费希特、谢林、黑格尔的柏拉图主义传承。作者会有意识地在上述不同语境中使用这些名称。

微处言，康德不能被划归到德国观念论这个阵营中，德国观念论只包括费希特、谢林和黑格尔。现在的问题是，即使站在海德格尔的严格立场上来讨论德国观念论，康德也是绕不过去的，因为德国观念论体系是由完成、批判、背离康德哲学体系这个动机而生发出来的。因此，本书的题目虽然主要讨论德国观念论以及海德格尔对德国观念论的解释与对峙，但我们仍然从康德说起，而且海德格尔对康德的解释也将与他对德国观念论者的解释形成一种对照与牵扯关系，不仅为我们提供了经典注疏意义上的一家之言，更重要的是为我们提供了一条理解德国古典哲学对现代西方哲学的影响，尤其是对海德格尔的庇护与滋养的道路。

研究德国观念论，康德是无论如何都绕不过去的，实际上，研究西方哲学，康德也是绕不过去的。理查德·罗蒂曾说，要么追随康德，要么超越康德。文德尔班曾说，理解康德，是为了超越康德。不仅新康德主义发起"回到康德"的运动，当代西方哲学也要不时地回到康德。康德本人将他所发动的知识论转向称为"哥白尼式的转向"，哥白尼在《天体运行论》中，不仅指出地球不是宇宙的中心，而是围绕着太阳转的，而且通过他的方法，已经对作为认识主体的人加以肯定和解放了。康德指出人类的认识不再是经验知识一定要符合外在的客观对象，而是相反，经验对象以什么样的性状呈现给我们，是由人类的认知方式决定的。他与哥白尼一样，竟然让客体围绕着主体旋转！可见，康德的伟大，不仅是对其身后的德国观念论，更是对后世的哲学，都有直接和深刻的影响。文德尔班有一个中肯的评价："康德，就其观点之新，观点之博大而言，给后世哲学规定的不仅有哲学问题，而且有解决这些问题的途径。他是在各个方面起决定作用和控制作用的精神人物。他的直接继承者在各个方面发扬了他的新的原则，并通过同化过去的思想体系而完成其历史使命。他的直接继承者的这项工作按其最重要的特征在观念论的名义下得到最好的总结。"[①] 因此，探究德国观念论，就等于从德国观念论者不同的视角探究康德。"在四十年的思想交响曲中，康德学说是主旋律，观念论为其演奏。"[②]

康德身后的德国观念论踏出了两条平行的道路：一条道路是着力探讨人类知识的可能性根据，并进而回溯到主体性结构本身的基础性自我意识理论；一条道路是将知识、哲学看作自我意识的历史。第一条道路是笛卡尔、康德开拓出来的，费希特夯实了路基，最后在胡塞尔那里延展开来并出现歧路。第二条

[①] 文德尔班. 哲学史教程：下卷 [M]. 罗达仁，译. 北京：商务印书馆，1997：728.
[②] 文德尔班. 哲学史教程：下卷 [M]. 罗达仁，译. 北京：商务印书馆，1997：728.

道路是谢林首先开创出来的，黑格尔夯实了路基，最后在海德格尔那里延展开来并出现歧路。这两条道路在本书中都将有所呈现，但遗憾的是，我们并不能一味地将思想之歧路延申到20世纪以后的语言分析哲学或其他哲学运动中，尽管两条思想之歧路并没有因主体性形而上学的终结、体系时代的终结而消弭在思想的丛林中。

需要声明的是，本书无意于也不可能将德国观念论者的每一个观点、立场、思想、著作都拿来作为研究对象，无论是时间、精力，还是能力，都不足以完成这种大全式的研究工作，笔者要做的仅仅是呈现各自的思想特征以及他们之间的思想关联，呈现出他们既各自闪耀，又归属于同一个思想体系。这不是偷懒，而是为了思想的细腻与谨慎。另外，正如谢林在批评黑格尔时所指出的那样，黑格尔的体系只是一种关于思惟的体系，而非关于现实的体系。在笔者看来，这一评价也适用于整个德国观念论家族。马克思在《费尔巴哈提纲》中指出："哲学家们只是以不同的方式解释世界，而问题在于改变世界。"[1] 虽然我们也知道，哲学-科学存在的意义就在于为世界提供整体性的理解和解释，这种解释是改造世界的前提，而且本质上，哲学-科学所提供的解释本身也参与了世界的建造。但是，无论是谢林还是马克思，他们都敏锐地意识到了德国观念论体系的内在问题，即德国观念论太过关注于概念和思惟，只沉迷于体系的自洽和逻辑的完整，而忽略了现实性。德国观念论身后著名的几个哲学运动都是从现实性出发的，马克思将这种现实性规定为阶级意识觉醒，《共产党宣言》号召无产阶级发动革命，通过革命建设一个新世界；而克尔凯郭尔将现实性规定为个体内在的实存，他主张个体的人应该放弃一切把他们束缚在历史关联上的东西；尼采则把现实性规定为趋向强力的意志，作为生命保值增值的力量，趋向强力的意志不但可以打破旧的世界秩序，而且可以创造出无比丰硕的可能性……由此我们也可以想见，对于一贯重视现实，立志建设新世界的中国读者而言，德国观念论与海德格尔就将成为最好的镜子：理念、精神、自由、存在……我们在技术时代能够实现康德所希望的那种自由和自治吗？或者说康德的自由是我们技术时代的人类可以承载的吗？在技术实现全球统治的时代里，我们是否还有足够的空间和能力为自己立法？

最后，感谢中国人民大学哲学教授张志伟老师，感谢陕西师范大学哲学教授赵卫国老师，与他们的交流，使本书核心概念的使用更加清晰。感谢东北大学"陈昌曙技术哲学发展基金"项目的资助，使本书得以顺利出版。

---

[1] 马克思，恩格斯. 马克思恩格斯选集：第1卷 [M]. 北京：人民出版社，1995：57.

目　录
CONTENTS

导　论 ·· 1
 第一节　康德的完成者们 ·· 1
 第二节　哲学方法论 ·· 8

上篇　德国观念论对康德的"完成" ····························· 19
 第一章　康德先验自我的源始综合统一 ···························· 21
  第一节　康德的先验观念论之路 ································ 21
  第二节　康德的先验自我 ·· 29
  第三节　现象与本体的区分 ·· 38
 第二章　费希特的自我 ·· 53
  第一节　从本体到主体 ·· 53
  第二节　知识学的第一原理 ·· 64
  第三节　费希特的承认概念 ·· 73
 第三章　谢林的"绝对" ·· 84
  第一节　从主体到绝对 ·· 84
  第二节　谢林的先验观念论体系 ································ 93
  第三节　人类自由的本质 ·· 102
 第四章　黑格尔"存在与思想的统一" ·························· 113
  第一节　从理性到精神 ·· 113
  第二节　黑格尔的"精神现象学" ·························· 122
  第三节　黑格尔的"存在"概念 ······························ 131
  第四节　谢林与黑格尔的争辩 ·································· 145

下篇 海德格尔与德国观念论的争辩 155

第五章 海德格尔的真理之路 157
- 第一节 此在的处身情态 157
- 第二节 时间观念论 165
- 第三节 海德格尔非概念的真 178

第六章 海德格尔对康德的现象学解释 190
- 第一节 "回到康德" 190
- 第二节 回到形而上学问题 200
- 第三节 理性自我认识的体系 209

第七章 海德格尔与费希特 220
- 第一节 知识学的问题格局 220
- 第二节 作为"康德的完成者" 229
- 第三节 时代哲学与"当前" 238

第八章 海德格尔与谢林 246
- 第一节 一个存在-神学家 246
- 第二节 自由与泛神论 254
- 第三节 谢林观念论的立场和地位 261

第九章 海德格尔与黑格尔 271
- 第一节 "否定性":海德格尔与黑格尔的争辩 271
- 第二节 "意识经验的科学" 279
- 第三节 形而上学的完成 289

第十章 德国观念论与实存哲学渊源考 300
- 第一节 实体与个体 300
- 第二节 理论与实践 307
- 第三节 有限与无限 316

参考文献 325

导　论

第一节　康德的完成者们

笛卡尔的"我思故我在"确立了德国观念论理解"观念"和"自我"的范式：第一，观念是思想。在《哲学原理》中，笛卡尔说："所谓思想，就是在我们身上发生而为我们所直接意识到的一切，因此不只是理智、意愿、想象，就是感觉也和思想无异。"① 第二，观念是思想的形式。笛卡尔说："观念，我是指我们的每个思想的这样的一种形式，通过对这种形式的直接感知，我意识到这个思想。"② 与经验论者洛克主张所有的观念都来自经验不同，笛卡尔虽然承认感官知觉是一种接受并认知关于感官对象的观念的被动能力，但他主张清晰分明的观念是天赋的，他说："最简单自明的观念，被逻辑定义弄得晦暗不明，这种最简单自明的观念不能在通过研究而获得的认知范围中考量，它们是与生俱来的。"③ 对笛卡尔来说，心灵中的观念有三个来源：一是天赋的，"与生俱来的"；二是从外面来的；三是心灵制造出来的。"在这些观念中，我认为有一些是我与生俱来的，有一些是从外面来的，有一些是我制造出来的。"④

本质上，无论是康德的先验观念论，还是康德身后的德国观念论，都是从笛卡尔的天赋观念论出发，用"先天""先验"成功替换"天赋"，并将先验自我的绝对同一性或"绝对精神"视为哲学的起点。

康德将笛卡尔思想的形式与经验论者的观念都是由外在客观事物对感官的

---

① 笛卡尔. 哲学原理 [M]. 关文运, 译. 北京：商务印书馆, 1959：3.
② 笛卡尔. 第一哲学沉思集 [M]. 庞景仁, 译. 北京：商务印书馆, 1986：160.
③ 笛卡尔. 哲学原理 [M]. 关文运, 译. 北京：商务印书馆, 1959：3-4.
④ 笛卡尔. 第一哲学沉思集 [M]. 庞景仁, 译. 北京：商务印书馆, 1986：37.

刺激，在心灵中产生的主张结合起来，一方面承认外在事物对感官的触发作用，另一方面主张人类的认识依赖于先天直观形式，是这些先天形式规定了心灵被动接受感性材料的方式。康德的观念论，因此被称为"先验观念论"。

康德给先验观念论的定义是："我把一切显象的先验的观念论理解成为这样一个学术概念，按照它，我们把所有的显象均视为纯然的表象，而不视为物自身；而且根据它，时间和空间只是我们直观的感性形式，而不是作为物自身的客体的独立被给予的规定和条件。"① 因此，"在空间或时间中被直观到的一切，从而对我们来说可能的经验的一切对象，都无非就是显象，也就是说，是纯然的表象，它们就被表象而言作为有广延的存在者或者变化的序列，在我们的思想之外没有任何自身有根据的实存"②。上述引文的关键词是"显象是纯然的表象"，也就是说"先验观念论"主张经验对象都是表象，因此是一种表象理论。这种表象理论被建立在现象与物自身二元区分的基础之上。如何理解现象与物自身的二元区分就成为康德哲学的难点之一，如何消解这种二元区分就成为德国观念论者的主要任务之一。现代康德学者亨利·E. 阿利森认为："以认识论为基础来理解先验观念论，就要求现象与物自身之间的区分必须被理解为是在两种思考事物的方式之间的区分（显现的事物和如其自在的事物），而不是如更为传统的解读所说的，是在两套存在论上不同的实体之间的区分（现象与物自身）。"③ 阿利森区分了认识论和存在论两种不同的理解思路将给我们接下来讨论德国观念论和海德格尔的存在论提供指引。

康德的先验观念论表象理论不是主观的，它实际上提供了一种解决知识的普遍有效性问题的先验方案，因此是客观的。经验论的观念论者在他们的经验世界中解决不了如何使一个主体或个体的意识对象对另一个有着同样心智的主体或个体，甚至对将来的个体也能普遍有效的问题，从而将哲学拉入主观论或怀疑论的泥沼中，而唯理论者则诉诸于"预定和谐"走向独断论。康德认为，为了保障经验知识的普遍有效性，认识的先天形式和先天范畴对构建意识对象而言就是必须的；其先验演绎只要成功地确保这个认识过程是一个稳定的、可重复的、可由任何主体包括未来的个体操作的建构程序，就能够彻底解决认识

---

① 康德. 康德著作全集：第4卷 [M]. 李秋零, 译. 北京：中国人民大学出版社, 2005：230.
② 康德. 康德著作全集：第3卷 [M]. 李秋零, 译. 北京：中国人民大学出版社, 2004：328.
③ 亨利·E. 阿利森. 康德的先验观念论：一种解读和辩护 [M]. 丁三东, 陈虎平, 译. 北京：商务印书馆, 2014：36.

的普遍有效性问题。因此,康德的先验观念论是一种"形式的"观念论,他说:"我在别的地方有时也把它称为形式的观念论,以便把它与质料的观念论亦即通常的怀疑的或者否定外部事物本身实存的观念论区别开来。"①"形式的"观念论、"批判的"观念论这些名称表明,康德的先验观念论是对经验对象可能性条件之本性和范围的一种考察和理论,也是对人类知性之有限本性的一次反思和界定。

在笛卡尔那里,通过"我思故我在"确立起来的"自我"只是一个精神实体;与神的无限完满性相对照,它还是一个有限的精神实体。从笛卡尔的"自我"是精神实体到黑格尔的"实体即是主体"是主体性哲学的既定路线。在这条从有限精神实体到无限主体的道路上,康德批驳心灵是精神实体的主张,必然会遭到德国观念论者的批驳。至此,我们就指出了德国观念论各体系完成康德的两个主题:一是消解现象与本体的二元区分,二是将康德的"先验自我"进一步实体化、无限化。

德国观念论者对康德的完成更是一种继承:康德的"先验自我"是德国观念论各体系的起点。康德认为,我们的心灵被认知为一种活动,而不是一种实体。我们经验我们自己的心灵,不是作为一种模糊的精神实体,而是作为综合、联结、下判断、做决定的活动。为了更好地阐明自我的源始综合统一功能,他区分了"经验自我"和"先验自我"。先验自我又称为"纯粹的统觉"。他说:"'我思'必须能够伴随着我的一切表象,这种能够先于一切思惟被给予的表象就叫作直观。"② 但是,与"我思"相伴随,并建立密切关系的表象并不属于感性直观,而是属于知性。"我把它称为'纯粹的统觉',以便把它与经验性的统觉区别开来,或者也称为'源始的统觉'"③,它是伴随着一切都是"我的"表象的那个自我意识,在伴随中,"我思"即自我意识一直保持着同一性,并承担着综合统一的功能。在这个意义上,康德"也把统觉的统一性称为自我意识的先验的统一性"④,从它那里产生先天知识的可能性。"自我意识的先验的统一性"因此是康德寻求知识普遍有效性条件的逻辑支点。

---

① 康德. 康德著作全集:第3卷 [M]. 李秋零,译. 北京:中国人民大学出版社,2004:328.
② 康德. 康德著作全集:第3卷 [M]. 李秋零,译. 北京:中国人民大学出版社,2004:103.
③ 康德. 康德著作全集:第3卷 [M]. 李秋零,译. 北京:中国人民大学出版社,2004:103.
④ 康德. 康德著作全集:第3卷 [M]. 李秋零,译. 北京:中国人民大学出版社,2004:103.

在康德的知识理论中，"意识的同一性"是"我思"的本质规定，是自我意识的固有属性，这种同一性也为知性的可能性建基，并使对象性的知识成为可能。他说："一种在直观中被给予的杂多的统觉［apperception（具有同一性的表象，即我的表象）］，它的这种完全的同一性包含着一种表象的综合，并且只有通过这种综合的意识才是可能的。"① 在康德看来，这种完全的同一性实际上讲的就是表象的综合，"同一性"首先就意味着把分散的伴随着各种不同表象的经验性意识统一起来，也就是通过"我"把各种不同的表象聚集并综合起来，而且意识到同一性就是这些表象的综合。因此，"只有通过我能够把被给予的表象的杂多在一个意识中联结起来，我才有可能表象这些表象本身中的意识的同一性"②，"这些表象本身中的意识的同一性"是以"某种综合的统一性"为前提条件。"某种综合的统一性"属于知性的应用，是一种概念能力。康德指出："'这些在直观中被给予的表象全都属于我'的思想无非意味着，我在一种自我意识中把它们统一起来，或者我至少能够在其中把它们统一起来；而且即使这一思想本身还不是这些表象的综合的意识，它也毕竟以综合的可能性为前提条件，也就是说，只是由于我能够在一个意识中把握这些表象的杂多，我才把这些表象全都称为我的表象。"③ 根据笔者在其他论文中提出的观点，康德这里强调了"我的表象"恰恰表明："自我意识的本质内涵首先不是一个名词性的'自我''自我性'，而是一个人称代词'我的'。自我意识的意义并不在于我们在任何意识活动中都有一个精神实体（自我）存在着，而在于它的综合统一功能使所有我思，即我进行的所有意识活动都被我意识为'我的'，各种表象的统一性就从自我的同一性中获得。"④ 在"我思"的这种表象式发生场域中，康德并没有将着眼点放在"自我"是一个精神性实体上，而是放在了自我保持同一性的功能上。当康德说"直观杂多的综合统一作为先天地被给予的东西，是统觉本身的同一性的根据，而统觉是先天地先行于我的一切确定的思惟的"⑤ 时，

---

① 康德. 康德著作全集：第3卷［M］. 李秋零，译. 北京：中国人民大学出版社，2004：103.
② 康德. 康德著作全集：第3卷［M］. 李秋零，译. 北京：中国人民大学出版社，2004：104.
③ 康德. 康德著作全集：第3卷［M］. 李秋零，译. 北京：中国人民大学出版社，2004：104.
④ 孙冠臣. 海德格尔与费希特：哲学史上的一个另类迂回［J］. 南京社会科学，2017（11）：41.
⑤ 康德. 康德著作全集：第3卷［M］. 李秋零，译. 北京：中国人民大学出版社，2004：104.

他并没有将自我实体化,而是功能化了,强调了综合统一功能的先天给予性。

尽管康德提出了自我的同一性问题,但他没有明确阐明自我是如何设定自我,并保持同一的,他也没有彻底解决经验对象的同一性问题。尽管所有的经验对象都是为我的对象,但在不同场合、不同情景中所把握的对象是同一个对象的根据是什么?从方法论上说,笛卡尔普遍的怀疑所呈现出来"我思",被康德反思式地定义为"'我思'必须能够伴随我的一切表象"。自此以后,讨论"我思""自我意识""表象"等都必然采取主体-客体二元区分的思惟模式。但这种以"我思"的自我确定性、同一性为基础的知识论,必须还要回答"我思"是如何可能的,或者这种主体-客体二元区分必须成为知识起点的合法性在哪里,这些问题都将留给康德身后的德国观念论者来完成。

费希特在完成康德的过程中确立了自我-设定的本原行动学说。在他的知识学体系中,一切根本上存在着的存在者,都是基于自我而有其存在的。自我作为"我思"在源初层面上是设定、是行动,并且作为行动是本原行动,是自由。作为自由的"我性"乃是一切,甚至自然(非-我),就其存在而言,也是归属于"我性"的。费希特通过自我设定非我、非我是自我的限制来构建知识的起点,并没有彻底摆脱主体-客体二元论,而且,其非我既然是自我为自身设定的界限、限制,那它真的能够构成自我的限制和界限吗?

谢林坚持了费希特的自由原则,但他反对把一切存在者都消解在"我思""我设定"的"自我性"之中,反对这种把自然消灭在纯然的非-我中的做法,专门强调了自然的自立性。谢林将费希特"自我性是一切"倒转为"一切存在者都是自我性",即自由,一切存在者自在存在的本质都被规定为自由。自由被谢林规定为更为普遍的"自在",使得观念论前进了一大步,康德的那种"我表象"的观念论变成了"我是自由的"更高等级的观念论,成为自由的观念论。谢林从主体-客体绝对的无差别出发,将主体-客体的绝对同一作为知识的起点,虽然从其自由体系的内部消解了主体与客体的同一性问题,但这个既不是主体,也不是客体的绝对无差别性只能是智性直观的对象,在黑格尔看来是不可理解的。

黑格尔对自由观念论的建构和拓展并没有超越谢林,他追随谢林提出的哲学是自我意识的历史,将自我意识的历史绝对化为精神自我认识、自我展开的历史。精神以自身为中介的自我认识的历史实现了自由与必然的统一。黑格尔把历史看作自我意识向着自由意识(绝对精神)逐步觉醒、梯次展开、完满实现的辩证过程,历史作为自我意识运动的历史,其经历的每一个中介和环节都是不可或缺的,是一个不断扬弃和完善的运动过程。因此,历史发展就呈现出鲜明的阶段性特征，而每一个发展阶段，都是人类精神借以在客观世界中意识到自身的阶段。尽管黑格尔有可能是把他自己所处的时代错误地认为是历史发展的顶峰，但毋庸置疑，按照其思路，人类的最终成就和世界发展过程的最终状态将是一个自由的共同体。

　　借助于黑格尔思辨辩证法的威力，德国观念论在黑格尔哲学体系中以绝对理念的形式出现，理念是思想中的真实之物，而不是单纯直观或表象中的真实之物。它把希腊哲学的最高成就——理念世界——与现实世界统一起来，把希腊哲学的逻各斯传统看作在自身之中考察纯粹思想的勇敢精神，一切都是可以通过思辨推论和证明的，一切都是可以在思想中通过理念实现的，于是，黑格尔用他的逻辑学成功取代了康德的先验哲学，把知性范畴的先验演绎体系发展为意识经验的"科学"整体。

　　从笛卡尔"我思"的确定性到康德的"自我意识"的先天同一性，再到德国观念论通过自我意识的历史所呈现出来的"实体即主体"，主体性形而上学的地基就被夯实了。

　　如果我们把海德格尔也视为康德的完成者，只因他在基础存在论时期跑到康德那里寻求"庇护"，对康德的现象学解释是为了说出康德未曾说出，以及从康德退缩的地方继续前进，那么，海德格尔对康德的完成必然也是对德国观念论者的反动。因为他尽管也毫不犹豫地消解了现象与本体的二元区分，但他是将主体与客体的区分现象学地"还原"为"世界的世界性"概念；更直接的是，他毫不犹豫地勾销了德国观念论者先验自我的实体性和无限化，代之以此在在世有限的生存。

　　19世纪新康德主义者提出"回到康德"的口号以表达对德国观念论者"完成康德"的不满，20世纪初从新康德主义学术氛围中成长起来的海德格尔要组织一个"战斗同盟"，以对抗新康德主义。我们在此把海德格尔视为康德的完成者，不是为了证明思想的轮回，而是为了表明海德格尔与德国观念论的关系因经过"回到康德"再"完成康德"而复杂：一方面是海德格尔作为康德的完成者，相对于德国观念论者的"完成康德"而言，是"回到"康德退缩的地方，说出康德未曾言明的存在论；另一方面是海德格尔作为黑格尔之后的康德完成者，是"回到"黑格尔的"完成"环节中揭示精神的现实性、实际性，以克服主体性形而上学。

　　在海德格尔看来，"观念论"是这样一种哲学，在其中，idea（理念）和对理念的各式各异的看法规定着哲学的根本问题。柏拉图的"理念"（idea）就意味着在观看中被看到的东西，即外观，也就是自行-摆置-在前（Vor-sichstellen）中被摆置在前（vor-gestellte）的存在者之外观。这里的 Vorstellen（表象）就被凸显出来。观念论被海德格尔把握为：把存在之本质解释为"理念"，解释为一般存在者的被表象状态。

按照海德格尔的"被表象状态"观点，笛卡尔的 idea（观念）是表象，而且是双重含义的表象：如其所是的被表象者和作为行动的表象活动（Vorstellen）。但所有的表象活动都是"我表象""我思想"，并且一切属于"我"的行为方式，甚至感受活动，都是广义上的表象活动，即思想。所以，在笛卡尔所代表的近代哲学中，"我思"的思想成为凌驾于存在之上的法庭，思想即理念。这种从思想出发来规定存在之本质的哲学，是一种观念论。这种观念论从自我（主体）出发来规定存在的本质，观念论的变迁和历史就系于对自我（主体）、对表象活动各式各异的看法，这也同时意味着对被表象者的联系的各式各异的看法，而被表象者就被称为与主体相区别的客体。

海德格尔指出，康德在表象（Vorstellen）意义上讨论知识的可能性问题，但他与笛卡尔不同，当他讲观念（idea）的时候，实际上是在概念、范畴的意义使用，康德的先验观念论因此思考的是超越问题。先验观念论一方面认为，超越经验之物比如第一原因或最终原因已不属于现象界，而是属于本体界，是人类知性不可知的范畴。另一方面，康德的超越论问题依然属于亚里士多德以来超越论形而上学传统，其构建的先验知性演绎为超越论提供了坚实的基础。形而上学的概念不是从经验中推论而来，而是直接来源于纯粹知性概念。因此，在康德看来，他的纯粹知性概念的先验演绎不仅是解决传统形而上学独断论的一个创举，而且还为未来任何一种能够作为科学出现的形而上学建基。只有从这一分析出发，海德格尔说康德的纯粹理性批判为形而上学建基才是有意义的一种解释。

从海德格尔的"被表象状态"出发，英国经验论、大陆唯理论和德国观念论不再是三种截然不同的哲学立场和流派，而是贯穿着一条清晰的脉络，它们拥有共同的信念和承诺。这条清晰的脉络以柏拉图的 idea（观念、外观）——恒定不变的形式、理念、共相为源头，经过笛卡尔、洛克（简单观念与复杂观念）、贝克莱、休谟、莱布尼茨将观念等同于知觉、表象，认为在心灵与外在对象之间有一个中介，即观念，这个观念后来又被进一步确认为表象，最后指向德国观念论。在德国观念论中，康德的表象理论被加工成为关于智性直观的理论，从设定、本原行动到自我意识的历史，最后在黑格尔这里完成为绝对理念，自由与必然的统一。所以，无论是康德的先验观念论还是其身后的德国观念论，在海德格尔看来，都可以被还原为笛卡尔主义，从自我确定性出发，被定性为

7

近代主体性形而上学。

"我思"是主体性形而上学的起点，尼采的权力意志则是主体性形而上学的最后形态。在克服主体性形而上学的过程中，海德格尔另立存在论新说，彻底取消"被表象状态"之观念论立场，将主体"还原"（现象学的还原）为此在；用世界的世界性"拆解"主体-客体的二元对立。其间，存在之神秘得以敞开，实践意义上的人之自由被存在真理事件彻底遮掩。

第二节　哲学方法论

近代主体性哲学从方法论上经历了反思、直观和思辨三个阶段，在黑格尔的思辨辩证法中达到顶峰。海德格尔认为，主体性形而上学的完成开始于黑格尔，终结于尼采的权力意志。可见，他并不认为自己的存在论新说属于主体性形而上学，作为新说，其是对传统形而上学的克服。克服形而上学就意味着放弃形而上学的表象性思惟，因此海德格尔除了从胡塞尔那里习得"现象学的看"，在克服形而上学的努力中，还不断地尝试新方法、新视点、新思惟。

自笛卡尔倡导正确运用自己的理性来寻求真理和确定性以来，如何正确地运用理性，如何谨慎地考察理性批判的能力，如何理性地认识自身，就成为近代主体性哲学的主题。当自我成为认知主体时，理性就作为主体的认识能力在知识中起作用，主体、自我、理性皆在反思活动、回顾过程中呈现，主体与客体相对而立，主体性哲学是反思哲学，笛卡尔、康德、费希特属于这一阵营。而当理性、精神既是认识主体又是认识客体，理性认识自身时，理性、精神要么通过智性直观直截了当地认识自身，主体与客体绝对的无差别，主体性哲学是同一哲学，亦是直观哲学，谢林属于这一阵营；理性、精神要么通过自身中介、通过各个意识形态的扬弃过程，逐步展开，直到认识到自己就是精神，是绝对，是整体，绝对精神既是主体，又是实体，主体性哲学是思辨哲学，黑格尔属于这一阵营。

自笛卡尔发现"我思故我在"原理以来，关于该命题是推论性的、反思性的、还是直观的，就争论不断、聚讼纷纭。核心问题在于是否存在关于思想的思想。霍布斯最早指出，如果"我思"的确定性是从另一个思想那里推论出来的，就会导致无穷倒推的问题。而笛卡尔认为，关于思想的思想是可能的，这恰恰是属于反思的特征。不过，就"我思故我在"命题而言，笛卡尔持直接呈现的直观立场，将其视为一种"单纯的精神直观"的结果。康德虽然与笛卡尔同属于反思阵营，但他将"我思故我在"命题看作一个经验性命题。为了证明在一切杂多中自我意识的同一性，单凭对"我思"这一命题的反思是不够的，需要基于被给予的直观的各种综合判断。他论证说："如同已经说过的那样，'我思'是一个经验性的命题，在其自身中包含着'我存在'的命题。但是，我不能说'凡思惟者皆实存'，因为这样的话，思惟属性就会使一切具有这种属性的存在者都成为必然的存在者了。因此，我的实存也不能像笛卡尔所主张的那样，被视为从'我思'的命题中推论出来的（因为若不然，'凡思惟者皆实存'这个大前提就必须走在前面），而是与该命题同一的。"①

虽然笛卡尔在答辩霍布斯第二个反驳时指出，"一个思想不能是另一个思想"②的主语，但抛开所有的误解，我们应该可以确认的是，"我在思想""我在散步"与"我知道我在思想"和"我知道我在散步"是不一样的。单纯的"我在思想""我在散步"，甚至"我一边散步一边思想"作为行动本身，"我"作为主语是不在场的，它单纯地就是一个思想活动，一个散步行为，这时也不需要一个笛卡尔所说的实体（主体）来承载着这些行为活动。只有当我对这些行为进行反思时，即"我知道我在思想""我知道我在散步"，从事着思惟着的东西，即主语和主体才依次在场。"我在思想""我在散步"是直接地意识到，而"我知道我在思想""我知道我在散步"是反思地认识到。就"我思故我在"命题而言，"我思"作为意识活动本身是直接地经验到，而"我在"则是通过反思活动（第二层思惟活动）间接地认识到，思惟着的东西的存在需要证明和推论。

因反思的反射性、回顾性，康德对经验知识可能性条件的考察，也就是对理性的批判，将对象的对象性还原为主体的主体性，考察经验知识的可能性条件等同于考察人类认识条件。作为认识起点的"我思"就被康德列为辩证的理性推理的第一序列，从谬误推理、二律背反、纯粹理性的理想三个层面详细阐明"我思"概念。在康德的纯粹理性批判中，"我思"是一切概念的载体，也是先验概念的载体，或者说，"我思"使一切先验概念成为可能。康德将自我意识的研究从经验心理学中摆脱出来，从事一种先验的研究，亦即理性心理学的研究，这种考察只能通过范畴进行，但"我"这个范畴，它甚至就不是一个概

---

① 康德. 康德著作全集：第3卷 [M]. 李秋零, 译. 北京：中国人民大学出版社, 2004：270-271.
② 笛卡尔. 第一哲学沉思集 [M]. 庞景仁, 译. 北京：商务印书馆, 1986：176.

念，而是一个表象，"它只不过是一个伴随着一切概念的意识"①。通过这个能思惟的"我"，所表象出来的只能是一个先验主体（X），康德说："既然'我思'这个命题就包含着任何一个一般知性判断的形式，并且作为其载体伴随着一切范畴，那么就很清楚，从它做出的推论就只能包含着知性的一种先验的应用。"② 这种先验的应用使得"我"能够认识某个对象，因此"我"不是仅仅通过"我在思惟着"而认识这个对象，而是凭借思惟中总是先验地起作用的意识的源始统一性而认识这个对象，"我思惟着"仅仅是表象杂多的直观给予，而认识到对象作为客体的呈现则是反思意识的知性判断。"我甚至也不是通过我意识到我自己在思惟来认识我自己的，而是当我意识到对我自己的直观是在思惟功能方面被规定了的时，我认识到我自己。"③ 至此，康德的反思立场就明确无误地彰显出来。

需要再次强调的是，在康德这里，"我"始终只是一个先验的主体（X），是一个单数，即逻辑上单纯的主体，而不是一个实体。从思惟着的"我"中推论不出"我"是一个实体，思惟着的"我"是一个单纯的主体是分析命题，而思惟着的"我"是一个实体则是综合命题。康德认为，实体概念总是与感性直观相关，完全处在知性的领域及其思惟之外。一旦延伸到"我"作为客体这一实体层面，自我的同一性问题单凭对"我思"这一命题的反思是办不到的，而是需要基于被给予的直观的各种综合判断。因此，"每一个能思惟的存在者本身就是单纯的实体"，这个命题是一个先天综合判断，而且这一命题已经涉及本体的领域。一旦涉及物自身，涉及本体，也就是说，一旦给一般思惟附加上存在的方式，一旦给"我思"附加上根本不能在任何经验中被给予的谓词，那么就会形成谬误推理：

只能被思惟为主体的存在者也只仅仅作为主体实存，因而也就是实体。

如今，一个能思惟的存在者仅仅作为这样的存在者来看，只能被思惟为主体。

---

① 康德. 康德著作全集：第3卷 [M]. 李秋零, 译. 北京：中国人民大学出版社, 2004：260.
② 康德. 康德著作全集：第3卷 [M]. 李秋零, 译. 北京：中国人民大学出版社, 2004：261.
③ 康德. 康德著作全集：第3卷 [M]. 李秋零, 译. 北京：中国人民大学出版社, 2004：261.

因此，它也仅仅作为这样的存在者，亦即作为实体而实存。①

康德一方面从大前提中的存在者与小前提中的存在者不同，另一方面从两个前提中思惟的意义也完全不同，解析了这一理性的推理为何是一种谬误推理。"在大前提中谈到的存在者，一般而言能够在一切方面来思惟，因而也可以像它可能在直观中被给予的那样来思惟。但在小前提中谈到的存在者，则只是相对于思惟和意识的统一性，却不同时在与它作为思惟的客体被给予所凭借的直观的关系中把自己视为主体。""在两个前提中，是在完全不同的意义上对待思惟的：在大前提中是如它关涉一般客体那样（因而是如客体可能在直观中被给予那样）；而在小前提中，则只是像它处于同自我意识的关系中那样，因而在这里根本没有任何客体被思惟，而只是表现出作为主体（作为思惟的形式）的自己的关系。前者所谈的是只能被思惟为主体的物；后者所谈的则不是物，而是思惟（因为人们抽掉了一切客体），在思惟中我总是被用做意识的主体。因此，在结论中并不能推论出：我只能作为主体实存，而是只能推论出：我在对我的实存的思惟中只能把我用作判断的主体，而这是一个同一的命题，它对我的存在的方式绝对没有揭示任何东西。"② 站在康德的立场上，谬误推理缺少一个直观，而这个直观是一个概念的客观实在性不可或缺的条件，是一个对象被给予所唯一凭借的东西。因此"我思故我在"只能是一个综合命题、经验性的判断，不可能是分析命题、先天判断。

费希特意识到康德的"我思"在理论理性中的局限，作为先验的"我"，一般思惟，一般意识的统一性，既不是主体，也不是客体，只是一个纯粹理智。他准确地洞察到自我设定行为在反思与行动之间那种本质联系，从而将自我从理论理性的束缚中解放出来，进入实践理性的领域。这意味着费希特已经意识到反思哲学的困境了。所以，他用"本原行动"取代康德的"意识的统一性"，"我思"不再单纯是"我在思惟时实存"，而是"我行动"，而且"我存在"就是由"我思"这个本原行动直截了当地设定起来的。费希特用本原行动来规范反思，通过自我设定自我的本原行动消除反思的间接性，进行设定的自我与进行反思的自我是同时且同一的自我意识。对费希特而言，自我意识作为唯一的原初事实（Tat），就是行动（Handlung）本身，即自我设定。他主张，哲学并

---

① 康德. 康德著作全集：第3卷［M］. 李秋零，译. 北京：中国人民大学出版社，2004：264.
② 康德. 康德著作全集：第3卷［M］. 李秋零，译. 北京：中国人民大学出版社，2004：264.

不是建立在"我思故我在"所彰显出来的那个思惟着的主体这一确定性事实上（Tatsache），而是建立在更加原初的事实行动（Tathandlung）上。

费希特虽然赋予反思直接性，但按照康德纯粹统觉综合的统一性与分析的统一性之间的区分，其自我设定等同于自我存在的论断，依然属于反思判断。尽管他不断地赋予"我思"很多规定，比如"自我是自我"是直接地意识，不是间接意识，"自我是自我"本质上是返回自身，指向自身的意识活动，并且反复强调进行设定的自我与进行反思的自我的同一性，但是，当他从第一原理的无条件性逐步过渡到第二、第三原理的有条件性时，反思就是必须的，况且他丢弃了康德的超越问题，这意味着费希特彻底放弃了康德保留的经验实在论立场。

谢林在德国观念论的语境中首次提出哲学的方法论是直观与反思。从哲学的起点——主体-客体绝对的无差别——出发，哲学作为一种绝对自由的知识活动，是一种直观活动，谢林称其为创造性直观、智性直观。从自然哲学与先验哲学的关系出发，"自我"相对于自然是次级最高的同一性，自我意识来自反思。通过反思而来的自我并不是笛卡尔意义上的精神实体，与其智性直观相一致，自我是纯粹行动和历史过程。他说："自我无非是自我意识。"[①] "自我意识是绝对活动，通过这一活动，为自我确立了一切。"[②] "哲学是自我意识的一部历史。"[③]

在谢林看来，自我作为自我意识，本质上是一种知识活动。他认为："这种知识活动是一种同时创造自己对象的知识活动，是一种总是自由地进行创造的直观，在这种直观中，创造者和被创造者是同一个东西。"[④] 在创造性直观中，自我本身就是一个对象，本质上，它是在认识它自己，自己创造自己，是一种持续不断的智性直观，因此我们不能说自我存在着，因为自我就是存在本身。谢林认为，笛卡尔的"我思故我在"是一个假言推理，并没有真正理解存在的意义。他说："只要自我作为绝对综合的原始进化，存在就只是原始必然行动的一个序列；一旦我打断了这一进化，如愿地返回进化的出发点，就有一个新的序列对我产生了，在前一序列里是必然的东西，在这一个序列中便是自由的。""第一序列对于第二序列来说，是现实的，而第二序列对第一个来说，是观念

---

① 谢林. 先验唯心主义体系 [M]. 梁志学，石泉，译. 北京：商务印书馆，1976：63.
② 谢林. 先验唯心主义体系 [M]. 梁志学，石泉，译. 北京：商务印书馆，1976：66.
③ 谢林. 先验唯心主义体系 [M]. 梁志学，石泉，译. 北京：商务印书馆，1976：70.
④ 谢林. 先验唯心主义体系 [M]. 梁志学，石泉，译. 北京：商务印书馆，1976：37.

的。"① 现实的东西对自我而言是否定的东西，而观念的东西对自我而言是肯定的东西。正如黑格尔所评价的，谢林的先验观念论有两个历史进程，"一方面是把自然彻底地引导到主体，另一方面是把自我彻底地引导到客体"②。本质上，谢林的这两个序列是一个序列，最终归宿是二者的绝对同一，是"自由"。两个序列的同一同时意味着"客观世界也不过是表现在界限之中的理智世界而已"。通过外在直观和内在直观的交融，内在直观停止的地方，就是外在直观开始的地方，外在直观和内在直观的唯一界限——自我和物自身的界限——就被谢林拿掉了。

反思哲学在笛卡尔那里导致了身心二元论，在康德这里导致了二律背反。反思哲学把握了主体与客体、普遍与特殊、无限与有限的对立，却无法有效地处理与把握主体与客体、普遍与特殊、无限与有限的统一，只有在谢林提出哲学是自我意识的历史的基础上，最终在黑格尔的思辨哲学中，主体与客体、普遍与特殊、无限与有限的统一才真正实现。对康德而言，二律背反是理性自己不可解决的困境；对黑格尔而言，二律背反（矛盾）则是思想的自规定的必然过渡，是绝对精神在自为实现的辩证运动中的一个必然环节。康德站在反思的立场上虽然正确地看出，纯粹理性必须为自己的经验过程确定一个无条件的根据，却错误地将由此产生的对立看作纯粹理性自身造成的，而且错误地通过把可能知识限制在感性经验的领域，即现象界来克服这种对立。而黑格尔通过引入对立统一概念，不再将对立看作单纯的对立，而是看作一种过渡和环节，从而成功地从绝对理念的绝对性上解决了康德的二律背反困境。

黑格尔将"我思故我在"看作主体性哲学"思惟与存在的统一"之最高原理，"于是哲学得到了一个完全不同的基础"③。他说："我思惟，这个思惟就直接包含着我的存在；……这是一切哲学的绝对基础。存在的规定是在我的'我'中，这个结合本身是第一要义。作为存在的思惟，以及作为思惟的存在，就是我的确认，就是'我'。这就是著名的 Cogito, ergo sum（我思故我在）；思惟和存在在这里不可分割地结合在一起。"④ 在此基础上，他将康德经验知识的可能

---

① 谢林. 先验唯心主义体系 [M]. 梁志学, 石泉, 译. 北京：商务印书馆, 1976：69.
② 黑格尔. 哲学史讲演录：第 4 卷 [M]. 贺麟, 王太庆, 译. 北京：商务印书馆, 1978：353.
③ 黑格尔. 哲学史讲演录：第 4 卷 [M]. 贺麟, 王太庆, 译. 北京：商务印书馆, 1978：70.
④ 黑格尔. 哲学史讲演录：第 4 卷 [M]. 贺麟, 王太庆, 译. 北京：商务印书馆, 1978：70.

性条件问题，置换为纯粹概念在任何可能经验中的作用问题，亦即在判断中的自规定问题，以便彻底摆脱感性直观作为质料以及物自身作为限制的双重束缚，从而将精神的自我认识彻底推向思辨逻辑的道路，也就是纯粹概念的辩证运动。黑格尔洞察到，作为哲学起点的主体与客体的同一性不是静态的、不动的同一，而是直接性、纯粹性中孕育着差别和对立，通过差别和对立的斗争，最终实现的统一。他评论说："谢林以雅克比的思惟与存在统一的原则为基础，……具体的统一只能说是一种过程，是一个命题里的有生命的运动。"①

黑格尔的思辨立场主要体现在以下几个方面：

第一，黑格尔追随巴门尼德"思惟与存在的同一"，用"思惟与存在的同一"取代了康德自我意识的统一性。

第二，黑格尔的实体概念通过自身运动实现自己的实存，其现实性不依靠康德的感性直观，而在于成为一个主体。"唯有精神的东西，才是现实的。"②

第三，黑格尔理性是意识与自我意识的统一，即主体。主体与实体的统一，即绝对精神。

第四，黑格尔取消康德现象与本体的二元区分，将康德经验知识的客观实在性问题替换为真理问题。"真理，作为一个实存，其真实的形态只能是一个科学的体系。"③"这个认识必须仅仅通过体系本身的呈现才得到捍卫，一切的关键在于，不仅把真相理解和表述为一个实体，而且同样也理解和表述为一个主体。同时需要指出的是，实体性的内部不仅包含着一个普遍者，亦即知识本身的直接性，而且包含着一个存在，亦即知识的对象的直接性。"④

精神必须成为自己的对象。思辨是反思的反思，是精神、理性对自己的认识和沉思，它是直观和反思的后思，因此思辨既能够解决康德反思观念论所否认的直接性的问题，也能够超脱谢林智性直观的不可思议问题。在康德那里，感性直观是接受性的，知性概念是自发的，但知性概念只是形式，而感性直观提供的经验杂多则为质料，因此所有的经验知识都是推论的、间接的，不具有直接性。智性直观可以提供直接性，但谢林对主体-客体的绝对无差别、绝对同一的智性直观不具有可理解性。黑格尔的概念思辨从超脱谢林的智性直观出发，但保留了理性自我认识是通过自身中介来实现的洞见。这种自身中介在黑格尔

---

① 黑格尔. 哲学史讲演录：第4卷［M］. 贺麟，王太庆，译. 北京：商务印书馆，1978：340.
② 黑格尔. 精神现象学［M］. 先刚，译. 北京：人民出版社，2015：16.
③ 黑格尔. 精神现象学［M］. 先刚，译. 北京：人民出版社，2015：3.
④ 黑格尔. 精神现象学［M］. 先刚，译. 北京：人民出版社，2015：11.

的理性思辨中就成了运动的环节、否定的环节和扬弃的环节。黑格尔主张实体只有通过运动，逐渐攀升为主体，从自在到为它的存在，再到自为的存在，最终实现自在自为的存在，实体与主体才最终实现同一，即绝对精神，这一运动过程就凝练在黑格尔所提出的"实体亦即主体"的命题中。黑格尔说，思想对思想自身的考察是以思想自身为标尺的，哲学就是精神认识自己、寻求自己的活动，也就是理念的自我认识。最终哲学将"认识到理念在它的必然性里，认识到理念分裂出来的两个方面：自然和精神。每一方面都表现理念的全体，不仅本身是同一的，而且从自身内产生出这唯一的同一性，并从而认识到这个同一性是必然的。哲学的最后目的和兴趣就在于使思想、概念与现实得到和解"①。站在黑格尔理性思辨立场上，近代主体性哲学仅仅是精神自我实现历史的一个主要部分，这也就意味着从康德开始，经费希特和谢林放在哲学第一位置上的"自我"，在黑格尔这里已经降到一个主要环节和主要阶段的位置上。哲学的最高原则是精神、世界精神。也正是在这个意义上，黑格尔开启了主体性哲学的完成阶段。

从方法论上说，德国观念论的康德完成之路就是一条不断走向"体系"与"辩证法"的肯定、否定之路。这条由康德和德国观念论者奠基的真理之路接下来将迎接海德格尔的现象学还原和解构。

海德格尔回忆说，在胡塞尔的训练课上，他习得了"现象学的看"，"这种'看'要求不去使用那些未经检验的哲学知识，同时也拒绝把大思想家的权威性带到谈话中来"②。海德格尔严格贯彻了这一原则，首先将其老师胡塞尔作为现象学权威悬置起来，现象学要求回到的"事情本身"不再是意识，而是存在，现象学不再作为严格的科学，而是一种"可能性"，一种解构形而上学作为存在历史的方法。

现象学的"看"是海德格尔思想道路上最重要的视点，通过现象学的"看"，海德格尔的追问指向存在意义，而不是先行把握的概念性的东西。其现象学的解释学立场将哲学的研究对象定义为实际生命，即存在的意义。哲学由此不再是认识论，而是存在论。自笛卡尔"我思故我在"规定了近代哲学的研究对象为"我思""自我意识""主体"以来，知识论哲学家包括笛卡尔关注的都是"自我""自我意识"，而真正的哲学问题"我在""在此存在的存在意义"

---

① 黑格尔. 哲学史讲演录：第4卷［M］. 贺麟，王太庆，译. 北京：商务印书馆，1978：372.
② 海德格尔. 面向思的事情［M］. 陈小文，孙周兴，译. 北京：商务印书，1999：94.

却被遗忘了。在透视康德和德国观念论的过程中，海德格尔也是将康德和德国观念论把握为完成主体性形而上学的环节，亦即在形而上学作为存在的历史中将"存在"把握为自我意识、原初意志和精神的环节。

在《存在与时间》中，海德格尔用此在代替了先验的自我，此在不是一个构建存在者的自我，它从不操心对象的对象性问题，它操心的是在世生存。此在不是主体，没有现成存在者的特征，其最主要属性和特征是在去生存中先行理解着存在的意义，也就是说，此在的存在的意义被定义为"实际性的生存"。生存是在世（在-世界-中-存在），而且总是早已在世与他者共在。这种实际性不能被消融于主体的建构性实现中，实际性的敞开与此在的自身-敞开性的筹划、理解同样源初。"在-世界-中-存在"意味着处于周围世界以及历史世界中，此在对它的在世的思考因此不是首先看到现成在手事物，更不会首先将现成在手事物把握为对象，而是与上手事物打交道，与上手事物共同组建着操劳。它在畏中战栗，在对死亡的预期中抵达它最极致的可能性。它听从良知的召唤，并让良知接收它的命运。此在的在世首先不是"理论"和专题化，而是实际性的生存。可见，此在与先验的自我完全不同。

相对于新康德主义者将康德的《纯粹理性批判》解释为知识论——经验的理论或实证科学的理论，海德格尔则把《纯粹理性批判》看作为形而上学建基，从而将康德的形而上学问题带入他的基础存在论视野之中。从一开始，海德格尔就没有把《纯粹理性批判》解读为一种关于数学-物理学经验的理论，而是对存在论最内在的可能性的追问。同样的，康德的先验自我也是根据它的时间性来解释，被把握为生存和在-世界-中-存在。康德将对象之对象性的问题还原为主体之主体性的问题，海德格尔的基础存在论则将主体之主体性的问题归结为此在对存在的先行理解以及此在的有限性问题。因此，在他看来，先验知识不是研究存在者本身，而是对存在先行理解的可能性。在《纯粹理性批判》中，康德提出了先验的综合统一作为直观和概念统一的根源，而海德格尔则将康德提出的先验想象力解释为思想和直观统一的根源，进而将先验想象力思考为源初的时间。尽管康德没有将先验自我思考为实体，但依然思考为"永恒""持久"的基底，而没有思考为实际性的、时间性的生存。因此，在海德格尔看来，康德与笛卡尔一样，都只看到了"我思"，而忽略了"我在"，所以他们都不可能以源初的方式解释存在的意义，而只能以传统形而上学的方式解释存在者的存在。康德尽管将人类的知识限制在现象界，但他没有看到实际性的前理论的可理解性和世界现象，因此其超越问题只满足于划界，而海德格尔认为，超越敞开了一个视域，这个视域使存在者之存在成为可觉察的；康德仅仅根据先验

16

对象作为"X"来把握这个视域，因而"本体"概念只能成为限制，限制知性的僭越，物自体不可知。

进入"存在与真理"的思想阶段之后，海德格尔就自觉地把自己的存在论思想与西方传统形而上学对峙起来，通过与存在历史中各个不同存在形态的关键环节、思想家的对话和争辩，一方面呈现形而上学的"存在-神-逻辑学"机制，另一方面"克服"形而上学。在"克服"形而上学的过程中，黑格尔在海德格尔思想中的权重也越来越重，他不仅代表着形而上学存在-神-逻辑学机制，更标志着主体性形而上学的完成，因此黑格尔超越了"存在与时间"思想阶段的康德，成为"存在与真理"阶段海德格尔最重视的哲学家。

海德格尔与康德、德国观念论者的关系因此不是继承和发展的关系，而是对话和开启新道路的关联。海德格尔对康德和德国观念论者的现象学解释因此不是为了寻求一种更正确的解释，确立一种解释标准，而恰恰是通过争辩、对话，使存在真理得以敞开。

上篇 01 德国观念论对康德的"完成"

  18世纪末19世纪初在德国各种思潮幸运地汇合在一起，出现了哲学的黄金时代，在欧洲思想史上只有自苏格拉底到亚里士多德的希腊哲学的巨大发展才堪与之匹配。在短短的四十年（1780—1820）间，德国精神无论在深度上还是广度上都有巨大的发展，出现了哲学世界观的种种体系，枝繁叶茂，五彩缤纷，历史上从未有过在这么短的时期里如此密集。在所有这些世界观体系中前一世纪各种思潮汇合成独具特色的、给人印象深刻的结构。它们在总体上表现为长期成长的成熟的果实，从这果实中必将迸发出至今仍难猜测的新发展的嫩芽。

——文德尔班：《哲学史教程》下卷

第一章　康德先验自我的源始综合统一

第一节　康德的先验观念论之路

康德在《纯粹理性批判》第一版（1781）前言中分析了形而上学的状况亦即人类理性的窘境，人类理性提出了它自身都无法回答的问题，这些问题超出了人类理性的一切能力，致使形而上学成为无休无止争吵的战场。在形而上学的战场上，独断论陷入无政府主义的泥沼，怀疑论则试图拆毁一切秩序，因此康德认为，是时候结束这种混乱了，他说："这个时代不能再被虚假的真实拖后腿了；它是对理性的一种敦请，要求它重新接过它的所有工作中最困难的工作，即自我认识的工作，并任命一个法庭，这个法庭将在其合法要求方面保障理性，但与此相反，对于一切无根据的非法要求，则能够不是通过权势压人的命令，而是按照理性永恒的和不变的法则来处理之，而这个法庭就是纯粹理性的批判本身。"① 这里的"批判"不只是对理性僭越行为的分析和裁定，更是对人类理性之本性的考察，亦即对一般理性能力的考察，"就它独立于一切经验能够追求的一切知识而言对一般理性能力的批判，因而是对一般形而上学的可能性或者不可能性的裁决，对它的起源、范围和界限加以规定，但这一切都是出自原则"②。可见，康德先验观念论的内涵是：（1）独立于经验，且出自原则，因此是先验的。（2）批判是对理性的起源、范围和界限的考察和裁决，亦即对形而上学的建基活动。接下来在《未来形而上学导论》中，康德进一步指出："我的所谓的（真正说来是批判的）观念论是完全独特的观念论，也就是说，它推翻

---

① 康德. 康德著作全集：第4卷 [M]. 李秋零，译. 北京：中国人民大学出版社，2005：7.
② 康德. 康德著作全集：第4卷 [M]. 李秋零，译. 北京：中国人民大学出版社，2005：7.

了通常的观念论，而且通过它，一切先天知识，甚至几何学的知识，才第一次获得了客观的实在性，假如没有我证明出来的空间和时间的观念性，就连最热心的实在论者也根本不能主张这种客观实在性。……因此，请允许我将来就像上面已经说明过的那样，把它称为形式的观念论，或者叫作批判的观念论更好，以便把它与贝克莱的独断的观念论和笛卡尔的怀疑的观念论区别开来。"① 在《纯粹理性批判》第二版（1787）中，康德说："对我们来说可能的经验的一切对象，都无非是显象，也就是说，是纯然的表象，它们就被表象而言作为有广延的存在者或者变化的序列，在我们的思想之外没有任何自身有根据的实存。我把这种学说称为先验观念论。"② 在对这个先验观念论概念的注释中，他又进一步解释说："我在别的地方有时也把它称为形式的观念论，以便把它与质料的观念论亦即通常的怀疑或者否定外部事物本身实存的观念论区别开来。"③ 可见，康德的先验观念论还是"形式的"，它不关注和追问认识对象的实存问题。阿利森解释说："这种观念论是'形式的'，这即在于，它是关于对象可以被人类心智所认识的条件的本性和范围的一种理论。"④

康德的先验观念论之路从其"哥白尼式转向"开始。在其第二版前言中，他说："迄今为止，人们假定，我们的一切知识都必须遵照对象，但是，关于对象先天地通过概念来澄清某种东西以扩展我们的知识的一切尝试，在这一预设下都归于失败了。因此，人们可以尝试一下，如果我们假定对象必须遵照我们的认识，我们在形而上学的任务中是否会有更好的进展。"⑤ 康德在知识论中所发动的哥白尼式转向逆转或者准确地说颠倒了传统的认识路径，"对象必须遵照我们直观能力的性状"是康德建立先验观念论的中心信念，进而对象必须遵照我们只能据以把它们表象为对象的先天知性概念，也就是说，我们的认识方式决定了认识对象是否呈现在我们面前，以及以什么样的性状呈现给我们。"我们

---

① 康德. 未来形而上学导论 [M]. 李秋零，译注. 北京：中国人民大学出版社，2013：112.

② 康德. 康德著作全集：第3卷 [M]. 李秋零，译. 北京：中国人民大学出版社，2004：328.

③ 康德. 康德著作全集：第3卷 [M]. 李秋零，译. 北京：中国人民大学出版社，2004：328.

④ 阿利森. 康德的先验观念论：一种解读与辩护 [M]. 丁三东，陈虎平，译. 北京：商务印书馆，2014：59.

⑤ 康德. 康德著作全集：第3卷 [M]. 李秋零，译. 北京：中国人民大学出版社，2004：10-11.

关于事物只是先天地认识我们置于它们里面的东西。"① 因此，康德的《纯粹理性批判》也是在寻找纯粹理性的各种要素，正是在这个意义上，我们说，康德的《纯粹理性批判》是对人类认识方式的规定——先验形式条件的规定。康德哥白尼式转向本质上就是人类认知思惟方式的转换，通过这种思惟方式的转换，人们不再以"神"的视点，开始以"人"的视点来看待世界，仅仅依靠人类思惟就可以证明先天综合知识的可能性，进而为一切关于自然的知识提供满意的证明，从而为未来一种可能的科学的形而上学奠定基础。阿利森认为康德"哥白尼式转向"既是一种"范式转换"，又是一种"谦虚的"认识论，从直观的认识转变为"曲行的"认识论，"因而也是我们对什么可以算作认识的理解方面的一种转换"②：（1）现象的本质不再是由自然来规定，而是由其显现方式来决定；（2）一切经验的可能性条件由人类主体的超越性来奠基；（3）先验观念论开启了从自我意识到主体-客体的绝对同一性再到绝对精神的德国观念论之路；（4）海德格尔拒绝意识主体，将现象的显现方式进一步还原为由此在之生存方式决定，也就是由此在的存在的先行领会决定，这才提供出将康德先验知识论改造为存在知识论的契机；（5）海德格尔身后的法国现象学家进一步将现象的显现方式还原为由生命的肉身化来决定。康德的"哥白尼式转向"将对象的对象性规定为主体的主体性，遥遥地在预示着海德格尔的世界的世间性以及法国现代哲学中的世界的肉身性。可见，康德的"哥白尼式转向"本质上是哲学视点和方法的革命。

从康德的新视点出发，构成知识的"质料"来自经验，保证知识客观有效性的"形式"来自知性纯粹概念。在《纯粹理性批判》中，康德的主要任务是考察知识的可能性条件，这些条件是保证知识客观有效性的形式条件：一组为先天直观形式，一组为先天知性范畴。康德说"每一个对象都服从可能经验中直观杂多的综合统一的必要条件"③，也是为了表象对象而需要的一个先天条件，经知性纯粹概念的演绎后又总结为："一般经验的可能性的种种条件同时就是经验对象的可能性的种种条件。"④ 阿利森主张，知识的可能性条件可分为认

---

① 康德. 康德著作全集：第3卷 [M]. 李秋零, 译. 北京：中国人民大学出版社, 2004：11-12.
② 阿利森. 康德的先验观念论：一种解读与辩护 [M]. 丁三东, 陈虎平, 译. 北京：商务印书馆, 2014：13.
③ 康德. 康德著作全集：第3卷 [M]. 李秋零, 译. 北京：中国人民大学出版社, 2004：140.
④ 康德. 康德著作全集：第3卷 [M]. 李秋零, 译. 北京：中国人民大学出版社, 2004：140.

识条件、心理条件和存在论条件，它们既有共享，更有不同。"相关地，认识条件与存在论条件共享客观或客观化的属性。它们的不同之处在于它们规定的是我们关于事物的表象的客观性而不是事物本身的存在。"① 不过，阿利森没有注意到的是，康德也同样重视存在论条件，他不仅清晰地知道认识条件和存在论条件的边界，而且他认为认识条件只断定经验的可能性，不断定经验对象的实存，认识的存在论条件对理性而言意味着超越，需要严格限定。康德所面对的困难是：一方面，经验可能性的条件与经验对象的可能性条件同一；另一方面，认识条件又以存在论条件为前提条件，这是康德现象与本体区分的动因，我们会在本章第三节讨论这个问题。现在摆在康德面前的首要问题是摆脱休谟的心理条件所带来的主观性，成功建立起认识条件的客观性，其策略是启用了"先天"概念，这些认识条件作为形式条件是"先天的"（a priori）——先天直观形式、先天知性范畴。按照康德在"第一批判"中对"先天"概念的使用，我们发现，在康德先验哲学中，先天知识具有以下四个主要特征：（1）独立于经验；（2）主体性；（3）纯粹形式；（4）必然性和严格的普遍性。

（1）独立于经验。在康德的使用中，"先天"概念总是被归因于概念、直观、判断、综合和机能。在"第一批判"的"导论"中，康德将先天知识定义为"独立于经验，甚至独立于一切感官印象的知识"②。在判断的使用中，"独立于经验"意味着一种不同于依赖于经验的对知识的确证，一个判断被认为是先天的，那就意味着它不是建立在经验确证基础之上的。当康德用先天来规定概念和直观——先天概念、先天直观——的时候，又是在什么意义上使用的呢？如果概念和直观是构成一个先天判断的基础，那么这个概念和直观就是先天的。比如，空间作为直观，是一个主观表象，"从它那里，我们可以推导出先天综合命题"③。直观之所以是先天的，是因为先天判断以它们为基础。但是，如果先天概念和先天直观是先天判断的基础，那么，这就意味着先天概念和先天直观是先于先天判断的，与先天判断相较，在知识构成中，具有优先性。显然，这与另一种主张，即先天概念、先天直观的内容是通过先天判断才被读出相冲突。为了解决这个冲突，我们求助于康德对先天认识机能的用法，但需要强调的是，

---

① 阿利森. 康德的先验观念论：一种解读与辩护 [M]. 丁三东，陈虎平，译. 北京：商务印书馆，2014：30.
② 康德. 康德著作全集：第3卷 [M]. 李秋零，译. 北京：中国人民大学出版社，2004：26.
③ 康德. 康德著作全集：第3卷 [M]. 李秋零，译. 北京：中国人民大学出版社，2004：51.

先天认识机能并不是生物学、心理学意义上的认识功能,而是人类知识的来源。"人类知识有两个主干,它们也许出自一个共同的但不为我们所知的根源,这两个主干就是感性和知性,对象通过前者被给予我们,但通过后者被思惟。现在,如果感性包含着构成对象被给予我们的条件的先天表象,那么,它就会属于先验哲学。"①

(2) 主体性。康德哲学被称为先验哲学,本质上属于主体性哲学,但问题是先天综合判断如何可能的"先天"既然是独立于经验的,又如何与主体相关联?这里涉及另一组概念的区分问题:先验的(transzendental)与超越的(transzendent)。超越的指的超越出经验,超出经验的本体世界已经不再属于人性的范畴,而进入神性的领域;而先验的则是指那独立于经验,又使得关于对象的经验知识得以可能的先天条件,使得关于对象的经验知识得以可能的先天条件既不是物自体,也不是客观的逻辑形式,恰恰是主体性本身。有逻辑哲学家将康德的先验条件解读为真值条件,尽管解释得通,但康德明确指出,先验条件在主体性中,而不在纯粹逻辑形式中。人类知识的诸多知性条件和感性条件之间的内在联结在于"自我",在于主体的统一性,康德说:"'我思必须能够伴随我的一切表象。'""也就是说,一种在直观中被给予的杂多的统觉,它的这种完全的同一性包含着一种表象的综合,并且只有通过这种综合的意识才是可能的。因为伴随着各种不同表象的经验性意识自身是分散的,与主体的同一性没有关系。因此,这种关系还不是通过我用意识来伴随任何表象发生的,而是通过我把一个表象附加给另一个表象,并且意识到这些表象的综合而发生的。因此,只有通过我能够把被给予的表象的杂多在一个意识中联结起来,我才有可能表象这些表象本身中的意识的同一性,也就是说,统觉的分析的统一性唯有以某种综合的统一性为前提条件才是可能的。"② 本质上,统觉的分析的统一性与综合的统一性是同一个统一性,两种统一性都建基于自我的同一性中。可见,康德的至上原理就是把客体之客体性归结为主体之主体性。

(3) 纯粹形式。康德把空间和时间规定为先天直观形式,它们作为外感官和内感官感性直观的形式条件,是纯粹的形式条件。这里首先要区分两种空间和时间:一个是作为感性直观形式条件的空间和时间(先天的直观);一个是作为感性直观活动中的空间和时间(经验性的直观)。感性直观活动中的空间和时

---

① 康德. 康德著作全集:第3卷 [M]. 李秋零, 译. 北京: 中国人民大学出版社, 2004: 42-43.

② 康德. 康德著作全集:第3卷 [M]. 李秋零, 译. 北京: 中国人民大学出版社, 2004: 103-04.

间——这里、这时——以感性直观形式的空间和时间为先天条件才是可能的。康德对空间和时间的"形而上学的阐明"揭示了空间和时间的非经验性的起源,因此是先天的;对空间和时间的"先验的阐明"揭示了空间和时间作为直观形式是感性直观活动或其他表象活动可能性的条件。康德说:"因此,我的直观先行于对象的现实性并作为先天知识发生,这只有以唯一一种方式才是可能的,也就是说,它不包含任何别的东西,只包含感性的形式,这种感性的形式在我的主体里面先行于我被对象触发所凭借的一切现实的印象。因为我先天地知道,感官的对象唯有按照感性的这种形式才能够被直观。"①

(4)必然性和严格的普遍性。在康德的术语使用中,客观有效性与普遍必然性是等效的。哲学是追求普遍性的学问,康德通过先天形式而不是通过经验来保障知识的普遍性。康德说:"首先,如果有一个命题与它的必然性一同被思惟,那么它就是一个先天判断。此外,如果除了自身又是作为一个必然命题有效的命题之外,它也不是从任何命题派生出的,那么,它就是绝对先天的。其次,经验永远不赋予自己的判断以真正的或者严格的普遍性,而是只赋予它们以假定的、相对的普遍性(通过归纳),以至于原本就必须说:就我们迄今为止所觉察到的而言,这个或者那个规则还没有发生例外。因此,如果一个判断在严格的普遍性上被思惟,也就是说,将不可能发生任何例外,那么,它就不是由经验派生的,而是绝对先天地有效的。"② 在康德这里,必然性和严格的普遍性就被规定为一种先天知识的可靠标志,而且是不可分割的相互从属。一个先天判断就是这样一种判断,通过这种判断,人们认识到命题的必然性和它的严格普遍性。不过,在认识论概念"先天"和存在论概念"必然性"之间建立起牢固的联结,是有困难的:比如,一些必然命题并不被认为是先天的,还有一些命题有可能被认为是独立于经验,但没有必然性。不过,康德在"第一批判"中强行将先天性与必然性等同起来,否则,先天综合判断是如何可能的问题,就找不到出路。

P. F. 斯特劳森在《感觉的边界》中对"先天"提供了两种解释:第一,又叫简朴的解释,如果一个概念或特征(要素)在任一经验概念中是本质的结构要素,这个概念或特征(要素)就被称为先天的。第二,又被称为先验观念论者的解释,即把一个要素称为先天的,就是主张它所呈现为经验的一个特征

---

① 康德. 未来形而上学导论[M]. 李秋零,译注. 北京:中国人民大学出版社,2013:25-26.

② 康德. 康德著作全集:第3卷[M]. 李秋零,译. 北京:中国人民大学出版社,2004:27-28.

<<< 上篇　德国观念论对康德的"完成"

被完全归结为我们认识机制的本性，而绝不是那些物的本性。斯特劳森忽略或准确地说拒绝第三种解释，即"与生俱来的"(innate)解释，主张我们关于空间和时间的观念（而不是空间与时间本身）是先天的，即与生俱来的。就观念的起源而言，康德主张我们所有的观念都来自经验，从而必然否认这种与生俱来的先天概念。分析命题是必然的和普遍的，先天综合命题如何保障其必然和普遍性，在斯特劳森这里也没有更好的解决方案。康德通过返回到形式逻辑以期找到范畴的线索，但斯特劳森认为，这种返回最终还是得依靠先验的主体性。但知识不能依靠形式逻辑，因为形式逻辑并不能保证知识的客观有效性，既然所有的经验知识都要求感性和知性的合作，也就是将具体对象置于一般概念之下。他说："现在我们关注的是在概念之下的对象，即'带入概念之下的'对象究竟为何物。这等同于对一个对象做出判断。……把对象带入概念之下涉及的是这样的思考，即某个特定的关于对象的命题是真的，或者是客观有效的。"① 在语言哲学的语境中，将对象带入概念之下考察的是真值条件，康德提出先天综合判断如何可能的问题，虽然考察的也是先天综合判断的真之条件的问题，但此真之条件非彼真值条件。

先天判断是具有必然性的判断，其中属于分析判断的部分没有问题，有问题的是属于综合判断的那一部分。对先天综合判断如何可能性的考察，康德给我们提供了一个类似循环的先验演绎（我们将在下一节具体分析这一演绎的总枢纽）：一方面，"'我思'必须能够伴随我的一切表象"；另一方面，"统觉的分析的统一性唯有以某种综合的统一性为前提条件才是可能的"。通过其先验逻辑，将感性直观置于先天知性概念的统摄之下。对这种先验演绎的一种补充是，先天综合判断的可能性还要保证逻辑上不能引起矛盾。命题"直线不是两点之间最短的线"不是自相矛盾的命题。先天综合判断是综合的，它们的否定在逻辑上是可能的。先天综合判断如何可能既是必然性的判断，其否定命题逻辑上又是可能的？康德的回答涉及逻辑可能性和实在可能性的区分，以及对先天综合判断必然地使用了纯粹直观的主张。

实在的可能性和逻辑的可能性是依照可能世界和可能世界中的真理来划分的。根据布利坦(Brittan)的解释，分析判断在任何可能世界中都是真的，它们表达了逻辑真理或可还原为逻辑真理。综合判断，不管它是先天的还是后天的，都不是分析的，因为它们的否定没有产生矛盾。先天综合判断的内容表达

---

① STRAWSON P F. The Bounds of Sense: An Essay On Kant's *Critique of Pure Reason*. [M]. London and New York: Methuen, 1985: 74.

27

了逻辑的可能性，不过，并不是每一个逻辑的可能性都是实在可能的，逻辑可能因此看起来要比实在的可能要宽泛得多。先天综合真理描述了"实在可能"世界的一类。真实的后天综合判断是现实世界中的真实，虚假的后天综合判断在一些实在可能世界中是真实的，但在我们的世界中是虚假的。布利坦说："他努力阐明的一个证据是一个确定的世界'感性世界'，对我们而言是实在可能的世界。"① 实在可能的世界是我们的感性世界，也就是说，一个真实可能的世界应该是我们可以经历的世界，在这一点上纯粹直观就进入了先天综合判断的筹划中，纯粹直观规定了那些在逻辑上不相容的可能的先天综合判断对我们可能的经验而言是真实的。但布利坦认为人们应该拒绝康德的先验演绎的证据，先天综合判断是必然的，只能是相对于一个给定的范畴表而言。

因此，当康德的先验观念论之路碰到物自身、碰到真实世界时，也就走到头了。在第二版前言中，康德说："这种知识只涉及显象，而事物自身与此相反虽然是就其自身而言是现实的，但却不能为我们所认识。"② 面对物自身、无条件者、无限，人类只有推论性的知识、间接的认识，没有直接的知识和本质的知识，因为人是有限的。康德的先验哲学从两方面规定了人的有限性：其一，人只有感性直观，没有智性直观，感性直观的本性在于接受性而非生产性；其二，人只能通过知性概念来统摄感性材料，而人类通过知性概念所获得的知识只能是推论性的、间接的。既然人是有限的，康德只能将无条件者、物自身设定在我们的认识范围之外，由此而来而关于物自身的知识，只能归属于智性直观。"纯粹理性的这一实验与化学家们有时称为还原试验但一般称为综合的方法的实验有许多类似之处。形而上学家的分析把纯粹的先天知识划分成两种十分异类的要素，即作为显象的物的知识和物自身的知识。辩证法又把这二者结合起来，达到与无条件者的必然理性理念的一致，并且发现，这种一致唯有凭借那种区分才出现，所以这种区分是真实的区分。"③ 因此，物自身在康德这里承担着以下三个功能：（1）标志人类知性界限的功能。我们对于任何作为物自身的对象都不可能有知识，尽管如此，康德还是提醒人们注意，"正是这些也作为物自身的对象，我们即使不能认识，至少也必须能够思惟。因为若不然，就会

---

① GORDON B G. *Kant's Theory of Science* [M]. Princeton：Princeton University Press，1978：23.
② 康德. 康德著作全集：第3卷 [M]. 李秋零，译. 北京：中国人民大学出版社，2004：12.
③ 康德. 康德著作全集：第3卷 [M]. 李秋零，译. 北京：中国人民大学出版社，2004：13.

从中得出荒谬的命题：没有某种在此显现的东西却有显象"①。（2）显象的客观根据。（3）在道德领域的实践应用。②

康德的观念论预设了"物自身存在"这一存在论命题，并将其规定为认识对象的外在根源，这一立场就与贝克莱的经验论取消物的自在存在区别开来。康德与贝克莱虽然都诉诸于认识主体，但他是建立在感性直观形式（空间和时间），以及先天知性范畴这些认识主体形式基础上的，认知主体不是随意地构造知识，这一构造知识的行为也不是个体化行为，他要遵守先天形式所确立的秩序。而贝克莱为了避免认知主体的个体化随性行为，最终诉诸于神的心灵。康德的先验观念论告诉我们，我们所经验的世界并不是自在的世界本身，而是世界向我们所显示的世界。也就是说，我们不要奢望从存在论上宣称自在世界是什么，能够从认识论上获得经验世界的普遍有效性就足够了。正如阿利森所说的那样，康德的观念论"不是一个有关（从神之眼的观点看）物'实际上'如何'是'（非空间的、非时间）的存在论命题，相反，它是有关认识从'人的立场'（这是我们唯一可以获得的立场）来看的那些物的条件的一个批判的命题"③。

第二节　康德的先验自我

在康德的先验观念论体系中，先验的自我意识又被称为先验统觉的原始综合统一，既是拱顶石，也是逻辑上的极点。因此，要准确地把握康德的先验演绎，理解什么是先验的自我意识以及它如何使先天综合成为可能就是最重要的一个环节。康德在《纯粹理性批判》中对先验自我的解释和描述可分为肯定性描述和否定性描述：

肯定性描述：

（1）单纯性——"我思"表象是一个单纯的表象，不包含杂多。

（2）同一性——统觉（apperception）是主体在数值上具有必然同一性的意识。

---

① 康德. 康德著作全集：第3卷［M］. 李秋零，译. 北京：中国人民大学出版社，2004：16.

② 本书因视点的限制，不涉及康德本体概念在道德领域的实践应用。

③ 阿利森. 康德的先验观念论：一种解读与辩护［M］. 丁三东，陈虎平，译. 北京：商务印书馆，2014：174.

(3) 先天性——纯粹"我思"所表达的"意识同一性"的意识是同一性的先天意识。主体是它的数值上的必然的自我-同一性的先天意识。

(4) 本源性——"我思"是一种本源的表象。

否定性描述：

(5) 纯粹统觉不是一种直观。

(6) 纯粹统觉不是一种经验自我的意识。

(7) 纯粹统觉不是一种实体的意识。

(8) 纯粹统觉不是单纯存在的意识。

(9) 纯粹统觉不是在时间中持存的自我同一的人的意识。

肯定性描述确定了先验自我意识的"先验的"身份，是纯粹的、本源性的表象；否定性描述将先验自我意识与经验自我意识明确区分开来。而揭示先验自我意识与经验自我意识之关联的句子是"我思必须能够伴随我的一切表象"。

"'我思'必须能够伴随我的一切表象，因为如若不然，在我里面就会有某种根本不能被思惟的东西被表象，这就等于是说，表象要么是不可能的，要么至少对我来说什么也不是。这种能够先于一切思惟被给予的表象就叫作直观。所以，直观的一切杂多在这种杂多被遇到的那个主体中与我思有一种必然的关系。但是，这个表象是自发性的一个行动，也就是说，它不能被视为属于感性的。我把它称为纯粹的统觉，以便把它与经验性的统觉区别开来，或者也称为源始的统觉，因为它就是那个通过产生出必然能够伴随所有其他表象并在一切意识中都是同一个东西的'我思'表象而不能再被别的表象伴随的自我意识。我也把统觉的统一性称为自我意识的先验的统一性，以便表示从它产生的先天知识的可能性。"①

"我思"必须能够伴随我的一切表象的事实解释为什么这种自发的意识活动具有承担着先验综合功能的前景。康德在这一段中揭示了纯粹自我意识的本质："我"在一切意识活动中必须是同一的；"我"在一切意识活动中处于本源性地位。换句话说，一切意识活动中的"我"都是同一个"我"，而这个"我"正是所有意识活动流的源头。黑格尔在《逻辑学》"概念论"部分评价说："康德已经超越了知性（作为概念的能力）和概念本身的这个外在的对比关系，走向自我。《纯粹理性批判》所包含的最深刻和最正确的洞见之一，就是认识到那个

---

① 康德. 康德著作全集：第 3 卷 [M]. 李秋零，译. 北京：中国人民大学出版社，2004：103.

构成了概念的本质的统一体是统觉的原初的-综合的统一体,即'我思'或自我意识的统一体。"① 但是,康德在这一段中明确指出"我思"的表象不属于感性接受性活动,而是一个自发性的行动,也给我们带来一个困难。一个流行的主张是"我思"必须能够伴随一切表象与非意识精神状态的实在性不相容,康德通过莱布尼茨的著作毫无疑问是熟悉这种假设的。另外一个指责是,康德使用第一人称的"我"好像暗示着将纯粹概念的客观有效性建基在个体意识精神状态上。如果是这样,对象以及对象性的概念显然被关联于一个具有致使它们成为纯粹主观的危险之中的条件上。先验自我意识在这种情况下将不可能拥有构建先天综合知识的即便是最小的合理性。"我思"必须能够伴随一切表象并不必然是属于个别主体统一性的精神状态。正如康德在第三悖谬中所指出的那样,尽管直观不能够在它们被经验的那个瞬间被分享,但它们在后来的时间段中通过他人的自我描述可以成为记忆状态。必须伴随一切直观的"我思"是先验的"我",因为它先天地蕴含着同一性——自我意识的同一性。康德在"先验分析论"中的主要意图就是主张直观对象必须遵从先天规则,而这些先天规则是经验科学法则的诸形式。

也就是说,一种在直观中被给予的杂多的统觉,它的这种完全的同一性包含着一种表象的综合,并且只有通过这种综合的意识才是可能的。因为伴随着各种不同表象的经验性意识自身是分散的,与主体的同一性没有关系。因此,这种关系还不是通过我用意识来伴随任何表象发生的,而是通过我把一个表象附加给另一个表象,并且意识到这些表象的综合而发生的。因此,只有通过"我"能够把给予的表象的杂多在一个意识中联结起来,"我"才有可能表象这些表象本身中的意识的同一性,也就是说,统觉的分析的统一性唯有以某种综合的统一性为前提条件才是可能的。②

康德的意图是把纯粹知性概念应用到直观对象上的基础建立在"我思"必须能够伴随一切表象的事实基础之上。"统觉的分析的统一性唯有以某种综合的统一性为前提条件才是可能的"。也就是说,自我意识的同一性只有当归属于自我的表象是综合的才是可能的。"我的"表象必须是综合的,这就是说,相互联结在一起的表象并不单纯是由伴随着"我思"的表象构成,"而是通过我把一个

---

① 黑格尔. 黑格尔著作集:第6卷[M]. 先刚,译. 北京:人民出版社,2021:208.
② 康德. 康德著作全集:第3卷[M]. 李秋零,译. 北京:中国人民大学出版社,2004:103-104.

表象附加给另一个表象，并且意识到这些表象的综合而发生的"。"把一个表象附加给另一个表象"是直接的意识活动；"意识到"这些表象的综合、联结是反思的意识活动。正如康德在其他地方所指出的那样，意识到被直观到的对象之间这样的联结预设了概念和下判断的机能概念和判断正是反思意识的产物。因此，这一段的讨论揭示了一个核心见解，即概念和判断的机能也服务于反思自我意识的同一性的可能性。不过，康德也许意识到或者没有意识到自己在此犯了一个"错误"，即为了追求这种先天综合，在反思的立场上他将众多意识的统一性等同于自我意识的同一性了。

据此，"这些在直观中被给予的表象全部属于我"的思想无非意味着，我在一种自我意识中把它们统一起来，或者我至少能够在其中把它们统一起来；而且即使这一思想本身还不是这些表象的综合的意识，它也毕竟以综合的可能性为前提条件，也就是说，只是由于我能够在一个意识中把握这些表象的杂多，我才把这些表象全部称为我的表象。①

康德的先验演绎思路是既然所有的表象都被称为"我的"表象，而这个"我的"同属于一个"自我"，这就必然意味着有一个综合在其中起作用，如若不然，"我"就会拥有多个像"我"拥有的"我"所意识到的表象那样驳杂不同的自己了，经验事实是只有一个"我"存在。这就说明"我"已经在一个意识中把它们先行综合起来，自我意识是一个综合意识。

因此，直观的杂多的综合统一作为先天地被给予的东西，是统觉本身的同一性的根据，而统觉是先天地先行于我的一切确定的思惟的。但是，联结并不在对象之中，也不能通过知觉从它们获取，并由此才接受到知性中，相反，它只是知性的一项工作，知性本身无非是先天地进行联结并把被给予的表象的杂多置于统觉的同一性之下的能力，这一原理乃是全部人类知识中的至上原理。②

康德的目标是揭示统觉的综合统一的原理是一切知性应用的至上原则，解释纯粹知性概念为什么必须被应用于直观中给予的对象，而且纯粹知性概念只有经验性的应用，而不能有纯粹的应用。康德接下来的步骤因此就是呈现对一

---

① 康德. 康德著作全集：第3卷 [M]. 李秋零，译. 北京：中国人民大学出版社，2004：104.

② 康德. 康德著作全集：第3卷 [M]. 李秋零，译. 北京：中国人民大学出版社，2004：104.

个客体概念的分析，致力于揭示客体、统觉的同一性和概念之间的必然关联性。"客体就是在其概念中一个被给予的直观杂多被结合起来的东西。"① 由一个客体的概念所规定的客体的统一性被关联于一个行统一功能的活动，亦即一个统一了直观杂多的活动。康德意图证明构成一个客体概念的同样的功能必定是奠定反思意识可能性的功能。自我意识必须关联于直观杂多的综合。一个对象可以是"为我的某物"，只有当它是一个反思意识的对象时，才是可能的。于是，先验综合就将被建立起来。范畴的应用在康德这里就被设想为必然地关联于直观杂多的综合统一，以及关联于可能经验对象的概念。

统觉的必然统一这一原理虽然是自身同一的，从而是一个分析命题，但它毕竟说明在一个直观中被给予的杂多的一种综合是必然的，没有这种综合，自我意识的那种完全的同一性就不能被设想。……因此，我是就一个直观中被给予的表象的杂多而言来意识到同一的自己的，因为我把这些表象全部称为我的表象，它们构成一个表象。但这就等于是说，我意识到这些表象的一种先天的综合，这种综合就叫作统觉的源始的综合统一，一切被给予我的表象都必须从属于它，但也必须由一个综合来把这些表象置于它下面。②

康德将统觉的必然统一看作一个分析命题，即"我"是"我"（A 是 A），但"我"是"我"中蕴含着"我"的一个综合（A_1，A_2，A_3……是 A），这个综合必须通过知性概念表达出来。也就是把表象的纯粹综合付诸概念，"为一个判断中的各种不同表象提供统一性的同一种功能，也为一个直观中的各种不同的表象的纯然综合提供统一性，用一般的方法来表达，这种功能就叫作纯粹知性概念"③。在这个阶段，诸范畴被呈现为一个客体判断的基本形式。既然范畴提供了客体判断的基本形式，那么，自我意识的所有活动看起来就会表明诸范畴是直观综合展现出来的概念。既然它被假定"我思"必须能够伴随"我"的一切表象，那么它就会表明诸范畴必然地应用于直观。

知性一般来说就是认识的能力。认识就在于被给予的表象与一个客体的确

---

① 康德. 康德著作全集：第 3 卷 [M]. 李秋零，译. 北京：中国人民大学出版社，2004：106.
② 康德. 康德著作全集：第 3 卷 [M]. 李秋零，译. 北京：中国人民大学出版社，2004：105.
③ 康德. 康德著作全集：第 3 卷 [M]. 李秋零，译. 北京：中国人民大学出版社，2004：87.

定关系。而客体则是在其概念中一个被给予的直观的杂多被结合起来的东西。但现在，表象的一切结合都要求意识在表象的综合中的统一。所以，意识的统一就是唯一构成表象与一个对象的关系，从而构成它们的客观有效性，使它们成为知识的东西，因而就连知性的可能性依据的也是它。①

不过，康德关于先验自我的规定和阐明，遗留了两个问题，第一，在康德的上述讨论中存在一个裂隙，先验演绎的一系列步骤并没有将其有效弥补。因为上述所有步骤只是阐明了意识的分析的统一性为什么必须关联于直观综合的意识，判断关联于"我思"的意识活动的主张是通过主张意识的分析的统一必须关联于意识的直观综合来实现的。在这一段落中，康德也只是阐明了客体就是被给予的直观杂多被统觉统一起来的一个东西，但没有解释范畴为什么是由意识的分析的统一所预设的概念这个问题，亦即为什么由"我思"所预设的综合判断必定是客观的判断。接下来康德试图通过回答"什么是自我意识的客观统一性"来一揽子解决这个裂隙，但遗憾的是，由于康德区分了意识的客观统一和主观统一，从而增加了解决问题的难度。如果意识的分析的统一被关联于主观的（综合的）统一，那么好像应该就没有理由排除虽然是一个自我意识但没有做出一个客观判断的可能性，也就是说，没有预设直观通过客体的先天概念被综合的可能性。既然这样一个综合涉及判断，那么它也涉及概念，但这些概念不需要是先天概念。正如盖耶尔所注意到的那样，康德的讨论只能建立起意识必然的自我同一性只有当表象被一些概念综合起来时才是可能的，但不能建立起如果人们可以拥有多个自我同一性的意识，那么统一起自我同一的主体认识为"我的"表象的综合就是一个必然的综合。因此，康德的讨论没有回答先验演绎的主要问题：为什么直观的对象必须遵从概念？为什么构成先天综合判断的机能必须是主体同一性反思意识的一部分？康德关于先验统觉的源始综合统一必须保障客观必然性的问题，激发了其身后德国观念论者的思想热情，并提出了各自不同的解决方案。

第二，康德的"我思"本身就具有模糊性。如果我们继续追问"我思必须能够伴随我的一切表象"的分析中所遗留的问题，就会发现一些问题，先验自我意识是如何关联于经验自我意识的？人们如何将"纯粹的自我意识"从"经验的自我意识"中区分出来？康德在讨论这些观念的时候，一个最突出的特征

---

① 康德. 康德著作全集：第3卷 [M]. 李秋零，译. 北京：中国人民大学出版社，2004：106.

是他总是在人称代词的意义上使用"我"来指称先验统觉,而用人称所有格"我的"来指称思惟主体与他的杂多经验之间的综合统一关系。这种语言特征在康德的讨论中也是导致困惑的一个根源。当然,康德也使用"我"来指称经验统觉。不过,当康德讨论先验统觉的时候,他从来没有使用不包含指示词的表达,这表明第一人称代词的本真使用与先验统觉相关联。

"我思"既表达了经验性的命题又表达了纯粹表象,"自我"作为纯粹表象是空洞的,仅是一个先天表象,如果它不是被使用在一个经验性的命题中,那么"我思"的行动就不会发生。

如同已经说过的那样,"我思"是一个经验性的命题,在自身中包含着"我实存"的命题。但是,我不能说"凡思惟者皆实存";因为这样的话,思惟的属性就会使一切具有这种属性的存在者都成为必然的存在者了。因此,我的实存也不能像笛卡尔所主张的那样,被视为从"我思"的命题中推论出来的(因为若不然,"凡思惟者皆实存"这个大前提就必须走在前面),而是与命题同一的。它表述一种不确定的经验性直观,亦即知觉(因而它毕竟证明,已经有属于感性的感觉作为这个实存命题的基础),但先行于应当通过范畴在时间方面规定知觉的客体的经验;而实存在这里并不是一个范畴,并不作为范畴与一个不确定的被给予的客体相关,而是仅仅与一个人们有其概念,并且人们想知道它是否还在这一概念之外被设定的客体相关。一个不确定的知觉在这里意味着某种实在的东西,它被给予,而且仅仅是为了一般的思惟而被给予的,因而不是作为显象,也不是作为事物自身(本体),而是作为事实上实存的某物,并在"我思"的命题中被表示为这样一个某物。因为应当注意的是,当我把"我思"这个命题称为一个经验性命题的时候,我由此并不是想说,"我"在这个命题中是经验性的表象;毋宁说,它是纯理智的,因为它属于一般的思惟。然而,没有为思惟提供材料的某种经验性表象,"我思"的行动就毕竟是不成立的,而经验性的东西只不过是纯粹理智能力的运用或者应用的条件罢了。①

人们也许会认为能够伴随一切表象的"我思"是某人的纯粹表象而不是由"我思"所表达的经验命题,"我思"仅表达了思惟的一种自我反思活动。然而,正如康德的这个注释所阐明的那样,纯粹表象"我思"必须关联于由"我思"所表达的经验命题。换句话说,"我思"必然的模棱两可。在人们意识到一

---

① 康德. 康德著作全集:第3卷[M]. 李秋零,译. 北京:中国人民大学出版社,2004:270-71.

个纯粹的"我"的地方，人们总是会做出一个经验性判断。由于思惟的"我"的实存只能通过经验判断建构起来，那么这种模糊性就不能够被消除。康德试图给"自我"一个清晰奠基的最后努力发生在"纯粹理性的谬误推理"中，在那里，康德一方面批判理性心理学家将关于思惟主词的一个单纯分析的命题与关于这个主词的真正性质的一个先天综合命题混同起来，也就是说，"思惟着的我是一个单纯的实体而实存"这一主张必须通过诉诸于直观才能得到确立。另一方面再次强化了自我、思惟着的主体在数值上的历时的同一性主张，以及"我思"与"我实存"关系不是建立在反思推论上，而是建立在经验上，但遗憾的是，康德依然没有能够解决"自我"概念固有的模糊性和空洞性。

纵观康德的整个纯粹理性批判，"我思"所固有的模糊性关联于康德对先验统觉的一系列特征的描述，康德所描述的关于先验统觉的两个特征对解释第一人称的同一性的自我认识至关重要。第一个特征是"我思"不是直观，第二个特征是"我思"的单纯性。按照康德的主张，"我思"不是直观意味着自我同一性的知识涉及"我"的思想并不是建立在自我知觉或自我直观的基础之上的。第一人称的同一性知识表明了关于同一性意识的一种独特的认识模式，它假定康德的术语"先验统觉"意味着同一性知识的这种认识模式。先验统觉和经验统觉之间的区分并不是两个认识主体之间的区分，而是同一个主体的两种意识模式之间的区分。因此，"单纯性"应该与"我"表达了自我同一性的意识的主张相分离。自我同一性知识的这种单纯性的认识模式与第一人称的思想相关联并没有赋予"我"所指称的自我同一性那种单纯性。先天是同一性的先天，单纯性是自我同一性反思意识的认识模式的单纯性，以及"同一性"是"我"所指称的对象的同一性。

因为由许多表象构成的思想的统一性是集合的，并且在纯然的概念上，这种统一性既能够与一起参与这一思想的诸多实体的集合统一性相关（就像一个物体的运动是其所有部分的复合运动一样），也同样能够与主体的绝对统一性相关。因此，按照同一性的规则，看不出就一个复合的思想而言预设一个单纯的实体的必要性。①

但是，我自己（作为灵魂）的单纯性实际上也不是从我思这个命题推论出来的，相反，这种单纯性已经蕴含在每一个思想自身里面。"我是单纯的"，这

---

① 康德. 康德著作全集：第4卷[M]. 李秋零, 译. 北京：中国人民大学出版社，2005：220.

个命题必须被视为统觉的一种直接的表达,就像被信以为真的笛卡尔式推理"cogito, ergo sum"(我思,故我在)事实上是同义反复一样,因为 cogito(我思) sum cogitans(我是思惟者)直接陈述着现实性。但"我是单纯的"却仅仅意味着,"我"这个表象在自身不包含丝毫的杂多性,它是绝对的(尽管纯然是逻辑的)统一性。①

按照康德第一段的阐述,我们知道,"我不是单纯的是可能的"。按照第二段的阐述,"我是单纯的"确定性等同于笛卡尔的"我思"的确定性。显然,"我是单纯的"不能够被分析为"以一种模式我意识到自身是单纯的"的含义。如果术语"我"在两个判断中有相同的含义,如果它在两个判断中被使用是为了指称一个相同的特殊个体,那么,矛盾就不可避免。按照第一个句子,"我是单纯的"也许就会是错的,而按照第二个句子,"我是单纯的"就以确定的方式被认识到,也就是说,它是不容置疑和绝对可靠的。康德关于先验自我所遗留的这些困惑和不解,不仅激发了康德身后的德国观念论者的思想热情,而且也是现代康德学者的主要话题之一,P. F. 斯特劳森、阿利森、盖耶尔等都为此耗费大量心力,提出了自己的分析和论证。尽管他们从现代分析哲学的立场出发都有所建树,但已经超出本研究所要讨论的范围,就不赘述了。

康德对先验自我(主体)的处理在德国观念论者和后来的海德格尔看来,最大的缺陷在于他没有进一步阐明主体的限制性和结构性因素,因而依然停留在笛卡尔一般精神主体所规定的范围内,更没有看到主体或理性的历史性。当然,德国观念论者对康德主体和理性的处理又与海德格尔不同,他们要完成康德的先验观念论体系,而不是要否定它。海德格尔则是要改造康德先验观念论体系为存在论,因此他紧扣主体的有限性,揭示其生存的结构性和历史性。德国观念论在完成康德的过程中,丢弃了康德人类认识是有限的洞见,在补足主体的历史性和具体性的同时,大大强化了人类理性和精神的无限性或自足性。他们在对康德先验自我和主体理性的改造中,提出了对自身限定着自身的理性的自足的洞见。谢林的评论充分说明了这一点:"这应当就是费希特所说的那种从一个本原共同推导出一切先验知识的必然性,这个必然性肯定会导向一种绝对的理性,即我在上面所试着解释过的那种在任何一种意义上都是绝对的理性,这进而导向一种毫无限定的理性科学的概念。在这个理性科学中,不再是哲学家,

---

① 康德. 康德著作全集:第 4 卷 [M]. 李秋零,译. 北京:中国人民大学出版社,2005:221.

而是理性自身认识着理性。理性在此只面对着其自身，认识者和被认识者是一样的，它也因此不管是从质料上来看还是从形式上来看都赢得了理性科学之名。只有这样，它才会是一种被提高到独立自足的科学之上的纯粹理性批判。"①

附图：康德的建筑术

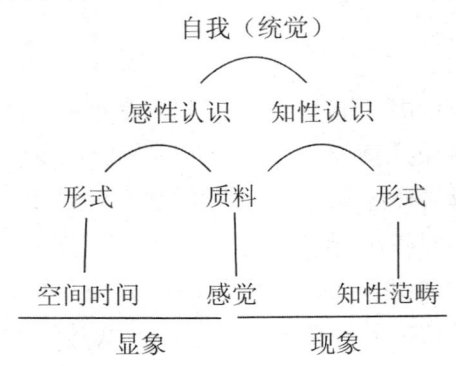

```
                        自我（统觉）
                       ╱            ╲
                感性认识              知性认识
                ╱      ╲              ╱      ╲
            形式        质料         形式
             │           │           │
          空间时间      感觉       知性范畴
             └────┬─────┘           │
                显象                现象
```

第三节　现象与本体的区分

康德在《纯粹理性批判》中对现象与本体的区分是现世争论最多最大的一个康德论题。阿利森主张："以认识论为基础来理解先验观念论，就要求现象与物自身之间的区分必须被理解为是在两种思考事物的方式之间的区分（显现的事物和如其自在的事物），而不是如更为传统的解读所说，是在两套存在论上不同的实体之间的区分（现象和物自身）。"② 作为康德直接继承人的德国观念论者显然没有将康德现象与本体的区分看作两种思考方式的区分，而是直接将这种区分视为不可理解的荒谬区分。从德国观念论的视点出发，既然康德也主张知性承认现象，也承认物自身的实存，况且理性又要求知性将系统统一性、无条件者作为认识的目标和终点，那么就不需要再给知性设定边界——物自身不可知了。毋庸置疑，德国观念论者消除物自身不可知状态的成就越大，对康德现象与本体的区分误读越深。为了阐明这一观点，我们需要考察康德区分现象与本体的依据是什么；现象与本体的区分在先验观念论体系中的意义是什么；

---

① 瓦尔特·舒尔茨. 德国观念论的终结——谢林晚期哲学研究［M］. 韩隽，译. 北京：中国人民大学出版社，2019：29.
② 阿利森. 康德的先验观念论：一种解读与辩护［M］. 丁三东，陈虎平，译. 北京：商务印书馆，2014：36.

本体既然是不可知的，那么本体在理论理性领域中又承担什么样的作用；康德身后的德国观念论者为什么执着于取消康德的现象与本体的区分，而海德格尔从存在论上解读康德为何没有把现象与本体的区分看作一种错误，相反却肯定了康德的区分视点。

种种显象，就它们作为对象按照范畴的统一性被思惟而言，就叫作现象。但是，如果我假定的事物纯然是知性的对象，尽管如此作为这样的对象能够被给予一种直观，虽然不是被给予感性直观［因而是 coramintuituintellectuali（面对智性直观）］，那么，这样的事物就叫作本体［intelligibilia（理智的事物）］①。

从概念上讲，现象是认识论概念，本体是存在论概念，二者的区分不存在争议。康德现象与本体的区分之所以成为问题，是因为这种区分是在认识论领域中做出。现象是遵照人类的认识方式而被显现和思惟的对象；本体是智性直观的对象。而康德认为，智性直观是生产性直观，属于神的视点，人只有感性直观，只能认识现象。但是，这并不意味着在可感世界里，人类的认识是纯主观的。因为，现象这个概念在经验世界里已经提供了本体的客观实在性，经验意识的事实是感官已经把某物完全如其显现的那样呈现给了我们，在我们的意识经验中这个某物只能就其自身而言是这个某物，由此而来，它就从感性直观中超脱出来，成为一种智性直观的对象，也就是康德所说的"理智的事物"了，换句话说，必须有一种不是感性的知识，且唯有这种知识才具有绝对客观的实在性，通过它，对象才会如其所是地表现给我们。康德进一步解释说："事实上，当我们合理地把感官的对象视为纯然的显象的时候，我们由此也就同时承认了，这些显象是以一个物自身为基础的，尽管我们不知道该事物就自身而言是什么性状，而是只知道它的显象，也就是说，只知道我们的感官被这个未知的某物所刺激的方式。因此，恰恰由于知性承认显象，它也就承认了物自身的存在，而且这样一来我们就可以说：这些作为显象的基础的存在物，从而纯然的知性存在物，其表象就不仅是允许的，而且还是不可避免的。"② 根据康德的以上论述，我们可以推知，康德关于现象与本体的区分对其先验观念论而言，有三个意义：第一，物自身作为显象的客观基础。第二，本体限制了感性的僭

---

① 康德. 康德著作全集：第4卷［M］. 李秋零，译. 北京：中国人民大学出版社，2005：158.
② 康德. 未来形而上学导论［M］. 李秋零，译注. 北京：中国人民大学出版社，2013：56.

越,用来标志我们感性知识的限度。第三,承认物自身的实在性将康德先验观念论与贝克莱的主观观念论区别开来;承认物自身的实在性,感性直观能力作为一种接受能力得以成立。但康德对物自身的定位存在前后矛盾:如果说物自身的刺激触发了我们的感觉,是感性的基础,那么物自身就与感性的接受性建立起了因果联结,但按照康德的规定,因果范畴又只能限于现象界,不能作用于物自身之上。这个矛盾是费希特和谢林接下来要全力解决或消解的问题。

  实事上,我们认识的对象无非就是表象,但这个表象总是与一个某物相关联,也就是说,我们认识的对象是表象,表象不是可以独立存在的东西,因此这个表象又是从哪里来的,显然不能再来源于表象,只能来源于一个不能为我们所直观的某物,否则就会陷入无限倒推之中。因此,这个某物在康德这里就被规定为先验的客体,就是一个 X,对于这个 X,我们没有任何知识,它只是先验统觉的源初统一性的对应物,被作为原型用于感性直观杂多中的统一性的根据,然后知性概念才能够凭借这种统一性把直观杂多统摄到概念下,形成一个对象。因此,它是表象杂多通过知性具有概念统一性的先天条件。P. F. 斯特劳森说,无论如何,知识都取决于受到一个独立于心灵的认知对象的触发①,但这样一个对象的内在性质不是我们所能够认识的。即使我们无法知道触发我们心灵认识机制的实体(X,或物自身)的内在性质,我们还是可以无矛盾地断言实体的存在。因此,物自身,康德的那个客体就将一起参与知识条件的组建。虽然先验的客体并没有实质的内容,它只是作为直观杂多统一为表象的客观基础而存在,但是即便这种统一在康德这里最终依然是意识的统一。因此,先验客体所代表的那种统一关系,实质上依然是自我意识的源初统一。简而言之,在康德这里,"先验统觉"不仅仅是杂多表象统一的根据,也是后来"先验客体"作为理性概念得以成立的前提条件。

  从表象杂多的客观基础出发,先验客体被康德称为物自身,作为先验感性论的基本前提,但严格来说,物自身与本体并不是完全同一的概念,因为本体在康德的使用中与感性认识没有任何积极的关联,在康德这里,"本体的概念纯然是一个界限概念,为的是限制感性的僭妄,所以只有消极的应用"②。本体概念限制感性直观直接通达物自身构成对象,感性直观只有和知性概念相结合才能构成经验对象。因此,只有本体才是康德意义上的先验客体,它是一个界限

---

① STRAWSON P F. the Bounds of Sense: An Essay on Kant's *Critique of Pure Reason* [M]. London New York: Routledge, 1966: 250.
② 康德. 康德著作全集: 第 4 卷 [M]. 李秋零, 译. 北京: 中国人民大学出版社, 2005: 162.

概念，康德明确界定了它仅仅是知性概念的一个对象，可以被给予知性，而根本不能被给予感官，而且知性也不允许有先验的应用，否则就会导致先验的幻相。既然它不是我们感性直观的客体，那只能是智性直观的客体，这就意味着我们必须假定存在着一种智性直观方式，本体在那里有积极的应用，这也许是康德身后的德国观念论者毫不迟疑地就把智性直观赋予人类理性的原因。由于康德将人类隔绝于智性直观之外，所以本体世界对我们来说永远都是未知的，甚至这样一种先验的知识是否可能，也依然是未知的，对我们人类的认识能力而言，知性和感性只有结合起来才能规定经验对象。不过，我们要注意的是，未知和不可知还是有区别的。另外，在这里康德又把先验客体与本体进行了细微的区分：先验客体尽管不能被感知、不能被范畴规定，但可以通过经验概念把范畴的规定看作先验客体的规定，而本体完全属于另一个理智世界，不能由范畴来规定，否则就会产生先验的幻相。

康德在《纯粹理性批判》第二版（1787）大篇幅重写了"现象与本体"的那一章，删除了"先验客体"这个概念，引入本体积极含义和消极含义，指出"感性学说同时就是关于消极意义上的本体的学说"①，这些新变化是否可以澄清我们理解上的混乱？

第一，本体、先验客体、物自身的混同。本体概念不是感官的对象，而是作为物自身通过智性直观被思惟的事物的概念。物自身是感性直观的来源和根据，本体概念只是一个界限概念，为的是限制感性的僭妄，只有消极的应用。如果将物自身与本体混同，就会导致既是根据，又不可知，根据只能是深渊；既是限制，又是一个完全无规定的等同于 X 的一般之物，限制只能是非感性的抽象边界线。当康德说我们不能拥有关于物自身的知识的时候，他所主张的是感性直观中被给予的客体不能被直接确定为自在物本身，我们没有一种直观可以直接通达物自身，但这与我们拥有物自身的概念并不冲突。物自身的概念提供了先于和外在于我们的认识，且又构成我们认识来源的东西的一般形而上学的特征。康德对物自身的阐明，实际上也可以按照其阐明思路区分为形而上学的阐明和先验的阐明，形而上学的阐明将现象与本体区分为两个不同的客体领域——感性世界和理性世界；先验的阐明将现象和物自身分属于同一个客体的不同认识方式——感性和知性——中呈现的认识对象。

---

① 康德. 康德著作全集：第3卷［M］. 李秋零，译. 北京：中国人民大学出版社，2004：204.

(1) 显象本身无非是感性的表象，表象就自身而言必须以同样的方式不被视为（表象能力以外的）对象，当谈到一个与知识相应也与知识有别的对象时，人们究竟理解的是什么呢？很容易看出，这个对象必须被设想为一般的某种东西＝X。

(2) 既然我们只与我们的表象的杂多打交道，而那个与我们的表象相应的X（对象），由于它应当是某种与我们的所有表象有别的东西，对我们来说就什么也不是，所以，对象使之成为必然的那种统一性就不是别的东西，只能是表象的杂多之综合中意识的形式统一性。①

我们认识的只是表象，但是，按照康德的严格规定，物自身作为与我们的表象相应的对象，它与我们的表象有必然的对应关系，而且也承担着表象杂多之综合的功能，只不过它属于意识的形式的统一性，也是概念的综合，起着规则的作用。康德把意识的统一的这个先验根据称为"先验的统觉"。他说："这个源始的和先验的条件不是别的，就是先验统觉。"② 可见，在第一版中，康德是将先验统觉的源始的综合统一与物自身作为认识的客观条件的统一等同起来了，这也是接下来康德将先验客体等同于先验主体的前兆。

对康德而言，我们认识中属于直观的任何事物包含的无非是纯然的关系，物自身不能够凭借这些关系被认识。这种主张至少提出了两个问题：(1) 为什么凭借关系认识物自身是不可能的？(2) 为什么一切直观对象的特征是纯然的关系？按照阿利森构想物的两种不同方式的区分立场——一种方式用来刻画一个物是如何得到构想的，一种方式用来直接刻画物的种类和实存——来看，"把物考虑为显现着的，就是在它们与感性条件（它们就是在这些条件下而在直观中被给予心灵的）的关系中考虑它们，也就是把它们考虑为先验的意义上（不是经验性的意义上）在我们中的（in uns）；而把物考虑为如同自在的则是脱离于这些条件的所有关涉来思考它们，也就是把它们考虑为先验的意义上在我们之外的（ausser uns）"③。在附录"论反思概念因经验性的知性应用与先验的知性应用的混淆而产生的歧义"中，康德也明确区分了内部和外部：

---

① 康德. 康德著作全集：第 4 卷 [M]. 李秋零，译. 北京：中国人民大学出版社，2005：74.
② 康德. 康德著作全集：第 4 卷 [M]. 李秋零，译. 北京：中国人民大学出版社，2005：75.
③ 阿利森. 康德的先验观念论：一种解读与辩护 [M]. 丁三东，陈虎平，译. 北京：商务印书馆，2014：86.

内部和外部。就一个纯粹知性的对象而言,只有(就其存在来说)同任何与它不同的东西都没有任何关系的东西,才是内在的。与此相反,空间中一个 substantia phaenomenon(作为现象的实体)的内在规定无非是一些关系,而且它们本身也完全是纯粹关系的总和。①

一个属于本体的实体,它所固有的属性是内在于它自身的,与人类认识方式没有关系,但它又是触发感官的基础,因此承认物自身存在,必然就承认认识关系成立。但反过来,承认认识关系成立,并不能推出物自身必然存在。康德在这里重复了物自身不能够通过关系来认识以及这些关系只是我们可以认识被给予我们的个体事物的主张。实体作为纯粹知性之纯粹可能的客体对象必定包含内在规定,以及与它们内在实在性相关的力量。在康德这里,"内在实在性"这个概念与"本质"相关(参见:《自然科学的形而上学基础》前言)。一些学者由此认为,我们不能认识实在为它自身,因为我们所知道的一切都只是关系,当实在被认为是它自身时,这些关系都不是真实的。不过,康德在"纯粹理性的理想"部分提出了另外一种解释:

但是,通过对实在性的这种全部占有,一个物自身的概念也被表象为普遍被规定的,而一个 entisrealissimi(最实在的存在者的)概念就是一个单一的存在者的概念,因为在它的规定中,发现了所有可能的对立谓词中的一种谓词,即绝对属于存在的谓词。因此,这个存在者是一个先验的理想,它是在一切实存的东西那里必然被发现的普遍规定的基础,构成其可能性的至上的和完备的质料条件,一般对象的一切思惟在其内容上都必须回溯到这个条件。但是,它也是人类理性所能有的唯一真正的理想,因为只有在这个唯一的场合里,一个事物就自身而言的普遍概念才通过自身而被普遍规定,并被认作一个个体的表象。②

康德把物自身的概念视为通过内在规定而被具体化的同一性的物的概念,这意味着它们的同一性或个体本质并不是由关系组成也不依赖于关系。物自身的概念就与纯粹理性的理想通过内在的规定关联起来。康德在《纯粹理性批判》中将人类的认识能力划分为三级:感性接受性、知性规则能力和理性原理能力。

---

① 康德. 康德著作全集:第 3 卷 [M]. 李秋零,译. 北京:中国人民大学出版社,2004:211-12.
② 康德. 康德著作全集:第 3 卷 [M]. 李秋零,译. 北京:中国人民大学出版社,2004:378-79.

与此对应，感性直观提供认识质料，知性提供概念，理性则提供总体的统一性理念，这些理念也就是本体概念。康德说，一切事物按照其可能性而言都将从属于普遍的规定的原理。全部规定性从来都不能够在具体中被展现，但是一切可能性的总和质料的观念"把自己提炼为一个普遍先天的被规定的概念，并由此成为一个单一的对象的概念，这个对象通过纯然的理念完全地被规定，从而必须被称为纯粹理性的理想"①。"一切可能性的总和的"概念、理想，"是一个把一切谓词都按照其先验的内容包摄在自身之下的概念，而且是把它们都包摄在自身之中的概念，而任何一个事物的普遍规定所依据的都是对实在性的这种大全的限制"②。

"自身普遍的"概念是个体的表象，即一个事物完全通过它自身得到规定的概念。"纯粹理性的理想""一切可能性的总和的"概念是通过我们所拥有的先天自身得到规定的个体的唯一概念，但是，这并不是唯一可设想的概念。完全的规定预设了先验的否定，与纯粹逻辑的否定相对照。个体事物的所有完全的规定的概念通过先验的否定派生于纯粹理性的理想。纯粹理性的理想是"一切事物的原型（prototypon），而一切事物全都作为有缺陷的摹本（ectypa），从它获取其可能性的材料"③，纯粹理性的理想提供了物自身的一个原型。这个原型就是本体，本体因此是只有理性才能理解的理想概念或整体概念。它没有任何经验支持，是传统形而上学思惟只能凭借理性掌握的"整体"或超感性对象的表象。本体概念在康德这里更多的是限制作用，是限制性概念，限制性概念第一是"限制感性的僭妄"④，当感性的接受性被突破，感性直观条件不再是作为可能经验之对象的物的认识条件，而持一种错误的信念，认为感性条件也是一般物的存在论条件，也就是说感性直观到的不再是显现给我们的物，而是自在的物时，感性的僭妄就发生了。限制性概念第二则是限制知性的非法扩展，即从知性的有条件的对象扩展到理性无条件的对象。当然，知性的扩张是不可避免的，一方面是因为知性只能为直观杂多提供统一性，尚没有认识到绝对的统一性；另一方面理性也引导知性从有条件者进入无条件者，以便完成认识。康

---

① 康德. 康德著作全集：第3卷 [M]. 李秋零，译. 北京：中国人民大学出版社，2004：377.
② 康德. 康德著作全集：第3卷 [M]. 李秋零，译. 北京：中国人民大学出版社，2004：379.
③ 康德. 康德著作全集：第3卷 [M]. 李秋零，译. 北京：中国人民大学出版社，2004：379.
④ 康德. 康德著作全集：第3卷 [M]. 李秋零，译. 北京：中国人民大学出版社，2004：205.

德认为对感性的僭妄和知性非法的扩张纠正方法是先验的反思。

纯粹理性的理想与纯粹直观共享了重要的特征。它是完满规定的个体的唯一的概念,并因此是一个唯一的表象。就像空间与空间、时间与时间的关系一样,在它之下它并不包含所有的实在,而是在它自身中包含它。不过,康德并没有将理想看作纯粹直观,而是将其视为一个个体的概念。理想与纯粹直观之间主要的差别在于理想不是一个可以在感性直观中被给予的客体的形式。尽管理想表象着个体事物,但是这个个体本质上是整体,而且在思惟中表象它的能力并不涉及实存的知识。理想是一切存在者之存在(或实在)的先天概念,在康德这里,严格来说,理想或本体概念只有三个——灵魂、世界、神。

因此,它们的理想仅仅在理性中存在的对象也被称为元始存在者(ens orginarium),就在它之上没有任何东西而言,被称为最高存在者(ens summum);就一切都作为有条件的而隶属于它而言,被称为一切存在者的存在者(ens entium)。但是,所有这些都并不意味着一个现实的对象与其他事物的客观关系,而是意味着理念与概念的关系,并且使我们对一个具有如此出类拔萃的优势的存在者之实存依然完全无知。①

因为知性只有联结直观杂多的能力,没有统一概念的能力,理性统一概念所获得的最终总体性概念虽然在表象中表现为一般个体,但理性并没有断言现实中与此一般个体概念相对应的实存。这个理想个体可以被看作一切事物的原型(prototypon),是元-概念,在某种程度上与莱布尼茨个体实体完整概念相呼应。因此,拥有理想并不蕴含人们拥有通过它而被表象的个体的内在规定的知识。个体事物的概念只能够从理想中派生出来,严格地说,康德只是让我们拥有了物自身的完整概念。在康德看来,正是因为被反思概念的歧义所迷惑,莱布尼茨建立起一个理智的世界体系,"莱布尼茨把显象理智化,就像洛克按照自己的理智论(如果允许我使用这些术语的话)的体系把知性概念一起感性化,也就是说,把知性概念说成无非是经验性的概念或者抽象的反思概念一样。这两位伟大的人物不是在知性和感性中寻找表象的两种截然不同,唯有在结合中才能对事物做出客观有效的判断的来源,而是每一个人都仅仅抓住二者中的一个,在他们看来这一个直接地与物自身相关,而另一个的所作所为则只不过是

---

① 康德. 康德著作全集:第 3 卷 [M]. 李秋零,译. 北京:中国人民大学出版社,2004:379-380.

使前者的表象混乱或者有序罢了"①。

　　康德现象与本体的区分主张物自身不可知，认识实际上认识的只是现象，从而与直接认识到事物本身的信念相对立。康德的主张因此被现代分析哲学家称为表象主义或建构主义，在分析哲学的语境中，表象主义是这样一种策略，即我们关于对象的知识并不是直接的，而是间接的，以对独立于心灵的认识对象的表象为媒介；根据建构主义的立场，人类主体只能认识那些我们自己按照认识它们的方式、条件而建构起来的对象。实际上，针对康德先验知识论的这两种主张——表象主义与建构主义——是不兼容的，表象主义认为通过间接的、媒介（表象）是可以认识独立于心灵的外在世界，而建构主义则否认这一点。在致马库斯·赫茨的信中，康德提出了表象与对象的关系是建立在什么基础之上的问题，他说："如果表象仅仅包含了主体被对象刺激的方式，那么，就很容易看出，对于对象来说，表象作为一个结果是与它的原因一致的。我们心灵的这种规定性能够表象某种东西，即能够拥有一个对象。"② 显然，在康德那里，表象与对象具有一致性，这种一致性表明表象作为结果不仅是现象，而且是独立于心灵的外在对象的显象。"人们就可以从两个方面来考察这个存在物的因果性：就其作为一个物自身的行动而言是理知的，而就其作为一个感官世界中的显象的结果而言是可感的。"③ 从康德的哥白尼式转向立场出发，我们只能认识我们通过认识方式所建构的对象，而从其表象理论出发，我们认识的现象也是外在认识对象的显象，现象与显象具有一致性。康德因此将人划分到两个世界中，在其行动中作为物自身的本体世界，在这个世界中人们允许它有一种理智的性质，作为显象的行动的原因；在其行动结果中作为呈现的现象世界，在这个世界中我们要有一种经验性的性质。经验性的性质是感性的记号，通过它我们可以识别行动主体的知性性质。经验性的性质纯然是理智的性质的显象。

　　第二，康德的"物自身"不属于感性世界，不能在感性直观中显现，也就意味着"物自身"不在空间和时间之中，由此而来的疑难就是，经验对象只是人类的心灵构造物，自然世界也是我们心灵的构造物吗？如果是，那么整个宇宙就只是人类意识的投影而已，这一结论是目前人类理智无法接受的。首先，康德说："这个先验的客体根本不能被与感性材料分开，因为分开的话，就不剩

---

① 康德. 康德著作全集：第3卷 [M]. 李秋零, 译. 北京：中国人民大学出版社，2004：215.
② 李秋零. 康德书信百封 [M]. 上海：上海人民出版社，2006：33.
③ 康德. 康德著作全集：第3卷 [M]. 李秋零, 译. 北京：中国人民大学出版社，2004：356.

下思惟这个客体所凭借的任何东西了。因此,它不是知识的对象,而仅仅是在一个一般对象的概念之下的显象的表象,这个概念可以通过显象的杂多来规定。"① 这就意味着,物自身作为显象呈现于空间与时间中,但不能作为本体在我们的感性直观中出现。其次,产生这种疑难一方面模糊了感性直观与智性直观的界限,另一方面也是对康德先验观念论的误解,误认为康德的先验观念论只是由下列主张建立起来的:

(1) 每一个综合知识都是建立在直观的基础之上的。
(2) 空间、时间表象是客体的先天的、单个的和直接的表象。
(3) 每一个能够被给予我们的真实对象都是空间和时间的。
(4) 物自身不是空间与时间的。

这种讨论是建立在个体化条件与同一性的区分的基础上的,这种区分毋庸置疑也隐含在康德《纯粹理性批判》及其相关著作中,只是仅仅从个体出发,只看到了康德用感性直观对知性范畴的限制,没有看到本体概念对感性直观的限制。人们如果认识到一个个体的对象被给予,就必须知道如何把一个对象与其他对象区分出来,它是这一个对象,而不是另一个对象。但是,康德的物自身概念、本体概念,不是经验个体概念,比如一张书桌,一把座椅,而是总体个体概念,比如自我、自然、至高存在者。因此,不能通过一个个体与其他个体所具有的关系来构建物自身的个体本质。物自身不在空间与时间中的论断就意味着物自身不是经验之物、经验之个体,而是一般之物、系统整体。

另外,空间、时间在康德先验观念论体系中有两种用法,一是先天直观形式,二是感性活动中的空间与时间表象。先天直观形式使感性直观成为可能,在先天直观形式的先验前提下,感性活动中的空间表象和时间表象才得以向我们显现。无论从第一种用法还是第二种用法中,空间与时间都是个体不可或缺的条件。康德关于空间与时间的单一性讨论,解释了为什么一个处于时空中的表象是独一的表象。

凡是在我们的知识中属于直观的东西(因此,根本不属于知识的快乐与不快的情感和意志除外),所包含的无非是纯然的关系,即一个直观中的位置的关系(广延)、位置的变化的关系(运动)和这些变化被规定所遵循的规律的关

---

① 康德. 康德著作全集:第 4 卷[M]. 李秋零,译. 北京:中国人民大学出版社,2005:159.

系（动力）。①

我们对经验对象的认识无非就是对时空关系的认识，这一主张好像对物自身不是在时空中的主张提供了一个初步的证明。如果对象的所有可认识的时空特征都是关系以及具有关系的属性，并且如果关系不是物自身的个体本质的一部分，那么，这种讨论虽然看起来有力，但是依然很难一次性证明物自身不是时空的。它涉及两个问题，一是对象的一切时空特征是纯粹的关系，正如康德所阐明的那样，经验空间是相对的移动空间，关于绝对经验位置的知识是不可能的，虽然康德认为绝对空间必定是由经验空间所预设的，时空位置对经验对象（质料对象）是唯一的，但不是物自身的关系特征；二是即使我们认识中的任何事物都属于直观，无非是纯粹的关系，物自身也可能是处于时空中的。这两个问题不能够相互割裂，如果时空位置是占据它们的对象的唯一特征，那么，对象的时空特征就不仅仅是对象之间的关系。在这种情况下，问题是时空位置作为对象的唯一的个体特征是如何被关联于物自身的个体本质概念的。归属于个体对象的时空位置作为物自身个体本质的一部分涉及一个难以克服的困难。另外，如果人们否认对象的时空特征包含归属于个体对象的唯一的时空位置不可归约为真实对象和它们的内在特征之间的关系的话，那么，遗留下来的只能是对时空位置的个体化本质没有解释。考虑到康德的先天性和独一性论题，空间和时间不能归约为对象和它们的固有本质之间的关系。时空位置必须被设想为完全独立于被假定为存在于它们之内的对象的同一性。

康德也确实曾提到物自身不在时空中的主张："即便我们能够通过纯粹知性关于物自身综合地说些什么（尽管如此这却是不可能的），这也毕竟根本不能与显象相关，显象并不表现物自身。因此，在这后一种场合里，我将不得不在先验反思中，任何时候都仅仅在感性的条件下比较我的概念，而这样，空间和时间就不是物自身的规定，而是显象的规定：物自身可能是什么，我不知道，也不需要知道，因为毕竟除了在显象中之外，一个事物永远都不能以别的方式呈现给我。"② 空间和时间的先验的理想性并不以它们表象了纯粹关系的主张为基础，尽管这个主张是真实的。它们是建立在这样一个事实之上，即只有在它们代表着对象的唯一特征，也就是说，只有在这些对象占据了时空位置的条件下，

---

① 康德. 康德著作全集：第3卷 [M]. 李秋零，译. 北京：中国人民大学出版社，2004：64.

② 康德. 康德著作全集：第3卷 [M]. 李秋零，译. 北京：中国人民大学出版社，2004：218.

它们才表示关系。但时空位置的唯一性不能够与物自身的固有特征关联起来。存在于被给予的不同时空位置上的数量不同的对象来自时空位置的唯一性。换句话说，时空位置必然是现实存在对象的个体化特征，不能够是物自身的个体本质的一部分。空间和时间仅仅表明经验对象之间的关系，而没有破坏时空位置的唯一性，毋宁说是时空位置本质的一个结果。既然个体化述谓了将时空位置指派给经验对象不能够成为物自身固有本质的一部分，客体拥有唯一时空位置的事实就导致了这个客体是一个实体现象，即纯粹关系的总和。

是否还有其他途径可以辩护物自身的个体本质包含时空性？也许可以探讨的是，即使没有专门的时空谓词被包含在物自身的本质中，如此这般地存在于空间和时间中也可以被包含在物自身的个别本质中。物自身并不必然地存在于某些既定的空间中，但它必然存在于某处和某时。如果这是有可能的，那么时空性就将被包含在物自身的个别本质中。在这种情况下，如果它们没有存在于空间和时间中，对它们的存在而言，将是不可能的。上述立场的讨论预设了一个形而上学原则：任何存在的事物必须存在于某处和某时。康德在关于神学的讨论中提出了对这种原则和立场的驳斥。

在自然的神学中，由于人们设想一个对象，它不仅对于我们来说根本不能是直观的对象，而且它对自己来说也绝对不能是感性直观的对象。所以，人们就小心翼翼地考察，从它的直观（因为它的所有知识都是诸如此类的东西，而不是在任何时候都表现出局限的思惟）中去掉时间和空间的条件。但是，既然人们事先已经使这二者成为物自身的形式，而且是这样的形式，即使人们去掉事物本身，它们作为事物实存的先天条件也依然留存，人们现在有什么权利做上述事情呢？因为作为所有一般存在的条件，它们必定也是神存在的条件。①

正如康德的考察，任何存在的事物必须存在于某处和某时的主张不能够被证实。它与可设想的非时空存在的个体实存比如神不兼容。作为"一切事物的原型（prototypon），而一切事物全都作为有缺陷的摹本（ectypa）从它那里获取其可能性的材料"②。实际上，人们如何能够证明如果它们没有存在于空间和时间中，物自身就不能够存在的主张呢？考虑到即使它们没有存在于空间和时间

---

① 康德. 康德著作全集：第3卷 [M]. 李秋零，译. 北京：中国人民大学出版社，2004：67.
② 康德. 康德著作全集：第3卷 [M]. 李秋零，译. 北京：中国人民大学出版社，2004：379.

中，事物也存在这种情况也是可以想象的（尽管不能够认识），存在于空间和时间中就不是物自身实存的必然条件。

可见，在康德知识理论中，如果说现象是针对人们感性直观和有限理智而言的，那么物自身则是针对本质直观和无限理智而言的，即针对神而言的。这是海德格尔解读康德的视点，而且海德格尔主张，康德为形而上学奠基要回答的是"人是什么"，问的是人的本质，人的有限性，而不是本体的无限性。因此，只要康德阐明了时空属性不是物自身的内在本质，却是物自身的现象特征就足够了。

到目前为止，讨论已经显明存在于空间和时间中并不是物自身概念的个体本质，但空间和时间的主体性也没有被用来支撑空间和时间代表了物自身的现象属性。这样，时空谓词不能够成为物自身个体本质一部分的主张就遗留了两个可能性。第一个可能性是时空性和时空谓词指称着物的偶性特征；第二个可能性是时空性表达了在主体的表象能力被它们所影响的基础上一个被归属于物的现象属性。不管时空性是物自身的一个偶性特征还是物自身的现象属性，如果人们不能够拥有超出物自身概念本身所允许的任何知识，这两种可能性看起来都是不可能的。然而，如果人们假定在感性直观中被给予我们的对象是物自身，时空谓词的主要特征足以用来主张时空性就是物自身的现象属性。

时空谓词显示了客体的存在形态，以这种存在形态，客体凭借感性直观被认识到是存在的。为了把一个个体从其他共同存在的个体中区分出来，直观形式的个体化特征对我们而言是不可或缺的，但没有一个这样的个体化特征可以成为物自身的特征。这一点是康德知识理论的主要观点。这一理论所带来的严重后果是我们没有拥有可认识的手段来规定时空客体的同一性。它们的同一性不能够通过它们实际的时空位置来确定，时空位置不同于存在于它们之中的客体。经验对象的质的部分也不能规定它们的同一性。在质上同一的客体可以存在于不同的位置。尽管时空位置是单个表象，但它们不能构成任何客体的同一性的事实，依然暗示着事物的唯一性可以通过它们建立起来，因此每一个时空个体只要不与其他个体共同存在于一个时空中，就都被视为一个独立的个体。假如这些是可以区分客体的认识条件，那么，在经验层面上就不会有对经验对象的同一性这一问题的最终回答。显然，这些客体只是现象，经验对象只是纯粹关系的总和的事实足以将它们归于现象，而不需要顾及经验对象是否与仅仅呈现于空间和时间中的物或物自身相等同。

实际上，存在于时空中的客体必定是物自身的主张，或者说，存在于空间和时间中的经验客体具有个体的本质，这并不取决于它们是如何从其他共同存在的事物中区别出来的主张,并不能够单纯通过上述的理由被证实。它的证实需要"先验辩证论"中给出的"凡是实存的东西都是普遍地被规定的"① 这一纯粹理性的原理。康德的客体知识的概念图式论可以提供同一性的非经验标准好像可以激励人们将物自身设置为感性直观的对象。不过,既然凡是实存的东西都是普遍地被规定的是纯粹理性的原理,这一主张又不能具体地得到展示,那么,我们的感觉对象是物自身的主张就只能在康德的"纯粹理性概念"中才能做出。既然物自身的概念是纯粹理性的概念,纯粹理性的领地又不能赋予物自身实存,而且由于经验对象作为现象的特征单纯是建立在这一本真概念的特征之上,那么,康德的知识理论就与物自身并不存在这一"纯粹"可能性相容,也就是说,在康德的知识理论意义上,实在性只包括经验对象,经验对象不是物自身。这两种事物(经验客体与物自身)可以相互对照并相互区别。它们可以被设想为个体,尽管个体本质的观念,即规定它们同一性的内在的、非关系的特征的观念并不适用于它们。康德从没有明确地讨论这种可能性,不过,由于康德在不同的语境中使用物自身、先验客体、本体概念,而且它们又各自承担着不同的功能,因此尽管在《纯粹理性批判》第二版中,康德大篇幅地重写了"现象与本体"这一章,但是,我们依然存有疑虑,康德破坏了感性经验对象和本体同一性的认识的早先主张。

解释:(1)显象是指一个经验性直观的未被规定的对象,仅仅作为在感性中被给予的对象,现象或经验对象则是一个被带到知性概念之下的感性对象,它们符合直观和知性的限度。也就是说,显象尚未得到概念的规定,而现象则得到了概念的规定。物自身触发感性直观,生成显象,显象被知性概念所统摄,形成现象,即经验对象,知性对无条件者的追求,生成理想、理念,即一般客体、先验客体。

(2)康德先验观念论对现象与本体的区分,也涉及超越论。Transzendental(先验的)讨论经验的可能性条件,属于认识论范畴;而 Transzendent(超越的)则断言了经验的现实性和实在性,属于存在论范畴。超越在康德这里有两个层面的超越,超越 I 是合法的:我们在感性直观中只看到了盒子的三个面,对盒子具有六个面的把握,或准确地说对一个盒子的把握是超越的。超越 II 是不合法的:我们在感性直观中看到了一个盒子,但对盒子的现实存在、盒子是实在的

---

① 康德. 康德著作全集:第 3 卷 [M]. 李秋零,译. 北京:中国人民大学出版社,2004:376.

把握是超越的。超越Ⅱ指向实存、现实性和实在性，比如证明神存在、世界存在、灵魂存在的问题都属于超越Ⅱ的问题。如果说亚里士多德所代表的希腊哲学以及围绕着亚里士多德理论所构建起来的中世纪基督教哲学讨论"是什么？""本质与实存""潜能与现实"等问题，属于超越论的本体论，那么康德所开启的德国古典哲学以及奉康德批判哲学为圭臬的现代西方哲学所讨论的"认知条件""知识的确定性""理性与真理"等问题，则属于先验论的认识论。

第二章　费希特的自我

第一节　从本体到主体

如果说本体在康德那里还是先验客体、物自身，属于与现象世界相对应的另一个理智世界里的东西，是理性之理想，是理念，是思想的构造物，那么，到了康德身后德国观念论这里，本体发展成了主体，从思想构造物变成现实的。德国观念论将康德在第一批判中所确立的至上原理"一般经验的可能性的种种条件同时就是经验对象的可能性的种种条件"作为自己的前提，讨论"思惟与存在的同一"问题。既然我们关于自然的思想是以与我们关于思想本身同样的方式被构建起来的，那么康德体系中关于现象与本体、心灵与物自身的区分就是多余的，一切实在性、现实性都将在自我性、理性、主体那里找到根据。

费希特的自我哲学从康德的"我思"出发。康德说："它甚至使一切先验概念成为可能，在这些先验概念中所说的是：我思惟实体、我思惟原因等等。"[1]"但我们能够作为这门科学（指先验的灵魂学说：纯粹理性的一门关于我们能思惟的存在者之本性的科学）基础的，却无非是单纯的、自身在内容上完全空洞的表象：我；关于这个表象，人们就连说它是一个概念也不能，它只不过是一个伴随着一切概念的意识。通过这个能思惟的我或者他或者它（物）所表象出来的不是别的，无非是思想的一个先验主体，它唯有通过是它的谓词的那些思想才被认识，而分离开来，我们就永远不能对它有丝毫概念。"[2] 费希特首先赋

---

[1] 康德. 康德著作全集：第4卷 [M]. 李秋零，译. 北京：中国人民大学出版社，2005：214.
[2] 康德. 康德著作全集：第4卷 [M]. 李秋零，译. 北京：中国人民大学出版社，2005：215.

予康德的自我更多的规定，不是单纯空洞的表象，而是原初的行动；然后通过绝对自我设定非我，并与非我相互规定，消解康德现象与本体的二元区分。费希特的自我因此是绝对自我、自由的我，费希特据此称自己的知识学是自由的体系。

如果说康德代表着启蒙运动中的理性精神，那么费希特则代表着法国大革命时期的自由精神。费希特因此对康德的完成主要集中在摒弃其限制理性的本体概念，认为理性的本质是自由。自此以后，自由精神引领了德国观念论和德国浪漫主义两大思想运动，费希特是这两大思想运动共同的旗手。费希特多次强调："我的体系，从头到尾，只是对自由这个概念的分析……中间没有掺进任何其他成分。"①"我的体系是第一个自由体系；正像法兰西民族使人摆脱了外部枷锁一样，我的体系使人摆脱了自在之物、外部影响的枷锁，在自己的第一原理中把人视为独立不依的存在者。"② 以赛亚·伯林评论说，德国思想家的自由观与18世纪末和19世纪英国、法国的思想家不同，费希特应当为此负责。③ 费希特坚持认为，个体必须是绝对自由的，也就是说"意志在自己的范围内……是绝对自由的"④。伦理学的基本原则就被费希特表达为："你要这样行动，就是你把你的意志的准则能够想象为你自己的永恒规律。"⑤ 一边是康德对理性因素的重视，一边是费希特对意愿的强调，德意志精神就从康德费希特开始在理性与自由意志之间来回摇摆中孕育。

费希特认为，自己作为康德的学生，是正确地理解和贯彻了康德知识理论的唯一的一个人。为了更好地完善康德知识理论体系，费希特提出了他的哲学的唯一主题就是人——自我、主体——建构人的统一性和一贯性，他的知识学体系就在于提出关于主体性本质属性的一系列解释，或者更准确地说，就是阐明造成一个主体成为一个主体的东西究竟是什么以及如何发生的，只有这样，费希特才认为完满解决了康德知识理论体系的基础问题，实现理论理性与实践理性的真正统一，成功弥补康德知识理论体系中由于物自身的设置而带来的体系裂隙。正如皮平所总结的那样，在完成康德的道路上，早期费希特提出了三个主张："（1）康德的统觉论述是不完整的；（2）该论述必须完成于一个自律的、自设定的主观性理论，而我们的对象经验可以被指明为依赖这种主观性；

---

① 以赛亚·伯林. 自由及其背叛 [M]. 赵国新，译. 北京：译林出版社，2011：48.
② 梁志学. 自由的体系——费希特哲学读本：导言 [M]. 北京：商务印书馆，2008：1.
③ 以赛亚·伯林. 自由及其背叛 [M]. 赵国新，译. 北京：译林出版社，2011：47.
④ 费希特. 费希特文集：第2卷 [M]. 梁志学，编译. 北京：商务印书馆，2014：9.
⑤ 费希特. 费希特文集：第2卷 [M]. 梁志学，编译. 北京：商务印书馆，2014：9.

(3) 这种活动可以被指明为与实践自由的道德论题相关。"① 但费希特"完成"康德的努力，并没有得到康德的认可，而是相反，康德在晚年终于无法忍受费希特知识体系对他的批判哲学的改造，于 1799 年发表声明说："我把费希特的知识学看作完全站不住脚的体系。因为纯粹知识学不多也不少，恰恰就是单纯的逻辑。单纯逻辑的原则并不涉及认识的质料，而是作为纯粹的逻辑，把认识的内容抽象掉。要从纯粹的逻辑中提炼出现实的客体，是一件白费力气的工作，因而从来也没有人尝试过。相反，在先验哲学起作用的地方，人们必须首先要超越形而上学。但是，对于依照费希特的原则建立起来的形而上学，我委实没有任何兴趣。"② 虽然没有得到康德的认可，但费希特在黑格尔那里得了中肯的评价，即"费希特的哲学是康德哲学的完成"，不过这里的"完成"意味着"并没有超出康德哲学的基本观点，最初他把他的哲学看成不过是康德哲学的系统发挥罢了"③。

费希特的知识学亦即他的主体理论，以主体与客体的绝对同一性为基础，这也是接下来谢林和黑格尔所坚持的，只不过他的主体与客体的绝对同一性在谢林和黑格尔看来，属于主观的同一性，本质上是主体自身的同一性。费希特自己解释说，自我设定自我，也就意味着它同时是主体与客体。"在这种主体与客体的绝对同一性中存在着自我性：自我是这样的东西，它在同一种未分割的活动中不是客体，就不能是主体，在同一种未分割的活动中不是主体，就不能是客体；反过来说，这样的东西就是自我。"④ 可见，费希特的自我设定活动或者说本原行动，确实存在着一个自我-设定的形式结构，只有通过这个主体结构，才能将主体与客体有机地统一起来。

费希特明确了主体拥有一个自我-设定的这种形式结构，即自我是绝对设定自己的东西，是主客统一的东西，并能够在设定活动中将客体分割出来。费希特说："绝对无条件的和确实无误的东西的范围，已详述无遗；我可以用以下公式来表述这个范围：自我在自我之中与可分割的自我相对立，对设一个可分割的非我。"⑤ 由于一切都源自自我的自我设定活动，因此费希特自我设定非我，

---

① 罗伯特·皮平. 黑格尔的观念论——自我意识的满足 [M]. 陈虎平，译. 北京：华夏出版社，2006：60.
② 康德书信百封 [M]. 李秋零，编译. 上海：上海人民出版社，2006：244-45.
③ 黑格尔. 哲学史讲演录：第 4 卷 [M]. 贺麟，王太庆，译. 北京：商务印书馆，1997：308.
④ 费希特. 费希特文集：第 2 卷 [M]. 梁志学，编译. 北京：商务印书馆，2014：232.
⑤ 费希特. 费希特文集：第 1 卷 [M]. 梁志学，编译. 北京：商务印书馆，2014：521.

将自我与客体分割开来的活动，不是从自我中创生物的活动，而毋宁说是通过自我设定非我，彻底取消了物。"物绝不是什么别的东西，只不过是通过想象力把这一切关系综合起来罢了，而这一切关系相互结合起来，就是物；客体当然就是所有那一切概念的原始综合。形式与质料并不是两个分开的部分，全部形式的总和就是质料，我们只有通过分析才能获得单一的形式。"① 可见，费希特确实如康德"声明"中所批评的那样，通过将质料归于形式，取消了康德所坚持的经验质料，也否定了康德"我们的一切知识都以经验开始"② 的主张，但费希特的知识学不只是纯粹的形式，也有内容，以纯粹的形式为基础的内容是纯粹的自由行动。自我、主体必须被理解为一个行动。在费希特看来，观念论是用理智的行动来解释意识的各种规定，理智不是别的什么，就是一种行动，因此我们可以说，在这个概念中，绝对自我、实践理性是至高无上的唯一原则。费希特考察主体的本质主要是受这个问题所牵引，涉及主体性的实践方面，尤其涉及人类自由的可理解性，或者"自我-决定"。这种自我-设定的主体学说让我们能够理解自我-决定或自由的可能性。

　　按照当时流行的雅可比的观点，人类自由的信仰与理性要求与我们通常接受的关于实在的观点不相容。雅可比在解释斯宾诺莎的学说时提出的主张，并不仅仅是说我们自由的信仰不能够从理性上得到辩护，而是坚持认为，对世界的理性理解完全排除了这种可能性。我们只能被迫从关于自由可能性的非理性信仰和理性信仰之间进行选择，但是在完全决定论的世界观念中，根本就没有自我-决定的余地。如果理性与自由的信念不相兼容，那么它也与人类受道德责任束缚的观念不相兼容，因为承担道德义务就要求责任人能够自由地决定承担道德责任与否，而没有自由的世界也就意味着没有所谓道德上的"应当"。如果每一个事件都需要一个充足的理由和基础是必然的，那么，这样一个基础就必须被认为是对所有的意志选择而存在，但是如果我们总是能够为每一个具体行为找到一个充足的理由，我们也能够发现拒绝这个具体行为也是必然的，在这种情况下，也表明了意志完全没有做出自由的、无条件的选择。一旦充足理由或理性基础成为世界的普遍法则，那么也必将作用于意志行为，从而与人类自由相违背。在费希特看来，这就等于彻底取消了人类自由行动的能力，他试图为此困境找出一条出路，摆在眼前的思路就是限制充足理由法则的普遍有效性，

---

① 费希特. 费希特文集: 第2卷 [M]. 梁志学, 编译. 北京: 商务印书馆, 2014: 670.
② 康德. 康德著作全集: 第3卷 [M]. 李秋零, 译. 北京: 中国人民大学出版社, 2004: 26.

但是，限制充足理由法则的普遍有效性也会带来新的困难。从费希特的主体性、自我性出发，一方面，"我"要把"我"自己设定为能动的，"我"要把"我"自己设定为自由的；另一方面理智力量应该毫无例外地按照独立性概念规定自己的自由，自由存在者应该使自己的自由服从一种规律。既要坚持只有理智力量能被设想为自由的，又要将意志自由行动从理性法则中摘出来，这就需要提供对理性的另外一种阐释，"理性不是一种特定存在和持续存在的物，而是行动，是真正的、纯粹的行动"①。这种阐释一方面使把自由理解为一种自我-决定成为可能，另一方面也能够将这种意志行为设想为以纯粹理性为基础。

费希特认为，理论理性和实践理性是统一的，这种统一就建立在理性是纯粹的行动这一规定之上，理性能够自己规定自己的活动，而康德将理论理性与实践理性严格区分开来，表面上看可以很好地解决必然与自由的冲突问题，但这仅仅是一种简单化的隔离。费希特的知识学本就建立在主体的统一性基础之上，因此他的任务之一就是要消除康德理论理性和实践理性的二元区分，来阐述理性的统一性和一贯性，他说："我们必须找出人类一切知识的绝对第一的、全然无条件的原理。"② 这个第一绝对的原理既定义了主体的理论方面，也定义了主体的实践方面，同时更要阐明理性的自我-决定的本质，从而实现第一原理对整个主体性领域的统治。当然，正如我们已经提到的那样，他这样寻求主体性的统一理论，其中一个后果就是导致费希特的自我-决定的概念完全背离了康德提出的道德自律的概念。据黑格尔分析，费希特纯粹的设定是一种自由活动，本质上，"自我＝自我"就变成了自我应该等于自我，自我与非我的关系也就变成了一种因果关系，这种反思立场排挤了先验立场。费希特追求的"主体＝客体"的同一性并不能消除差异，因为其摆脱不了反思，因此他最终获得的只能是主观的"主体＝客体"。

在费希特自由的体系中，纯粹理性完全不需要区分为理论理性和实践理性，理论与实践是纯粹理性原初行动的两种样式，是一个完整体系的两个相互兼容的组成部分，是来自一个绝对的第一原理，因此它们具有一个同一的根本的主体行为"结构"。从费希特的立场出发，康德在《实践理性批判》中的阐释虽然似乎给道德的实在性和人类自由提供了一个哲学基础，而且，在随后的《判断力批判》导论中，康德也提供了理论理性和实践理性相统一的解决方案，但是康德在《纯粹理性批判》中所提出的必然与自由的冲突，依然横亘在康德面

---

① 费希特. 费希特文集：第 3 卷［M］. 梁志学，编译. 北京：商务印书馆，2014：61.
② 费希特. 费希特文集：第 1 卷［M］. 梁志学，编译. 北京：商务印书馆，2014：500.

前，因为除了自然因果律在现象界具有普遍有效性之外，实践理性同样也要求它在感性世界中的权利。康德自己在第三批判的导论中说："虽然在作为感性东西的自然概念领域和作为超感性东西的自由概念领域之间强化了一道明显的鸿沟，以至于从前者到后者（因而凭借理性的理论应用）不可能有任何过渡，就好像这是两个不同的世界，前一个世界不能对后一个世界有任何影响似的，但是，后一个世界毕竟应当对前一个世界有影响，也就是说，自由概念应当使通过它的法则所提出的目的在感官世界中成为现实。"① 康德的意思是说，当自然因果律作用于现象界并严格限制在现象界的时候，道德法则（自由）则没有以同样严格的方式限制在本体界，反而可以在感性世界得到实现。因此，康德认为："必须存在着作为自然之基础的超感性东西与自由概念实践上所包含的东西的统一性的某种根据，这个根据的概念虽然既没有在理论上也没有在实践上达到对这个根据的一种认识，因而不拥有特有的领域，但却仍然使按照一方的原则的思惟方式向按照另一方的原则的思惟方式的过渡成为可能。"② 为了使两大不同的法则作用于同一个领域，康德诉诸于一种因反思性的判断力所带来的特殊的目的论。

而费希特则认为，并不需要寻找一个形而上学的根据，因为绝对自我中的主观的东西与客观的东西是相互规定、相互作用的，这也就意味着对理性存在者而言，自由和规律是一个绝对同一体。"把自由设想为规定规律的，把规律设想为规定自由的，从而把两者设想为一个同一体。""当你设想你自己是自由的时候，你不得不在规律之下设想你的自由，当你设想这种规律的时候，你不得不设想你自己是自由的"。③ 据此，费希特提出了自己的伦理原则："伦理原则是一种关于理智力量的必然的思想，即理智力量应该毫无例外地按照独立性概念规定自己的自由。"④ 但这与康德在第三批判中试图解决的问题已经有很大的不同。不过，费希特对康德第三批判导论部分的误读，却使他的问题更加接近康德第一批判"第三悖谬"中所讨论问题的实质。因为康德在第三悖谬中为了解决必然因果律与自由的问题，诉诸于现象与本体之间的区分，将现象与本体的区分与自然因果性和自由关联起来。而费希特对康德现象-本体的区分是否有

---

① 康德. 康德著作全集：第5卷 [M]. 李秋零, 译. 北京：中国人民大学出版社, 2007：185.
② 康德. 康德著作全集：第5卷 [M]. 李秋零, 译. 北京：中国人民大学出版社, 2007：185.
③ 费希特. 费希特文集：第3卷 [M]. 梁志学, 编译. 北京：商务印书馆, 2014：56.
④ 费希特. 费希特文集：第3卷 [M]. 梁志学, 编译. 北京：商务印书馆, 2014：63.

助于自由行动发生在自然世界中的可能性问题表示怀疑。在他看来，康德的批判哲学并没有为人类自由提供最终极的辩护，而他接下来的工作就是要为人类自由提供一个终极的辩护。在他的努力下，理论理性和实践理性以及它们的统一都被包含在由绝对无条件的原理所构建的单一的哲学体系中。

　　费希特一方面认为，发现理性的唯一原理是康德批判哲学未完成的也是必须的任务，另一方面他也坚信，第一原理的发现也将为康德的道德理论提供比康德本人能够给予的论证更强的辩护。因此，费希特早期致力于为康德实践哲学寻找一个更加坚固的基础，在他看来，康德实践哲学关于纯粹理性实践本质的实证证据的缺席是最大的问题，他要替康德完成批判哲学体系，就必须要证明理性是实践的。实际上，康德与费希特都相信，人类具有自治能力，拥有道德义务，人类的行为并不仅仅受外在的自然法则所制约。费希特对康德立场的主要反驳是单纯在道德情感意识中的显现并不足以建立起纯粹理性是实践的，也就是说，关于纯粹理性实践本质的证据并不能够单纯通过诉诸于意识的事实来获得。一个对道德"应当"的意识，通过其自身并不能够充分地证明纯粹理性具有实践能力。对费希特而言，虽然道德必然的情感是意识的一个事实，但是这种情感派生于纯粹理性的机能其自身并不是通过意识而被揭示出来的，实际上，这只代表着对它的一种可能的解释而已。在费希特这里，有一个关键的区分需要注意：属于实践理性机能的道德情感和被视为自然冲动结果的情感之间的区分，前者意味着道德意识来自"人类精神的绝对的自我活动"，而后者则意味着这种情感被给予一个被动的主体。对前者而言，服务于确定动机的道德情感行为将被视为自治，对后者而言，道德情感只是自然冲动的结果，道德情感所激发的行为并不比由其他情感比如愉悦或痛苦所激发的行为具有更多的"自我-决定"。这种讨论引出了人类自由的本质以及人类是否具有真正的自我-决定能力的问题。这样，费希特挑战康德的严重性就显示出来了，因为批判哲学对道德情感来自实践理性论证的缺乏，使得它不能最终确立人类自治的真正可能性。实践理性的实存问题就与道德法则的有效性关联在一起，因为如果人类不能在理性基础上行动，并因此没有真正的自治的能力，那么，真正的道德将被摧毁，而且我们拥有道德义务的信念也将被证明是幻象。

　　费希特寻求第一原理，试图将理论理性与实践理性统一起来，尽管这种努力已经与康德《实践理性批判》不一致，但至少与批判哲学的精神相一致。康德在《道德形而上学的基础》中曾提道："为了一种纯粹实践理性的批判，我要求，如果它要被完成，就必须能够同时显示它与思辨理性在一个共同的原则之中的统一，因为毕竟归根结底只能有同一种理性，它唯有在应用中才必须被区

59

别开来。"① 实际上,早在《纯粹理性批判》的第二版序言中,康德在谈到不要冒险凭借思辨理性去超越经验的界限时,就提到了纯粹理性的运动——理论的和实践的。费希特完全同意这一立场,理论理性与实践理性并不是严格区分的两个理性机能,而是单个理性机能的两个形式或"运用"。费希特通过"自我-设定"结构和"本原行动"取代了康德的纯粹理性结构,最终将理性的两种运用——理论的和实践的——统一为自我"本原行动"(Tathandlung)。他说:"这种本原行动不是也不可能是我们意识的诸经验规定之一,而是一切意识的基础,是一切意识所唯一赖以成为可能的那种东西。"② 将本原行动作为知识学的起点表明,费希特不是从一个原初的事实(Tatsache)出发,而是从一个原初的行动(Tathandlung)出发,构建其知识学体系,这是否也可以理解为,费希特首先是从实践原则而不是从理论原则来考虑自我-设定活动的?

鲜明的立场是,费希特的知识学体系从建立之始,就把康德的先验观念论看作一种经验的实在论。费希特说:"哲学应从事实出发,还是应从本原行动出发(即从纯粹的活动出发,这种活动不以任何对象为前提,而是产生对象本身,所以在这种活动中,行动是直接变成事实的),绝不像在某些人看来那样无足轻重。如果它从事实出发,它就把自己置于存在和有限性的世界之中,将很难由此找到一条通向无限事物和超感性事物的道路;如果它从本原行动出发,它就恰好站在一个联结两个世界的点上,从这个点出发,就能对这两个世界一目了然。"③ 在费希特看来,那种强加给我们的不以我们的意志为转移的,存在于我们之外的客观对象是可以完全包含在观念论体系之中,并且可以在观念论体系中得到解释和推演。从自我的本原行动出发,当自我被设想为客体时,那就获得了诸物;当自我被设想为主体,那就获得了概念。二者的同一是自我的同一性,二者的分离是自我的分离性,显然这与康德所坚持的概念与直观的综合已经不是一回事了。

费希特在完成康德的过程中,从两个方面对康德的自我概念进行了处理,一是将自我的源始综合活动改为自我设定行动,这种改造的内在玄机是将康德经验实在论的残余物——直观的东西彻底清除;二是将康德的本体概念溶解到主体概念中,从自我性出发,康德为理性设置的无条件者、理性的理想概念都统统归于自我,我即是一切。本质上,在费希特这里,已经没有经验性的我与

---

① 康德. 康德著作全集:第4卷[M]. 李秋零,译. 北京:中国人民大学出版社,2005:398.
② 费希特. 费希特文集:第1卷[M]. 梁志学,编译. 北京:商务印书馆,2014:500.
③ 费希特. 费希特文集:第2卷[M]. 梁志学,编译. 北京:商务印书馆,2014:692.

理性的我之区分，只剩下理性，他说："理性的本质特征在于，行动者和受动者是同一个东西。这一描述穷尽了理性本身的范围。对于能掌握这个崇高概念的人们来说，也就是对于能从自己的自我出发进行抽象思惟的人们来说，惯用的语言是以'自我'一词表示这个概念。因此，理性的特征一般是用自我性加以表示的。凡是对于理性存在者存在的东西，都存在于自我之中，但是，除了依靠返回自我自身的一种行动以外，就在自我中不存在任何东西；凡是自我直观的东西，都是自我在自身中直观的，但是，除了自我的行动以外，就不能在自我中直观到任何东西。这样，自我本身也不外乎是返回自我自身的一种行动。"① 在此意义上，费希特为黑格尔做好了准备。

另外，我们需要就费希特关于康德"物自身"概念的态度再多说几句，这里涉及一些理解上的分歧。汤姆·洛克摩尔就费希特关于物自身的立场提出所谓的"公开的观点"和"秘传的观点"，他说，费希特在其相对轻松的文本中，将物自身看作一个基础性错误，构成其公开的观点；而在其更严格的文本中，物自身实际上是一个不可或缺的概念，就成为他隐秘的立场。② 按照康德给赫茨的信中所说，费希特否认了康德还坚持的表象与物自身之间的因果联系，把自我抬升到物自身之上，自我即是一切，客体仅仅作为自我的阻碍，作为非我构成自我的限制而存在。就此而言，他对物自身的排斥与知识学第三原理是完全一致的。费希特在《知识学新说》第一导论中解释说："自在之物是一种纯粹的虚构，不具有任何实在性。"③ 因为它是通过完全自由的思惟产生出来的，是一种独断论。但是，正如上文所说的那样，费希特的自我已经与康德的自我不同了，康德的自我是有限的理性，而费希特的自我已经成长为绝对的、无限的理智了。这种无限的自我的设定活动，本质上就是智性直观，或者又被称为自我本身返回自身的行动，返回活动要求一个与其相对立的客体，这样，在费希特所谓"秘传的立场"中，主体就依赖一个外在的物自身、本体，但是，一旦我们认识到，这个主体所依赖的物自身或本体仅仅是为主体而存在，那么，我们就可以坚持费希特的立场是一贯的，并不存在"公开的观点"和"秘传的观点"的差别。费希特指出，自我返回自身的纯粹活动，是一种奋进，这种无限的奋进是一切客体之所以可能的条件，没有奋进，就没有客体。在这个循环的

---

① 费希特. 费希特文集：第 2 卷 [M]. 梁志学，编译. 北京：商务印书馆，2014：255.
② ROCKMORE T. *Fichte, German Idealism and the Thing in Itself*. [J]. *Fichte, German Idealism, and Early Romanticism*. [D]. edited by Daniel Breazeale and Tom Rockmore. Fiechte-Studien-Supplementa, Band 24. Amsterdam-New York：2010. 19.
③ 费希特. 费希特文集：第 2 卷 [M]. 梁志学，编译. 北京：商务印书馆，2014：654.

语境中，费希特将物自身等同于独立的实在性，他说："任何东西就其观念性来说，都是依存于自我的，然而就实在性来说，自我本身是依存性的。但是，对自我来说，没有任何东西是实在的而不同时也是观念的。因此，在自我那里，观念的根据和实在的根据是同一个东西。"① 非我实际上是自我的一个阻碍，只要自我不反思，不想到那个起限制作用的非我，非我就不会形成阻碍，因为非我毕竟是由自我自己所设定的，自我在反思中把自己设定为受非我所限制。只有在自我与非我的交互作用的意义上，也就是在反思的意义上，才能说自我受非我限制，但自我与非我的交互作用本质上是自我与其自身之间的相互关系，所以，当费希特说"有限精神之必须设定在它之外的某种绝对的东西（物自身），以及它之必须同时承认这种绝对的东西仅仅是对它而言的存在（是一种必不可少的本体），这种情况是一个循环，一个圆圈。有限精神可以把这个圆圈无限扩大，却永远不能从中摆脱出来"② 时，并不意味着费希特肯定了本体的必不可少性、某种绝对的东西（物自身）独立于自我而存在，而是肯定了在自我的无限奋进中，非我作为限制必须被设定起来，以与自我的奋进相平衡，简言之，物自身只有关联于自我的行动，它才具有实在性。

从耶拿到柏林，费希特遭遇到康德哲学的拥护者和反对者的一致的误解和嘲讽，在这期间，他针对不同的误解和反对发表了一系列的争辩性著作，这些著作包括《施米特体系与知识学的比较》（1796）、《知识学新说》（1797）、《哲学论调纪事》（1797），这些著作显然构成了所谓"公开的观点"，而《全部知识学的基础》（1794/1795）可能就被归为"秘传的观点"。但是在这些"公开的观点"的著作中，费希特把康德哲学的拥护者戏称为康德学派，把康德哲学的反对者称为独断论者，又把康德学派描述为独断论者的同父异母的兄弟，而且比他们之间的亲缘关系更要反复无常。在费希特看来，与康德学派的争辩就等于是反对康德哲学堕落为独断论的战争，这涉及他对先验观念论的理解和坚持。

先验观念论又被康德称为理性心理学，不是经验心理学。在费希特看来，康德学派的独断论混淆了哲学的先验立场与日常生活、科学的经验立场。实际上是独断论毁坏了康德的先验观念论，因此费希特对康德的背离，不是背离康德本人，而是背离康德学派的独断论。费希特认为，哲学的本性就是要超越经验，问题不是哲学是否要超越经验，而是如何合法地超越。不是将表象对象抽

---

① 费希特. 费希特文集：第1卷[M]. 梁志学，编译. 北京：商务印书馆，2014：698.
② 费希特. 费希特文集：第1卷[M]. 梁志学，编译. 北京：商务印书馆，2014：699.

离出来以便通达"物自身",而是通达"我自身"。他说:"先验哲学家必须假定,一切存在的东西都仅仅是为自我而存在的,一切应当为自我而存在的东西只有通过自我才能存在。"① 经验论者总是把这两者解释为各自独立的实存,并主张即使不存在自我的意识活动,世界也会永远存在下去,而康德学派的独断论者根本不考虑表象与物的区别,二者被认为是同一的。费希特与他们的差别在于,当我们说表象符合于我们之外的某种东西,需要追问我们这一主张的根据是什么,这一问题正是知识学要解决的课题。在《评〈埃奈西德穆〉》(1794)中,费希特指出,那种为表象所要求的区分与联系本身就是一种表象活动,主体与客体当然必须先于表象而加以设想,但它们不是在作为精神的经验规定的意识中加以设想,绝对的主体、自我不是通过经验直观给予的,而是通过智性直观设定的,同样,绝对客体、非我、不依赖于表象活动的物自身也不是在经验中给予的,而是自我设定的。他说:"表象能力是为了并且通过表象能力而存在的。这是必然的循环论证,任何有限的即任何可以由我们设想的知性都包含在它之中。"② 表象的自我与自己设定自己的自我是同一个自我。

对费希特而言,心灵的表象活动既是这些活动的产品,也是经验的对象,心灵源初地关联着这二者的建构。通过精神机能、活动以及客体,康德学派解释了经验对象的先验观念性在于它们自身就是先验观念的。我们关于这些活动的概念与我们关于经验的不同对象的概念具有相同的来源,也就是那些表象活动。费希特首先认识到先验哲学家的这种方法论上的循环;其次,揭示并批评了康德学派的独断论者相信存在作为一种不再需要加以探讨和论证的东西是表象对象的可靠基础,任何思惟和任何意识都必须从存在出发,把存在看作本原的东西,而这才是独断论的实质。他说:"经验自我借助于直观给自己创造一种有广延的物质,同时借助思惟把感受中的那个纯主观东西转移到这种物质上,就像转移到自己的根据上一样,并且仅仅通过这种综合给自己创造客体。更进一步的分析和对经验自我固有的状态的进一步的解释,给经验自我提供了宇宙体系,而对这种解释的规律的遵守,则给哲学家提供了科学。康德的经验实在论——它同时也是先验观念论——即在于此。"③

即使在"公开的观点"中,费希特对"存在"概念持完全主观观念论的立场也可以佐证他对物自身的排斥是一贯的。在他看来,任何存在都意味着对于

---

① 费希特. 费希特文集:第2卷 [M]. 梁志学,编译. 北京:商务印书馆,2014:279.
② 费希特. 费希特文集:第1卷 [M]. 梁志学,编译. 北京:商务印书馆,2014:423.
③ 费希特. 费希特文集:第2卷 [M]. 梁志学,编译. 北京:商务印书馆,2014:714.

自由活动的一种限制，这种活动要么被看作单纯理智（即意志主体的活动），被设想为活动对立面的存在，具有涉及意识的单纯客观性，他指出："通过思惟，在思惟中想到的行动对哲学家变成了客观的，即变成了浮现在他眼前的，而这种行动就他思考它而言，是阻碍他的思惟的自由（不确定性）的东西。这就是客观性的真正的和源初的意义。"① 这种客观性存在于每个表象之中，甚至存在于关于自我、德行、道德律等的表象之中，或存在于完全虚构的四角圆圈、斯芬克斯以及诸如此类的东西之中，这都是单纯表象的客体；要么自由活动被看作致动的、具有因果性的活动，在这种情况下，限制这种活动的东西具有现实存在性，这就是所谓的现实世界。因此，对费希特的观念论而言，存在问题不会像海德格尔那样强调为哲学的唯一问题，存在概念不是源初和本原的概念，而是被看作推演出来的概念，严格来说是通过自我设定非我，非我与自我相对立而推演出来的概念，因而被视为一种否定的概念。对费希特的观念论而言，唯一肯定的东西是自由。②

费希特对康德批判哲学的"完成"和"逻辑化"对德国观念论产生了深远的影响：第一，提出了德国观念论"完成"康德哲学体系的任务，为谢林和黑格尔指明了"完成"康德的方向——在体系中实现自然和自由的统一；第二，费希特对康德的主观化和纯粹逻辑化，是谢林和黑格尔首先要摆脱的思想束缚，同时，逻辑学与形而上学之间的整体关联，对于人们理解德国观念论的一般问题而言，尤其是黑格尔思辨辩证法具有重大的意义。

第二节 知识学的第一原理

费希特相信，人类的一切知识都应该由一个基本原理所统摄，他将这个表达着思惟与存在的统一、表达着自我性、表达着理性的原理称为第一原理。费希特建构知识学第一原理的外在框架是纯粹逻辑学，内在理据是智性直观。在德国观念论内部，正题-反题-合题的逻辑形式被黑格尔扬弃为概念辩证法，智性直观则被谢林直接作为把握绝对的不二法门。

费希特知识学对原理的阐明没有采纳康德"形而上学的演绎"和"先验的演绎"，而是诉诸于普通逻辑和经验意识的最高事实。他说："人们对上述作为

---

① 费希特. 费希特文集：第2卷［M］. 梁志学，编译. 北京：商务印书馆，2014：716.
② 费希特. 费希特文集：第2卷［M］. 梁志学，编译. 北京：商务印书馆，2014：722.

人类知识之基础的本原行动进行思惟时,必须直截了当依据的那些普通逻辑规律,或者换个说法也一样,人们进行上述反思所遵循的那些规则,都还没有证明是有效的,他们是被当成公认的东西默默地约定下来的、预设起来的。只有到下文很远的地方,它们才从一个原理推导出来,而该原理的成立又完全是在这些规律是正确的这个条件下才是正确的。这是一个循环论证或圆圈,但这是一个不可避免的循环论证。既然循环论证是不可避免的、自由认准的,那么人们在建立最高原理时也就不妨使用普通逻辑的一切规律。"① 与康德的先验逻辑将构成知识的质料与形式联结起来不同,费希特所遵循的普通逻辑完全不考虑知识的内容,只考虑知识的纯粹形式,尤其在知识的最高原理的论证上,费希特采用了"正题-反题-合题"的辩证结构。这种"正-反-合"的形式结构应该是知识学不被康德接纳的直接原因。

站在反思的立场,"我意识到我自己"是经验意识的最高事实,费希特认为,把经验意识中的一个个的经验规定剥离出去,最后只剩下意识本身绝对不能被剥离掉的东西——纯粹的形式。纯粹思惟形式即逻辑形式。具体而言,费希特凭借普通逻辑的同一律、矛盾律和根据律,成功建立了知识学的原理系统。当然,费希特构建知识学原理系统的初衷,不是为了发现普通逻辑的秘密,而是为了完成康德哲学。所以,费希特知识学的原理系统与康德哲学有密切的关联。

(1) 从命题"A 是 A"(A=A)出发,"自我设定自我"构成了知识学的绝对无条件的原理。在这里费希特率先区分了"A 是 A"与命题"A 存在"的不同,强调了"A 是 A"不是关于命题的内容,而是关于命题的形式,只有在自我之中,由自我设定自我才能事关存在的问题。实际上,不论费希特是否承认,他的自我设定原理,即先有设定活动才有存在的原理,与康德将存在规定为设定,作为绝对的设定,是在一个层面上说的,即存在被归属于主体性。因此,"自我=自我""自我是自我",言说的就是"自我存在"。不过,"自我是自我"与"A 是 A"虽然逻辑句式一样,但句子含义不同:"A 是 A"是纯形式的,在逻辑上叫重言式,永恒为真,不表达内容;而"自我是自我"在费希特这里则被看作无条件的、直截了当有效的,它不仅按形式说是有效的,按它的内容说也是有效的,因为它是被设定起来的,"自我是自我"也可以说成是自我存在。费希特说:"自我由自己所做的设定,是自我的纯粹活动。——自我设定自己,

---

① 费希特. 费希特文集:第 1 卷[M]. 梁志学,编译. 北京:商务印书馆,2014:500-501.

而且是凭着这个由自己所做的单纯设定而存在的;反过来,自我存在着,而且凭着它的单纯存在,它设定了它的存在。——它同时既是行动者,又是行动的产物;既是活动着的东西,又是由活动制造出来的东西;行动与事实,两者是一个东西,而且完全是同一个东西。因此,'自我存在'是对一种本原行动的表述,但也是对整个知识学里必定出现的那种唯一可能的本原行动的表述。"[1] 在第一原理中,"自我设定活动"对应着康德的统觉源始的综合统一活动,"我思必须能够伴随我的一切表象"所引出的"统觉"原理告诉费希特,所有的判断都必须是"我"在下判断,都必须以"我"设定"我"自身为前提条件。虽然康德的统觉的自我也表达了"自我=自我",但并不涉及自我存在,在费希特看来,统觉作为康德先验观念论的核心,恰恰缺失了对自我与自身关系的讨论。由于费希特的"自我=自我"本质上是本原行动,是自我设定,因此它直指自我存在。如果说自我的存在本质完全在于自己把自己设定为存在着的,用迪特·亨利希的话说,就是"这个自我无限地设定它自身(Das Ich setzt schlechthin sich selbst)"[2],自我设定活动与自我存在完全是同一个东西,显然,这个无限的自我就是绝对主体的自我。费希特的论证至此就倒转过来:不是命题"A是A"(A=A)充当命题"自我存在"的根据,而是命题"自我存在"是命题"A是A"(A=A)的根据,正如他所言,虽然我们是从逻辑原理的命题"A=A"出发,但最后这个逻辑命题是通过知识学而被证明和规定的。

(2)从命题"-A不=A"出发,"非我绝对地与自我相对立"构建了知识学内容上有条件的原理。就逻辑命题而言,命题"-A不=A"中的"-A不"即是A,因此命题"-A不=A"与命题"A=A"完全等同,不是推导关系,而且它隶属于意识统一性这个最高形式。在这个一般形式之下,-A是作为-A直截了当地被设定起来的,"-A不=A"作为经验事实之一,是自我行动的对设,是以进行表象的自我与被表象的自我的同一性为条件的。因此,条件原理对应着康德的对象的对象性原理。在费希特看来,只有基于进行设定的自我与进行反思的自我的同一性,在两种行动中行动着的自我和对两种行动进行判断的自我是同一个自我,这种对设才是可能的。也就是说,"对设只有在设定者和对设者的意识的统一性的条件下,才是可能的。假如前一行动的意识和后一行动的意识并不结合在一起,那后一设定就不会是一个反设或对设,而干脆就是一个

---

[1] 费希特. 费希特文集:第1卷[M]. 梁志学,编译. 北京:商务印书馆,2014:505.
[2] HENRICH D. *Fichtes urprüngliche Einsicht*. [J]. in Henrich Hans Wager edt. Subjektivtät und Metaphysik. [D] Frankfurt:Klostermann,1966:188-232.

设定。由于它与前一设定联系着,它才成为一个反设"①。在意识的同一性前提下,相对于自我,直截了当地设定起来一个非我。这是对自我进行的反设,反设在形式上是绝对无条件的,但在实质上是有条件的,也就是以自我意识的同一性为条件。在第二原理中,"非我"是由自我设定为自我的限制的,这实际上是要解决康德关于经验对象的现象地位问题,经验对象只有符合判断的条件才能被思考为经验对象,这就意味着从费希特的视点出发,康德的经验对象与自我的关系就可以被表述为只有当非我(经验对象)看作由自我设定的非我,它才可以被认识。

(3) 如果说第一原理应用了同一律,第二原理应用了矛盾律,那么第三原理则应用了根据律,从根据律出发,一切都是可以证明的,这是"根据原理"。"自我在自我之中与可分割的自我相对立,对设一个可分割的非我"构建了知识学形式上有条件的原理。第三条原理就形式而言是被规定了的,只有就内容而言,才是无条件的,它所提出的行动原则,是由先行的两个命题规定了的:①自我把非我设定为受自我限制——说明一种限制性被强加给非我。②自我把它自身设定为受非我规定——说明限制性又被强加给自我。为了说明这种交互限制,费希特引入了量的范畴,通过自我中的限制性范畴建立自我与非我之间的关系。自我与非我相互制约,是对立双方的相互限制。费希特指出,在限制性概念中,除实在性和否定性的概念之外,还含有可分割的概念,即一般的有可量性的概念,而不是某一特定的量的概念。这样一来,无论自我还是非我就都是由行动直截了当地设定成可分割的,但这种分割并不意味着永远的分裂,而是统一,因为意识的统一使得绝对自我被设定为不可分割的,只有与非我对设的那个自我,才被设定为可分割的,可分割性的范围被限制为"自我在自我之中与可分割的自我相对立,对设一个可分割的非我"②。总之,所有的对立和分割都无损于意识的统一性。所以,第三原理所表达的那种原始行动,即把对立的事物在第三者之中结合起来的那种行动,如果没有树立对立面的对设行动,是不可能的,同样的,如果没有结合的行动,树立对立面的行动也不可能。费希特由此认为,康德在《纯粹理性批判》中提出的先天综合判断如何可能的问题,通过他的第三原理,已经完满解答了。本质上,费希特的自信在于他将康德关于直观的接受性与知性的自发性二元区分取消了,他认为不存在这样一个区分,不论接受性还是自发性都是一个本原行动,康德在经验中被给予的直观

---

① 费希特. 费希特文集:第1卷 [M]. 梁志学,编译. 北京:商务印书馆,2014:513.
② 费希特. 费希特文集:第1卷 [M]. 梁志学,编译. 北京:商务印书馆,2014:521.

杂多到费希特这里只能被看作主体自我本原行动中的一种限制活动,而且,这种限制也是由主体自我设定为一个限制的。康德的限制概念到费希特这里就被置于绝对自我概念之下,自我与非我的相互限制是不可限制的主体的自我设定了可分割的实体的自我的两个偶性。费希特说:"批判哲学的本质,就在于它建立了一个绝对无条件的和不能由任何更高的东西规定的绝对自我;而如果这种哲学从这条原理出发,始终如一地进行推论,那它就成为知识学了。"①

 费希特将设立反题的行动称为分析方法,将设立合题的行动看作综合方法,实际上无非是为了对应康德的先验演绎路径,从"意识的统一性"出发,阐明自我本原行动的可能性条件。尽管费希特的阐明带有强烈的逻辑特征,但可以确认的是,理解费希特的目标最可能的路径是,将构成源初经验意识的事实——自我的"统一"即意识的形式的统一——与康德先验统觉的学说关联起来。也就是说,费希特所说的"统一"实际上是指主体所拥有的不同表象都属于一个单一意识。显然,费希特将这种"统一"理解为"被给予意识"的一个事实,以及一般经验可能性的先验条件。费希特所预想的哲学体系是意图把理论理性和实践理性的原则还原为一个单一"事实",即意识的统一性的先验条件。在这种情况下,理论理性与实践理性的统一就将显明一种特殊的含义:理性的两大机能作为本原行动的两个方面,将在被还原的意义上都能够在以单一的出发点开始的体系中统一起来,而这个唯一的出发点因此组建了所有哲学的第一原理。从第一原理出发,先验观念论的完整的统一的体系就有可能最终实现。

 但费希特的第一原理只能从形式上实现他统一理论理性和实践理性的理想,在内容上却冲突不断、矛盾不断。由于费希特持反思立场,非我的限制性被他规定为自我本原行动中的分割行为,因此自我与非我的交互作用,也只能从因果性上才能得到理解。黑格尔尖锐地指出了这种形式上的统一,就体系而言恰恰是不融贯的。他说,费希特"体系的终局不忠于其开端,结果不忠于其原则。原则曾是自我=自我;结果是自我不等于自我"②。这恐怕也是费希特的《知识学》一直在修订中的原因之一。

 费希特的统一理论在《全部知识学的基础》(1794/1795)开篇中就确定了下来:"我们必须找出人类一切知识的绝对第一位的、全然无条件的原理。"③

---

① 费希特. 费希特文集:第1卷[M]. 梁志学,编译. 北京:商务印书馆,2014:531.
② 黑格尔. 黑格尔著作集:第2卷[M]. 朱更生,译. 北京:人民出版社,2017:48.
③ 费希特. 费希特文集:第1卷[M]. 梁志学,编译. 北京:商务印书馆,2014:500.

这个原理"应该表示这样一种本原行动,这种本原行动不是也不可能是我们意识的诸经验规定之一,而是一切意识的基础,是一切意识所唯一赖以成为可能的那种东西"①。应该如何理解费希特所确立的这个"本原行动"概念才能为费希特的统一理论提供坚实的基础?费希特对"本原行动"的进一步解释是:"自我源初就直截了当地设定它自己的存在。"②自我能够直截了当地设定我存在的设定活动,显然就是智性直观。它是产生一切思惟与存在、认识活动与认识对象、主体客体统一的活动,从自我意识到自我存在的同一只能是智性直观,因此本原行动即智性直观。

费希特将自我的自我性规定为理智,"理智仅仅是作为理智或纯粹理智直观自己的,而这种自我直观也恰恰是理智的实质所在"③。为了更好地理解"本原行动"作为智性直观,我们还必须要把握费希特在第一原理中所表达的"主体"概念,主体作为绝对主体,是主体-客体。从第一原理出发,这个无条件的,自我-设定的自我概念是否关涉主体实践本质的主张,或者它仅仅只是纯粹理论的一个起点,这些不同的立场都取决于对费希特主体概念的不同理解。如果第一原理涵盖主体的实践本质,那么本原行动就是自我意愿的活动,是自由意志活动,也彰显了主体的实践自由。从这一视角出发,主体是"无条件的"就意味着主体不像客体那样总是遵从于因果规定的条件,自我是能够自我-决定的。如果仅仅指向纯粹理论,"自我-设定"意味着自我的一个属性特征可以被恰当地描述为"无条件的",按照康德的区分,这种无条件性属于理论理性而不是实践理性。那么,费希特的知识学就被视为从康德在"第一批判"中对纯粹统觉的阐明借来或发展而来的一个学说。倘若仅仅借助于"自我意识形式的同一性"、自我的"直接的自我-确定性"、纯粹自我意识的"我是我"以及单纯笛卡尔式的"我存在"这样的视点来阐明费希特的第一原理,那么,费希特的第一原理并不包含主体性的实践本质,就会成为最终的结论。实际上,结合1797年《知识学新说》的论述,我们完全可以主张,费希特的主体理论确实取消了康德"我思"的反思特征,把"我思必须能够伴随我的一切表象"所需要阐明的自我意识中自身关系看作一种直接的知道、单纯直观。"这种直接意识就是刚才描述的自我直观""自我是这种直观,……这种直观自身也就是我"④。"我知道我正在感知、判断、想象等",这个"我知道"并不是推论和反思而来的,而是直

---

① 费希特. 费希特文集:第1卷 [M]. 梁志学,编译. 北京:商务印书馆,2014:500.
② 费希特. 费希特文集:第1卷 [M]. 梁志学,编译. 北京:商务印书馆,2014:507.
③ 费希特. 费希特文集:第2卷 [M]. 梁志学,编译. 北京:商务印书馆,2014:753.
④ 费希特. 费希特文集:第2卷 [M]. 梁志学,编译. 北京:商务印书馆,2014:752.

接知道,是直观,但费希特用了一个让人误解的"自我-设定"。可见,第一原理的主体之物被以不同的方式阐发,会带来不同的结果。

以上的解释分歧,是由费希特在其《全部知识学的基础》(1794)中对他的知识学体系起点的描述混乱造成的。尽管费希特将主体的自我-设定描述为本原行动,但没有提供强有力的证据来支撑他的第一原理可以与真正的实践活动有关联。早在康德那里,自我意识就构成了自发的行动,自我综合的统一性活动是知性行为。因此,仅仅将自我意识活动规定为本原行动,并不足以说明,这是实践活动,而不仅仅是纯粹的意识活动。实际上,费希特也不可避免地将自我存在建立在自我意识的基础之上,自我一旦离开自我意识,主体就不存在。

有一种观点认为,费希特《全部知识学的基础》(1794)"理论知识的基础"部分的主要目标是阐明理论意识的诸特征,并试图阐明这些特征是主体自己本质的结果,而不是依赖于某种外在于主体的东西。康德的主体"自发性"提供了经验知识的形式要素,知识的内容则被理解为来自客体触发(刺激)主体的能力,主体在这种与它的客体的关系中,仅仅是被动的。费希特要超越这种立场并主张主体在认识中起到了积极的作用,不仅仅提供着认识的形式,而且也产生着感性内容。为了进一步阐明这一立场,费希特引入了"障碍"(Anstöße)概念。费希特诉诸于"障碍"概念来阐明表象的可能性,"障碍只有当自我是活动的时候才是一个障碍。障碍发生的可能性受自我的活动所制约;没有自我的活动,就没有障碍"①。费希特的意图是将自我活动中产生的表象与自在的和抽去自我活动状态下的对立物统一起来,它们应当是同一个东西。任何东西,只要被看作实存的,费希特都将其规定为一种"自我-设定"。如果说康德的表象理论无论如何都还有一个外在于心灵的物刺激或触发心灵感官这一环节的话,那么,费希特直接取消了外物刺激或触发心灵感官的设定。既然破坏了康德认识论中的形式与质料的区分,他也要给康德的"感性质料"提供解释。在他这里,感性质料不是根据外在于心灵的物刺激心灵感官的活动来解释,而是作为就主体"无限"活动的结果而言的,主体被惰性的完全被动的冲击"核查"或阻碍,然后又反射回主体。主体活动所经受的这种反射、阻碍被用来解释知觉主体的认识活动。费希特坚持了主体的无限性,他说:"自我的活动构成了无限制的自身设定,而在自我的活动之前就出现了一个障碍。"② 假如自我不限制自己,那它就将不是无限的,自我设定自己的活动因此既是无限的,又

---

① 费希特. 费希特文集:第 1 卷 [M]. 梁志学,编译. 北京:商务印书馆,2014:625.
② 费希特. 费希特文集:第 1 卷 [M]. 梁志学,编译. 北京:商务印书馆,2014:627.

是有限的，自我就在自身中同自身进行这种无限有限的交替，费希特将这种交替看作想象力的力量，并认为，"没有自我的无限性——没有自我的一个绝对的、走向无限制和不可限制的东西的生产性能力，甚至表象的可能性都不能说明"①。尽管这种按照主体自己的无限活动来解释知识的特征在观念论道路上可能比康德走得更远，但依然遗留了知识的一个要素没有解决，即"非我"之"非"，自我的有限性，自我与"非我"的对立是根本不可能被还原为主体的自发性的。也就是说，仅仅依靠自我的自我活动最终还是不可能从理论知识的阐释中彻底根除非-我的每一个痕迹。即便费希特将康德物自身的作用还原为对主体另外一种不受限制的活动的单纯核查，如果没有这种阻碍，表象依然是不可能的，因此理论主体不可避免地依赖于某种不是它自身的东西，即依赖于非-我。

当然，费希特也意识到了这种跳出自我与非我交互作用的有限性和限制性，这属于体系中的一个矛盾，为此，知识学不能够满足于理论理性的这种解释，因为由这种解释所要求的自我的这种限制性与知识学的第一原理相矛盾。这值得我们高度重视，它让我们可以确定除了《全部知识学的基础》（1794）第一部分的理论解释向度之外，费希特的第一原理蕴含着实践解释向度的意义。实际上，"它应该是绝对地由自己本身所设定的，因而应该是完全不依赖于任何可能的非-我而独立的"②。第一原理在这里的重要性被宣称为自我的本质在于它的自足性，即自我的本质完全独立于非-我，也就是说，自我是完全的自我-决定，从来不受它的客体的限制和规定。显然，费希特的这一主张在实践科学层面上返回到康德的"自治"概念。如果第一原理按照这种方式来理解的话，实践主体就与理论主体最终依赖于一个受动/阻碍相矛盾。所以，费希特的主体既是理论主体，也是实践主体，二者是一个主体。

费希特说："自我作为理智，其依存性应该消除，而要消除自我的依存性则几乎是不可思议的，除非先有这样一个前提，即自我由自身规定着至今未被认知的非-我，这个非-我被赋予了使自我成为理智的阻力。"③ 也就是说，第一原理的要求将被满足，只要主体能够被视为拥有被规定的或被引起的理论知识所要求的阻力就够了。因为在这种情况下，自我在理论知识的范围内所依赖的非-我，只能是自我自身的一个结果。通过创造一个作为理论主体所依赖的客体，

---

① 费希特. 费希特文集：第1卷 [M]. 梁志学, 编译. 北京：商务印书馆, 2014：630.
② 费希特. 费希特文集：第1卷 [M]. 梁志学, 编译. 北京：商务印书馆, 2014：663.
③ 费希特. 费希特文集：第1卷 [M]. 梁志学, 编译. 北京：商务印书馆, 2014：663.

自我将仍然完全是自我-决定的,即使这种自我-决定将是非直接的,也就是说它将借助于呈现为一个非-我的东西为中介。但是,第二原理又产生了一个新的矛盾,第二原理"相对于自我,直截了当地对设起来一个非-我"①。自我对非我的设定活动,亦即自我与非我的分割行为,实际上是一种限定活动,即将自己设定为有限的和受了限制的。第二原理因此断言了主体本质上的有限和限制,这种有限和限制就蕴含在自我为了成为自己就要求与其完全不同的某物有一种关联的主张中。自我不能够单纯是阻力的原因是,如果那样的话,就没有非-我什么事了。主体与客体之间的所有区分就将会是虚假的,而在体系的第二原理中所阐述的主张也将被否定。实际上,这些矛盾等到谢林绝对同一性哲学出现时,就会迎刃而解了。我们借用谢林的思路为费希特提供一个解释:绝对自我(第一原理)的分割性使得分割意义上的自我对设一个非我(第二原理),来表达非我对分割意义上的自我的限制,同时使得自我与非我的交互作用成为可能(第三原理)。本质上,分割意义上的自我与其对设的非我都属于绝对自我,分割与交互作用就成为绝对自我的偶性。

费希特指出,这种冲突来自自我必然的、看起来又对立的两个特征:一个是"无限的和不受限制的",另一个是"有限的和受了限制的"。他通过诉诸实践理性来解决这个问题实际上是对自我的"绝对"本质与它根基上的有限性的一种调和,即如果没有一个"他者"的话,它就不能作为自我而存在的事实的一种调和。这里的关键是要找到一种理解自我活动的方式,以这样一种方式,它在没有泯灭非-我的同时依然是"绝对的"。费希特通过引入"奋进"/努力(Streben)观念来完成这个要求。不再将自我与非-我之间的关系假定为是通过前者对后者的完美规定,而是把自我描述为"要去进行规定的一种倾向,一种奋进"②。这种奋进的目标是主体绝对的独立于它的客体,这种绝对是在后者的规定完全依赖于自我的意义上而言的:"自我应该是绝对独立的,而一切都应该是依存于它的。由此可见,客体与自我的一致性是一种需要。"③ 因此,奋进的主体就其奋进的目标而言是"绝对的",亦即就它努力地使非-我与它自己的本质相一致而言是"绝对的"。"自我返回自身的纯粹活动,就其与一个可能的客体的关系而言,是一种奋进。"④ 无论如何,将自我的活动描述为"单纯的"奋

---

① 费希特. 费希特文集:第 1 卷 [M]. 梁志学,编译. 北京:商务印书馆,2014:514.
② 费希特. 费希特文集:第 1 卷 [M]. 梁志学,编译. 北京:商务印书馆,2014:677.
③ 费希特. 费希特文集:第 1 卷 [M]. 梁志学,编译. 北京:商务印书馆,2014:675-76.
④ 费希特. 费希特文集:第 1 卷 [M]. 梁志学,编译. 北京:商务印书馆,2014:677.

进的观点与这样一个事实还是相容的：自我从来不能够从其客体中获得完全独立的目标，也就是说，奋进的原则实际上还是把第二原理中所表达的主体根深蒂固的有限性考虑进来，其仍然归属于自我的一种"绝对的"质，在《知识学》的结尾处，就被理解为不是作为关于主体的一个事实，而是作为自我加于其自身和它的世界的一种要求。

费希特在《全部知识学的基础》（1794）中的最后一步演绎就是把主体的奋进与实践理性的机能统一起来。费希特将自我描述为通过一种无限的奋进（努力）使非-我与它自身相一致的原则，也可以被理解为自我遵从道德法则的主张。假如我们将道德法则视为一种命令，即要求主体对客体世界采取行动，而且要求它遵从主体给予其自身的仅与它自己本质的原则相一致的命令而行动，那么，对费希特而言，对这样一种奋进的必要性的演绎就等于是证明实践理性机能的实在性："要求一切都应该与自我一致，要求一切实在性都应该由自我无条件地设定起来。这种要求是人们通常称之为并且应该称之为实践理性的那种东西。"[1] 正如皮平所指出的那样，费希特在这里依然没有超出康德，只不过将道德性夸大为为了既包含知识也包含行动的完全的自我设定的理想所进行的一种"无限的奋进"（应当）[2]。这样的一个后果是，经费希特的"自我设定"，康德关于知识被限定为出自人类自身条件的经验，就被规定为知识是一种自我满足，而非主要作为基于直观或直观定向的东西。

第三节 费希特的承认概念

从自我的同一性出发，费希特必须承认表象的自我与实践自我的统一性，也就是说自我作为行动，它既是表象活动，也是意志活动，但归根结底实践能力是自我最内在的根基，一切其他的东西都由它来承载，都依附于它。尽管孤立地从知识学原理出发看费希特统一理论理性与实践理性的努力并不是很成功，但他在这种努力中进一步拓展了自由的领地，当自由被理解为个体自由，进而被规定为全部理性的独立性时，"限制""障碍"概念中难以处理的自我与他者之间的关系，就可以通过自由共同体中的相互承认来解决。费希特"承认"概

---

[1] 费希特. 费希特文集：第1卷 [M]. 梁志学，编译. 北京：商务印书馆，2014：679.
[2] 罗伯特·皮平. 黑格尔的观念论——自我意识的满足. [M]. 北京：华夏出版社，2006：80.

念的提出，不仅对黑格尔主-奴辩证法产生了直接影响，而且也为主体性向主体间性的过渡提供了契机，成为后世主体间性理论产生的理论源头。

如前文所述，费希特的知识学要确立的是自我性，自我与非我的统一也是自我性的一部分，处于自我与非我交互作用中的自我是有限的自我，即有限的理性存在者。费希特认为，理性存在者在与其他理性存在者的相互制约和规定中被界定为有限的个体，同时保障了个体的自由。也就是说，个体自由是在理性存在者相互制约和相互规定中产生的，而理性存在者交互规定关系中最重要的关系是承认。

费希特的承认概念集中出现在他的自然法权和伦理学思想中。具体而言，在《以知识学为原则的自然法权基础》中，费希特利用承认概念建构其对法权概念的演绎；在《以知识学为原则的伦理学体系》中，以承认概念为基础建构其对自我概念的主体间性的演绎。

正如上一节我们所探讨的，费希特的统一理论无法彻底消除自我与非我之间的矛盾，这些矛盾既是逻辑的，也是现实的。黑格尔曾在《哲学史讲演录》中评论说："自我活动所指向的那个非我，诚然具有一切由于自我的活动而来的规定，但是仍然给自我留下一个纯粹的彼岸，这是一个无穷的阻力：它只有非我的意义，没有积极的自在的规定。"① 在理论领域，康德的本体世界永远停留在现象世界的彼岸，费希特通过自我-设定活动，非我是由自我设定为自我的一种限制来统一绝对的自我与经验的自我。在实践领域，费希特通过自我与非我的交互作用，来处理自我与其他自我的关系，其中承认概念是其演绎的关键环节。

《以知识学为原则的自然法权基础》代表着费希特试图建立一门实在的哲学科学，以便与"康德学派"所主张的形式的哲学区别开来。费希特认为，康德哲学并不像康德学派所主张的那样是纯粹形式的哲学，恰恰相反，康德批判哲学的同时提出概念和客体，绝不舍弃一方只研究另一方，消除所有单纯形式的哲学思维，是康德著述立说的宗旨。单就实在哲学科学而言，康德《论永久和平》让费希特惊喜交加，因为他对法权概念的演绎与康德关于许可法概念的演绎是一致的。我们知道，费希特自然法权概念的演绎是建立在他的知识学原则之上的，这就意味着费希特不是从道德规律出发而是从思维规律，也就是从理性的纯粹形式、从自我设定行动原理中演绎出法权规则。

在《以知识学为原则的自然法权基础》第一篇"法权概念的演绎"中，费

---

① 黑格尔. 哲学史讲演录：第4卷［M］. 贺麟，译. 北京：商务印书馆，1978：328.

希特确立了三条定理：

第一定理：一个有限理性存在者不认为自身有一种自由的效用性，就不能设定自身。

第二定理：一个有限理性存在者不认为其他有限理性存在者有一种自由的效用性，因而也不假定在自身之外有其他理性存在者，就不能认为自身在感性世界中有自由的效用性。

第三定理：一个有限理性存在者不把自身设定为能与其他有限理性存在者处于一种确定的、人们称之为法权的关系中，就不能假定在自身之外还有其他有限理性存在者。①

在证明第一定理的过程中，费希特提出了"效用性"概念。"一个理性存在者"与知识学所确立的"自我行动"是相一致的概念，它意味着能动性，他说："理性存在者的本质是完全回归到自身的能动性（自我性、主体性）。"② 理性存在者不仅通过这一能动性的活动设定自己，而且还将作为这种能动性的限定者的世界一同对立起来，自由的能动性因此就受到直观的世界的限制和束缚，但是自由的能动性的目的是要扬弃它的限制和束缚，就理性存在者必然回归自身的行动而言，直观作为指向客体的行动不是回归自身的行动，因为直观涉及的是理性存在者之外的东西。因此，这种能动性只能被理解为在我们之外预先设定的效用性或一个目的。"理性存在者这样设定其发挥自由效用性的能力，就设定并规定了一个在自身之外的感性世界。"③ 费希特要从理性中演绎出法权概念，首先设定了感性世界，只有在感性世界中通过行动，通过自由行动的表现，各个理性存在者才会产生相互作用，产生法权概念。

在证明第二定理的过程中，费希特提出了"要求"概念。自我意识何以可能？费希特回答："如果理性存在者在同一个未分割的阶段认为自身有一种效用性，并且能树立某个与这种效用性相对立的东西，那么自我意识就是可能的。"④ 简言之，自我意识的可能性在于能够拥有将自身分割为主体与客体的能力，也就是说自我意识必然要求一个客体存在，因此客体不应被理解为其他东西，而只能被理解为主体提出的一种走向行动的单纯要求。同时，这种要求是

---

① 费希特. 费希特文集：第 2 卷 [M]. 梁志学，编译. 北京：商务印书馆，2014：271-312.
② 费希特. 费希特文集：第 1 卷 [M]. 梁志学，编译. 北京：商务印书馆，2014：271.
③ 费希特. 费希特文集：第 1 卷 [M]. 梁志学，编译. 北京：商务印书馆，2014：278.
④ 费希特. 费希特文集：第 1 卷 [M]. 梁志学，编译. 北京：商务印书馆，2014：286.

主体提出的显示其自由效用性的要求,亦即回归自身行动的要求,因此行动就被理解为以一个认识为目的。

在证明第三定理的过程中,费希特提出了"承认"概念。主体既然必须通过对立,把自身与自身之外的理性存在者区分开,主体的行动因此就不仅受到客体的制约,更受到在它之外的其他理性存在者的制约,这实际上就为主体的行动规定了一个范围。只有在这个范围内,主体才能给自己确立其自己的自由和独立性。这里的主体就是个体。"主体把自身规定为个体,并且通过它据以从各种可能的行动中选择出一个行动的范围,把自身规定为自由的个体。同时,主体还设定另一个在自身之外的与自己对立的个体,通过这个个体据以做出选择的另一个范围来规定这个个体。"① 于是,自由存在者之间的关系只能是相互承认关系,也就是说,一个个体只有通过承认另一个个体为自由的个体,才能通过另一个个体承认自己为自由的个体。"只有我本身把一个确定的理性存在者作为一个理性存在者加以看待,我才能要求这个存在者承认我是一个理性存在者。"② 如果双方不相互承认,就没有一方会承认对方。可见,个体成为一个自由的理性存在者的前提条件就是承认共同体中的其他成员为一个自由的理性存在者。因此,在费希特这里,个体概念是一个相互承认的概念,而且在法权概念适用性的演绎中,费希特进一步将个体概念规定为躯体。这使得德国思想家对个体肉身性的探讨比法国现象学家早了整整一个多世纪。

个体概念被费希特证明为自我意识的条件、法权概念的条件。只有当一个理性存在者将它自己设定为一个个体,设定为许多理性存在者中的一员时,才会产生法权概念。法权概念的必然性在于一个个具有自我意识的理性存在者。"我"设定自己为理性的,也就是设定自己为自由的,法权概念应当成为纯粹理性的一个原始概念,它主要处理理性存在者组成的共同体中的自由分配问题,它是关于自由存在者彼此的必然关系的概念。理性存在者共同体的存在依据在于每一个理性存在者都必须通过自由给自身的自由设定一个界限,也就是说,所有的人都必须把不干扰那些与自己处于相互作用中的人们的自由确立为法律。每个理性存在者自由存在是必然的,但所有自由存在者共同存在却不是必然的。为此,费希特区分了内在自由和外在自由,当每个理性存在者都用内在自由限制他自己的外在自由,以便保障所有其他共同体成员也能拥有外在自由,所有自由存在者共同存在才是可能的。"每个理性存在者都必须在自己用另一理性存

---

① 费希特. 费希特文集:第1卷 [M]. 梁志学,编译. 北京:商务印书馆,2014:298.
② 费希特. 费希特文集:第1卷 [M]. 梁志学,编译. 北京:商务印书馆,2014:300.

在者的自由限制自己的自由的条件下，用那个关于另一理性存在者的自由的可能性的概念，来限制自己的自由，这种关系叫作法权关系。"①

费希特的自我既是直观的自我，也是意志的自我，归根结底是反思的自我，从反思的立场出发，自由与冲动就在道德中统一起来。在《以知识学为原则的伦理学体系》（1798）中，费希特进一步论证了他的自我性。与论证自然法权概念不同，这一次是"从自我性与追求绝对独立性的冲动的联系中系统地制订自我性的各个条件"，费希特在第18节提出了三个条件：

第一个条件：这样一种躯体，或确切地说，这样一种东西，就是自我性的条件，因为这种躯体仅仅是从自我反思得出的，而唯独通过自我反思，自我才是自我。

第二个条件：自我必然是理智力量。……只有我是理智力量，只有在我是理智力量的限度内，才有道德规律。

第三个条件：自我只能把自己设定为个体，个体性的意识是自我性的一个条件。……假定一种在自身之外的现实理性存在者，这就是自我意识或自我性的条件。②

躯体概念考察的是自我在自我反思中的受动性，躯体因此是反思的客体；理智力量考察的则是自我的能动性，是反思中的主观的东西；个体性以及由此假定而来的自身之外的理性存在者作为自我性的一个条件构成反思中的主体间性。

在制订第一个条件的过程中，费希特意图用"躯体"来代替自然和感性世界，或者更准确地说，自然和感性世界都必定会成为我的躯体对我所是的东西。自我冲动的最终极目标是独立性，其中我们的自然冲动系统就变成了物质躯体，在这种躯体中集中与包含了自然的那种冲动，自然冲动只有通过"我"的躯体，才能左右"我自己"，因此费希特认为，"躯体是我们的一切知觉的工具，……躯体也是我们的一切认识的工具；躯体是我们的一切因果性的工具"③。

在制订第二个条件的过程中，费希特用理智力量来定义道德规律。"道德规

---

① 费希特. 费希特文集：第1卷［M］. 梁志学，编译. 北京：商务印书馆，2014：308-309.
② 费希特. 费希特文集：第3卷［M］. 梁志学，编译. 北京：商务印书馆，2014：220-264.
③ 费希特. 费希特文集：第3卷［M］. 梁志学，编译. 北京：商务印书馆，2014：223.

律诉诸于理智力量本身。"① 只有我是理智力量，只有在我的理智力量的限度内，才有道德规律，这样，费希特就确立了理论认识服务于实践活动的要求，即理论认识在形式上必须服从于职责。与追求独立性是道德的最高目标相一致，"我"是"我"的所作所为就成为费希特自由理论的基本主张。

  在制订第三个条件的过程中，费希特意图凭借"全部理性"而不是"个体理性"来解决自由学说中的一个很大的难题，即一方面我是自由的，另一方面"我原初不仅在形式上受自我性的限制，而且也在内容上受某种必然不属于自我性的东西的限制"②。这样我是自由的主张就与我的自我性以及全部独立性都是由另一个个体的自由所限定，并且我追求独立性的冲动绝不能以毁灭另一个个体自身的可能性条件和自由为目的之道德命令相冲突。在知识学中，费希特主张"我"是一切，而在伦理学中，费希特意识到，"我"不可能也不可以是一切，并成为一切，因为还有别的理性存在者，他们也是自由的。不过，费希特在伦理学中再也不会遭遇知识学中的困境，他主张，自然丝毫无损于"我"的自由，在"我"之外的理性存在者同样丝毫无损于"我"的自由。因为作为我们终极目标的独立性，并不是一个个体的独立性，而是一切理性本身的独立性。追求独立性的冲动是以全部理性的独立性为归宿，这就意味着"我"是个体A，对A的独立性的冲动是偶然的，个体A、B、C等的独立性是全部理性独立性的表现，因此"我"作为A表现这种独立性，还是作为B或C表现这种独立性，对"我"而言并不重要，重要的是每个个体都以追求全部理性的独立性为目的，每个个体的形式自由是全部理性自由的前提条件。费希特为此提出："一个自由存在者的合乎目的的做法对于所有其他自由存在者就会同时也是合乎目的的，一个自由存在者的解放就会同时也是所有其他自由存在者的解放。"③

  费希特的自由体系本质上因此是对自由共同体的设想。他说："每个理性存在者的终极道德目的是全部理性都有独立性，因而也就是一切理性存在者都有道德。"④ 自由共同体因此也是道德共同体。费希特为此分析了三种道德共同体：教会、国家和学术共同体。费希特说："这种在一切人当中为了创造共同实践信念而进行的相互作用，只有一切人都从一些必然存在的共同原则出发，定然把自己今后的信念同这些原则结合起来，才是可能的。每个人都有责任参与

---

① 费希特. 费希特文集：第3卷 [M]. 梁志学，编译. 北京：商务印书馆，2014：225.
② 费希特. 费希特文集：第3卷 [M]. 梁志学，编译. 北京：商务印书馆，2014：235.
③ 费希特. 费希特文集：第3卷 [M]. 梁志学，编译. 北京：商务印书馆，2014：240.
④ 费希特. 费希特文集：第3卷 [M]. 梁志学，编译. 北京：商务印书馆，2014：243.

的这样一种相互作用,叫作教会,即道德共同体。在教会中,一切人都同意的东西,叫作教会的象征。"① 教会承担着共同信念的创立的职责,而国家承担着感性世界的管理,同时也承担着理想国家的创立之职责。由于感性世界是一切理性存在者的共同财富,因此在管理感性世界时,不能按照个人的信念去行动,而是"必须按照道德的绝对命令,完全创造出这样的一致意见。关于人们可以怎样相互影响的协议,即关于他们在感性世界中的共同权利的协议,叫作国家契约,按照这种协议建立起来的共同体,叫作国家"②。"与其他人结为一个国家是绝对的道德责任,国家一旦建立,哪怕我相信国家的绝大部分设施都悖理违法,只要我不坚信全部共同体成员都想推翻国家,那么推翻国家就是违背良心的。"当然这里还存在着违背良心与按照自己的信念自由行动之间的矛盾,费希特为此提出了"应急国家"概念,通过应急国家逐步前进到合理合法的理想国家是共同体成员的最高道德责任,因此即使国家不符合自己的信念,也要在公共事务中承担职责,并努力改善和创造理想国家,是符合良心的。

作为道德存在者,每个个体都有自己的信念和职责。按照个人的信念去行动是绝对的自由,而遵守职责去行动是道德要求,因此信念与职责之间就存在着矛盾,从道德职责出发,每个人都应该过社会生活,在整个共同体的事情上,"我"不可按照"我"的个人信念去行动,而是必须按照共同体的信念去行动,尤其是在教会和国家这种共同体中,一方面是坚持个人信念是绝对的职责,另一方面是"我在共同体中完全不应该从个人信念出发,而应该从共同体的象征出发,在涉及国家宪法的事情上,我应该服从国家宪法,甚至在事关我的职务时,应该设法执行国家宪法"③。为了解决个人信念与职责的统一,费希特提出了"学术共同体"的理念,在学术共同体中,其"承认"概念也升格为"交流"概念。他说:"交流我个人的信念是绝对的职责。"④ 而在教会和国家中交流"我"个人的信念是违背职责的,解决这个矛盾的综合统一环节应该是这样一种社会,"一方面这种社会应该是有限的和确定的,因此不应该包括所有的人——这是一个不确定的概念——而是应该包括一定数量的人,他们是从所有的人当中遴选出来的,就此而言,也是与其他所有的人分离开的;另一方面,在这种社会中,每个人亲身具有和亲自意识到的自由,即怀疑一切,自由地、独立地探讨一切自由,应该也在外部变为现实和得到表现。这种社会是共同意

---

① 费希特. 费希特文集:第 3 卷 [M]. 梁志学,编译. 北京:商务印书馆,2014:246.
② 费希特. 费希特文集:第 3 卷 [M]. 梁志学,编译. 北京:商务印书馆,2014:248.
③ 费希特. 费希特文集:第 3 卷 [M]. 梁志学,编译. 北京:商务印书馆,2014:258.
④ 费希特. 费希特文集:第 3 卷 [M]. 梁志学,编译. 北京:商务印书馆,2014:258.

识的一个论坛。在这个论坛面前可以靠绝对的、无限制的自由设想一切可能的事物，探讨一切可能的事物"①。显然，参加这个联合体的成员都必定摆脱了教会象征的束缚，摆脱了国家批准的法律的束缚。费希特说，建立这样一种学术共同体是一项道德责任，因为学术共同体的道德职责在于交流，这种无所顾忌的交流保障了个体的信念和自由，并能够促进理想国家的创建。

费希特说："学术共同体的突出特点是思惟的绝对自由和独立自主。学术共同体的建构原则是这样一条原理：绝对不服从任何权威，对一切事情都要立足于自己的独立思考，断然否定一切没有被自己的独立思考确认的东西。"② 因此，只有在这种学术共同体中，人们才能够交流各种意外的发现，在大家拥有或认为拥有一些与舆论相左或超出舆论范围的特殊信念时，交流这些信念，并有机会为它做出辩护。学术共同体实际上是费希特在教会和国家这种推崇普遍理性的共同体之外，为个体的自由和独立性留下一块法外之地。他认为，学术共同体的理念能够完全解决在固定的教会、国家与绝对凭良心办事的个人自由之间发生的矛盾。当然，这种矛盾的解决之前提是国家和教会要允许学术共同体的存在，对学者们宽容，也就是说，"对于一切构成学者们的本质的东西，即绝对的和毫无限制的思想交流，国家和教会必须宽容"③。

费希特从"承认"到"交流"的思想对后世哈贝马斯公共空间概念以及交往行动理论的提出都有深远的影响，就这一传承而言，费希特开启了现代性的核心问题。仅就完成康德这一当前最紧要的话题而言，费希特的承认理论蕴含着主体间性的深刻洞见，为理论理性和实践理性的统一打开了一个全新的自由空间。

费希特的自由体系包含知识学、自然法权和伦理学，而且只有将三者作为一个以知识学为原则的整体，才能正确地理解费希特的自由体系。从自由体系出发，回头看知识学的原则，我们在本章第二节提到的知识学中所蕴含的矛盾就不再是费希特知识学的硬伤了，而是自由体系能够解决且已经解决的问题。

最后，费希特的自由体系直接影响了现代国家的合法性论证，海德格尔虽然没有注意他的自然法权和伦理学思想，这只是由他的存在问题视点所决定的，但这并不意味着费希特的自由思想与海德格尔无关，可以说，德意志民族的自由精神是由费希特、荷尔德林、谢林、尼采、海德格尔等思想家引领德意志民

---

① 费希特. 费希特文集：第3卷 [M]. 梁志学，编译. 北京：商务印书馆，2014：259.
② 费希特. 费希特文集：第3卷 [M]. 梁志学，编译. 北京：商务印书馆，2014：260.
③ 费希特. 费希特文集：第3卷 [M]. 梁志学，编译. 北京：商务印书馆，2014：262.

众一起建构起来的。为此，我们就费希特的自由概念仍需要再提供一个独特的讨论才能够结束本章的内容。

从费希特理性即是自我性的知识学基本原理出发，理性的本质不是认识、思想，更不是持存的物，而是行动，本原行动。本原行动不仅设定了存在、自我存在，而且也规定了应当，应当存在，它本身是绝对存在。理性的独立性作为行动的最高目的，即是自由的本质，从这个意义上说，费希特完成康德所走的思想道路本质上不是我们第一节题目所设定的"从本体到主体"，而是从理性到自由。"从本体到主体"就成为一个暂时性的题目，在这个题目下，克服康德的"本体"只是费希特建构其自由体系的一个环节。

康德将自由放到了本体世界，是实践理性的公设，因此是不可认识的，而费希特则将自由看作理性的本质，即自我性，因此"我"是自由的，就不是一个公设的问题，而是一个"我存在，我自由"的问题，人们能够原初地意识到自己的自由，而且自由将表达为人们的理智能力，或者说，人们拥有理智的能力，就等于人们拥有自由的能力。费希特说："只有理智力量能被设想为自由的，理智力量只有把自己理解为理智力量，才会变成自由的，因为只有这样，理智力量才在某种高于一切存在的东西中，即在概念中，拥有自己的存在。"①这样，自由是"我"成为"我"自己的能力，在感性世界中，自我最高的冲动，不是对物质客体的冲动，而是对自由客体的冲动，因此在费希特这里，自由与冲动、自由与自然因果性就是统一的。他说："冲动不会成为意志规定的原因，……冲动绝对没有能力这么做。但是，自由始终会恰恰成为自然冲动在有因果性时能够引起的那种东西的原因，自由将会完全为自然冲动效劳，并延续自然的因果性。"② 就自由的冲动而言，费希特区分两种自由——形式的自由和实质的自由，以便指明自由不仅仅是一个思想，而且更是一种力量和能力。

既然在自我中包含的一切东西都是用一种冲动加以解释的，那么，就必定有一种要意识到这种自由的冲动（它必定存在于自我的原始冲动中），因此也必定有一种要达到这种意识的条件的冲动，而这样一种意识的条件就是不确定性。如果自我仅仅遵循自然冲动，不确定性则是不可能的。因此，这里应该有一种完全不涉及并且违背自然冲动而规定自己的冲动；行动的内容根本不能取自自然冲动，而是只能取自行动本身。既然我们要涉及对自由的意识，这样一种冲

---

① 费希特. 费希特文集：第3卷［M］. 梁志学，编译. 北京：商务印书馆，2014：39-40.
② 费希特. 费希特文集：第3卷［M］. 梁志学，编译. 北京：商务印书馆，2014：143.

动就应该是为自由而争自由的冲动。

我把这种不同于自由的自由称为实质的自由。形式的自由仅仅在于，出现新的形式原则、新的力量，结果序列中的内容则丝毫没有改变。虽然这时行动的已不再是自然，而是自由存在者，但自由存在者造成的结果与自然可能造成的结果恰好一模一样，如果自然也还能行动的话。实质的自由则在于，不仅出现了新的力量，而且就行动的内容来说，也出现了崭新的行动序列。从这时起，不仅理智力量造成的结果，而且这个行动序列造成的结果也与自然可能造成的结果完全不同。①

在费希特这里，自然冲动对自我而言是偶然的，从先验的观点看，它是我们受到限制的结果，而纯粹的冲动对自我而言是本质的，它是在自我性中建立起来的，它按照"我"的纯粹本质，把"我"提高到自然之上。自然具有因果性，是一种也与"我"有关的力量，自然在"我"之内创造的冲动，指向单纯形式的自由，表现为偏好。纯粹的冲动作为高级冲动不受自然因果性的规定，从而脱离自然序列，而且能够独立自主地干预自然序列。因此，在费希特看来，与那种使"我"陷入自然因果性序列的偏好的形式自由不同，作为纯粹冲动的实质自由才能给"我"提供尊严。

从形式的自由方面，自我关系被描述为一种反思自我与自然冲动的自我之间的关系，在这里直接关联着主体直接的被给予的欲望。通过反思，个体强行将其自身从自然冲动中带离，并使其自身作为一种自由的理智独立于它。费希特形式的自由表明，主体有能力摆脱直接的，也许只是瞬间的欲望，并将自身与这种欲望保持距离，显然，这种能力需要以自由选择为条件。在费希特看来，这种能力就属于实践主体的"绝对"能力，并指出，真实行动的绝地本性来自概念的管辖权，并成为真正的自由，这里的概念被费希特称为目的概念，因此说实践主体的"绝对性"来自概念的管辖权也就必然意味着主张意志从它的源初的未决定状态转换到决定状态，这种转换的发生遵照主体的目的概念，亦即它想通过它的行动所追求的目的。目的概念是行动选择的标准，更准确地说，只有当这样一种目的概念完全参与到意志决定它的行动之中，它才是真正的自由。站在费希特的立场上来看，主体自由它不仅能够抵制自然冲动，而且可以独立地决定自身，这显然是一种理智，因此真正的意志不仅能够从当前的欲望

---

① 费希特. 费希特文集：第 3 卷 [M]. 梁志学，编译. 北京：商务印书馆，2014：143-144.

中摆脱出来，而且能够以概念或主体理性为基础选择规定这些诱因。"所以，那种实在行动的绝对性就由此变成了一种理智力量的本质，并且处于概念的统摄之下。只有这样，那种绝对性才变成了真正的自由，即变成了绝对性的绝对性，变成了使自身成为有绝对性的绝对能力。"①

　　从实质的自由方面，费希特阐明了主体是如何能够决定它自己的实践公理，不是以纯粹武断的方式，而是遵照了给予它自身的"规范"。自我-决定在实质的意义上不仅要求一种更高级别的原理以构成公理，而且还要求这种原理是通过其自身给予主体的。费希特在这里提到的处于统治地位的更高等级的公理只能建基于最大化的自然愉悦基础之上，更准确地说，是建基于对自我真实本性的反思基础之上，并根据这种本性做出选择，选择因此在某种意义上就表达着"我真正是谁"，这就意味着，在实质的自我决定中，从本质上说"我"是谁就承担着规范的作用，根据这种规范，主体自由地决定其自身。

　　没有冲动，对自我性的自我意识就是不可能的；没有绝对自由的反思，自我就不能成其为自我，"我"为了成为自由的，"我"必须自由地行动。"我"应该自由行动，这就意味着"我"作为理智力量，应该能够决定"我"自己，并按照一定的方式自由行动。因此，意志从不确定性到确定性的进展，就是对自由的意识的条件。

---

① 费希特. 费希特文集：第 3 卷［M］. 梁志学，编译. 北京：商务印书馆，2014：35.

第三章 谢林的"绝对"

第一节 从主体到绝对

当谢林在 1801 年 5 月发表《我的哲学体系阐述》，并因此与已经离开耶拿两年的费希特继续进行体系之争时，已经来耶拿 7 个月的黑格尔，撰写了他的第一部哲学著作《费希特与谢林哲学体系的差异》（1801）。尽管当时的谢林和费希特正在紧张地书面探讨各自的哲学立场，却是黑格尔首先敏锐地指出了他们哲学体系之间的差异，这部著作既是讨论谢林与费希特哲学差别的主要文献，也是了解黑格尔哲学的入门书。

在费希特的体系里，"自我"作为直接的、确定的起点，同一性原则不能成为体系的原则，体系一经形成，同一性就被放弃了；从黑格尔的思辨理性出发，费希特的"A=A"原理只表示知性的同一性，而不是绝对的同一性。在谢林体系中，自我自己推动着自身，穿过必然进程的所有阶段，最终获得自我意识，因此谢林不是从一种直接的确定性出发，而是从一种内在于理性的普遍的存在本原出发，同一性原则是谢林哲学体系的绝对原则。在谢林看来，费希特的错误恰恰就在于把"自我"视为一个直接的、确定的出发点，这种错误所带来的后果是主体和客体在智性直观中只能是完全同一的东西，谢林将其称为主观观念论。而谢林认为，主观观念论的问题在于不能有效地回答"整个外在世界及其既有必然又有偶然的规定是如何通过单纯的'我在'而对每一个人来说是被设定下来的"[1]。为此，他提出了一种客观观念论，客观观念论不是从直接的确

---

[1] 瓦尔特·舒尔茨. 德国观念论的终结——谢林晚期哲学研究[M]. 韩隽，译. 北京：中国人民大学出版社，2019：124.

定性出发，而是从一种内在于理性的普遍的存在本质出发，谢林通过设置一种"先验的过去"——"通过这种先验的过去，那个必然有一个独立的外部世界的感觉的问题就可以得到解答了"①，然后被确认为一种"无限的主体"，最终被确定为"主体-客体的无差别"，构成了谢林客观观念论的出发点。

站在黑格尔思辨理性的立场上，绝对的同一性是整个体系的原则，而费希特则从知性反思的立场把自我本身作为绝对物。谢林认为，费希特只建立了主观的主体-客体，客体只是为意识所设置，主体与客体的对立只是观念的对立，同一性原则也是形式的。黑格尔说："体系的思辨要求扬弃对立者，但体系本身不扬弃对立者；体系所得到的绝对综合并非自我＝自我，而是自我应该就是自我。绝对者为先验视点而建构，但并非为现象的视点而建构。"②谢林放弃自我概念，使用主体-客体的绝对的无差别概念，认为唯一的"本原"就是绝对者，理性设置主体和客体它们为主体-客体，主体与客体的对立是真实的对立，二者都被设置在绝对者之中，二者都有实在性，主体和客体双方都是主体-客体，同一性原则既是观念的，也是实在的。显然，在谢林这里，绝对的本原/体系的出发点不能够再被称为"自我"了，而被称为"主体-客体的无差别"概念，"'主观的和客观的事物的无差别'，借此客体（物质存在的外部世界）和主体（内部的、可以一直延申到存续的主体，以及神的世界）在一个并且是同一个东西中具有同样的可能性就被设定并把握了起来"③。黑格尔认为谢林全面超越费希特的正是同一性原则，"同一性原则是整个谢林体系的绝对原则；哲学与体系重合；同一性未消失于部分之中，更未消失于结果之中"④。而费希特的基本原则"主体＝客体摆脱了这种同一性，再也无力恢复这种同一性，因为差异置于因果关系之中。同一性原则并未成为体系的原则；体系一开始形成，就放弃了同一性"⑤。

谢林哲学体系由于将理性作为唯一的本原，理性使自身产生为自然和理智，而且在它们之中认识自身，理智是一种内在的实在性，自然是一种内在的观念性，是真正的同一性哲学，真正实现了自然的体系和理智的体系是同一个体系。

---

① 瓦尔特·舒尔茨. 德国观念论的终结——谢林晚期哲学研究［M］. 韩隽，译. 北京：中国人民大学出版社，2019：125.
② 黑格尔. 黑格尔著作集：第2卷［M］. 朱更生，译. 北京：人民出版社，2017：30-31.
③ 瓦尔特·舒尔茨. 德国观念论的终结——谢林晚期哲学研究［M］. 韩隽，译. 北京：中国人民大学出版社，2019：125.
④ 黑格尔. 黑格尔著作集：第2卷［M］. 朱更生，译. 北京：人民出版社，2017：61.
⑤ 黑格尔. 黑格尔著作集：第2卷［M］. 朱更生，译. 北京：人民出版社，2017：61.

自然哲学与理智哲学在它们的内在同一性中互相对立，在理智哲学中，绝对者是以认识形式出现的主观物，在自然哲学中，绝对物是以存在形式出现的客观物。谢林哲学扬弃了二者的片面性，识别出同一个绝对者。黑格尔分析说："因为两门科学有内在同一性，因为两者阐述绝对者，绝对者如何从现象的一种形式的低级幂次成为该形式的全面性，每门科学据其关联与梯级顺序与另一门相同。……一切只在一种全面性中；客观的全面性与主观的全面性、自然的体系与理智的体系是同一个；就是同一种客观的确定性与一种主观确定性一致。"①

费希特哲学体系是形式的哲学，只有形式上的确定性。费希特哲学作为"自我"的知性反思，自然哲学与理智哲学的分离与综合都是形式的分离与综合，两种科学所追求的无差别之点是整体，被描述为自我构成的绝对者。谢林因此批评费希特说："尤其对于费希特来说，自然不是一个自身存在者，而是一个依傍于自我的、作为自我的限制而存在的存在者。如果拿掉自我的话，那么自然就失去了自身的意义。"② 对费希特而言，自然不是外在的，而只是作为听和看的可能性而理解和把握的。因此，他的主观观念论没有从本原中推导出现实的存在者，而只是利用"智性直观"这个概念以直接的确定性表达出"我在"而已。而对谢林来说，智性直观则是"绝对者"的直观，"原初的同一性必定把主观的总体与客观的总体二者汇入对自己在完备的总体性中变得客观的绝对者的直观——汇入对神的永恒成人身、对证明当初的圣言作直观"③。费希特哲学是反思的真正产物，哲学反思是受制约的，是主观的东西；而谢林哲学作为先验的直观，保持在主观与客观二元区分之前，既独立于自我意识，也独立于与自我意识相对而立的物质，先验直观不受任何主观的东西和客观的东西的制约，是绝对的同一性、纯粹的先验直观。"作为哲学基础既非主观亦非客观，既非与物质对立的自我意识，亦非与自我意识对立的物质，而是绝对的、纯粹的先验直观，既非主观的，亦非客观的。"④

虽然费希特与谢林二者的哲学体系都可以被称为自由而必然的体系，但费希特哲学立场上的自由与必然都是观念的因素；而谢林哲学立场上的自由和必然则是绝对者的特性，自由和必然的观念因素属于自然和理智的每一方，必然性属于理智，正如它属于自然一样，自然也有自由，因为它不是一个静止的存

---

① 黑格尔. 黑格尔著作集：第2卷 [M]. 朱更生，译. 北京：人民出版社，2017：69.
② 瓦尔特·舒尔茨. 德国观念论的终结——谢林晚期哲学研究 [M]. 韩隽，译. 北京：中国人民大学出版社，2019：122.
③ 黑格尔. 黑格尔著作集：第2卷 [M]. 朱更生，译. 北京：人民出版社，2017：74.
④ 黑格尔. 黑格尔著作集：第2卷 [M]. 朱更生，译. 北京：人民出版社，2017：75.

在，而同时是一种生成——一种存在。两种科学中的绝对者是同一个，就两种科学的对立也是实在的而言，两种科学表现为同一性向总体性发展的或自我构成的过程。

费希特的知识学只构成先验哲学的一部分，通过逻辑支撑知识的形式和存在于知识中的同一性，它把形式孤立为意识，并为自身构造现象；谢林哲学体系是绝对者在其无限直观中自我生成的体系。在黑格尔/谢林体系里，不是逻辑而是思辨规定了生成与实存的同一性。对思辨来说，这种同一性表现为：一方面自我生产的东西就是源初的绝对实存；另一方面源初的绝对实存，本质上就是一种生成。谢林指出，"哲学对于自我来说无非就是一部既往史，是一种对它在其普遍（先于个体的）存在中做过的和遭遇的事情的回忆……"①。

黑格尔最后总结费希特与谢林的差别时说："先验哲学是关于绝对者的一门科学，因为主体自身是主体-客体，就此而言是理性；如果这种理性作为主观理性把自己设定为绝对者，则它是一种纯粹的亦即形式上的理性，其产物、理念与一种感性或者本性绝对对立，并且只能作为一种它们所不熟悉的统一的规则而服务于现象。把绝对者置于一个主体的形式之中，这门科学就具有内在的界限；它只是由此自我升格成关于绝对者的科学并且升入绝对的无差别之点，即它了解其界限并且善于扬弃自己与这种界限，而且是学术性地。"② 无论费希特与谢林的分歧有多大，但他们哲学的绝对原则、唯一实在的根据和坚定立场，是一样的，都是智性直观。因此，我们可以说，谢林体系的出发点与费希特是一致的，都力图为他们的观念论体系建立一个绝对无条件的基础。这个基础就是主体与客体的同一性。但二者又完全不同，费希特通过自我设置非我来追求同一性，而且他所获得的同一性是隔绝了认识的一切多样性的同一性，作为纯粹的自我意识表现为相对的同一性，因为它无法摆脱一个对立物对它的制约。而谢林则追求一种纯粹的自我同一性，亦即绝对的同一性，在他那里，绝对的同一，尚没有产生差别，因此就没有自我与非我（自然）、纯粹自我意识与经验自我意识、认识与认识对象、设置与设置物的区别和限制。

如果说费希特是通过大写自我的自我规定与非我对自我的限定将康德物自身的本体世界融入现象界的，那么谢林则是通过将费希特的自我纳入更高层次的绝对中，顺便把康德物自身的本体世界融入自然界中。从谢林的立场出发，

---

① 瓦尔特·舒尔茨. 德国观念论的终结——谢林晚期哲学研究［M］. 韩隽，译. 北京：中国人民大学出版社，2019：125.
② 黑格尔. 黑格尔著作集：第 2 卷［M］. 朱更生，译. 北京：人民出版社，2017：74-75.

自然并不首先是自在物，而是"可见的精神"，相应地，精神也不是纯粹的意识体，而是"不可见的自然"，从这个意义上讲，自然与自我意识并不构成对立和否定关系，从自然到自我是从自然逐级抵达精神的过程。因此，在谢林看来，在费希特这里，哪怕主体和客体是完全同一的东西，那也不能说明自然界的精神本质。谢林在费希特的"自我"概念之上又设置了"绝对"概念，"绝对"之下有两种变化形态：一是"自我"，一是"自然"。由于主体和客体都被设置在绝对的同一性之中，双方都是主体-客体，不可将二者割裂开来。黑格尔分析指出："关于主观性主体-客体的科学迄今为止称为先验哲学；关于客观性主体-客体的科学称为自然哲学。只要它们彼此对立，在先验哲学中，主观性是首要之事，在自然哲学中，客观性是首要之事。"① 这种立场决定了谢林必然会批评费希特遗忘了自然哲学，只停留在了思辨哲学的层面上。他说："一切自然科学的必然趋向是从自然出发而达于理智的东西。这一点，而且只有这一点，才是把理论带到自然现象去的努力的基础。"② 实际上，伴随着谢林与费希特的争辩，谢林出版了一系列自然哲学的著作——《一种自然哲学的理念》（1797）、《论世界灵魂》（1798）、《一种自然哲学体系的最初草案》（1799）、《一种自然哲学体系的草案导论》（1799）以及《论自然哲学的真实概念》（1801），并由此彻底走向了背离费希特的道路。而且，谢林在自然哲学中提出的肯定性本原与否定性本原这对核心概念就与他《维尔茨堡体系》开始将人类自由与恶联系起来，直到《自由论文》最终提出人类自由的本质就是为善与为恶的能力构成一条思想道路。

费希特经常称呼谢林为自己的学生，但谢林认为自己并不是费希特的附庸，尤其是在1802年谢林与费希特的关系破裂后。早在1801年5月谢林出版《我的哲学体系阐述》一书时，他们之间的关系就结束了。谢林的第一个哲学体系被称为"同一性哲学"，与费希特的自我哲学相区别。先刚教授曾简洁地总结说，如果说费希特的哲学表明"我是一切"（Ich sey Alles），从自我设定出一切，那么谢林的哲学则表明"一切是我"（Alles sey ich），把一切提升到自我的层次③，亦即把一切提升到理智存在的层次。霍尔斯特·福尔曼斯在《自由论文》的导论中曾就此指出，"在1800年左右，谢林强调：'自我'绝不是一切，'一切应是多倍的自我'（充满的自我），……自我绝不设立非我，非我是'自我'的前

---

① 黑格尔. 黑格尔著作集：第2卷 [M]. 朱更生，译. 北京：人民出版社，2017：66.
② 谢林. 先验唯心论体系 [M]. 梁志学，石泉，译. 北京：商务印书馆，2006：7.
③ 先刚. 永恒与时间——谢林哲学研究 [M]. 北京：商务印书馆，2008：13.

提——人作为灵性存在（Geistwesen）最初起源于充满灵性的自然"①。从这里可以看到斯宾诺莎泛神论的影响，但谢林又与斯宾诺莎不同，他把一切存在作为一个伟大的"理智"进程来看待，一旦人们认识到这个绝对者，主体与客体的区分就消失了，只剩下意愿的纯粹自由。而斯宾诺莎没有看到这一点，他相信自身和绝对客体是同一的，并且会消失于它的无限性之中。谢林在1795年给黑格尔的信中说："我现在已经变成了一个斯宾诺莎主义者！……对斯宾诺莎来说，世界（和主体相对的纯粹客体）就是一切，而对我来说，自我则是一切。在我看来，批判论和独断论哲学的真正区别就在于：批判论是从一种绝对的（尚未被客体所限制）自我出发的，而独断论则是从一种绝对的客体或者非我出发的。后者能达到的最高成果就是斯宾诺莎主义，而前者则是康德哲学。哲学必须从无条件的东西出发。现在的问题只是在于，这个无条件的东西在哪里，是在自我，还是在非我之中？如果这个问题解决了，那么一切问题也就都解决了。在我看来，一切哲学的最高本原就是那个纯粹的、绝对的自我，也就是说，是那个单纯的、尚未被客体所限定的，而是通过自由设定下来的自我。哲学自始至终都只是自由。"② 这个说法非常接近费希特把自我视为本原行动的主张，自我意识到自身为自由，为绝对意愿，但在费希特的本原行动中是没有自然的，只有自我对非我的设定。所以费希特自我哲学最终落入主观观念论的窠臼；而在谢林这里，"自我"与自然一样都是现实-观念的存在（real-ideales Sein）。而这恰恰是费希特（他在这个问题上更接近康德）与谢林以及黑格尔最终分道扬镳的地方。费希特的"自我"始终是一个主观的与客观方面处于对立关系中的"自我"，即使他在"自我"前面加上"绝对"这个修饰语，也不能改变什么。与费希特相反，当谢林和黑格尔谈到"绝对自我"的时候，他们的重心是落在"绝对"上面，而绝对这个词本身就意味着摆脱了一切对立，凌驾于一切差别和对立之上的东西，意味着"绝对同一性"，也就是超越了主观-客观的二元差别和区分的绝对的无差别性。谢林在《我的哲学体系阐述》中，把"理性"这个概念定义为"绝对理性"，或"主观和客观的完全无差别"。绝对的同一性只能通过智性直观来把握。

谢林哲学的核心概念是"绝对同一性"（die absolute Identität）："同一性"

---

① 谢林. 对人类自由的本质及其相关对象的哲学研究 [M]. 邓安庆，译. 北京：商务印书馆，2008：9.

② 瓦尔特·舒尔茨. 德国观念论的终结——谢林晚期哲学研究 [M]. 韩隽，译. 北京：中国人民大学出版社，2019：150.

的对立面是"差别",同一性在逻辑上先于差别;"统一性"的对立面是"对立",统一性在逻辑上后于"对立"。"同一性"强调的是,只存在着唯一的一个东西(实体、神、精神……),只有"同一个东西",一切"差别"都仅仅是这个唯一的东西的各种样式或状态,甚至就连"同一性"和"差别"之间的"差别"也不是一种本质性的东西,因此谢林经常强调"绝对同一性",是"同一性之同一性"是"同一性和差别的同一性或无差别",同一性是最源初的、最根本的东西,逻辑上先于"统一性","统一性"是"同一性"经过分化、差别、对立之后的结果。

同一性在差异化行为中产生出差别,最重要的环节是产生出自我意识,个体自我意识强化了差别,形成对立,对立双方在此消彼长、相互融合和相互贯通中形成统一,统一是整体性的统一。无意识作为原始存在、自在,差异化为自我意识(个体意识、性别意识、民族意识、种族意识、国家意识、本土意识、宗教意识……),从而进入对立、争斗、战争,自我意识在斗争中、对立中进一步觉醒,意识到自我意识作为差别只是无意识的一个环节和部分,于是在对立中形成统一,即最终形成整体意识。统一性、整体意识已不再是自在、无意识的绝对无差别的同一性,而是包含着差别的统一体,即整体。

舒尔茨认为,"谢林一开始的起点就是图宾根圈子里的'一和全',这个思想深入最内在的本质即是'泛神论',这与费希特从康德那里出发的地方是不一样的"[1]。谢林从泛神论立场出发,把实在的东西与观念的东西、自然与精神都看作伟大的力量,共同属于神圣的存在,它们从一开始就存在于作为一切存在之母腹的绝对之中。一切存在本身自在的都是实在-观念的存在(real-ideales Sein),自然不是无精神的死物,总是充满了精神,人也总是肉体性的人而绝非纯粹的精神,一切都是绝对的映像,绝对的实在-观念存在的映像。因此,从源头上说,一切存在都是同样的本质,谢林的观念论就是建立在一切存在本质上都同一的体系,即"同一性体系"。他说:"我的体系的本原是什么呢?——这个本原已经以不同的方式表达出来:a)它表现为彻底的'绝对同一性',而这和那种绝对的'同一回事'是有所不同的。这里所说的同一性是指万物的一个有机统一体。……b)更确切地说,这个本原表现为'实在东西和观念东西的绝对同一性'。……c)按照其第三个表现,我的哲学的本原被直接称为'绝对

---

[1] 瓦尔特·舒尔茨. 德国观念论的终结——谢林晚期哲学研究 [M]. 韩隽,译. 北京:中国人民大学出版社,2019:152.

者'或'神'。"①

因此，尽管在谢林看来，费希特哲学设定了一个"绝对自我"，终结了康德哲学的"无本原"的局面，并且在康德指明的"主体性"方向上做出决定性的推进，但费希特最大的问题在于他所理解的自我不是一个真正普遍或绝对的自我，而只是人的自我，确切地说，是每一个人的自我，是反思层面上的自我。而且，费希特还设定了一个非我作为自我的限制，这样，自然在他那里，就不是一个自身独立的存在者，而是一个依赖于自我、作为自我的限制而存在的存在者。如果没有自我，自然也就失去了自身的意义。而谢林则继承发挥了斯宾诺莎的全部真理，主张神是"绝对的无差别"，在同一性体系中将费希特的自我超验化，世界则是出于它的显露性，是外现的神（explicato Dei），由两大部分构成：一是作为"实在"王国的自然领域，即实在的哲学部分；一是作为我的"观念"王国的人的世界，即观念的哲学部分。1800年，谢林将这两个王国设想为一个唯一的连续性的梯级体系，一个唯一进程的统一性，到了1801年，谢林将其设想为相互并列的两个王国，都是神性存在的一个巨大映像，两者以相互并列的关系构成相互对照的天平，此在（Dasein）作为整体，深沉稳健、秩序井然、内在宁静、永不破碎。在谢林这里，实在的哲学和观念的哲学二者都属于体系的整体，而且，观念的部分只有在实在的部分基础之上才是可能的。因此，谢林愿意将他1806年以前的著作除了《哲学与宗教》（1804）都看作自然哲学。只有在自然发展的终端，普遍的主体-客体才最终呈现在人类自身面前，存在才将自身认识为自我。从哲学史作为自我意识的历史出发，费希特的自我显然就不具有他所标榜的本源性地位，必须让渡出它的第一位的位置。至此，谢林完全克服了费希特的"主观观念论"而走向"客观观念论"的道路，毫无疑问，他所开辟的这个条路在黑格尔手中被拓展和深化，最终成为绝对观念论的体系。

罗克莫尔评论说："谢林和黑格尔都是通过费希特的眼睛来解读康德。实际上，甚至在谢林已经与费希特分道扬镳，然后又与黑格尔决裂后，在黑格尔和谢林的晚期著作中，通过费希特来解读康德的趋势仍然在继续。"② 以"自我"为线索，我们发现德国观念论的突破在于：康德的自我在理论领域发挥统一性，在实践领域发挥独立性；费希特统一了理论领域与实践领域，建立了"自我哲

---

① 谢林. 论人类自由的本质及相关对象［M］. 先刚，译. 北京：北京大学出版社，2019：111-113.
② 汤姆·罗克莫尔. 康德与观念论［M］. 徐向东，译. 上海：上海译文出版社，2011：82.

学"；而谢林将通过一个"演进过程"来完整把握自我的整个历史。谢林说："把全部哲学陈述为自我意识不断发展的历史，而那种具体表现在经验里的东西则仿佛不过是作为这部历史的纪念碑和证据之用。"① 我们可以把黑格尔的整个精神现象学看作谢林的"自我意识不断发展的历史"的进一步深化和发挥（即辩证运动过程）。谢林宣称："早在我最初的步伐里，哲学已经显露出'历史'的趋势，至少是以一种意识到自身的，走向自身的自我的形式……因为只有首先曾经在自身之外的东西，才可能走向自身。自我的第一个状态是'自身之外的存在'。在此需要说明的是（这是一个根本的要点），自我就其被思想为超越意识而言，正因此而不是个体的自我，因为只有走向自身才被规定为个体的自我，所以那个超越意识的或超越被说出来的'我存在'的自我对于所有的人类个体来说是同样一个自我。只有当它在某个个体那里回到自身之后，它才成为他的自我，成为他的个体的自我……当自我成为一个个体的自我，也就到达了'我存在'，随之他的个体的生命也开始了，但是这个自我就再也回忆不起它迄今走过的道路，因为这条道路的终点正是意识。"② 谢林的这一见识超越了大多数哲学家，因为作为个体自我的哲学家，在他的意识里只能找到那条道路的一些阶段、一些纪念标志，而不是那条道路本身，而哲学的任务正是在于，让意识的那个无意识的自我有意识地回到自身，进入自我意识，也就是说，让意识的那个无意识的自我自己有意识地回溯那整条道路。在我看来，谢林的《对人类自由的本质及其相关对象的哲学研究》就是对那条道路的一个回溯或回忆。他说："自在的（ansich）只是永恒的、以自己本身为根据的东西，是意志，是自由。"③ 谢林认为，只有自由在哲学中占统治地位，才能将其提升为真正的理性体系。"在这最终和最高的主宰中，除了意欲（Wollen）外没有其他存在。意欲就是原始存在（Ursein），下列所有关于存在的谓词：无根性，永恒性，对时间的独立性，自我肯定，都仅仅同这个原始存在相关。整个哲学所企求的，只是找到对原始存在的最高表达。"④ 但是我们根本就没有能力回溯到存在/回忆起存在，我们只能言说进入自我意识中的东西，对于自我意识之前的无意识阶段，是没有能力回溯和记起的。

---

① 谢林. 先验唯心论体系 [M]. 梁志学，石泉，译. 北京：商务印书馆，2006：3.
② 谢林. 先验唯心论体系 [M]. 梁志学，石泉，译. 北京：商务印书馆，2006：98.
③ 谢林. 对人类自由的本质及其相关对象的哲学研究 [M]. 邓安庆，译. 北京：商务印书馆，2008：59.
④ 谢林. 对人类自由的本质及其相关对象的哲学研究 [M]. 邓安庆，译. 北京：商务印书馆，2008：63.

个体的自我或经验意识都是从现在开始的,为了寻求永恒或超越,经验意识只能从现在存在出发,现在的时刻就成了未来时刻的保证人,但这种无限性这时就不再是绝对的,即没有时间的永恒性,而是经验的,通过表象的连续序列所产生的无限性。对经验意识而言,过去就成了一个问题,追问过去是否已经自在存在,这个问题和自在之物是否存在的问题一样,都是超验的。但谢林解决了这个问题,他认为:"以为表象是从外在事物那里完全不依人们的意志为转移地出现于我们之内的,我们反而全然无能为力,根本不能创造它们,而必须像它们被提供给我们的那样去接受它们,这是一种对唯心论十分流行的责难。然而要说表象必须这样呈现给我们,这是从唯心论本身可以推演出来的。为了能把一般对象直观为对象,自我必须把过去的阶段设定为现在的东西的根据,因此过去的阶段只有通过理智的行动才不断又产生出来,而且只有自我的这种追溯活动是必要的,过去的阶段才是必然的。"① 谢林在《世界时代》时期,更是明确地将哲学规定为一种历史和回忆,他说:"哲学不得不跨越世界的界限,随之跨越现在时间的界限,以尝试解释事物的最初起源。就此而言,哲学已经指向最高意义的'过去'。"② 谢林的观念论本质上开辟了一条走向过去、走上对原初开端的回忆、追溯本原的道路。"从此以后,科学就不再从抽象概念的遥远地带出发,从抽象概念下降到自然界,而是反过来,从永恒者的无意识的存在出发,把它提升至神性意识之内的最高的澄明。"③

第二节 谢林的先验观念论体系

费希特在1799年因"无神论事件"受到指控被迫离开耶拿,谢林从1800年开始毫无疑问地成为耶拿哲学界的领袖级人物。同年谢林完成的《先验观念论体系》以及1801年出版的《对我的哲学体系的阐述》,标志着他终于走出了费希特的自我哲学,开始了真正意义上的谢林自己的哲学。"先验观念论体系"是谢林自己的一个体系,通过这个体系,谢林第一次把费希特观念论带入了一个全新的领域,并把整个德国观念论带上了一个新的道路——客观观念论。在谢林的自然哲学中,寻求自然和精神的一种不同于费希特"自我"设定"非

---

① 谢林. 对人类自由的本质及其相关对象的哲学研究 [M]. 邓安庆,译. 北京:商务印书馆,2008:164.
② 谢林. 世界时代 [M]. 先刚,译. 北京:北京大学出版社,2018:144.
③ 谢林. 世界时代 [M]. 先刚,译. 北京:北京大学出版社,2018:10, 151.

我"原则的新的综合道路,一直是其主导思想。他指出,自我绝不是一切,自我绝不设定非我,相反,非我应是自我的前提,人作为精神性存在最初起源于充满灵性的自然。

在《先验观念论体系》的前言中,谢林点出了这本书的意图:"作者试图用以达到自己从各个方面阐明观念论的宗旨的手段,是把哲学的各个部分陈述为一个连续的序列,如实地陈述全部哲学,就是说,把全部哲学陈述为自我意识不断进展的历史,而那种具体表现在经验里的东西则仿佛不过是作为这部历史的纪念碑和证据之用。"①"哲学是自我意识的一部历史,这部历史有不同的时期,那个唯一的绝对综合就是由这些时期相继组合而成的。"② 德国观念论发展到谢林这里,哲学将自身展开为历史。哲学事实上是历史,不仅是谢林先验观念论体系的题眼,也是他整个哲学体系最主要的论断,这一论断在《世界时代》时期得到进一步规定。1800年谢林首次提出哲学是自我意识的一部历史,也为黑格尔1807年的精神现象学提前开辟了场地。在谢林看来,迄今为止,哲学都是在探讨自我意识觉醒之后的历史,也就是主体与客体相分离的历史,而自我意识所从出的无意识阶段,亦即人与自然、主体与客体完全同一的状态则被遗忘了,谢林先验观念论哲学的一个重要任务就是为了揭示出随着自我意识的出现而被遗忘掉的绝对同一的无意识状态(如图 I 所示)。就像康德在《实用人类学》中所说的那样,无意识的绝对同一状态自从有了自我意识之后就再也回忆不起来了,"他童年的回忆却远远达不到那段时光,因为它不是经验的时光,而是零散的、尚未在客体的概念下统一起来的知觉的时光"③。另外,在谢林的观念论体系中,哲学作为自我意识的历史是一个前后相继的序列,当然,"这种联系本来就是直观依次提高一个阶序,自我费了很多努力,通过这个阶序,才上升到了最高级次的自我意识"④。可见,谢林的历史是自我意识从低级到高级自我发展的历史。

    自我的第一状态   自我的第二状态
   …………………Δ(自我意识)——————

图 I

"…………阶段"是无意识的阶段,在这一阶段,没有自我意识,人与自

---

① 谢林. 先验唯心论体系 [M]. 梁志学, 石泉, 译. 北京: 商务印书馆, 2006: 3.
② 谢林. 先验唯心论体系 [M]. 梁志学, 石泉, 译. 北京: 商务印书馆, 2006: 70.
③ 康德. 康德著作全集: 第 7 卷 [M]. 李秋零, 译. 北京: 中国人民大学出版社, 2008: 120.
④ 谢林. 先验唯心论体系 [M]. 梁志学, 石泉, 译. 北京: 商务印书馆, 2006: 3.

然、主体与客体绝对的同一。实际上在这种无意识状态下，无所谓主体与客体的区分，尚没有主体与客体的区分，人是完全融于自然之中的，此时的绝对同一是归属于自然的绝对无差别性。谢林分析指出，当我说"我存在"的时候，世界也已经一起存在了，这就意味着，绝不可能是一个已经具有自我意识的自我创造了世界。因此，谢林主张一种"走向自身"（zu-sich-selbst-Kommen）的哲学活动，"试图通过自我的一个先行于现实意识或经验意识的'先验过去'来解释，为什么自我始终是与一个必然呈现在它面前的外部世界联系在一起。于是这个解释走向自我的一个先验历史"①。在谢林那里，"我存在"的意思无非是指"走向自身"。可见，自我的第一个状态是一种外在于自身的存在，是先验自我、一般的我，只有通过"走向自身"，自我才被规定为个体的自我。正是因为存在着自我的第一个状态，所以"我"才不需要通过经验就可以无条件地认为，"我"关于外部世界的表象能够得到人类个体的认同。不过，一旦自我成为个体的自我，也就是说它到达自我的第二个状态——"我存在"，开始了它的个体生命阶段，那么它就再也回忆不起曾经走过的道路，这条道路的终点恰恰是意识。谢林说："就此而言，哲学对自我来说无非就是一种回忆。"②

舒尔茨指出，谢林逐渐认识到，"有意识的自我只是一条道路上的一个阶段而已，而这条道路就是一种超越了人的自我走向自身以及产生意识的道路"③。为了详尽地描述全部哲学作为自我意识不断进展的历史，谢林试图通过一种先行于现实的或者经验的意识的先验过去，来解释必然有一个独立的外部世界的感觉问题，这种先验的过去是经验自我不可能知晓的，只能通过将哲学构建为自我意识的历史的任务来获得。"科学的任务就是让意识的自我自身有意识地再从头开始走一遍这条道路，即从它还外在于自身存在的开端一直走到最高的意识。就此而言，哲学对于自我来说无非就是既往史，是一种对它在其普遍（先于个体的）存在中做过的和遭遇的事情的回忆……"④ 因此，谢林的《先验观

---

① 谢林. 近代哲学史 [M]. 先刚, 译. 北京：北京大学出版社，2016：110.
② 谢林. 近代哲学史 [M]. 先刚, 译. 北京：北京大学出版社，2016：112.
③ 瓦尔特·舒尔茨. 德国观念论的终结——谢林晚期哲学研究 [M]. 韩隽, 译. 北京：中国人民大学出版社，2019：124.
④ 瓦尔特·舒尔茨. 德国观念论的终结——谢林晚期哲学研究 [M]. 韩隽, 译. 北京：中国人民大学出版社，2019：125.

念论体系》就是关于先验过去的学说①，在这本书中，谢林把直观依次提高的阶序划分为三个时期：第一个时期，从原始感觉到创造性直观；第二个时期，从创造性直观到反思；第三个时期，从反思到绝对意志活动（如图 II 所示）。

     第一时期   第二时期   第三时期
………原始感觉————创造性直观————反思————绝对意志活动
            图 II

从这个意义上说，黑格尔的哲学出发点是由谢林规定的，只不过，黑格尔并没有去讨论自我意识产生之前的绝对同一阶段，而是把绝对精神看作绝对同一，既是开端，也是终点，所以，黑格尔的辩证法是绝对精神自我展开、自我发展和自我实现的历史（如图 III 所示）。

感性确定性（纯存在）——知觉——知性（概念）——自我意识（本质）——绝对精神

       图 III

需要强调的是，德国观念论者虽然都是从康德所规定的问题和视野出发，但无论是哲学立场，还是哲学方法，都有不同：

其一，德国观念论无论是费希特、谢林，还是黑格尔，都是以自我意识的"本原行动"为开端，建构自我意识的历史。他们三人的不同，则具体表现在：费希特的"自我是自我"所表达的形式的同一性是其知识学立论的基础；谢林从绝对的同一出发通过差别、对立到达统一，亦即从本质到形式再回归本质，这期间经历了自我意识这个阶段；黑格尔的精神现象学则从感性确定性-知觉-知性-自我意识达到绝对精神，即思惟与存在、主体与客体同一性走了一个圆圈。

其二，谢林与康德和费希特最大的不同，不是观点的不同，而是进行先验哲学活动时所采取的立场不同，或者说从事哲学活动的方法不同，在谢林看来，康德和费希特的哲学都是坚持反思的立场，而他自己的整个哲学都是坚持直观的立场。② 直观的立场在哲学活动中将自我意识活动只是作为活动，而反思的立场在哲学演绎中将活动作为活动的概念或范畴来推演。

---

① 谢林关于"过去"学说的著作是《世界时代》（1811，1813），10 年后的谢林并没有完全抛弃《先验观念论体系》，而是更精确地将过去规定为前世的过去，将未来规定为后世的未来，如此将世界时代所代表的时间体系与专属于人的向后和向前都无限延申的时间链条区分开来。遗忘是一种宿命，回忆是一种思想姿态，对不可追思的时间的追思就构成了谢林"世界时代"哲学的独特性。

② 谢林. 先验唯心论体系 [M]. 梁志学, 石泉, 译. 北京：商务印书馆, 2006：132.

自近代笛卡尔哲学以来，谢林是第一个将哲学看作自我意识的历史的人，从而把关于自我意识的讨论从知识的确定性基础提升到哲学本身的高度上。因此，在谢林看来，费希特的"自我哲学"格局就太小了，对于费希特的"自我"，尽管他也称其为"大写的自我"，但在谢林眼中，仍然是"小我"，个体的自我。虽然费希特苦心孤诣地想通过自我的设定消解康德先验哲学现象与物自身的区分，但在谢林眼中是徒劳无功的。同样地，谢林也批评了康德对物自身的设定依然是独断论的路径，他指出："自在之物无非就是观念的、超越了界限的活动的阴影，通过直观，这一阴影又被反射给自我，在这种情况下，自在之物本身就是自我的一种产物。"① 谢林对康德现象与物自身的区分的消解，在其绝对同一性哲学体系中显然是成功的，而且还附带着指明了经验论在说明认知活动的"印象"之说为何不成功，只有通过分析自我意识活动，分析自我意识活动的原始感觉，揭示自我如何对它自身变成进行感觉的东西才能有效说明认知活动的"印象"发生机制。

　　谢林认为，自我意识是绝对活动，通过这一活动，为自我确立了一切。这一事实与费希特的本原行动立场是一致的，只不过谢林认为作为原始的活动，其本身尚没有达到意识，这种原始活动是一切被限制状态和意识的条件，因此尚没有产生自我意识的原始活动。它先于一切差别和限制，因此不能用别的行动来说明原始活动，它是绝对的自由。绝对自由因没有差别和限制因此也就是绝对的必然性。自我意识产生之后，自我就会做绝对综合的原始进化，原始进化有两个序列：一是自然存在的序列，也就是必然的东西的序列；一是自由的序列，当自我打断自然序列的进化，按照自己的意志返回到进化的出发点，就是自由。自然序列对于自由序列而言意味着实在、现实；自由序列对于自然序列来说，则是观念的、自我意识的。所以，谢林说，哲学以意识的原始产生过程为对象（如图 IV 所示）。

```
第一序列          第二序列
·········Δ（自我）──────→
无时间（直观）时间（反思）
```

图 IV

　　谢林观念论体系的基本立场："哲学是自我意识的一部历史，这部历史有不同的时期，那个唯一的绝对综合就是由这些时期相继组合而成的。"② 从这一立

---

① 谢林. 先验唯心论体系［M］. 梁志学，石泉，译. 北京：商务印书馆，2006：96.
② 谢林. 先验唯心论体系［M］. 梁志学，石泉，译. 北京：商务印书馆，2006：70.

场出发，他阐明了直观上升过程的第一个时期——"从原始感觉到创造性直观的三个课题"，其中 A 课题为"说明自我怎样得以直观它自身为受到限定的"①。在 A 课题中，谢林的创建在于首次为德国观念论确立了肯定活动、否定活动的辩证法。他认为，自我意识一旦意识到限制，并确认了界限，那么自我意识就会分化为两种活动——现实的活动和观念的活动，或者也可以称为主观化活动和客观化活动。但是，界限作为区分又表现为什么呢？谢林回答说，界限表现着觉察者和被觉察者的差异，表现着被觉察者是与自我相疏离的东西、与自我的规定性完全相对立的东西。因此，界限就是被觉察者与自我的相离相异，意味着总是存在着某种不是通过自我设定的东西，而自我作为一切设定活动的绝对根据，这种对立说明了有限制状态，也就是有被觉察为不是通过自我设定的东西，即否定的东西。谢林指出："自我觉察到被限制状态不是通过它自己来设定的，这无非是说自我觉察到被限制状态是通过一个和自我对立的东西，即非我设定起来的。因此，自我若不把这一被限制状态直观为某一非我的作用，就不能把自身直观为受到限定的。"② 有限制状态中的自我直观就是我们通常所说的感觉活动。感觉活动是一种受限制状态和否定活动，自我不把被感觉到的东西直观为通过自我建立起来的，这是感觉的实在性的基础，但这显然不是一种唯物论立场，因为这个基础并不物质，而是存在（物质）作为创造性的东西，是一种知识活动，存在（物质）在这里所表示的永远只是直观活动或创造活动的一种被限制状态。可以说，认识的所有实在性的根据就是有限制状态的不依赖于直观的根据。如果说，谢林的观念论在这里的论断构成了对唯物论主张感觉来源于物质的批判，那么这种批判由三个环节构成：第一，因果律只在同类事物之间才是有效的，而不是从一个范围延伸到另一个范围；第二，存在（物质）作为创造性的对象来看是一种知识活动，知识活动作为被创造的产物来看就是存在；第三，先验观念论只是断言自我根本感觉不到物自身（因为这样的东西在这个阶段尚不存在），也感觉不到从事物向自我过渡的某种东西，而只是直接感觉到自我本身，感觉到自我本身的被消除的活动。

B 课题：说明自我怎样直观到它自身是进行感觉的。感觉是自我直观的限制活动，在这种原始活动中，自我并没有意识到自己是在直观活动，因此感觉活动不是创造性的行动概念，而是被动接受的忍受概念，这与康德对感性直观的接受性分析是一致的，但谢林的创建在于他突破了康德对感性直观的限定，

---

① 谢林. 先验唯心论体系 [M]. 梁志学，石泉，译. 北京：商务印书馆，2006：76.
② 谢林. 先验唯心论体系 [M]. 梁志学，石泉，译. 北京：商务印书馆，2006：76.

在感性直观活动中，自我直观到了它自身是正在进行感觉着的，也就是说自我在感性直观活动中已经开始以自我的身份出场了。用康德的话说，就是自我在感性直观中已经具有了能动性。这是如何可能的？谢林在这里讨论了自我在感觉活动中如何超越界限来解决这个问题。他说："自我如果没有一种超越界限的活动，就不是作感觉的东西。"① 自我一旦超越界限，也就是突破限制状态，把相异的东西接纳到自身（观念的自我）之内，就会过渡到不受限制的活动中，从而成为观念的。受限制的活动究竟是现实的还是观念的，在谢林看来，这只取决于从什么角度去看。不过，这里要指明的是，在意识的初始阶段，自我只是作为被感觉的东西在场，还没有作为进行感觉者而出场，只有进入感觉活动阶段，观念的自我是作为在其主动性内受到限定的自我使自身成为对象的，也就是说它自身成了进行感觉的东西，因此关键就在于谢林要明确界定感觉的被动性范围。他说："那种单纯的被动性就是感觉的单纯质料，纯粹被感觉的东西。……自我也只有在这一范围内才会是被动的，在这一范围之外，就是主动的。"② 超出感觉质料这一范围的活动，被谢林称为创造活动，创造活动的界限并不在自我之内，而是在自我之外，因此这种界限是自我与它的对立物，即物自身之间的界限。就谢林而言，超越界限，意味着物自身变成对象的观念活动，可见，当物自身成为观念活动的对象被纳入观念活动的领域中时，所谓的界限就不再是不可跨越的鸿沟。创造活动就是超越了界限的活动，因此物自身也就不再是康德设置在本体界中不可认识的东西，而是自我创造活动的一种产物。谢林的观念论离开康德已经很远了，外在于自我的东西第一次为自我本身而存在了。在原始感觉的初始阶段，自我的出场只是作为被感觉的东西；现在自我意识已经成为一种直观，在这种直观活动中，自我的出场是作为进行着感觉的东西。从被感觉的东西到进行着感觉的自我，意味着观念论活动的超越。

C课题：创造性直观的理论。因为界限，一边是自我活动，一边是与自我相对立的事物的活动，自我受到限制，又同时竭力超脱限制，这就需要第三种活动。对于第三种活动，康德称为生产性的想象力，谢林称其为创造性直观或对直观的直观。在自我意识活动的环节中，创造性直观是自我意识从感觉通向理智的第一步，既是否定的环节，也是发展的环节。创造性直观从矛盾中产生，到理智活动的发动结束。矛盾表现为超越界限的活动和在界限内受到阻滞的活动。矛盾的不断涌现给理智带来了压力和动力。理智在矛盾的压力和驱动下开

---

① 谢林. 先验唯心论体系［M］. 梁志学，石泉，译. 北京：商务印书馆，2006：87.
② 谢林. 先验唯心论体系［M］. 梁志学，石泉，译. 北京：商务印书馆，2006：89.

始活跃，理智是一种创造性活动。由此也可以说，理智的创造性活动也是以超越的观念活动和受到限制的现实活动之间的矛盾为根据和动力的。矛盾是无限的，创造性活动也是无限的。如果说理智除了力求返回到它的同一性之外，没有别的意向，那么创造性直观就是这种返回的原动力。从源初被感觉的东西到成为进行感觉着的东西，自我要进行一次超越；同样地，从进行感觉着的东西到成为进行创造的东西，自我还要进行一次超越。于是，通过不断超越和创造，旧矛盾消失了，但又产生了新的矛盾，矛盾是无限的，一步步将自我提升到了理智的高度。对立、矛盾是创造性直观的条件，只有通过自我的创造性直观，才能把两个对立物聚合在一起，但依然不能消除对立，只是在对立之间产生了一个隔离带，隔离带映射着两个对立物。只有当自我上升到理智时，这种对立和矛盾才能够在一种共同的构造中清除自身。

　　康德感性直观与智性直观的区分，在费希特那里被智性直观所取代，而谢林进一步泛化了理智概念，将其直接等同于自我。"我们知识中所有单纯客观的东西的总体，我们可以称之为自然；反之，所有主观的东西的总体则叫作自我或理智。"① 尽管貌似谢林依然遵循了康德现象与物自身的区分，但实际上，谢林则是将自我世界与自然世界同一起来了，他的先验哲学又被称为"同一性哲学"，他认为："在知识活动本身，即当我进行认识时，客观的东西和主观的东西是统一在一起的，以致我们不能说二者当中何者居先。这里既不存在第一位的东西，也不存在什么第二位的东西，两者同时存在，而且是一个东西。"② 但这里需要注意的是，这种统一不是融汇，而是以精神的创造活动为最高根据。先验哲学的立场要求只能从主观的东西出发，主观的东西作为第一位的和绝对的东西，规定了客观东西的产生和现实性。先验哲学是以主观的东西为基础和从主观的东西出发来实现主观的东西和客观的东西的同一的。因此，先验哲学拥有不同于普通知识的考察方式，在先验知识中，并不考虑客体本身，而只考虑知识活动。谢林说："先验考察方式的本性只能在于用这种考察方式把其他一切思惟、知识或行动中逃避意识的并且绝对非客观的东西也带给意识，并成为客观的，简言之，先验考察方式的本性只能是主观的东西把自己变成自己对象的一种持续不断的活动。"③ 因此，先验知识就其纯主观的而言，是一种关于知识的知识。在先验哲学这一立场上，谢林显然是完全秉承了康德的主张，他坚

---

① 谢林. 先验唯心论体系 [M]. 梁志学，石泉，译. 北京：商务印书馆，2006：6.
② 谢林. 先验唯心论体系 [M]. 梁志学，石泉，译. 北京：商务印书馆，2006：6.
③ 谢林. 先验唯心论体系 [M]. 梁志学，石泉，译. 北京：商务印书馆，2006：12.

持认为:"先验哲学必须说明:假使在知识当中主观的东西被看作起主导作用的东西或第一位的东西,那么知识一般地说来怎么会是可能的?"① 也就是要回答如何把表象认作以对象为准的同时,又把对象认作以表象为准的问题当作它的最高任务。

  谢林并没有采纳莱布尼茨的预定和谐说,而是在主观的东西与客观的东西相同一的基础上主张,客观世界与主观世界相一致,创建客观世界的活动与我们的意志活动是同一个的活动,只不过存在着有意识和无意识之差别:意识活动作为创造性的自由活动,是有意识地进行创造的活动;意识活动作为创造世界的活动,则是无意识地进行创造的活动。不管有意识还是无意识,创造世界和呈现在我们意志中的活动是同一个活动。这实际上是在说,有意识活动和无意识活动是同一个活动。谢林说:"那种既是有意识的同时又是无意识的活动可以在主观的东西之内,通过意识本身指明。"② 既是有意识又是无意识的活动在谢林这里被称为美感活动。美感活动在艺术家那里产生了艺术的理想世界,艺术才是存在的最高峰,艺术实现了自然和精神的统一。只有在哲学家这里才会区分有意识和无意识活动,有意识活动创造着美感世界,无意识活动创造着现实世界。因此,谢林推断说,客观世界作为无意识活动的产物,是精神原始的,尚没有产生自身意识的诗篇。客观世界在走向观念世界的过程中,创造美感世界的有意识的活动就成为关键,也正是在这个意义上,谢林才会把艺术哲学看作哲学的工具总论和整个大厦的拱顶石。而哲学作为一种绝对内在的活动,也就是持续的创造性活动和艺术一样,都是以创造能力为基础,两者的区别仅仅在于创造力发挥的方向不同:艺术的创造活动指向外部,以便通过作品来反映无意识的东西;哲学的创造活动指向内部,以便在智性直观中反映无意识的东西。

  由于谢林的先验观念论体系所探讨的全部题目,都只是为了解释自我意识的发展史,首先是让那个无意识的自然有意识地走向精神,然后是让那个开始意识到自身的自我回溯自我意识活动的每一个环节,从原始感觉到感觉再到创造性直观,最终直达最高的理智,因此,对自我意识的发展史而言,重要的不是因自我意识活动而产生的意识对象、现实世界,而是自我本身一步步地觉醒和回忆,最终意识到自己就是精神。相应地,物质世界也只能在自我意识的发展史中隶属精神世界,是精神世界的一个发展环节。因此,谢林的先验观念论

---

① 谢林. 先验唯心论体系[M]. 梁志学, 石泉, 译. 北京: 商务印书馆, 2006: 13.
② 谢林. 先验唯心论体系[M]. 梁志学, 石泉, 译. 北京: 商务印书馆, 2006: 16.

体系就把物质的演绎以及物质构造的三个阶段（磁、电、化学过程）看作自我意识发展史上的三个阶段。宇宙中的一切力（包括引力和斥力）实际上最后也被归结为表象力，客观世界及其产物和现象的全部多样性被作为中间环节即绝对反思的中间环节而存在。从本质上说，在谢林的先验观念论体系里，客观世界也不过是表现在界限之中的理智世界而已。康德的物自身，作为解释在意识内呈现出来的对象的根据，是处于意识之外的，或者说处于意识的彼岸的，但在谢林这里就被归结为，且只能是我们自己的观念的。因此，谢林的观念论体系虽然包含了自然哲学，但它是地地道道的观念论体系。

第三节 人类自由的本质

谢林《自由论文》的德文版编者霍尔斯特·福尔斯曼评论说，虽然谢林的绝对同一性哲学的基本结构自1801年到他死为止一直都是有效的，但是所有的一切包含着不同的重心，完全是另一种颜色，而且这些使整体发生的改变并不是非本质性的[①]。编者甚至将这种改变看作不连续发生的一种突变，但毫无疑问，《自由论文》在这一结构中既处于核心位置，又承上启下。因为《自由论文》这部书既坚持保留了实在的一切光明力量，显露其"光明面"（Tageseite），又敞开展示了实在的黑暗、神秘的黑夜之深渊。简言之，谢林的《自由论文》既完美地将自然哲学和精神哲学统一起来，又将泛神论提高到了一个新的高度，为他的启示哲学做好准备。我们也注意到，谢林将自由放到体系或有机整体中来讨论，强调了自由离不开有机整体，仅仅讨论孤立的和个别的自由是无意义的，把上述两点结合起来考虑，就意味着谢林将自由问题提升到了宇宙论和本体论层面上了。

谢林一直以来都试图从"实在的"和"观念的"作用力出发建构存在的整体（有机体），在他的绝对无差别的哲学体系内，实在的东西也有观念，自然也有精神；观念的东西也具有实在性，精神亦是自然。而自然与精神，实在与观念完美的统一体是人。人的本质一方面是由人的精神来塑造，另一方面由人的欲望和冲动来塑造。因此，站在谢林的立场上，人的肉体也绝不只是物体性的、空间性的存在，他把它看作"在维护生命的力中，在血液的力中，在欲望的冲

[①] 谢林. 对人类自由的本质及其相关对象的哲学研究 [M]. 邓安庆，译. 北京：商务印书馆，2008：16-17.

动力中,超越一切而显现出来的一种动力学的东西,一种冲动力、爆发力、意志力,包括所有给予人以力量的东西、人的行为的要素和其'本性'的耐力"①。就此而言,人身上存在的维护生命的原力、欲望的冲动力、保值增殖的意志力,就不仅仅是人得以存在的要素,它是构成人的本质的基本要素。因此,人的本质在谢林这里就被规定为"观念的东西"与"实在的东西"的统一。为此,霍尔斯特·福尔曼斯将谢林哲学称为"实在的观念论"②。谢林把"实在的东西"理解为内聚的原则,"观念的东西"理解为外张的原则。内聚的原则纯粹是强大的凝聚力,是集结起来的趋向,其构成了实存的根据、本己实存的基础、在自身之内存在的底-基,它也创造了个体存在的内在根据和基础。但这种根据和基础直接导致了自我封闭和自我主义,作为内吸的力、自我性的力,被谢林称为"黑暗原则";外张的原则是作为观念的东西构成了实在的东西的反作用力,福尔曼斯说这是"一种要求进入外界,向外扩张的力,一种渴求集体,向外流溢的原则性的力"③。谢林的"流溢"概念不仅在《哲学与宗教》(1804)中起着作用,也在《人类自由的本质》(1809)中起着作用。谢林把这种向外扩张的"观念的东西"看作"爱的力量",正是"爱的力量"赋予黑暗以光明,把存在从黑暗中解救出来。可见,"实在的"力和"观念的"力的对立和斗争决定了实在是否可以实存。若没有"观念的"力,实在将走向自我封闭,所有共同体将支离破碎,整体性将被毁灭;若没有"实在的"力,实在将最终被流散,湮灭。因此,实在只能存在于两种力的共在中、相持性中。实在的力贯彻着内聚原则将实在保持在这个根据之中,而最终的拯救则来自观念的东西,来自精神。尽管后来(自1827年起)谢林颠倒了他的这一认识,把"实在的东西"作为外张的原则,把"观念的东西"作为内聚原则,为其提供了更为有效得多的解释空间,但实在的力与观念的反作用力构成一切存在的尺度,没有变化。存在自始至终都来自两种强力的作用是谢林终其一生都坚持的原则。

  谢林深受德国神秘主义者波墨以及浪漫主义运动的影响,对存在的诸种根据、"内在根据"的反思,突出了存在的那些与理性不同的、黑暗的、深渊般的力量,直接影响了后世的叔本华和尼采。但1806年之后,谢林又回归到绝对同

---

① 谢林. 对人类自由的本质及其相关对象的哲学研究[M]. 邓安庆,译. 北京:商务印书馆,2008:21.
② 谢林. 对人类自由的本质及其相关对象的哲学研究[M]. 邓安庆,译. 北京:商务印书馆,2008:21.
③ 谢林. 对人类自由的本质及其相关对象的哲学研究[M]. 邓安庆,译. 北京:商务印书馆,2008:23.

一哲学上来，并赋予"实在的观念论"以新的形式，即有机整体论，"其生命源自冲动和精神、意志和理想、血性和逻各斯，源自动和思、非理性和理性、动力和秩序"①，并将这两种基本的力都看作神性的力。因此，神就处于"绝对无差别"的开端，在这个神性的开端中包含着"实在"和"观念"二者浑然一体的力。对于谢林来说，神既是光明也是黑暗，既是理智也是意志，既是爱也是威严，这一新的立场使得他充分认识到，矛盾才是生命的动力机制和最内在的核心。从此以后，静力学在谢林思想中就彻底消失了，取而代之的是动力学，更好地验证了哲学就是自我意识的历史的论断。站在观念的是实在的、实在的是观念的立场上看，"实存"本质上表达的是历史过程，现实世界有其时间源头，是光明和黑暗、冲动和理性两种力的释放和斗争的结果。因此，现实世界的美好是暂时建立在危险的根据之上，秩序、规则、标准立足于深渊、混沌、混乱的基础之上。

谢林的上述主张一直被人攻击为泛神论，但谢林并不认为自己是与斯宾诺莎处于同一位置上的泛神论，出于论战的需要，他在1809年出版了《人类自由的本质》论文，论证没有人能像他的哲学那样教化自由。谢林早在《自我作为哲学的本原》（1795）中，就曾明确宣称："全部哲学的开端和终点都是——自由！"② 其进而在1804年出版的《哲学与宗教》和《维尔茨堡体系》中将人的自由与"恶""堕落""罪责"联系起来。《人类自由的本质》（1809）从形而上学的层面深化和推进了他关于"自由"和"恶"的关系的讨论。可以说，谢林的《人类自由的本质》除了建立了一种自由的形而上学，将自由看作存在的本质和根据，而且还深化了奥古斯丁神正论的话题，深入探讨了恶的起源问题，建立了恶的形而上学。虽然奥古斯丁将恶的起源规定为人有自由意志，但长期困扰基督教甚至所有一神论的问题——在一个出自神的世界中为什么存在恶？——奥古斯丁的解决方案并没有有效避免泛神论，而谢林的解决方案显然更令人激动，因为谢林并不像奥古斯丁一样，首先否定恶的存在地位，恶从根本上并不真正存在，它只是"善的缺乏"，是一种堕落，是对存在（善）的偏离，谢林追随波墨，他要解决的问题是一方面承认恶的强大力量，但又不陷入形而上学的二元论。这种二元论主张世界有两种原始力量：一种为善，一种为恶。谢林的解决思路与他的绝对同一性哲学相一致，观念与实在的二元性是根

---

① 谢林. 对人类自由的本质及其相关对象的哲学研究 [M]. 邓安庆，译. 北京：商务印书馆，2008：27.
② 先刚. 哲学与宗教的永恒同盟：谢林《哲学与宗教》释义 [M]. 北京：北京大学出版社，2015：157.

植于神性的一元性，不过人与神具有本质上的差别，"光明原则和黑暗原则在神之内是绝对统一的，但在人这里却是必然可以分割的——这就是'善与恶'的可能性"①。因此，人的自由具有独特性，人不仅承担着神的"普遍意志"，而且还具有他的"私己意志"。"私己意志的那个提升正是恶"②，"私己意志"一旦凌驾于神的"普遍意志"，私欲一旦释放出来，就会成为摧毁性的力量，成为恶。而为善的力量属于光明的原则、理性的原则，它的"善性"是由"观念的东西"渗入其内涵中才获得的。观念对实在的加持，是由神发动的，由此而来，存在者作为实在-观念的东西存在，实在的力量就表现为创造性的和建设性的力，而如果失去观念的加持，实在与观念分离开来，那么，实在的力量则就是混沌的力。因此，恶并不是偶然的，而是必然存在的，人必须听从神的召唤，经受住自由的危险，并证明自由是适合于自己的，人也必须不断地努力，保持各种力量的联系与平衡，迫使存在向精神提升，认识到人的自由的限度，人脱离神的意愿私自解除"实在"与"观念"的联系，就是罪，是对自由的亵渎。

谢林说："眼下的这篇论文（《自由论文》）是作者第一次以完全的确定性展示其哲学观念论部分的概念。"③ 谢林的观念论通过人类自由的概念来展示或展开，并将自由看作哲学体系的中心，这就意味着谢林要将解决自然与精神的对立亦即必然与自由的对立作为他的观念论体系的出发点。自近代笛卡尔以来，理性、思惟、认识被看作精神世界的本质，从对主体性的确信出发，自然完全是无理性、无思想的，因此自由概念和体系（整体）是不相容的，而且，每一要求统一性和整体性的哲学，都走向了对自由的否定。为了解决自由与必然的对立，费希特对统一性的寻求是在一种伦理的世界秩序中进行的，这在谢林看来，将直接陷入各种矛盾之中，得不到认可。而另外一种流行的看法则是"理性的唯一可能的体系是泛神论，但泛神论不可避免地是宿命论"④，为了维护理性和必然性，放弃了自由。弗里德里希·施莱格尔1808年对谢林提出批评时又再次强化这一论断，甚至认为谢林的泛神论在最深层意义上是"不道德的"，扼杀了自由。因此，谢林的《自由论文》首先要解决的问题不是重新定义人类自

---

① 谢林. 对人类自由的本质及其相关对象的哲学研究 [M]. 邓安庆，译. 北京：商务印书馆，2008：171.
② 谢林. 对人类自由的本质及其相关对象的哲学研究 [M]. 邓安庆，译. 北京：商务印书馆，2008：172.
③ 谢林. 对人类自由的本质及其相关对象的哲学研究 [M]. 邓安庆，译. 北京：商务印书馆，2008：42.
④ 谢林. 对人类自由的本质及其相关对象的哲学研究 [M]. 邓安庆，译. 北京：商务印书馆，2008：49.

由的本质，而是要直面自由与必然的对立问题；其次是重新提出"泛神论"的概念，这个概念既不同于雅可比，更不同于弗里德里希·施莱格尔。谢林在1809年的一封信中指出，施莱格尔粗俗和普通的泛神论使得他对于这样一个体系的可能性茫然无知，在此体系中自由、生命、个体性，包括善与恶之类都同事物一起内在于神。可见，谢林的"泛神论"概念是指，"表示事物内在于神的学说"①，从显现的理念出发，万物从神中起源，也就是说，每种理性观点在任何一种意义上，都必定体现了事物内在于神。德国观念论对事物之神性的谈论都是从这一立场出发的，由于万物起源于神，因此秉承了"神性的特征"，带有神的踪迹，甚至就是神的映像，是一种万有在神论，常常被误解为泛神论。从"人在神之内"的观点出发，谢林认为，泛神论不但不导致宿命论，反而鉴于人的自由而坚持这一学说，正是为了拯救自由，而主张这种泛神论。

斯宾诺莎的泛神论或者准确地说被施莱格尔误读的泛神论概念，把神与物完全等同起来。在谢林看来，这种万物同神论把所有个别的事物一起构成为神，实际上是把本来按其本性是被派生的东西转化为按其本性是本源性的东西了。因此，谢林的泛神论严格区分了神与万物，"神是在自身之内存在并仅仅从自己本身而被理解的东西。但有限之物，必然地是在他物（即神这个他）中存在并只能从他物才被理解的东西"②。另外，这种万物同神论意义上的泛神论之所以流行，是因为对同一律或者判断中的系词含义的普遍误解造成的。他们把"同一"与"一样"混淆了。谢林为此专门提到了莱茵霍尔德对斯宾诺莎的误解："恰恰没有谁比莱茵霍尔德先生本身更确实地犯了这种混淆的错误：他所称的统一性，恰恰就是一样——他把斯宾诺莎将事物置于神之内来把握存在，解释为这是断言两者的等同性，他把按实体或本质而言的无差异性（Nichtverschiedenheit）普遍地看作按形式或逻辑的概念而言的一种无区别（Nichtunterschied）。"③ 从成熟的辩证法思惟出发，在谢林看来，同一蕴含着差异化，差异化产生对立，对立走向统一，统一性不是同一性，而同一性更不是一样性。简单地说，谢林的泛神论概念与施莱格尔的泛神论概念的区别是，施莱格尔将斯宾诺莎的泛神论误解为"一切是神"，而谢林则主张"神是一切"。"神是一切"并不是说，在神

---

① 谢林. 对人类自由的本质及其相关对象的哲学研究 [M]. 邓安庆，译. 北京：商务印书馆，2008：50.
② 谢林. 对人类自由的本质及其相关对象的哲学研究 [M]. 邓安庆，译. 北京：商务印书馆，2008：51.
③ 谢林. 对人类自由的本质及其相关对象的哲学研究 [M]. 邓安庆，译. 北京：商务印书馆，2008：55.

之外，或者除神之外，不存在任何东西，而是主张一切事物都内在于神，是从神派生出来，是神的映像，内在性的观点并不取消独立性，也不取消自由，它不决定本质。可见，谢林重新提出的泛神论概念不但没有否定个体性，而且也没有否定自由。

在观念论之前，在所有的近代体系中，无论是在莱布尼茨的体系中，还是在斯宾诺莎的体系中，都缺乏真正的自由概念，因为他们所主张的自由只能存在于理智原则对感性原则和欲望的单纯统治之中。在施莱格尔的推动下，一切哲学，只要它是纯粹符合理性的，那它就是斯宾诺莎主义。泛神论是纯粹理性的体系，这种论断不但不符合康德的纯粹理性的体系，更不符合德国观念论的体系。况且斯宾诺莎的泛神论并不一定就是宿命论的，谢林说："他的体系的失误绝不在于，把事物置于神之内，而在于，神都是物——关于世界本质的抽象概念，甚至无限实体本身，对他而言都只是一个物。所以，他对自由所做的那些论证完全是决定论的，而不是泛神论的。"① 斯宾诺莎把意志也当作一个事物来对待，这与他的机械自然观是一致的，但谢林认为，意志、意欲就是原存在（Ursein）②，在这里，谢林首次将"实在的东西"阐释为意志。整个哲学所企求的，只是找到对原存在的最高表达，谢林时代的哲学通过观念论已被提升到这一高度，只是由于观念论我们才有了第一个关于形式自由的完满概念。费希特第一次将自由构成为哲学的唯一和全部，如果康德不是仅仅从否定的方面区分了现象和物自身，而是把自由看作自在存在的肯定概念，那么显然，他就会有可能把肯定的自由概念传播到万物之上，但遗憾的是，他的《实践理性批判》仅仅把自由看作纯粹实践理性法则的形式条件。谢林显然不满意康德与费希特的关于纯粹自由形式的规定，自由不仅仅是形式的自由，在他看来，自由是一个实在的和有生命的概念，是"一种为善和为恶的能力"③。

将自由看作一种为善和为恶的能力，以及讨论恶的本质就构成了谢林《自由论文》的核心。谢林首先拒绝历史上那些想把恶的本质解释为"缺乏"的尝试，通过直面泛神论意义上的"内在性"概念所带来的困难，阐明了自由是一种致善和致恶的能力，并成功地回答了为什么被看作纯粹善的神中，竟能产生

---

① 谢林. 对人类自由的本质及其相关对象的哲学研究[M]. 邓安庆，译. 北京：商务印书馆，2008：61.
② 谢林. 对人类自由的本质及其相关对象的哲学研究[M]. 邓安庆，译. 北京：商务印书馆，2008：63.
③ 谢林. 对人类自由的本质及其相关对象的哲学研究[M]. 邓安庆，译. 北京：商务印书馆，2008：65.

一种致恶的能力。谢林通过论证恶的本原，建立了一种不同于费希特的崭新的观念论体系，他说："观念论如果不能把一切有生命力的实在论融括于自身之基础的话，它将与莱布尼茨的、斯宾诺莎的或者任何其他的独断论体系一样是个空洞而抽象的体系。"[1] 据此他分析指出，近代哲学自笛卡尔心物二元论确立以来，普遍地无视自然的存在，因此以往的哲学体系不论是斯宾诺莎的实在论还是莱布尼茨的观念论，都缺乏有生命力的根据，都是一样的抽象。谢林自己的观念论则是包含其自然哲学的观念论体系，他指出："观念论是哲学的灵魂，实在论则是哲学的肉体，只有两者的结合才能构成一个有生命力的整体。"[2] 也正是从这一立场出发，霍尔斯特·福尔曼斯才将谢林的观念论称为"实在-观念论"。

在《自由论文》中，谢林把"源初的根据"（Uegrund）或者无根据（Ungrund）视为最终的以及最高的统一性，一种绝对的无差别性，先于一切对立。源初的根据是绝对的无差别，从它出发产生了最本原的对立：神中存在的对立——"神实存的根据"（der Grund der Existenz Gottes）或"神中的自然"（die Natur in Gott），与"神中的实存本身"（die Existenz in Gott selbst）之间的对立。对立在神之内，不在神之外，揭示的是神实存与神实存的根据之间的区分，这一对立也是"黑暗"与"光明"的对立。实存东西的本质与单纯实存之根据的本质就构成了一个生成着的圆圈。实存东西的本质与单纯实存之根据的本质既没有时间上的在先性，也没有本质上的优先性，它们互为前提。谢林说："神在自身内有一个其实存的内在根据，这个根据仅仅相对于作为实存者的他是在先的，但神同样地又是根据的在先者，因为假如神不是现实地实存着，那么，根据之为根据也不能存在。"[3] 这里再次指向了谢林同一中的差别问题，但由于以往的哲学没有重视这一区分，甚至将其看作无差别的"一样"，所以，才会导致德国人（施莱格尔）对斯宾诺莎以及谢林哲学立场的误解，指责他们混淆了神与自然。由于没有什么东西能在神之外存在，也就是说，没有什么东西不是因为神而存在，但又不能把被造物看作在神之内生成的，亦即将被造物视为神本身固有的属性，因此一切存在者的根据，只能是既在神之内又不在神之内，也

---

[1] 谢林. 对人类自由的本质及其相关对象的哲学研究 [M]. 邓安庆，译. 北京：商务印书馆，2008：69.

[2] 谢林. 对人类自由的本质及其相关对象的哲学研究 [M]. 邓安庆，译. 北京：商务印书馆，2008：69.

[3] 谢林. 对人类自由的本质及其相关对象的哲学研究 [M]. 邓安庆，译. 北京：商务印书馆，2008：72.

就是说，一切存在者之为存在者的根据来自神，但不是神本身。为此谢林严格区分了"实存着的本质"和"单纯作为实存之根据的本质"①，并用"神中的自然"②（Natur-in Gott）来概括它。福尔曼斯认为，谢林从波墨出发已超出并深化了这一视野，这里的自然，作为"实在的东西"从其本源而言，已经是非理性的东西，即谢林所说的"渴望""黑暗的根据""在其中尚无理智的意志"。"渴望，由理智所激动，更多的是力求保持在自身之内把握生命之光，并把它封存于自身之内，以便能永远保持为一个根据。"③ 在自然中，理智的第一个作用就是区分各种力，由于理智，或者设立在初始自然中的光，激起了返身内求的渴望去分化种种力——为了背离黑暗——在这种分化中，封存于被分离之物中的统一性，使隐蔽的闪光流溢出来。在各种力量分解的每一阶梯上，都有一个新的存在物从自然中形成。在谢林看来，指明每个后续的分化过程何以更接近于自然的本质，直到在各种力量的最高区分中出现最内在的中心，这是一种完整的自然哲学的课题。

福尔曼斯注释说，谢林尽管表达得不是很清晰，而且立场总是在变化，但总体来说，"单纯的存在者"和"存在着或者实存着的存在者"的区分，"实存着的本质"和"单纯作为实存之根据的本质"的区分，黑暗与光明，都最终汇聚为两种力。在谢林那里，"单纯的存在者"是内在于理性的一切可能性的总和，是理性最终和最高的概念，而"存在着或者实存着的存在者"则是这种存在者的现实性，也就是谢林真正努力追寻的东西，这二者的区分在《自由论文》中又被定义为两种力：一种是外张力，一种是内聚力。外张力是意欲扩张的力；内聚力是凝聚性的力，是"自我性"（Egoität）。谢林指出："每一以所指明的方式在自然中形成的存在物，在自身之内具有双重原则。"④ "实在的东西"是内聚性原则，而"观念的东西"是外张性原则。第一个原则是渴望"黑暗"的冲动，第二个原则是那个光明、宽厚、明亮的意志。第一个是渴求和黑暗，第二个是理智、是澄明的强力，是光明的强大穿透力、强大清明力。不过，光明原则与黑暗原则并不是截然二分的，从本性上说，黑暗原则通过耀升可以成为光

---

① 谢林. 对人类自由的本质及其相关对象的哲学研究 [M]. 邓安庆，译. 北京：商务印书馆，2008：70.
② 谢林. 对人类自由的本质及其相关对象的哲学研究 [M]. 邓安庆，译. 北京：商务印书馆，2008：71.
③ 谢林. 对人类自由的本质及其相关对象的哲学研究 [M]. 邓安庆，译. 北京：商务印书馆，2008：75.
④ 谢林. 对人类自由的本质及其相关对象的哲学研究 [M]. 邓安庆，译. 北京：商务印书馆，2008：76.

明原则，每一个自然存在都是黑暗原则与光明原则共同起作用的结果。"这个原则就其源于根据并且是黑暗的而言，它就是受造物的私意（Eigenwille），而这个私意，就其还未被提升到与光（作为理智原则）的完善统一而言，是单纯的渴求和欲望，即盲目的意志。与受造物的这种私意对立的是作为公意（Universalwille）的理智，它利用私意，把它作为单纯的工具从属于自己。"① 谢林认为，无论是私意还是局部意志都与原始意志或理智是同一个意志，以至于从两者中生成为一个统一的整体，由最深的中心向光明的提升，除了在我们人类中之外，再也没有发生在我们可见的受造物中。也就是说，黑暗与光明两种力量都属于人类固有的力量。由于人来源于神实存的根据（是被造的），在自身之内拥有一种相对独立于神的原则，所以他不仅仅作为按其根据而言的黑暗存在耀升为光明，在他之内同时也产生出一种更高层次的东西，即精神。虽然在神与人中都同样有两种原则，但在神中这两种原则是"不分离的"，而在人中是"分离的"。神不能作恶，恶是基于把黑暗提升到光明之上，并以此摧毁了两种原则的本质的等级秩序，这种可能性作为向恶的自由只是在人类中实存着。谢林说："在神内是不可分离的那个统一，在人类中必须是分离的——这正是善和恶的可能性。"②

谢林在讨论恶的起源的过程中，确立了人类自由的本质就在于"人由以与神区别开来的从自然根据中兴起的原则，是人类中的自性（Selbstheit），但这种自性通过它与理想原则的统一会变成精神"③。人就是作为一种有自性的、特殊存在者（与神有区别）的精神。在此基础上，人拥有人格，他是受造物又超出了受造物，他是最接近造物主的人，拥有专属于自身的意志，因此作为拥有"私意"（Eigenwille）和"自性"（Selbstheit）的人，代表着渴求和欲望的最内在和深刻的黑暗原则通过将局部意志（Partikularwille）与原始意识（Urwillen）融合为一个整体，从而摆脱普遍意志（Universalwille）之工具的命运，超出一切被造物而拥有人格。谢林说："在人类中存在着黑暗原则的整个强力，在人类中同样也存在着光明的整个力量。在人类中有着最深的深渊和最高的天空，或者

---

① 谢林. 对人类自由的本质及其相关对象的哲学研究 [M]. 邓安庆，译. 北京：商务印书馆，2008：77.
② 谢林. 对人类自由的本质及其相关对象的哲学研究 [M]. 邓安庆，译. 北京：商务印书馆，2008：78.
③ 谢林. 对人类自由的本质及其相关对象的哲学研究 [M]. 邓安庆，译. 北京：商务印书馆，2008：78.

说两者的中心。"① 与莱布尼茨相比较，谢林虽然也主张只有人才能够作恶，但他最终并没有将恶解释为某种纯粹被动的东西，他说，恶的根据绝不可能在于缺陷或褫夺，但二者的出发点是一致的，理智和意志都在神之内，理智提供恶的原则，因为受造物的理想本性依赖于在神的理智中包含的那些永恒真理，而不依赖于神的意志。比如说肿瘤，肿瘤贯彻了细胞分裂原则和新陈代谢的真理，但没有遵从维护生命有机整体的意志。所以，在谢林看来，善与恶都是人的本质，正如向善的意志，绝不仅仅单纯是自在的理智原则或光明原则，而是同自性联系在一起的，也即被提升为精神的原则一样；向恶的意志也绝不是仅仅来自私意和自性原则，它也是人通向绝对者而实存的一个必不可少的条件。"人被放置到了那个顶峰，在那里，他在自身内同等地具有向善和向恶的自身运动的源泉"②，人的实存如同存在着向善的激情一样，也同样存在着一种作恶的激动。

通过彻底颠覆恶属于有限性、被动性的传统形而上学立场，谢林说："只有观念论才把自由学说提高到它唯一可理解的境地上。按照观念论的解释，每个事物的理智本质，尤其是人的理智本质，是在一切因果关系之外的，就像在时间之外或超时间的一样。"③ 自由的行动直接来自人的理智，理智的本质则是完全自由的和绝对的行动，换言之，人的本质内在于他自己的行动中。自由行动也有其内在的必然性，内在的必然性恰恰是自由本身，必然与自由相互内在，并作为一个本质。谢林一方面把自然规律归结为心智、精神和意志，另一方面把自由与神圣必然性协调一致，并得出以下命题："从神性自然中产生的一切都带有绝对的必然性，凡是借助于绝对必然性才可能的东西，也必定是现实的；凡不是现实的东西，也必定是道德上不可能的。"④ 这样，既论证了恶的普遍性，又论证了恶的现实性。从本质上说，人的本质就是他自己的行动。因此，在谢林这里，善和恶是同一个东西，只是从不同的方面来看罢了。他说："有谁在自身中尚且缺乏向恶的素质和力量，也就不具备向善的能力。"⑤ 谢林的这一

---

① 谢林. 对人类自由的本质及其相关对象的哲学研究 [M]. 邓安庆, 译. 北京：商务印书馆, 2008：77.
② 谢林. 对人类自由的本质及其相关对象的哲学研究 [M]. 邓安庆, 译. 北京：商务印书馆, 2008：86.
③ 谢林. 对人类自由的本质及其相关对象的哲学研究 [M]. 邓安庆, 译. 北京：商务印书馆, 2008：99.
④ 谢林. 对人类自由的本质及其相关对象的哲学研究 [M]. 邓安庆, 译. 北京：商务印书馆, 2008：115.
⑤ 谢林. 对人类自由的本质及其相关对象的哲学研究 [M]. 邓安庆, 译. 北京：商务印书馆, 2008：119.

见解将西方形而上学和基督教对恶的起源的论证推到了历史最高点上。从此以后，恶再也不是一种缺乏、褫夺、懒惰、有限性……更不是道德上的一种选择，而是起源于人的一种天赋，即在人的本性中存在着一种"向恶的自然倾向"。

第四章　黑格尔"存在与思想的统一"

第一节　从理性到精神

黑格尔与康德的根本分歧是哲学立场上的分歧：在黑格尔看来，康德的理性是受感性感染的一种理性，他的《纯粹理性批判》之目标因此并非认识神，而是认识人。从康德给理性划界，到他宣布有限的认识是唯一可能的认识，哲学的整个任务和内容就不是为了认识绝对者，而是认识经验知识的主观性或者对认识能力做批判。而黑格尔的哲学目标是走向绝对者，存在与思惟的同一、有限与无限的统一。为了彻底摆脱感性的羁绊，黑格尔用客观且具体的"精神"概念来代替康德的理性。这是一种不先行设定任何东西，而是从精神自身而来发展出其所有概念的哲学——"精神现象学"。黑格尔将其"精神现象学"理解为理性的真理，"理性的真相是精神"[①]，对康德而言，认识无条件者仅仅是理性的理想；对黑格尔来说，认识无条件者则是理性的现实。理性不是抽象的、空洞的概念，而是在一个自由的民族那里真正得到实现的精神。哲学作为一个民族的时代精神，规定了理性的现实性和物性。汤姆·罗克摩尔曾评价说："根据黑格尔，在从理性进展到精神的过程中，我们就从主观确定性——这正是批判哲学的特征——进展到客观真理了。因为精神是扎根于一个民族、一种文化和一定历史时期之中的，所以在精神的形式中，抽象的理性得到了完成。在开始阶段，当那个把自己与世界对立起来的东西发现自己就是在世界之中而世界

---

① 黑格尔. 黑格尔著作集：第5卷［M］. 先刚，译. 北京：人民出版社，2019：6.

变成了它自己的时候，理性就变成了精神。"① 皮平也认为："黑格尔与康德之间最重要的差异之一，亦即在黑格尔最著名的文本《精神现象学》中表现得最明显的差异就在于，康德的人类主观性论述把自身限制在'意识'的视点，因此不把主观性理解为它所应该是的，不把它理解为'精神'。"② 黑格尔的客观性论述则主张理性实现自己为精神。

在黑格尔看来，康德所主张的理性对自身所做的批判，只能以历史的方式进行，而不是先验的方式。这就意味着黑格尔彻底背离了康德的普遍的一般的纯粹理性，把理性精神带入自己的历史中。在《哲学史讲演录》中黑格尔提出时代精神，再次强化了精神的历史性和文化异质性。从黑格尔作为康德主义者而言，从理性到精神是黑格尔对康德的背离；从黑格尔作为康德的学生而言，从理性到精神又是黑格尔对康德批判精神不折不扣的贯彻与执行。黑格尔与康德一样，都把哲学视为最高种类的知识，但在黑格尔这里，哲学就像密纳法的猫头鹰一样，只是在黄昏或事后才振翅起飞。罗克摩尔认为，对于黑格尔来说，包括哲学在内的知识不是而且不可能是先验的，相反，在人类掌握世界和自身的历史过程中，它是作为人类集体努力的结果，并在这一努力中出现和形成的。③ 罗克摩尔的评价有点类似于李泽厚的经验变先验的主张，但这都不是黑格尔的主张。将知识看作历史过程，尤其是精神运动的历史，并不意味着说，黑格尔主张哲学是有前提的，黑格尔的哲学恰恰是无预设的。霍尔盖特就认为："黑格尔无预设的主张与他对哲学出现于其中的历史脉络的强调是完全相容的。"④ 站在历史主义的立场上，康德先验哲学的先验性首先受到黑格尔的批评。在《精神现象学》导论中，黑格尔把康德的先验立场归结为"一个自然的观念"⑤："哲学在探究事情本身之前，或者说在现实地去认识真实的存在者之前，必须先弄清楚认识活动本身是怎么一回事，因为认识活动被看作一种工具或中介，通过它，人们得以把握或者观察绝对者。"⑥ 也就是对人类认识能力进

---

① 汤姆·罗克摩尔. 黑格尔：之前和之后［M］. 柯小刚，译. 北京：北京大学出版社，2005：146-7.
② 罗伯特·皮平. 黑格尔的观念论：自我意识的满足［M］. 陈虎平，译. 北京：华夏出版社，2006：48.
③ 汤姆·罗克摩尔. 黑格尔：之前和之后［M］. 柯小刚，译. 北京：北京大学出版社，2005：126.
④ 斯蒂芬·霍尔盖特. 黑格尔导论：自由、真理与历史［M］. 丁三东，译. 北京：商务印书馆，2013：3.
⑤ 黑格尔. 黑格尔著作集：第3卷［M］. 先刚，译. 北京：人民出版社，2015：47.
⑥ 黑格尔. 黑格尔著作集：第3卷［M］. 先刚，译. 北京：人民出版社，2015：47.

行批判，通过对人类认识能力本身的研究来确定人的认识范围。康德把对人类认识能力和认识方式的考察称为先验的。黑格尔认为，康德对认识方式的这种先验考察发生在认识之前，虽然正确地把思惟形式本身当作认识的对象，"但是，在这里也立刻发生了误解，即想在认识活动以前就从事认识，或者说，在没有学会游泳以前不想先下水"①。康德没有认识到，对认识能力和认识方式的考察本身也是一种认识活动。黑格尔认为，思惟形式的活动和对思惟形式的批判必须在认识过程中结合在一起，而且，这种思想自己考察自己、自己规定自己的界限的思惟活动被称为辩证法。另外，康德对思惟形式的先验考察最重要的一个后果是，虽然这种考察给人类理性划定了界限，但不可避免地导致了一个"独断论"后果，黑格尔称其为"必然会转化为一种信念"，即"在认识活动和绝对者之间有一个将二者截然分隔开的界限"②，用康德的话说，就是在认识主体和物自身之间有一个在根本上不可克服的鸿沟，因此物自身作为彼岸是不可知的，只能留给信仰。

  黑格尔在讨论康德对认识形式的先行考察是先验的这一问题时，提出了"工具""媒介物"与认识的迂回、折射之间的必然联系，揭露了康德批判哲学预设了存在与思惟、主体与客体之间的二元区分，而且直接关闭了认识绝对的可能性：康德的表象理论主张我们的认识是迂回的，推论式的，亦即是有限的，不能认识事物本身。从方法论上讲，存在与思惟、主体与客体之间的二元区分是反思哲学的必然结果。因此，黑格尔从其思辨立场出发，直接拒绝"将认识视为一种工具和媒介物的观念"，否认"我们自身与这种认识之间有一种差别"，反对"认识是自为的与绝对不想关联"。黑格尔以思辨的立场重提存在与思惟同一性问题，这不仅意味着黑格尔扭转了自笛卡尔以来强调做哲学之前先确定方法的倾向，直面哲学问题本身，而且也意味着黑格尔所建立的思辨哲学完全有可能消解自笛卡尔近代哲学以来的主体-客体二元论倾向。

  其次，黑格尔集中批评了康德的表象理论和直观理论。正是由于康德把认识活动看作一种中介活动、表象活动，所以，就导致了我们永远都无法认识到事物是其所是的样子，不能直接回到事物本身。黑格尔说："既然认识活动是人们借以掌握绝对本质的一个工具，那么很显然，当他们使用这个工具去处理某个事物的时候，就使得事物不再是它原本所是的样子，而是对它进行了加工和

---

① 黑格尔. 逻辑学 [M]. 梁志学，译. 北京：人民出版社，2002：103.
② 黑格尔. 黑格尔著作集：第 3 卷 [M]. 先刚，译. 北京：人民出版社，2015：47.

改造。"① 即使认识活动不是工具，而是某种被动的媒介，我们也仍然得不到真理原本所是的样子，而是真理通过媒介并且在这个媒介中所是的样子。黑格尔认为，我们不需要先行考察我们的认识方式和能力就可以认识绝对者，因为绝对者"它作为一个自在且自为的存在原本就陪伴着我们，而且这是它的愿望"②。黑格尔分析康德的批判哲学假定这样一种观念为真理，即"认识活动是一种工具和媒介，而我们本身又不同于这种认识活动；……绝对者位于一方，认识活动位于彼一方，仿佛一种孤立的、脱离了绝对者的认识活动仍然是某种实实在在的东西，仿佛认识活动在脱离了绝对者（亦即脱离了真理）的情况下仍然真实地存在着"③。更重要的是，这种分离割裂了有限和无限、有条件和无条件之间的统一，康德对知性和理性的严格区分更是加剧了这种割裂："知性以有限的、有条件的东西为对象，理性则以无限的、无条件的东西为对象。"④ 康德通过这种区分坚持了人类知性认识的有限性立场，这虽然是康德批判哲学的最重要的成果之一，但黑格尔认为，"我们却不可停留在这种否定性成果上，也不可把理性的无条件性单纯归结为抽象的、排除差别的自相同一性"⑤。黑格尔力求摆脱康德所持的人类认识间接性、推论性的主观路线，开辟出一条理性逐渐认识到自己为精神、精神自我展开、自我实现、绝对者自己认识自己的客观路线。皮平认为："黑格尔和康德之间存在争议的直观论题应该分为两个方面。第一个存在的问题是，为什么黑格尔认为康德不能够成功地捍卫他的非概念形式的感性直观观点，用它作为他的观念论论证中一个分立的要素。第二个存在的问题是，除了依赖被直观的对象的观念地位以外，康德关于思想形式作为'统觉形式'的论点本身是否可以说就导致了种种观念论的结论。"⑥ 显然，黑格尔也看到了康德用纯粹直观来建立范畴的客观实在性是不成功的，从内部崩溃了。

　　黑格尔指出："批判哲学与经验主义相同，假定经验是知识的唯一基础，不过，批判哲学不承认经验是真理，而只承认它是关于现象的知识。"⑦ 现象知识的客观有效性在于范畴和概念，虽然黑格尔也赞赏性地强调我们在与世界打交

---

① 黑格尔. 黑格尔著作集：第3卷［M］. 先刚，译. 北京：人民出版社，2015：47.
② 黑格尔. 黑格尔著作集：第3卷［M］. 先刚，译. 北京：人民出版社，2015：48.
③ 黑格尔. 黑格尔著作集：第3卷［M］. 先刚，译. 北京：人民出版社，2015：48-49.
④ 黑格尔. 逻辑学［M］. 梁志学，译. 北京：人民出版社，2002：110.
⑤ 黑格尔. 逻辑学［M］. 梁志学，译. 北京：人民出版社，2002：110.
⑥ 罗伯特·皮平. 黑格尔的观念论：自我意识的满足［M］. 陈虎平，译. 北京：华夏出版社，2006：51.
⑦ 黑格尔. 逻辑学［M］. 梁志学，译. 北京：人民出版社，2002：101.

道的所有活动中都预设了范畴和概念,但是,他与康德是不同的:对康德来说,先天范畴和概念是我们自己思想的产物,我们只是根据这些先天范畴来认识世界,但我们不能说,世界自身是根据这些先天范畴建构起来的,这就意味着我们透过表象与范畴所认识的世界并不是世界的真实面貌。我们所认识的仅仅是由我们的认识方式而决定的现象,现象世界才是我们自己构建起来的世界,作为存在者整体的世界则始终处于我们人类知性的彼岸。在黑格尔看来,这实际上等于在认知结构中先行划定了两个各自独立的区域:一个是认识活动的区域,在这个区域中,只有与绝对者相隔离的人类认识方式所规定的现象;一个是绝对者的区域,这个区域完全独立于认识活动。黑格尔因此反对康德直观与概念之间的严格区分,认为这是一种不必要的自我割裂,他认为概念的内容并不来自直观,而来自概念与概念之间的关系。而且,针对康德推论性的知识之说,黑格尔说,我们的范畴并没有在我们与世界真实结构之间造成隔膜,这些范畴和概念恰恰是我们走向世界结构的前提。也就是说,范畴本身并不是空洞的、纯形式的,而是在其得到规定的时候,有其内容。在黑格尔看来,我们的范畴并没有把我们的认识限制在所谓人类经验(现象界)的界限之内,我们的范畴和概念与世界的结构是同一的,也就是说,认识活动本质上是绝对者的自我认识活动。他甚至说:"把认识活动看作我们借以把握绝对者的一个工具,或我们借以观审真理的一个媒介等,都是一些没有出息的想法和说法。"[1] 在黑格尔看来,范畴作为思惟形式当然属于思惟本身,这是没有问题的;但由此将范畴只看作专属于我们的东西,而不是对象本身的规定就是问题了。为此,黑格尔将康德的先验观念论归结为"主观观念论"加以批判,他说:"按照康德的观点,情况则必当如此,所以他的哲学是主观观念论,因为他认为自我(能知的主体)既提供认识的形式,也提供认识的材料,形式是由能思的自我提供的,材料是由能感的自我提供的。"[2] 从思辨的方法论原则出发,黑格尔取消了康德直观与概念的区分,代之以逻辑学上的特殊与普遍、个别与一般、有限与无限的运动进程,建立了客观观念论,彻底消解了主体-客体的二元区分,不但用"自我"的运动进程回答了"我思是如何可能的?",而且也完成了康德的统觉理论。

再次,黑格尔追随谢林绝对的同一性原则,认为康德的批判哲学并没有解决主体与客体的统一,亦即思惟与存在的同一问题,从而阻断了对无限与绝对的认识。从表面上看,这是由于康德的批判哲学不允许把认识看作关于"物自

---

[1] 黑格尔. 黑格尔著作集:第3卷[M]. 先刚,译. 北京:人民出版社,2015:49.
[2] 黑格尔. 逻辑学[M]. 梁志学,译. 北京:人民出版社,2002:107.

身"的知识,实际上更深层次的原因,在于康德批判哲学与费希特自我哲学一样都属于反思哲学,只看到有限物与绝对者的对立。黑格尔认为,哲学作为真正的科学,其对象是无限的认识,或者关于绝对的认识,康德虽然从事着纯粹理性的批判,但其"理性"充其量只是"摹仿着理性的知性"。因为康德止步于知性的联结,从主观出发把握源始综合统一的可能性,而没有能力进入绝对同一的领域,因此其先天知性概念范畴只能通过摹仿理性来获得同一性。这在黑格尔看来,知性所获得的并非绝对的同一性,而只是纯粹的同一性,"亦即因抽象而形成并且受制于对立的一种同一性——关于统一的抽象知性概念,固着的对立物之一"①。而扬弃此类固定下来的——精神与物质、心灵与肉体、信仰与知性、自由与必然等形式的——对立,是理性的唯一兴趣,只有理性才可以最终获得"绝对的同一性",亦即主体与客体的同一性,"这种同一性在两者的对立中扬弃两者并且把它们包含在自身中"②。

　　黑格尔据此将康德的知性批判理论看作反思哲学的典型。他在《逻辑学》导论中将这种"反思的知性"概括为"一种从事抽离和分裂,并且坚持其分裂状态的知性。这种知性与理性相对立,表现为健全的人类知性,并且坚持以下主张:(1) 真理以感性实在性为基础;(2) 思想仅仅是思想,也就是说,唯有感性知觉才给予思想以内涵和实在性;(3) 理性作为一个自在自为的东西,只会制造出脑中幻象。伴随着理性的这种自暴自弃,'真理'概念也跟着丧失了;理性限于仅仅认识主观的真理,仅仅认识现象,仅仅认识某种不符于事物本身的本性的东西;知识已经堕落为意见"③。在黑格尔看来,人类知性只能认识到现象,而不能应用到物自身上面,"物自身"这个幽灵只能被安置在彼岸世界。黑格尔分析指出,康德虽然将他的先验逻辑与普通逻辑区别开来,其先验逻辑依然属于普通逻辑,即都是知性逻辑,而没有达到思辨逻辑,即理性的辩证法逻辑,因此无法把握有限与无限的统一,无法认识绝对者。"诚然,批判哲学已经把形而上学改造为逻辑,但正如前面指出的那样,它和后来的观念论一样,由于害怕客体,于是赋予逻辑规定以一种本质上主观的意义,这样,它们和它们企图逃避的客体仍然纠缠在一起,仍然不得不把'自在之物'或'无限的阻碍'当作一个彼岸世界"④。这也是康德排斥感性的僭越,排斥二律背反,将人类知识严格限定在现象界的原因,而黑格尔不但否认存在僭越问题,而且承认

---

① 黑格尔. 黑格尔著作集:第2卷 [M]. 朱更生,译. 北京:人民出版社,2017:16.
② 黑格尔. 黑格尔著作集:第2卷 [M]. 朱更生,译. 北京:人民出版社,2017:16.
③ 黑格尔. 黑格尔著作集:第5卷 [M]. 先刚,译. 北京:人民出版社,2019:23-24.
④ 黑格尔. 黑格尔著作集:第5卷 [M]. 先刚,译. 北京:人民出版社,2019:29.

矛盾，他认为，知性的任务就是要扩展到无限，"逻辑认识如果确实进展至理性，导致的结果就必定是，它在理性中自我消灭；它必定认识到二律背反是其最高律令"①。一旦人类知性不再试图避免矛盾，而是认识到矛盾无处不在，那么，通过扬弃矛盾走向绝对就是可能的，"二律背反、自我扬弃的矛盾就是至为正式地表达知识与真理"②。"通过理性，哲学追求有限与无限这种同一性的意识，亦即追求知识与真理。"③ 在德国观念论的终结处，理性的辩证法彻底取代了知性概念的先验演绎。

最后，站在黑格尔的立场上，既然理性可以认识绝对者，"物自身不可知"的论断也就不成立。黑格尔评价说，康德确立"自我意识的先验统一性"或"统觉的源始综合统一性"为表象客观有效性的来源，这一见解是纯粹理性批判中被发现的最复杂和最正确的洞见，也是康德范畴先验演绎的核心。因为这是康德哥白尼式转向成功与否的关键，对象以什么样的性状存在毕竟只能遵循概念，亦即遵循使对象之表象成为可能的意识统一的形式，概念对所有认识对象而言是先天可能的条件。但是，黑格尔的赞誉越高，其批评得越烈。在他看来，康德哲学的本质就是用自我意识、纯粹意识的同一性规定经验意识的多样性。黑格尔指出："把绝对统一性带入多样性中的，并不是自我意识的主观活动。倒不如说，这种同一性即是绝对，是真理本身。"④ 他认为，由于康德的知性范畴并不能够表达绝对，因为范畴离开直观则空，而绝对也不是在感觉中给予的，因此知性或通过范畴得来的知识是不能认识物自身的。因此，康德的物自身概念本质上只表示一种抽象的对象。他指出："物自身（在这种物中也包括精神、神）这个概念，是在抽去对象展示给意识的一切东西，抽去对象的一切感觉规定和一切特定思想的限度内表示对象的。很容易看出，这里所剩的东西是完全抽象、极其空洞的东西，它仅仅还是作为彼岸世界得到规定的，是表象、感觉和特定思惟等的否定东西。"⑤ 黑格尔说，物自身概念除了彰显着自我的空虚性之外，再无其他意义。

由于康德将对象的对象性问题还原为主体的主体性问题，也就是说，我们所认识的对象只是现象，而作为对象实在性最终根据的本体则是我们所不能认识的，因此本体概念就成了人类知性的边界。黑格尔说："这种主观的观念论认

---

① 黑格尔. 黑格尔著作集：第2卷［M］. 朱更生，译. 北京：人民出版社，2017：82.
② 黑格尔. 黑格尔著作集：第2卷［M］. 朱更生，译. 北京：人民出版社，2017：24.
③ 黑格尔. 黑格尔著作集：第2卷［M］. 朱更生，译. 北京：人民出版社，2017：92.
④ 黑格尔. 逻辑学［M］. 梁志学，译. 北京：人民出版社，2002：106.
⑤ 黑格尔. 逻辑学［M］. 梁志学，译. 北京：人民出版社，2002：109.

为，构成我们意识内容的东西，只是属于我们的，仅仅由我们主观设定的东西，难怪这会引起朴素意识的抗议。事实上，真实的情况是：我们所直接认识的事物不仅对于我们，而且就其自身而言，也是单纯的现象，这些有限事物固有的命运是它们存在的根据，不在它们自身，而在普遍的神圣的理念中。这种关于事物的观点同样也应被称为观念论，然而与批判哲学的那种主观观念论不同，应被称为绝对观念论。"① 黑格尔用绝对主体或者说神性心智代替了康德的先验主体，在背离康德的道路上渐行渐远。不过，黑格尔既然承认，对意识而言，他者不仅为着意识而存在，而且在这个关联之外也存在着，是一种自在的存在，那么他就要论证这个自在的存在，尤其是作为尺度的自在体并没有陷入康德物自身的牢笼中。黑格尔的论证由两个环节构成：其一，意识活动中出现的每一个意识对象作为他者都是走向真理的一个环节，在每一个意识形态中出现的事物本身或被称为真相的东西，就是检验认识活动的尺度，知识与成为知识的条件都是意识活动自己建立起来的，因此对黑格尔来说，意识活动的检验就在意识活动过程内部展开，是意识自己与自己所进行的比较。也就是说，如果以往的审查和检验是用我们的观念与外在的实在进行比较，而在黑格尔意识辩证法这里，则是意识与意识的比较，也就是黑格尔所说的从自在存在走向为他存在，最后再走向自在自为的存在的过程。自在存在和为他存在都现成地存在于意识自身之内。因此，任何额外添加的行为都是多余的。其二，对于意识活动而言，自在地存在是一个环节，属于在先的环节，而对象作为为着意识的存在是另一个环节，属于在后的环节。但意识似乎没有办法去追究，当对象与意识不相关时，自在地是什么样子，实际上意识发现，每当知识发生变化时，对象本身也发生了变化，随着知识的改变，对象又转变为另一个对象，这样一来，对意识而言，之前的那个物自身并非自在地存在着，也就是说，物自身实际上仅仅作为意识的对象而自在地存在着。黑格尔说："意识认识到某个东西，这个对象是本质或物自身。但是，当对象为着意识而存在时，也是物自身。"② 这样，意识就有两个对象：一个是起初的物自身，一个是这个物自身之为着意识的存在。后一个对象是对前一个对象的否定，是通过前一个对象而制造出来的经验，所以，这个为着意识而存在的物自身才是真相，才是本质。

早在耶拿时期，黑格尔就明确地将康德批判哲学认定为反思哲学，他说："康德哲学有特征，即知识是一种形式知识，而理性作为一种纯粹否定性是一种

---

① 黑格尔. 逻辑学 [M]. 梁志学, 译. 北京：人民出版社, 2002：111.
② 黑格尔. 黑格尔著作集：第3卷 [M]. 先刚, 译. 北京：人民出版社, 2015：55.

绝对的批判,这种绝对的彼岸作为彼岸与否定性受制于一种此岸与肯定性,——无限性与有限性两者连同其对立同样绝对,康德哲学的这种特征是我们所说的反思哲学的普遍特征。"① 而黑格尔将自己的哲学规定为思辨哲学,这种思辨哲学主张思惟与存在的同一、此岸与彼岸的统一、无限与有限的统一,理性不但可以认识无条件者、绝对者,而且是通过自我运动为绝对精神而实现的,走出了一条概念辩证法的道路。

因此,黑格尔的概念辩证法从方法论上又被称为思辨哲学。黑格尔区分了反思和思辨,在他看来,康德、费希特哲学都是反思哲学,反思哲学是建立在主观-客观、自我-非我、形式-质料、普遍-特殊之间二元区分甚至对立基础之上的。只有思辨哲学才是真正关于理性的哲学、实现"客观的总体性"的哲学,而以康德哲学、雅可比哲学与费希特哲学形式出现的主体性的反思哲学,理性只是知性,是受感性感染的一种理性,只能思考有限者,而不能思考无限者和永恒者。"依康德之见,超感觉者无力为理性所认识;至高的理念并不同时具有现实性。"② 费希特哲学如康德哲学一样要求客观性的形式和诸对立的形式,"但把这种纯粹客观性对主观性的冲突同时设定成一种渴望和一种主观的同一性"③。黑格尔的思辨哲学则扬弃了对立,作为体系,将有限者升格为绝对者,理性自己升格为思辨。"思辨是一种普遍理性在自己身上的活动"④,"因为理性发现意识囿于特殊性,理性只能由此成为哲学思辨,即理性升格至自我并且对自己与同时成为其对象的绝对者吐露实情。"⑤ 皮平指出,黑格尔的思辨概念要阐明的主要是"理性的自产生"的本性。

当然,仅仅重复黑格尔对康德所做的批判,并不能给黑格尔哲学带来真正的哲学现实性。因此,我们应当清晰地看到,从康德的先验逻辑向黑格尔的辩证逻辑的转折,表面上是黑格尔对康德的背离,本质上二者的目标是相同的,都是对一切教条式形而上学的批判。皮平甚至认为,黑格尔是康德哲学的完成,他说:"黑格尔完成康德的规划,尤其从与形而上学传统的先验决裂来看,其所包含的连续性要比此前承认的多得多。"⑥ 黑格尔的形而上学,其对象是纯粹思

---

① 黑格尔. 黑格尔著作集:第 2 卷 [M]. 朱更生,译. 北京:人民出版社,2017:226.
② 黑格尔. 黑格尔著作集:第 2 卷 [M]. 朱更生,译. 北京:人民出版社,2017:197.
③ 黑格尔. 黑格尔著作集:第 2 卷 [M]. 朱更生,译. 北京:人民出版社,2017:202.
④ 黑格尔. 黑格尔著作集:第 2 卷 [M]. 朱更生,译. 北京:人民出版社,2017:10.
⑤ 黑格尔. 黑格尔著作集:第 2 卷 [M]. 朱更生,译. 北京:人民出版社,2017:9.
⑥ 罗伯特·皮平. 黑格尔的观念论:自我意识的满足 [M]. 陈虎平,译. 北京:华夏出版社,2006:20.

想，他没有关注唯物论意义上的物质，思想对象即是思想本身。换句话说，在思想中，思想对象是思想自身，即概念、范畴，通过这些概念和范畴，它可以思想一切。从这种概念观念论出发，哲学就是思想道路，由诸意识形态构建的一条道路："灵魂经历了一系列形态分化，就好像经历一些通过它的本性而为自己设定下来的旅站，当它通过一种完整的自身经验认识到它自在所是的那个东西，也就升华为精神。"① 意识在这条道路上会经历一系列形态分化，自然意识在走向知识的过程中首先表明自己仅仅是知识的一个概念，亦即一种非实在的知识，不过由于它总是把自己当作一种实在的知识，所以这条道路对它而言只有否定意义，自我意识在这条道路上失去了它的真理，黑格尔为此称这条道路是一条怀疑之路，更确切地说，是一条绝望之路。但经过否定运动和怀疑主义，意识仅仅把自己的行为看作真相，于是直接出现了一个新的形式，并通过否定而造成一个过渡，在这种情况下，整个进程就通过完整的一序列形态自己把自己表现出来，这条道路就成为一个现实的具体展开过程，最终整个顺序就是意识转变为科学的一个具体展开的教化史。

  黑格尔尽管也像费希特那样早早就确立了自己哲学事业的野心——完成康德哲学，但是，黑格尔自觉地将自己的哲学称为绝对观念论以便与康德的主观观念论区别开来。许多学者已经认识到，"黑格尔对康德哲学的批判是理解黑格尔哲学的极好的入手处"②。"黑格尔对康德的批判能帮助我们理解黑格尔，他的整个哲学明显表明了他对其青年时代这位最重要德国哲学家的吸收。甚至在我们认识黑格尔如何处理种种特殊问题之前，我们都能看到，他对自己与康德关系的定位，将是他整个哲学规划的一个索引。"③ 对黑格尔而言，对康德哲学的批判就不仅是为了完成和超越康德，更重要的是通过康德来把握和完成整个西方形而上学的根本问题。

第二节 黑格尔的"精神现象学"

  由于当前中国哲学界"现象学"已成为一个流行词和"学派"，我们有必要先厘清"现象学"这个概念的用法。我们选择三个代表性人物来框定"现象

---

① 黑格尔. 黑格尔著作集：第 3 卷 [M]. 先刚, 译. 北京：人民出版社, 2015：50.
② 张汝伦. 从黑格尔的康德批判看黑格尔哲学 [J]. 哲学动态, 2016（5）：5.
③ MCCUMBER J. *Understanding Hegel's Mature Critique of Kant* [M]. California：Stanford University Press, 2014：1.

学":(1)黑格尔:现象学作为考察意识经验的科学,是精神正在出场的科学。(2)胡塞尔:现象学作为一种严格的科学,是纯粹的、无前提的、绝对的明见性,"每一种源初给与的直观都是认识的合法源泉,在直观中源初地(可说是在其机体的现实中)给与我们的东西,只应按如其给与的那样,而且也只在它在此被给与的限度内被理解"①。(3)海德格尔:"意识的经验"就是"现象学",是知识通过其显现而自行的展开,是精神的真正或完全的出场,所以,现象学也是"精神的现象学"。黑格尔的"精神现象学"考察了意识的本质即自我意识的自我展开,达到绝对精神的过程。胡塞尔也考察了意识的本质即自我意识的内在发生机制和结构。海德格尔则认为,存在即意识,意识显现在其真理中。显然,现象学是关于意识经验直观给予、真理自行展开的科学。黑格尔考察了意识自我展开自我完成的动态过程;胡塞尔分析了意识活动与意识对象的静态结构;而海德格尔则将意识与存在真理等同起来。我们虽然将黑格尔、胡塞尔、海德格尔放置在一起讨论现象学这个概念的用法,而且法国现代性哲学家也把"3H"作为他们共同的思想来源,但黑格尔的《精神现象学》作为第一部讨论意识经验的科学,在现象学界却不属于胡塞尔所开创的现象学流派中的经典作品,更不会被看作海德格尔解释学的现象学的先驱。这是为什么呢?

当然,摆出一种专家姿态告诫哲学系的学生们,黑格尔的"精神现象学"并不能望文生义地等同于胡塞尔的现象学以及后来的现象学运动中的诸种现象学,是很容易的,但说起这种不能等同的根据和理由却是含糊不清的。现象学在黑格尔、康德、莱茵霍尔德等人那里,仅仅意味着通过呈现出来的现象去探索隐藏在其背后的本质以及如何从本质推导出现象等研究思路。先刚指出,黑格尔的精神现象学首要的关键点不是在于"现象学",而是在于一个作为实体和主体的"精神",然后才谈得上这个精神显现出来的从感觉直到绝对知识的各种形态,以及精神在这个显现过程中呈现出来的客观的辩证规律。因此,黑格尔的"精神现象学"确切地说,是一种"精神形态学"。② 黑格尔. 黑格尔《精神现象学》的起点紧接着谢林的《先验观念论体系》中的论断:哲学就是自我意识的历史。他在导论中指出:"这条走向科学的道路本身就已经是科学,就它的内容而言,这是一种以意识的经验为对象的科学。"③ 精神的自我展开和发展过程就是历史,真理就在历史中,历史就是真理。但黑格尔与谢林的差别在于,

---

① 胡塞尔. 纯粹现象学通论[M]. 李幼蒸, 译. 北京: 商务印书馆, 1997: 84.
② 黑格尔. 黑格尔著作集: 第3卷[M]. 先刚, 译. 北京: 人民出版社, 2015: 8.
③ 黑格尔. 黑格尔著作集: 第3卷[M]. 先刚, 译. 北京: 人民出版社, 2015: 57.

他认为"当精神这样发展起来并知道自己即精神,它就成了科学。科学是精神的现实性,是精神依靠它的固有要素而为自己建造起来的一个王国"①。而谢林则认为,重要的是回溯自我意识之前的部分,即自身之外的部分。相对于黑格尔关注时代的精神,谢林则将目光投向那幽深的黑暗之中。尽管黑格尔也认为,精神的一切经验在本质上都是"回忆"或"深入内核的过程",即在一个新的层面上重复那已经层层积淀下来的教化进程,但他所关注的重点则是被谢林看作自我意识开始觉醒以后的部分,而自我意识觉醒之前的无意识部分则没有重视,或者说,被黑格尔融入精神的现实化过程中了。

  国内首先注意到黑格尔"精神现象学"与胡塞尔"现象学"关系的学者是张世英先生。他在《现象学口号"面向事情本身"的源头:黑格尔的〈精神现象学〉中》,深入探讨了黑格尔《精神现象学》与胡塞尔现象学原则与方法的关联,并注意到海德格尔与黑格尔的密切联系。对黑格尔的《精神现象学》,我们也从相关联的两个话题入手:一是分析黑格尔的精神现象学作为一种新科学,它新在哪里;二是整理黑格尔现象学与胡塞尔现象学字面上的联系。

  黑格尔"精神现象学"作为一种新科学,首先,它在德国观念论的语境内完成了对康德先验哲学的批判。黑格尔的《精神现象学》所考察的关于意识经验的科学从一开始就对康德的先验哲学持批判态度。康德的先验哲学开启了对纯粹理性能力的一种考察,康德认为,对知识官能的考察都是先于认知而可能的。但在黑格尔看来,知识条件和知识过程是不可分离的,对知识条件的考察本身也是一种认识,这种将认识条件的考察与认识过程的分离本质上恰恰是对知识可能性条件之先验分析和演绎的放弃。康德认为,在开始使用知识的工具之前,我们必须首先分析那个工具。这种分析既是批判哲学的基础,也是批判哲学的核心思想。然而,在《逻辑学》和《哲学史讲演录》中,黑格尔反复强调知识条件和知识过程是不能分离的,并把康德的那种先验主张比作经院派哲学家的那种"游泳不用在水中"的努力。在罗克莫尔看来,黑格尔的要点是,"若不采用知识官能我们就不能研究知识官能,事实上我们已经知道了这一点"②。这个说法很简单,但对康德的先验立场而言则是毁灭性的打击。黑格尔对康德先验演绎的批判,也就是对康德知识条件先行考察的否定,直接带来了德国古典哲学的终结,康德之问"知识如何可能?"所开启的德国古典之路,经

---

① 黑格尔. 黑格尔著作集:第3卷[M]. 先刚,译. 北京:人民出版社,2015:16.
② 汤姆·罗克莫尔. 康德与观念论[M]. 徐向东,译. 上海:上海译文出版社,2011:190.

费希特自我哲学的改造，又经谢林先验观念论的进一步批判，到黑格尔这里已经走向终结。黑格尔在继承费希特与谢林对康德现象与物自身二元区分的消解的基础上，又采纳了谢林历史主义的立场，对康德知识条件进行批判，这一批判使得康德先验哲学所存在的问题貌似通过体系和整体基本解决了，至此，德国古典哲学的体系形态也达到其最完美状态。按照 Eckart Fröster 在其著作《哲学的 25 年》(Die 25 Jahre der Philosophie, 2012) 中的论述，德国观念论的核心精神是理性形式只有通过现实生活的发展才能丰富自身，因此黑格尔的《精神现象学》既是康德所开创的先验哲学传统的终结，也属于现代社会的哲学的新开端。

其次，哲学成为科学，一直是近代笛卡尔以来的哲学梦想，黑格尔也不例外，他为自己设定的一个目标，也是使哲学具有科学的形式。但黑格尔的"科学"的本质特征是体系，是整体。他说"真理，作为一个实存，其真实的形态只能是一个科学的真理体系"①，真相只能是一个整体，而且这个整体不是静态的结构性整体，而是一个动态的过程，是一个通过自身的发展而不断完善着的本质。黑格尔与其他流行观点不同的是，真理的实存之路，是概念。相对于人们不应该通过概念，而是应该通过感触和直观去把握绝对者的主观立场，黑格尔走向了客观观念论的道路，因为绝对者对他而言，既是一个单纯的概念，又是一个整体。因此，新精神的开端是一个已经从过程和扩散那里重新返回到自身之内的整体，是从这个整体转变而来的一个单纯概念。这个单纯的整体是现实的，意味着那些已经转变为环节的形态分化在它们的新要素里面，在一种已经转变的意义上，重新展开自身，再度进入形态分化。对黑格尔来说，真相就是一个自身转变的过程，是一个圆圈，因此开端亦是终点（目的），通过展开过程并抵达终点，目的得到实现，即意味着成为一个现实的东西。黑格尔的这一思路与亚里士多德的潜能与现实的区分以及"完满实现"（Entelechila）概念具有异曲同工之妙。在黑格尔这里，活生生的实体作为一个存在，它的现实性，也就是说，这个存在的真理，是主体。由此可见，黑格尔的"精神现象学"选择感性的确定性为开端，并不是要迎合感触和直观，而恰恰是从整体出发的一个重要步骤，因为新世界的最初现象正是这一个披着简单性外衣的整体。当然，整体的展开和扩散是一个再次聚拢为整体的历史过程，更是意识的一个回忆过程。意识的这一回忆过程即走向科学的过程，要求自我意识应从知性过渡到理性，所以，这个回忆过程只能通过体系呈现出来。黑格尔说："一切的关键在

———

① 黑格尔. 黑格尔著作集：第3卷 [M]. 先刚，译. 北京：人民出版社，2015：3.

于，不仅把真相理解和表述为一个实体，而且同样也理解和表述为一个主体。"① "实体即是主体"是黑格尔"精神现象学"的核心论断，在哲学作为绝对精神自我发展、自我展开、自我实现的语境中，自我、主体一旦确立了第一实体的地位，精神也将最终实现其实存与本质的统一，成为绝对精神。先刚教授认为："黑格尔的新科学是要将斯宾诺莎的实体学说和康德的主体哲学统一起来。在他看来，无论是排斥实体的费希特、莱茵霍尔德，还是企图通过智性直观来统一思惟与存在的谢林，都没有完成这个任务。"② 黑格尔认为，实体即主体，绝对者是精神，一个自在且自为存在着的存在，一个精神性实体，它即是认识者，也是自己的对象，知道自己是精神。"当精神这样发展起来并知道自己即精神，它就成了科学。科学是精神的现实性，是精神依靠它的固有要素而为自己建造起来的一个王国。"③

再次，黑格尔的精神现象学作为意识经验的科学，是绝对者的辩证运动。在绝对者辩证运动的开端，绝对者只是一个空洞的普遍性、单纯性、直接性，一个自在的存在，只有在辩证运动的终点上，绝对者才作为一个结果成其所是，成为现实的东西，成为自为的存在。可见，理性是一种合乎目的的行动，黑格尔举例说，胎儿是一个自在的人，只有作为一个经受了教化的理性，把自己造成他自在所是的东西，他才成为一个自为的人。理性的现实性就体现在这种从自在到自为的教化过程中，现实性本质上就是一种自身运动。因此，黑格尔的精神现象学作为新科学是一条教养之路。以往的哲学虽然已经将绝对者设定为"一""存在"，一个主体，一个神，但并没有被表述为一个运动，一种自身反映。教养之路引导着个体从其未经教化的立场出发走向知识，也是纯粹的自我认识活动。实际上，教养之路，不仅仅是指个人的教养之路，也包括民族、国家，甚至人类的精神整体，都必须走向那个普遍精神的教化道路，经历绝对精神的各个展开环节和阶段。黑格尔说："这部精神现象学所呈现出来的，就是一般意义上的科学或知识的这个转变过程。"④ 在这部《精神现象学》中，科学因此一方面呈现出这个具体的和必然的教化运动，另一方面也呈现出在各种形态下已经沉淀为精神的环节和财富的东西。作为精神的环节和财富，自然意识从表象到知性，再到思想，最终转变为概念，这既是一个否定的过程，也是一个

---

① 黑格尔. 黑格尔著作集：第3卷 [M]. 先刚，译. 北京：人民出版社，2015：11.
② 黑格尔. 黑格尔著作集：第3卷 [M]. 先刚，译. 北京：人民出版社，2015：11.
③ 黑格尔. 黑格尔著作集：第3卷 [M]. 先刚，译. 北京：人民出版社，2015：16.
④ 黑格尔. 黑格尔著作集：第3卷 [M]. 先刚，译. 北京：人民出版社，2015：18.

扬弃的过程。通过概念的运动，这条教化道路将按照一种必然性把意识的完整世界包揽进来。由此可见，作为辩证运动，它的要素是纯粹的概念，而辩证运动的内容本身就是一个不折不扣的主体自身展开的过程，对主体而言，自身的展开和实现是一种辩证运动，具体而言，主体之为主体，乃是因为主体具有一种返回自身的自返能力，因而它可以自己生产自己，自己认识自己，自己实现自己。

然后，黑格尔的精神现象学作为意识经验的科学，是逻辑学或思辨哲学。黑格尔通过概念的自身运动建构出一个科学体系，在这个体系中不但完成了亚里士多德关于哲学与数学的区分，而且将西方哲学从表象思惟、推理思惟提升到了概念思惟的高度，成为柏拉图的第一继承人。黑格尔说："哲学并不考察任何无关本质的规定，而是考察事关本质的规定。哲学的要素和内容不是一种抽象的或非现实的东西，而是现实事物，是那个自己设定自己并且在自身内生活着的东西，是一种立足于概念的实存。"① 埃申迈耶尔认为憧憬和亢奋是认识活动的最高阶段，完满的哲学必然会过渡到"非哲学"，亦即过渡到信仰。谢林在《哲学与宗教》（1804）中对此观点进行了批判。在黑格尔这里，他通过概念的必然性来捍卫哲学的科学性，彻底清除憧憬和亢奋之类毫无章法的东西以及先知式的随意言谈，这些东西不仅蔑视概念的科学性，而且蔑视一般意义上的科学性。科学只能通过概念之固有的生命而形成一个有机体。黑格尔创建性地提出实体就是主体，全部内容都是主体的一个固有的自身反映，由此而来，实存的本质就被解释为一个思想，从这里出发，我们才能从概念上认识到"存在即思惟"。存在与思惟的同一性问题是德国观念论的主要论题，但只有在黑格尔这里，存在与思惟的同一才在概念的基础上真正实现。在黑格尔看来，实存作为一种质的规定性，是一种自身一致的规定性和特定的单纯性，一个特定的思想，即实存的知性。阿那克萨戈拉最先认识到努斯是以本质为对象的，后来柏拉图将实存的本性理解为理念，理解为一种特定的普遍性。黑格尔说："一切存在者的本性都在于，从存在转变为概念，这是一般意义上的逻辑必然性的关键之所在。"② 唯有逻辑必然性才是合乎理性的东西，而合乎理性的东西才能够具有现实性。所以，科学研究的关键在于承担起概念的劳作，一方面，黑格尔所确立的概念思惟超越了康德的表象性思惟，同时也纠正了那种完全脱离现实只在思想里来回折腾的推理式思惟；另一方面，自柏拉图建立了两个世界的理论，区

---

① 黑格尔. 黑格尔著作集：第3卷 [M]. 先刚，译. 北京：人民出版社，2015：29.
② 黑格尔. 黑格尔著作集：第3卷 [M]. 先刚，译. 北京：人民出版社，2015：36.

分了超感性世界即理念世界和感性世界即意见世界之后，理念世界一直只是承担着真知识的源头和标准空悬在天空之上，只有到了黑格尔建立起概念辩证法，才第一次将理念世界安置在大地之上。在这个意义上，我们说黑格尔是柏拉图的第一继承人，也是柏拉图主义的完成者。

最后，黑格尔在《精神现象学》中描述了意识经历的一系列形态，直到意识本身的教养达到了科学的立场。意识按照一定的逻辑顺序在通向绝对认识的途中，亦即意识教养过程中，逐步意识到，它首先与它的对象之间存在着某种关系，且它与它的对象存在着一种区分，这种关系和区分只能通过抽象的、无规定的在场"这个""这里"和"这时"来指示。然后，它觉察到意识的"内容"并不仅仅只是纯然直接性的"这个""这里""这时"，而是一个具有多种属性的物，从而进入下一个意识形态；而在下一个意识形态中它又发现，它的对象也不仅仅是带有属性的具体之物，事实上是一个由各种力和规律所支配的事物领域。但是在这一个新的意识形态里它又认识到，意识的对象也不仅仅只是力和规律，意识觉醒进入了自我意识的阶段。意识并没有满足和止步于自我意识，而是进入理性领域。在理性领域中，意识觉察到理性的现实性问题，它的对象于是转进到由自我意识本身的活动所生产文化的世界、启蒙的世界以及道德的世界。意识最终觉察到此岸世界与彼岸世界的差异，意识的对象也是"绝对的存在"。"绝对的存在"表明自我就是精神，自我的自觉在这一阶段最终得到完满实现，思想与存在也实现了统一。这个"自觉"的过程就是黑格尔声称的意识教养过程。在这个自我意识自觉过程亦即教养过程中，每一种意识形态实际上都看到了绝对认识（真）的一个根本性的维度，就此而言，每一种意识形态的洞见都被保留和整合进了其后的意识形态中。当然，从一种意识形态向另一种意识形态的推进，此前的意识的对象并没有得到保存，而是被抛弃了。抛弃了旧意识形态的对象，保留了截至目前已经认识到的所有东西，这种既抛弃又保留且整合的过程被黑格尔称为"扬弃"。

从感性确定性出发一直到绝对认识，诸意识形态的转换基本上重复了上述模式，意识对象在意识的经验中一再被证明还具有一种崭新的形式。不过，当前的意识形态并没有立即意识到在它的经验中得到揭示的对象看作对象的一种崭新的形式，它只是意识到它的经验揭示出的是它自己的对象的复杂性。迄今为止，对象本身的新形式只是蕴含在当前的意识之中，只有在其后的意识形态中才被明确地接受为自己的形式。也就是说，其后的意识形态接受了此前的意识形态所揭示出来的崭新的对象，并把这个新构想的对象理解为它自己特定经验的对象。从这个意义上说，《精神现象学》所揭示的诸意识形态之间的关系不是历史的，而是逻辑的，将《精神现象学》看作一部人类思想的辩证发展史是错误的。《精神现象学》建构了一条概念之路，意识按照正-反-合把一系列逻辑上相关联的意识形态一个层级一个层级地勾连起来，从不完善地觉察到的东西的真逐渐地通向具有越来越丰富性之理解的真，最终通向绝对认识。

揭示黑格尔的现象学与胡塞尔的现象学之间的隐秘关联，是一件出力不讨好的工作，容易引起反感和征讨。海德格尔在弗莱堡1930/31年冬季学期的讲座《黑格尔的精神现象学》中曾两次明确界定了黑格尔《精神现象学》的本质与胡塞尔的现象学没有关联。但由于黑格尔的精神现象学探讨的是精神真正和完全的出场，在它自己面前的出场，出场作为现象性的存在（Phänomensein）、显现（Erscheinen），又总是勾连着海德格尔对当今现象学的解释。从这一视角出发，在黑格尔的精神现象学那里，显现（Erscheinen）和现象（Erscheinung）总是首先或唯一地与已经在其"经验"概念中显露出来的含义相关。另外，胡塞尔的现象学始终坚持先验观念论的立场，这已是学界的共识，"现象学就是先验观念论"。那么，从这些观点和立场出发，我们很容易推论德国观念论与胡塞尔的先验现象学无论从他们共同的源头——康德先验观念论，还是从他们共同的论题——对意识活动、自我意识的先验分析——而言，它们必定存在着一系列的关联。接下来，我们依托黑格尔《精神现象学》导论部分的相关内容，整理几个关节点，作为这个问题的引子。

（1）黑格尔的现象学要求："既然我们的对象是一种正在呈现着的知识，那么我们首先接受的就是它的那些直接呈现出来的规定，这些规定以怎样的方式呈现出来，我们就以怎样的方式去领会。"① 现象学的口号即"回到事情本身"。

（2）"意识一方面是对象意识，另一方面是自我意识；意识一方面以真相为对象，另一方面以它的这种知识为对象。"②

（3）"对意识而言，产生出来的东西仅仅是对象，而对我们而言，它们不仅是对象，同时也是一种运动和转变过程。通过这种必然性，这条走向科学的道路本身就已经是科学。就它的内容而言，这是一种以意识的经验为对象的科学。"③

（4）在黑格尔绝对精神的世界里，实体即是主体，思惟与存在是同一的，同样在胡塞尔纯粹意识的世界里，主体与客体的分离也被消解了，实现了统一。

---

① 黑格尔. 黑格尔著作集：第3卷［M］. 先刚，译. 北京：人民出版社，2015：53.
② 黑格尔. 黑格尔著作集：第3卷［M］. 先刚，译. 北京：人民出版社，2015：55.
③ 黑格尔. 黑格尔著作集：第3卷［M］. 先刚，译. 北京：人民出版社，2015：57.

二者之间具有共通性。

（5）黑格尔的"精神现象学"是关于"意识经验的科学"，坚持真理之整体性和客观性的立场；而胡塞尔现象学所面对的"事情本身"本质上也是意识经验的"给予"，"给予"的对象即现象，必须坚持纯粹客观的立场，只注重分析现象的本质。因此，这里的 Sache 是事情，意识之事，不是 Ding 事物，更不是物自身。

因此，张世英先生将现象学的口号"回到事情本身"的源头追溯到黑格尔《精神现象学》是有道理的。他说："这个口号实质上最早是黑格尔在《现象学》的序言中提出的。"① 而且，他认为："这个口号的内涵，即使在现当代现象学这里，其实质也只有从黑格尔《精神现象学》关于'实体本质上即是主体'的命题和思想中得到真切的理解和说明。"② 贺麟先生在黑格尔《精神现象学》译者导言中曾简短地评价了胡塞尔的现象学，不过其观点已不被学界采信。而近来，也有学者从问题细节入手分析黑格尔与胡塞尔的关联，比如，陈志伟的文章《"此处这个！"与"这一个"——胡塞尔现象学开端溯源》从亚里士多德对"这个"概念的阐述，经黑格尔《精神现象学》中的"这一个"，再到胡塞尔的"此处这个！"，梳理西方哲学中殊相与共相的关系，借此考察胡塞尔现象学本质直观方法的根源和实质内涵。

一个值得注意的有趣现象是，黑格尔与20世纪现象学运动的关系，首先进入我们视野的是当代法国现象学运动。黑格尔、胡塞尔、海德格尔三位德国哲学家（被统称为3H），与另外三位德国怀疑大师马克思、弗洛伊德、尼采（被简称为3M）一起引导法国的当代现象学运动。在这场著名的现象学运动中，科杰夫和伊波利特（《精神现象学》法文版译者）对黑格尔的讲授和重新解释影响巨大，不仅直接推动了法国人对马克思的研究，而且也激起了对胡塞尔现象学的学习热情。梅洛·庞蒂评价黑格尔时说："黑格尔是近一个世纪以来哲学上的一切伟大成果的根源，例如马克思主义、尼采、现象学、德国存在主义和精神分析学的成果，都是这样。黑格尔开创了对于非理性主义的探索尝试，并将非理性纳入更广泛的理性范畴之中，从而使对于这种更广泛的理性的探讨，变成本世纪的重要任务。"③

---

① 张世英. 现象学口号"面向事情本身"的源头——黑格尔的《精神现象学》——胡塞尔与黑格尔的一点对照［J］. 江海学刊，2007，2：13.
② 张世英. 现象学口号"面向事情本身"的源头——黑格尔的《精神现象学》——胡塞尔与黑格尔的一点对照［J］. 江海学刊，2007，2：13.
③ 高宣扬. 当代法国思想五十年：上册［M］. 北京：中国人民大学出版社，2106：8.

海德格尔指出:"黑格尔使用'现象学'这个术语仅仅表达精神的或意识的现象学,更确切地说,之所以不是表示关于精神的现象学,是因为精神或意识本就是现象学独一无二的主题——胡塞尔以那种方式所谈论的'先验的意识现象学',是通过意识纯粹的自我建构,并由此在关于对象的意识之整体性建构活动中考察意识。"[1] 在黑格尔的精神现象学概念中,精神不是某种现象学的客体,精神现象学意味着精神的真正或完全的出场。因此,黑格尔精神现象学作为意识经验的科学,与舍勒和胡塞尔所主导的现象学有明显的差别,在胡塞尔那里,现象学直观与经验的证实是紧密联系在一起的,本质上现象学就是被正确领会了的纯粹经验主义和实证主义。所以,海德格尔评价说:"由此出发或一般性地把当今的现象学和黑格尔的现象学扯到一起,似乎在黑格尔这里就是在进行某种关于意识-经验活动的分析,就像尼古拉·哈特曼(Nicolai Hartmann)想要做的那样,这样做完全是不恰当的。"[2] 在摒弃"现象学"这个名称下的关联之后,海德格尔并没有否认黑格尔与胡塞尔本质上的关联,他说:"胡塞尔与黑格尔如出一辙,都按同一传统而来,这个事情就是意识的主体性。""从黑格尔和胡塞尔的观点来看,哲学之事情就是主体性。"[3] 只是这种评价显然是将胡塞尔与黑格尔一起纳入形而上学作为存在的历史视野之中,将他们一起看作主体性形而上学的代表罢了。

第三节 黑格尔的"存在"概念

黑格尔通过《精神现象学》已经抵达了绝对者或绝对精神,获得了"科学"的概念,因此他与费希特那种持主观观念论立场的哲学家已经不在一条观念论路线上。主观观念论者相信世界是由人的意识产生或"设定"的,而黑格尔则认为世界是由绝对的、存在论意义上的理性或"理念"内在地构造的,这种理性在我们意识之中最终成为自觉的理性,在这个意义上它也构成了我们自己的合理性。黑格尔说:"在《精神现象学》里,我已经呈现出了意识的这样一个运动,即从它与对象的最初的直接对立出发,一直推进到绝对知识。这条道

---

[1] 海德格尔. 黑格尔的精神现象学 [M]. 赵卫国, 译. 南京: 南京大学出版社, 2018: 30-31.
[2] 海德格尔. 黑格尔的精神现象学 [M]. 赵卫国, 译. 南京: 南京大学出版社, 2018: 27.
[3] 海德格尔. 面向思的事情 [M]. 孙周兴, 陈小文, 译. 北京: 商务印书馆, 1996: 65.

路穿越了意识与客体的关系的所有形式,最终得出了'科学'的概念。"① 如果说康德和费希特通过知性艰难地寻求解决意识与对象的同一性问题,最终收获的不过是在想象力的综合中或者"自我=自我"的设定中纯粹意识与经验意识的相对同一,那么黑格尔通过意识的运动,不仅收获了绝对的同一性,摆脱了对立,而且以科学真理的名义,赢得了理性对无限者的把握,赢得了现实性。黑格尔说:"就此而言,纯粹科学以摆脱意识的对立为前提。纯粹科学所包含的思想同样也是自在的事情本身,换言之,纯粹科学所包含着的自在的事情本身同样也是纯粹的思想。"② 从黑格尔所获得的"科学"概念出发,康德的理性没有能力认识无限者的禁令就被废除了。因为对黑格尔来说,"作为科学,真理不但是一个纯粹的、自身展开的意识,而且具有自主体(Selbst)的如下这个形态,即自在且自为的存在者是一个被认识到的概念,但概念本身却是一个自在且自为的存在者"③。这样,康德只有诉诸于感性才能获得的现实性问题,在黑格尔这里,已经不需要如此曲折了,因为某个东西只要在自己的概念之内就具有现实性。精神现象学对概念的演绎已经告诉我们,绝对知识是一切意识形态的真理。

因此,《精神现象学》是《逻辑学》的前提:

1. 精神现象学是意识的科学,是一种呈现,即意识如何最终达到科学的概念(即纯粹知识)。

2. 逻辑学的前提是以一门以显现着的精神为对象的科学,这门科学包含并且揭示出纯粹知识这一立场的必然性(从而证明了这一立场的真理),以及这里面的全部中介过程。

3. 逻辑学是一门纯粹科学,亦即一种全面展开的纯粹知识。按照那个结果的规定,这个理念是一种已经成为真理的确定性,从一个方面来看,这种确定性不再与对象相对立,而是把对象吸纳到自身内,知道对象就是它自己。从另一方面来看,这种确定性不再认为自己是一个与对象相对立、不消灭对象不罢休的东西,而是剥离或外化了这种主观性,并且与它的剥离活动或外化活动形成一个统一体。

3. 1 纯粹知识,作为一种已经融合到这个统一体之内的知识,已经扬弃了它与一个他者以及中介过程的联系。这样一来,这个无区别的东西就不再是一

---

① 黑格尔. 黑格尔著作集:第5卷[M]. 先刚,译. 北京:人民出版社,2019:26.
② 黑格尔. 黑格尔著作集:第5卷[M]. 先刚,译. 北京:人民出版社,2019:27.
③ 黑格尔. 黑格尔著作集:第5卷[M]. 先刚,译. 北京:人民出版社,2019:27.

种知识，当下呈现出来的仅仅是一种单纯的直接性。

3.11 "单纯的直接性"本身是一个反思表示，意味着把中介区分开来。因此，按照其真正的表述，这个单纯的直接性是纯粹存在。……纯粹存在也只能叫作一般意义上的存在；存在，此外无他，没有任何进一步的规定和充实。①

1-3 阐明了《精神现象学》是逻辑学的前提，而《逻辑学》是《精神现象学》的结果。"精神现象学"通过各个意识的形态对立和扬弃的环节，自我发展、自我实现为纯粹知识，即达到科学，"逻辑学"以"精神现象学"完成的最终成果为内容，是纯粹科学，它扬弃了"精神现象学"中所呈现出来的对立和否定的性质，完满实现了真理的确定性。3.1-3.11 则递进式地阐明了逻辑学作为科学其开端是纯粹存在。因此，黑格尔的这组论证，不仅阐明了《精神现象学》与《逻辑学》的关系，而且也规定了"科学"以"纯粹存在"作为开端。他说，表象、自我、绝对者或神都不能作为科学的开端，只有纯粹存在"这个单纯的东西，这个不具有任何进一步规定的东西，这个空洞的东西，乃是哲学的绝对开端"②。

《逻辑学》所阐明的科学的运动也是一个圆圈，其开端是代表着直接性和无规性的空洞的存在，其终点再次抵达了直接性——理念构成了这一直接性，理念是自我规定着的理性，它单独地就是真实地存在的东西，由此而来，它在自身之外没有任何东西，它是纯粹的、简单的"自身关联"（einfache Beziehung auf sich）。就它是纯粹地自相关而言，它总是并只是它自身，总是并只是它所是的东西。因而，理念不仅仅是规定着自身并以某种方式发展着的存在，它也是直接地就是自身的存在，单纯地是其所是的存在。因此，黑格尔说，理念必然地通过它自身内在的逻辑"使自身凝聚为一个直接的存在"③。不过，需要指出的是，《逻辑学》起点处的直接性与结尾处的直接性是不一样的，在起始处，存在是纯然抽象的、无规定的，而在结尾处，存在是"已充实的存在……，作为一个具体的、同样又绝对有内涵的总体性的存在"④。纯粹的、无规定的存在被逻辑地证明为理性，而理性自身继而又被证明为直接的存在与实存，这种直接的存在就是自然。"当理念把自己设定为纯粹概念及其实在性的绝对统一体，随

---

① 黑格尔. 黑格尔著作集：第 5 卷 [M]. 先刚，译. 北京：人民出版社，2019：46-47.
② 黑格尔. 黑格尔著作集：第 5 卷 [M]. 先刚，译. 北京：人民出版社，2019：56.
③ 黑格尔. 黑格尔著作集：第 6 卷 [M]. 先刚，译. 北京：人民出版社，2021：457.
④ 黑格尔. 黑格尔著作集：第 6 卷 [M]. 先刚，译. 北京：人民出版社，2021：457.

之使自己凝聚为一个直接的存在，它就是这个形式下的总体性——自然界。"①也就是说，"自为地存在着的理念，从它的这种自相统一来看，就是直观；直观着的理念是自然。……我们过去作为开端的东西是存在，是抽象的存在，我们现在则达到了作为存在的理念，但这种存在着的理念就是自然"②。这样，我们就获得了理解黑格尔哲学"存在"概念的三个向度：（1）纯存在；（2）有理性的；（3）自然。

在具体讨论黑格尔哲学的"存在"概念之前，我们首先需要指明，黑格尔的《逻辑学》有两个思想来源：一是康德的先验哲学，黑格尔打算用他的逻辑学来超越康德所创立的先验哲学，具体而言，黑格尔打算把康德在《纯粹理性批判》中对知性概念、先天范畴的分析发展为逻辑科学的体系。黑格尔接受了康德的统觉的同一理论和观念论，但不同意康德直观与概念的二元区分，认为这种区分是反思的结果，并将其改造为逻辑学上的特殊与普遍，他诉诸谢林通过智性直观而把握的主体与客体的绝对的无差别、同一，提出他自己的思辨方法，思辨的原则是主体与客体的同一。谢林的智性直观即创造性直观，亦是本质直观或概念直观，其与黑格尔的思辨方法本就没有距离。二是希腊哲学，黑格尔把希腊哲学看作研究逻各斯的哲学，黑格尔打算用他的理念论来丰富完善希腊哲学的最高成果——理念世界。而对其"存在"概念的理解也应从希腊的逻各斯入手，这样才能更有效地进入他的理念世界。而且，《逻辑学》的起点预设了存在与存在者之间的区分，在《逻辑学》中，黑格尔回答了科学的起点在哪里，我们从纯存在开始，而不是从这个或那个存在物开始。实际上存在与存在者之间的区分早在古希腊（亚里士多德）时期就已出现，后来经海德格尔正式确认为"存在论差异"而出名。因此，黑格尔的《逻辑学》并不像一些哲学家所批评的那样，它是一种空洞的单纯的反思哲学，是由哲学家来推动的；我们应该将其看作，精神自己把自己把握为最初的直接的开端，自己扬弃自己、自由的外放自己，自己完成自身，进入绝对精神之中。

（1）纯存在

谢林曾批评黑格尔，指出他的《逻辑学》仅仅是思惟的辩证游戏，展示的是概念（思惟内容）的逻辑结构，并没有成功地揭示思想的运动如何产生并进行下去的问题。他说，黑格尔并不想用"主体"来建立他的开端，而是想从一种无主体的存在开始，但黑格尔想从这个存在前进的时候，却陷入重重困难之

---

① 黑格尔. 黑格尔著作集：第6卷 [M]. 先刚, 译. 北京：人民出版社, 2021：457.
② 黑格尔. 逻辑学 [M]. 梁志学, 译. 北京：人民出版社, 2002：379.

中。接下来我们并不准备跟着谢林一起批评黑格尔，而是通过谢林的指引尝试着揭示出黑格尔逻辑学中的思想运动并不像谢林所说的那样，没有进行下去，而是成功地向前走了一段。首先，黑格尔的逻辑学并不是纯形式的，他在继承康德先验分析论基础上发展出来的逻辑观念，并没有把思惟形式作为重点内容，而是把思想本身、概念本身作为主题。因此，黑格尔逻辑学中的思想运动，就是概念本身的运动，其运动的开端是纯存在。黑格尔之所以选择纯存在作为哲学的开端，是因为只有纯存在才符合黑格尔对哲学的规定：哲学"则必须把思惟作为思惟的对象。不过，正是思惟的自由活动把思惟摆在这样一个立场上，在这个立场上思惟是独立自为的，因而自己创造和提供自己的对象。其次，这个如此显得直接的立场还必须在哲学科学之内使自己成为结果，即成为这门科学的最终结果，在这个结果里哲学科学又达到其开端，回归自身"①。显然，能够满足这个条件的只有"存在"。所以黑格尔也把逻辑学规定为"研究纯粹理念，即研究以抽象思惟要素存在的理念的科学"②。

"纯存在"这个概念并不是独立于思想之外的存在，它最核心的含义是指思想上的规定，是我们言语中的判词"是"，更准确地说是我们关于事物思想的最直接和普遍的规定，因其最直接、最普遍，所以本质上是无规定的规定。我们言语中的纯存在是无规定的直接性，它只是存在，除此之外，再也没有任何规定了，它只与自身相等同。对这个逻辑学的起点的描述，只能说，它作为最初的概念是某种原始的东西，代表着自我确定性，"纯存在"这个概念是最贫乏、最空洞、最一般的概念，没有比它更原始的东西了。作为最一般的元概念，它是其他次生概念的前提条件。"这种纯粹的存在现在是纯粹的抽象，因而是绝对否定的东西，而这种绝对否定的东西同样直接地来看，就是无。"③ 黑格尔明确地指出，纯存在是虚空的直观或虚空的思惟本身，准确地说，就是无。虚空并不意味着不存在某种东西，而是意味着存在着某种东西，这种东西不包含实际存在的东西，这是一些同可能存在的东西不同的东西，因此纯存在与无不能理解为那种思惟之外就已经存在的存在物，而是应理解为纯粹的思想，在这种思想中，除了纯存在与无本身，就没有任何东西可以想象，一言以蔽之，纯存在与无仅仅出现在思想的运动中。"只要我们单纯意识到开端的本性所带有的含义，对于科学以抽象的、空洞的存在为开端所能提出的一切怀疑和责备就都会

---

① 黑格尔. 逻辑学 [M]. 梁志学, 译. 北京：人民出版社，2002：50.
② 黑格尔. 逻辑学 [M]. 梁志学, 译. 北京：人民出版社，2002：55.
③ 黑格尔. 逻辑学 [M]. 梁志学, 译. 北京：人民出版社，2002：170.

烟消云散。存在可以被规定为自我＝自我，被规定绝对的无差别性或同一性等。"① 在这里，我们也可以看出，黑格尔逻辑学的开端——纯存在，与费希特第一原理的逻辑形式以及谢林的绝对无差别性并没有什么不同。

纯存在作为《逻辑学》的开端，与感性确定性作为《精神现象学》的开端是一致的，黑格尔哲学的开端既强调了直接性，又强调了中介性，他通过感性确定性和纯存在告诉我们，思想对自身的思想只能是自身中介的。对《精神现象学》作为《逻辑学》的前提而言，精神是它对它自身的经验。逻辑学作为纯粹的认识理论，当我们认识到它是的时候，最终不得不承认它不是。纯存在这个概念在无规定性的意义上不能与"纯无"加以区别，纯存在这样一个概念在逻辑上就等于"纯无"概念，因为只有通过某种规定，它才能与别的东西区别开来。因此，若非要说二者的区别，那也只是指谓上的区别，或完全抽象的区别，这种区别同时又是无区别。黑格尔为此谨慎地宣称这两个概念已相互过渡了，这种从一者转化为另一者的直接相互过渡，就等于"变"的概念："有"过渡为"无"，"无"过渡为"有"。"有"与"无"的真理，就是二者的统一，这种统一就是"变易"。当莱布尼茨诧异于"为什么竟是存在者存在，而无反倒不在？"时，黑格尔则在其《逻辑学》中指出，存在消逝于无之中，而无揭示自身为存在。真理便在于有一种持续不断的来和往，存在与无之间不断地过渡，一种作为变易的运动。黑格尔说："变易是存在和无的结果的真正表达，作为存在和无的统一；变易不仅是存在和无的统一，而且是自身内的不安息，这种统一并不是单纯作为自相联系就没有运动，而是由于变易包含的存在和无的差别，才在自身中自己与自己对立。"② 在这里，"变易"并不是表示这样的通常观念，即某物（一个规定了的存在）过渡为无。黑格尔认为，这样的"无"因而也会是一个规定了的概念，因为它将是对某物的否定。"变易"意味着纯存在与纯无的"转换""不安息"："与存在过渡到无和无过渡到存在这个变易的原理相对立的，是泛神论的物质永恒性的原理，即'从无不能产生任何东西'和'某物只能产生于某物'的原理。"③ 对斯宾诺莎泛神论影响的正本清源，是在黑格尔和谢林手中完成的，黑格尔的贡献就在于提出这种变易思想。变易的概念就具有比纯存在和纯无不可比拟的优点，因为它具备"有"和"无"相统一的含义，这就是说，人们能在变的概念中谈论有无。纯存在这个原始的概念逻辑地

---

① 黑格尔. 逻辑学 [M]. 梁志学，译. 北京：人民出版社，2002：167.
② 黑格尔. 逻辑学 [M]. 梁志学，译. 北京：人民出版社，2002：175.
③ 黑格尔. 逻辑学 [M]. 梁志学，译. 北京：人民出版社，2002：175.

过渡到纯无的概念,然而,由于纯存在与纯无并不是相等同的概念,于是,变易的概念由此产生出来。如果没有这个概念,人们就必须保持"有与无相同"这种在形式逻辑上不能容忍的矛盾,变易概念就这样作为纯存在与纯无概念的统一而产生出来,正是变易概念,使得纯存在不再是无规定的,因为有与无区别开来了,它因而成为有规定的存在,即此在(Dasein)。黑格尔在这里确立了《逻辑学》的一个普遍原则,即"纯存在"概念通过把它自身的否定物(无)并入自身而获得了规定性。从"纯有"到"无"的逻辑,也就是《逻辑学》整部著作内在运行着的逻辑结构。《逻辑学》中存在论、本质论、概念论中的所有有待考察的概念,都是按照从"纯存在"到"无"再到"变易"所体现出来的逻辑结构建构起来的,通过这个逻辑结构的运作,每一个概念都从其自己的"无",也就是自身的"否定"中获得其规定性。可见,在黑格尔概念辩证法中,"否定"就成了重新构造范畴概念的工具。概念与它的他物之间的复杂关系就产生了一个新的概念,这个新的概念被论证为是对前一层级两个概念对立的解决,是前两个概念对立统一的产物。黑格尔把这样一种新概念的产生和旧概念的消解的概念运动称为"扬弃"。当然,以扬弃为特征的逻辑运动在《逻辑学》中被黑格尔细化为三种基本类型:第一,在存在论中,适应于"存在"的逻辑运动,一个概念过渡到另一个概念,也就是说,向另一个概念的运动总是得到保持;第二,在本质论中,适应于"本质"的逻辑运动,每一个概念自身都有一定的独立性——走向概念 A 的否定,然后又必须返回到 A,黑格尔把这种情况称为某物向他物的反思;第三,在概念论中,适应于概念化本质的逻辑运动,人们得到的每一个新概念都使第一个概念保有一种连续性。尽管黑格尔细化了三种逻辑类型,但所有这三类逻辑都是以原始的运动——存在的逻辑——为本原。

(2)有理性的

康德区分了概念和直观、本体与现象,这既是他的先验哲学的特征,也是后康德哲学——德国观念论——必须要克服的二元区分。到了黑格尔这里,他完全摒弃了康德关于现象世界与物自身世界之间存在着一条不可逾越的鸿沟这一核心思想。在黑格尔看来,思惟的不可知之地——物自身的王国——这种观念是一个空洞无物的观念,是一个"纯"思想。黑格尔完全有理由排斥康德不可知的物自身,这个理由发端于"存在与思想的统一",存在被规定为合乎理性。在康德那里,理性追寻整体和无条件者,会陷入"先验的幻相",为此,康德限制了理性;黑格尔则认为,"正是理性这种认识无条件东西的能力,看出了经验知识中的有条件的东西"①。无条件的东西或无限的事物，在黑格尔看来，无非就是自相等同的东西，也就是思惟中自我的原始同一性。康德虽然区分了先验和超验，但没有看到理性必然被推向整体，而只是简单地进行了限定。可以说，在康德止步的地方，黑格尔继续前进，不仅看到了这个整体，而且这个整体首先是由行动者所做出的个人判断具有意义来说的整体；它们是一种独特的方式所具有的推论式结构，在这种结构中精神在一个具体的历史时期中自为建构，"这些整体之整体"乃是人类历史本身。黑格尔的《逻辑学》就是精神和思想本身的推论性结构的自我系统展现。《逻辑学》表明，存在就是一切，存在是我们"类似精神的"代理人的理性，一切对于存在作为理性来说能够存在的东西；我们本身之外不存在超自然的我们借以估量我们自己合理性的合理性。也就是说，当我们说"存在"的时候，在可理解的意义上，"存在"的意义只能是以概念为条件的现实性。在《精神现象学》中黑格尔说："就此而言，实存在本质上是一个思想。只有在这里，我们才从概念上认识到，存在即思惟。"②在《逻辑学》中黑格尔又把现实规定为存在的真理。"现实性是本质和实存的统一体，在其中，无形态的本质和无支撑的现象，或者说无规定的持存和无持存的杂多性，具有它们的真理。"③

在《法哲学原理》序言中有两句话："凡是有理性的，都是现实的；凡是现实的，都是有理性的。"④ 这句名言既是黑格尔观念论一以贯之的核心立场和主张，也是黑格尔对存在的基本规定。笔者认为，这句话进一步证明了黑格尔的希腊性，他从巴门尼德的"存在与思想同一"出发，用合乎理性的是现实的、现实的是合乎理性的进一步从逻辑学上阐明了巴门尼德的真理之路和意见之路。巴门尼德说"存在是存在的，它不可能不存在"，这是通向真理的道路。"存在是不存在的，非存在必然存在"，这是一条不可思议的道路。结合其他残篇中的论述，诸如："非存在存在，而存在却不存在，这条道路是什么也学不到的，因为你既不能认识（gnome）非存在，也不能将它说出来"（残篇二）；"能够被表述（legein）、被思想（noein）的必定是存在"（残篇六）；"我不允许你说，也不允许你思想（noein）存在来自非存在，因为非存在是既不能被表述的，也不能被思想的（noeton）"（残篇八）；"思想（noein）只能是关于存在的思想（noema）。因为你找不到一个没有它所表述的存在的思想（tou noein）"。我们

---

① 黑格尔. 逻辑学 [M]. 梁志学，译. 北京：人民出版社，2002：109-110.
② 黑格尔. 黑格尔著作集：第3卷 [M]. 先刚，译. 北京：人民出版社，2015：35.
③ 黑格尔. 黑格尔著作集：第6卷 [M]. 先刚，译. 北京：人民出版社，2021：148.
④ 黑格尔. 黑格尔著作集：第7卷 [M]. 邓安庆，译. 北京：人民出版社，2016：12.

可以从黑格尔逻辑学的立场出发,将"存在与思想的同一"这个古老的希腊命题清晰地表达为,只有存在可以被思想和表述,我们思想和表述的也只有存在。因此,黑格尔的"凡是有理性的东西都是现实的;凡是现实的都是有理性的"也可以按照巴门尼德的"存在与思想同一"的原则清晰地表达为:只有被理性所把握和表述的才是现实的,而现实的也就意味着可以用理性把握和可以表述的。在《精神现象学》最后一章,黑格尔预告自己的《逻辑学》说,"逻辑学"不仅代表思想对它自身的表达,而且,就它是这样一种表达而言,它也全面规定任何可能的现实性。

尽管《法哲学原理》中的现实性概念已经超出了逻辑学本质论中的规定,因为在后者中现实性为概念提供基础,而在前者中它是被预设的,但黑格尔一以贯之所主张的绝对知识的核心就是"作为理性,意识确信自己是全部的实在性,观念论通过这种方式表达理性的概念"①。在他这里,自身意识和存在是同一个东西,自身意识成为理性,它确信自己是实在性,它的思惟本身就是一种现实性。实际上,黑格尔"本质论"最后部分关于"现实性"的讨论可以看作黑格尔关于现实性的形而上学演绎,同时它也是黑格尔关于"概念"的形而上学演绎的开端。在"本质论"与"概念论"之间安排对现实性的讨论暗示着黑格尔的立场:如果人们没有理解本质如何以及为什么会在概念中发现它的真理的话,是不可能理解某物被称为现实的这句话是什么意思的。纵观黑格尔的形而上学,现实性概念有三个层次:"形式的现实性";"真的现实性";"绝对的必然性"。

"本质论"的第三部分——现实——是反思运动的多重统一,它作为现象再也不需要与作为自在存在的世界的本质相对立,因为它完全被本质的运动所规定。"现实是本质和实存或内部和外部所直接形成的统一。现实事物的表现就是现实事物本身,所以现实事物在表现中同样还是本质的东西,而且只有在具有直接的、外部的实存时,才是本质的东西。"② 在黑格尔这里,现实事物是体现本质和实存统一的被设定起来的存在。黑格尔把亚里士多德当作他的前辈,从其潜能与现实的区分中寻求支持,他解释说,柏拉图与亚里士多德之间的区别在一般人看来在于前者只承认理念是真理,后者则坚决拒绝理念,而坚持现实的东西。实际上这种看法是肤浅的,虽然现实毫无疑问是亚里士多德哲学的核心概念,但亚里士多德的"现实"不是现成在手意义上的现实性,而是理念之

---

① 黑格尔. 黑格尔著作集:第3卷 [M]. 先刚,译. 北京:人民出版社,2015:148.
② 黑格尔. 逻辑学 [M]. 梁志学,译. 北京:人民出版社,2002:263-64.

现实性。因此，亚里士多德之所以批评他的老师柏拉图，不是因为他老师的理念，而是批评他老师只是把理念看作单纯的潜能，没有视为现实，而亚里士多德则主张真理的理念是现实。黑格尔指出："确切地说，亚里士多德对柏拉图的批评在于他认为柏拉图的理念是单纯的潜能，而主张他们两人共同承认为唯一真理的理念实质上应该看作现实。"① 就现实是理念或形式的实现而言，亚里士多德的现实和黑格尔的现实一脉相承。当然，在亚里士多德的现实和黑格尔的现实之间，还有很长的一段距离，需要我们清晰地看到：对亚里士多德而言，完满实现（Entelechila）是感觉对象中的形式的完满实现，而黑格尔则将思惟的普遍形式是对一个直接给予的对象的规定，称为幻相，也就是说，幻相是从直接给予的对象中抽象出规定它的普遍形式。这就意味着在黑格尔看来，亚里士多德依然停留在幻相中，对黑格尔而言，现实不是在存在论层面上被给予的某物，而是反思的终极运动。

　　就像黑格尔尖锐批评康德现象与本体的区分立场一样，黑格尔也尖锐地批评了康德关于"现实的"规定。在"一般经验性思惟的公设"中，康德说："凡是与经验的质料条件（感觉）相关联的，就是现实的。"② 康德将现实性基础建立在感觉经验上，尤其是在解决未被感知的实体或事件的命题陈述，貌似采取了贝克莱的知觉策略，他主张在经验之外根本没有实存，而对未被知觉到的东西而言，"这仅仅意味着：我们在经验的可能进展中有可能遇到它们。因为凡是按照经验性进展的规律与一个知觉相联结的东西都是现实的"③。在康德这里，"经验进展的规律"亦即"经验的统一的法则"。在黑格尔看来，虽然康德的主观观念论立场决定了他只能从主观认识方式出发来构建现象和现实的，但康德的错误不是现象，而是在现象之外还设置了一个抽象的本质，即所谓的"本体"，"本体"世界就成为我们的认识所不能达到的世界。黑格尔认为康德现象与本体的区分是不必要的，他主张现象与本质的统一，我们认识了现象也就是等于认识了本质，本质不是躲藏在现象背后需要我们探究和寻找的东西。在黑格尔概念辩证法中，本质的运动将多样性的现象带向概念，发展为一个总体，是形式与内容的统一，但这里的统一并不是康德所设定的先验统觉的"我思"，而是"概念"。在康德那里，先验统觉的统一性依然不是自在自为的，它

---

① 黑格尔. 逻辑学 [M]. 梁志学，译. 北京：人民出版社，2002：265.
② 康德. 康德著作全集：第3卷 [M]. 李秋零，译. 北京：中国人民大学出版社，2004：180.
③ 康德. 康德著作全集：第3卷 [M]. 李秋零，译. 北京：中国人民大学出版社，2004：330.

还勾连着它的对象的规定性,即感性直观的先天形式中所获得的感性材料,也就是说,通过知性而来的对象的综合仍然是有条件的和不完满的。而在黑格尔这里,"概念是作为独立存在着的、实体性的力量的自由东西,并且是总体,在这个总体中每一个环节都是一个构成概念的整体。而且被设定为与概念没有分离开的统一体。所以,概念在其自相同一里是自在自为地得到规定的东西"①。

最后,有理性的作为现实的,还涉及必然性问题,黑格尔为此进一步批评了斯宾诺莎。对他来说,真正的必然性是多重条件的互动反思以及物的统一性,就这种反思而言,它预设了诸条件,甚至物自身在诸条件中也被思想。绝对必然性因此是绝对形式的反思。黑格尔将绝对的必然性看作反思活动的样式规定,重建了斯宾诺莎哲学中实体与其样式的关系。黑格尔坚持绝对必然性是从真正必然性中突破而来的观点,也就是从真正现实性和真正可能性的关系中突破而来的观点。在斯宾诺莎那里,这是一种从第二种知识向第三种知识的转换,也就是从诸样式的话语性知识向无限实体直观性知识的转换。而黑格尔认为,它是从"外在的反思"向"规定性的反思"的转换,是从"相对的必然性"向"绝对的必然性"的转换。黑格尔说:"必然性作为本质是被遮蔽在这种存在中的;这些现实性之间的联系因此呈现出一种空洞的外在性;一个处于他者中的现实性只能是可能性,偶然性。"② 不过,一旦这种向思惟的更高样式的转换成功实现,绝对的必然性就呈现为它所是的样子:"自由现实性"的真实本质。黑格尔说:"但是这种偶然性更确切地说就是绝对的必然性;它是那些自由的本质,内在必然的现实性。……它们的本质……将从它们内部突破,并揭示出它所是和它们所是。"③ 皮平提醒我们要记住三点:第一,黑格尔的论证旨在提出一种"实存事物"的理论,黑格尔最后所称的法则或原则才是实存事物的根据;第二,一个有根据的存在,是一个现象,是它的根据的一个也许并不充分的"现实的"显现;第三,充分掌握本质和现象、掌握根据就如有条件的或有界限的对象一样是条件和有根据的,这种掌握便是"现实"之所是。④

黑格尔有时候"把绝对叫作精神",有时候"把绝对叫作主体",目的就是

---

① 黑格尔. 逻辑学 [M]. 梁志学,译. 北京:人民出版社,2002:293.
② HEGEL G W F. The Letters [M]. trans. C. Butler and C. Seiler. Bloomington:Indiana University Press,1984:552.
③ HEGEL G W F. The Letters [M]. trans. C. Butler and C. Seiler. Bloomington:Indiana University Press,1984:553.
④ 罗伯特·皮平. 黑格尔的观念论——自意识的满足 [M]. 陈虎平,译. 北京:华夏出版社,2006:317-18.

强调绝对作为有差别的同一，它作为实体并不是康德意义上的超验之物——物自身，相反，绝对作为实体、精神、主体是现实的，也是运动的，是自我认识和自我展开的活动过程。在《精神现象学》中黑格尔开篇就指出："惟有精神性的东西才是现实的。它是一个本质（das Wesen）或一个自在存在者，——它置身于各种情况里面，自己规定着自己，既是他者存在，也是一个自为存在——是一个在规定性或外在存在中仍然停留于自身内的东西。"①

（3）自然

黑格尔在《逻辑学》结束时说："自为地存在着的理念，从它的这种自相统一来看，就是直观；直观着的理念是自然。""我们过去作为开端的东西是存在，是抽象的存在，我们现在则达到了作为存在的理念，但这种存在着的理念就是自然。"② 因此，我们在这里通过讨论"自然"概念，不是为了专门讨论黑格尔的自然哲学，而是要讨论黑格尔的存在概念，也就是要讨论自然的有理性。但我们依然要从黑格尔的《自然哲学》入手，黑格尔说："自然是精神对它自身的疏离。精神只让它自身前行，一个不受自身拘束和没有意识的酒神。在自然中，概念的统一隐藏着……疏离于观念，自然只是知性的肉体。自然是观念，但只是隐含着的。这就是为什么谢林称其为一个石化的理智，或者一个冰冻的理智。不过，神并不是一直保持石化和死亡状态，石头们哭喊着要它们自身走向精神。"③ 这样，我们就获得了三个自然概念：①经验科学和日常生活中的自然，指尚没有被人加工过的原始状态；②精神没有觉醒的初始状态，但它与纯存在相区别，是指精神的自然形式，知性的肉体；③一个现实化的、存在着的理念。

自然在黑格尔这里，首先是被理解为思想规定的一个系列，以逐渐增加秩序的方式被实例化或组织为实事，而且他认为，这个系列中的每一个阶段都是前一个阶段的必然结果，尤其是它的有理性的必然结果，因为每一个阶段都解决了前一个阶段中的矛盾，也就是说，每一个阶段都比前一个阶段更有理性。这就说明，黑格尔将所有的自然规定都看作内在地有理性，或者更准确地说，所有自然的产生、存在以及运作，都是按照理性的要求而进行的。这也说明了为什么黑格尔称自然为思想的规定（Denk bestimmungen），并说它们聚集起来共同地构成了观念或概念。这一核心观念——自然诸规定是内在地有理性的——不仅有效勾连了逻辑学和精神科学，而且也夯实了黑格尔绝对精神哲学的基础。

---

① 黑格尔. 黑格尔著作集：第 3 卷［M］. 先刚，译. 北京：人民出版社，2015：16.
② 黑格尔. 逻辑学［M］. 梁志学，译. 北京：人民出版社，2002：379.
③ 黑格尔. 自然哲学［M］. 梁志学，薛华，译. 北京：商务印书馆. 1986：21.

关键是，黑格尔认为他的理论能够比经验科学更好地描述自然的诸形态，因为它将内在的有理性归于那些规定。但这里有个问题是，黑格尔关于自然的这种理性主义的观点好像是一种令人困惑的拟人化，假设了自然的诸形态就像人一样有理性地活动，这种困惑主要是忽略了黑格尔的自然也是精神运动的一个环节。另外，黑格尔关于自然的诸形态通过理性的必然性一个接一个的运动也不是很清晰。为此，我们着重强调黑格尔的三个主张：第一，每一个自然的形态都包含着一种"内在的矛盾"；第二，每一个自然的形态都为前一个自然形态中的矛盾提供了具有理性必然性的解决方案；第三，诸自然形态按照理性的必然性相互取代，亦即所有这些自然形态的相继存在或出现，都是因为它们为前一个自然形态中所固有的矛盾提供具有理性必然性的解决方案。自然必然要走向精神，从自然走向精神，是自然既定目标。当自然实现为精神时，自然也就消灭了自身的直接性和外在性，成为概念性的存在，成为理念，最终，自然在精神中完成了对自身的否定，同时也实现并回复了自身——内在的理念得以外显，成为直观着的理念。

　　黑格尔的自然按照理性自我发展，最终通达理念，存在着的理念就是自然。这是否意味着黑格尔重新复活了传统目的论的观念，即自然诸形态都是有目的的？黑格尔区分了目的论解释的两种形式：外在目的论和内在目的论。外在目的论流行于18世纪，尤其是克里斯提安·沃尔夫，这种目的论解释一个存在者的特征和行为是通过这个存在者服务于或满足于其他一些存在者的目的这样一个事实。比如羊为什么长羊毛这一事实，是通过另外一个事实来解释，即长羊毛这一事实满足于人类穿衣的需要。黑格尔排斥这种外在的目的论解释而倾向于内在的目的论解释，即某物具有它的一些特征和行为是因为这些特征和行为服务于它自己的目的，而它自己的这些目的构建了它的本质特征。按照这种观点，每一个自然的形态都是通过某种内在目的规定的。比如说，种子具有成长为树的目的，这种目的就在它们自发地成长中实现。这种内在目的论显然与亚里士多德有关，不过，黑格尔视自然的诸形态具有内在的有理性最好还是不要看作对亚里士多德目的论的一种直接复活，到是可以看作对它的一种影响深远的重建。对黑格尔来说，自然的诸形态从理性而来活动，并因此实施发展计划，这些计划是自然的诸形态在它们有理性的基础上的某种选择。黑格尔以一种康德的方式重建了亚里士多德，主张自然的诸形态为了自我-转变在它们内在的有理性的基础上建立它们自己的计划。他的自然诸形态的观点因此只有在一种法权的意义上是"目的论的"，即他视那些自然诸形态遵照计划发展，因为它们所选择的行动来自理性原则。虽然黑格尔关于自然的形而上学概念与经验科学的自然概念的对照不能简单地归结为一种目的论和机械论的对照，但这里依然可以清晰地看出，其根本分歧在于自然的诸形态是否具有内在的有理性还是完全纯粹的物。

最后需要强调的是，尽管黑格尔主张自然的诸形态按照理性的要求而行动，但他坚定地否认它们是有意识的，他坚持认为自然诸形态从理性出发行动而没有有意识地怀有任何理性思想，强调了自然的外在性。是思想必须要把握自然，而不是自然自己运动走向思想，在这一点上，黑格尔就与谢林区别开来，他说："自然是作为它在形式中的理念产生出来的。既然理念现在是作为自身的否定东西而存在的，或者说，它对自身是外在的，那么自然就并非仅仅相对于这种理念（和这种理念的主观存在，即精神）才是外在的，相反的，外在性就构成自然的规定，在这种规定中自然才作为自然而存在。"① 黑格尔利用谢林关于自然是"石化的理智"这一观念来阐明自然的有理性是无意识的，"自然仅仅自在的是理念"②。他认为，理智在自然的诸形态中出现只能是以"石化的"形式，这就表明自然诸形态的理智是直接显示在它们的行为中。它们的有理性不具有"内在的"、意向的维度，而是直接地体现在它们的自我-转换中，也就是直接地体现在它们的外在活动中。谢林认为，只有在反思的作用下，才有主体的内在表象和外在的客体之分，如果不考虑反思，我们就不得不将人与自然看作统一的。"自然是可见的精神""精神是不可见的自然"，这种观点是自斯宾诺莎以来，谢林、黑格尔都赞同的基本立场，但黑格尔的自然观是主张自然是从理念中产生出来的，他强调了自然是没有意识的思想体系（整体），是理念的直观，这也就意味着自然离不开理念，离开理念，自然就没有了规定性。他说："自然界自在地是一个活生生的整体。贯穿在自然界的阶段发展过程中的运动，更精确地说，是这样的：理念能把它自己设定为它自在地所是的东西；或者换句话说，它能从自己的直接性和外在性——这种外在性是死亡——回到自身之内，以便首先作为有生命的东西而存在，但进一步说，它也会扬弃它在其中只是生命的这种规定性，并把自己创造成精神的现实存在。精神是自然的真理性和终极目的，是理念的真正现实。"③

---

① 黑格尔. 自然哲学 [M]. 梁志学，薛华，译. 北京：商务印书馆. 1986：19-20.
② 黑格尔. 自然哲学 [M]. 梁志学，薛华，译. 北京：商务印书馆. 1986：19-20.
③ 黑格尔. 自然哲学 [M]. 梁志学，薛华，译. 北京：商务印书馆. 1986：34.

第四节　谢林与黑格尔的争辩

舒尔茨在《德国观念论的终结——谢林晚期哲学研究》中说："一般而论，德国观念论的原则可以说是绝对反思的方法，以思惟进行着的认识在概念中扬弃了一切存在者，并且来到自身、意识到自身，把自身把握为存在的形式和内容。……谢林是那些直接在黑格尔尸骨未寒的时候就对'理性主义的泛逻辑论'发出非难的人们的带头人。"① 这一说辞很是适于谢林对黑格尔的一贯批评姿态。在谢林看来，为了讲清楚客体的来源，阐明自我是纯粹的活动、纯粹自由的活动，目的论不行，反思也不行，本质上只有直观。只有直观才能阐明自我活动不仅是意识到自身的活动，同时也是创造着自己的对象的知识活动。尽管舒尔茨的主张——谢林偏离了观念论理性、概念式的道路，走向一条"神智学式的自然哲学"的道路，代表着德国观念论的终结——还有待于进一步确认其偏离、否定意义，而黑格尔代表着德国观念论的终结则是从其完成、肯定意义上而言。但就谢林的《自由论文》所开启的道路而言，他确实代表着波墨以来的德国泛神论思想道路的最高成就——理性与自由的完满统一，神与世界的完满统一。谢林的客观观念论在这里就与黑格尔的"概念理性主义"的客观观念论区别开来：世界不再是绝对精神实现自身道路上的一个外化环节，而是一种实在的自身发展、一种活生生的所有发生的事件的整体。

在谢林看来，黑格尔要求"哲学应当退回到纯粹思惟之内""哲学的唯一的直接的对象是纯粹概念"②，因此在黑格尔那里，神就是"神"概念本身。谢林分析说："神无非就是概念，这个概念逐步转变为一个具有自我意识的理念，而作为一个具有自我意识的理念，它脱离自身走向自然界，然后又从自然界那里返回到自身之内，成为绝对精神。"③ 正是坚持概念就是一切的立场，黑格尔才不得不宣称自然哲学是他的哲学的"外化"。尽管谢林与黑格尔一样也使用着纯粹理性的基本概念，但黑格尔只是从纯粹理性出发揭示了"实体即是主体"的概念结构，或者用谢林的话说，黑格尔的功绩是"他洞察到了他所面对的科学的纯粹的逻辑本性和意义。……他把那些被我的自然哲学隐藏在实在领域之内

---

① 瓦尔特·舒尔茨. 德国观念论的终结——谢林晚期哲学研究 [M]. 韩隽，译. 北京：中国人民大学出版社，2019：7.
② 谢林. 近代哲学史 [M]. 先刚，译. 北京：北京大学出版社，2016：151.
③ 谢林. 近代哲学史 [M]. 先刚，译. 北京：北京大学出版社，2016：153.

的逻辑关系原原本本地揭示出来"①。受制于概念，黑格尔哲学的开端只能从"最为贫瘠的认识的东西"出发，即从"纯粹存在"概念出发，而谢林则试图完成最初的开端——那个毫无理由就能够开始的东西（grundloses Anfangen können）、先于存在的东西——自由哲学。因此，如果把谢林对黑格尔的批评放到 19 世纪的哲学和精神史中来考察的话，我们甚至可以说，是谢林首先开启了从生命的现实出发反抗理性哲学，进而反对以黑格尔为终点的整个西方形而上学传统的道路。因此，对谢林而言，标识着本质规定的 Was（是什么）和指示着实际的存在的 Dass（这个）的区分，就是重要的区分。谢林说："……有两个完全不同的事物要认识，一个存在者是什么（was ein Seyendes ist），即它是什么（quid sit），以及它存在着（dass es ist，quod sit）。前者——对'这是什么'的问题的回答——能够让我看到事物的本质，或者说它能让我理解这个事物，能让我对它或者在概念中的它本身拥有一种理智或者一个概念。而另一个则是对它是存在着的这个事态本身（dass es ist）的洞见，它提供给我的不是单纯的概念，而是某种在单纯概念之外的东西，即存在。"② 谢林的这一区分既可以由此上溯到对中世纪"本质（essentia）与实存（existentia）的区分"的坚定不移的贯彻，经康德概念和直观的区分，甚至可以指向海德格尔的"存在论差异"。但谢林的区分更侧重于一个是纯粹概念性的，一个是具体事实性的。而且，从谢林的 Was 与 Dass 的区分到黑格尔"凡是有理性的都是现实的；凡是现实的都是有理性的"之间存在着过渡的环节，并不是对立的两岸。谢林的立场是在一个现实的世界之外，并不存在一个理性的世界，在一个现实的世界里，Was 的 Dass 作为现实出现，现实就是 Was 的 Dass，Was 向来总是已经与 Dass 关联在一起，现实的东西总是按照其本质成为现实的。他说："当我把握了本质、一个事物的 Was，譬如一株植物的时候，我也就把握了一个现实的东西，……现实的东西对于我们的思想并不是什么相异的、封闭的，以及无法进入的东西。概念和存在者是一致的，概念并不在存在者之外，而就是存在者之中……"③ 但是，需要强调的是，谢林并不认为从本质到实存或从实存到本质之间需要一个证明的环节，在认识论语境中，只要"科学地研究经验，经验总是落实在理性的本

---

① 谢林. 近代哲学史 [M]. 先刚，译. 北京：北京大学出版社，2016：154.
② 瓦尔特·舒尔茨. 德国观念论的终结——谢林晚期哲学研究 [M]. 韩隽，译. 北京：中国人民大学出版社，2019：22.
③ 瓦尔特·舒尔茨. 德国观念论的终结——谢林晚期哲学研究 [M]. 韩隽，译. 北京：中国人民大学出版社，2019：25.

质认识中,并且这种认识唯一的、仅仅是概念的任务"①;而在存在论语境中,人们并不需要借助于概念和本质去证明经验中的事物在此存在,"要证明它是存在的,这并不是理性的事情"②。谢林的立场本质上是一种"理性的经验论":"既在每一个单独的现象中,也在所有现象的集合中寻找理性"③。

谢林因此与黑格尔的关系不是对立的关系,而是既处身于德国观念论中,又出离于德国观念论,从德国观念论之外批评黑格尔。谢林认为,黑格尔阻碍了思想本身即德国观念论的发展道路——从费希特的主观观念论到谢林的同一体系,然后将其同一哲学改进为纯粹的理性科学。舒尔茨甚至认为,即使没有黑格尔,德国观念论哲学的发展也是可能的。但思想发展的事实是,谢林后期思想,尤其是否定哲学与肯定哲学的区分,恰恰是在与黑格尔的争辩中形成的。因此,谢林对黑格尔的批评依然属于观念论内部的事情。黑格尔将谢林的同一体系的开端与费希特的绝对自我混为一谈,而谢林则反驳说,费希特从自我出发,而他则选择了一个"被抽离出来的"并且尚未存在的东西作为出发点。这里的区别在于,费希特的出发点是直接在智性直观中被给出的存在的东西,而谢林的出发点是尚未存在的东西,是把主体-客体当作存在的潜能来思考的。他说:"同一体系的开端并不是一种'主体-客体在自身中已经被规定下来的存在的确定性',而仅仅是一个抽象的东西,人们只是从这里出发才能——虽然是通过思想的中介——寻找一个本真的存在者、绝对者。"④ 也就是说,费希特自我哲学的起点是在智性直观中直接确定了的,因此费希特的自我哲学是从"本原行动"中演绎出来的纯粹理性科学,而谢林的同一哲学是通过建构的理性运动来寻找起点,即寻找本原,寻找绝对者,但这一本原和绝对者在开端处还尚未存在,人们必须从智性直观中提取出主体-客体的普遍概念。舒尔茨据此认为,谢林的方法与黑格尔的方法是一致的,都是一种通过中介才实现自身的思想,而且思想发展的终点也是一致的,"这个在逻辑的终点上得以实现的理念,就完全和在同一哲学的终点处所规定的那个绝对者一样被规定成了同样的东西,即

---

① 瓦尔特·舒尔茨. 德国观念论的终结——谢林晚期哲学研究 [M]. 韩隽,译. 北京:中国人民大学出版社,2019:25.
② 瓦尔特·舒尔茨. 德国观念论的终结——谢林晚期哲学研究 [M]. 韩隽,译. 北京:中国人民大学出版社,2019:25.
③ 瓦尔特·舒尔茨. 德国观念论的终结——谢林晚期哲学研究 [M]. 韩隽,译. 北京:中国人民大学出版社,2019:27.
④ 瓦尔特·舒尔茨. 德国观念论的终结——谢林晚期哲学研究 [M]. 韩隽,译. 北京:中国人民大学出版社,2019:133.

被规定成了主体-客体、思想和存在以及实在和理念的同一体等"①。

在《逻辑学》中，黑格尔明确主张理念是在自身之中完成自身的，它自己中介着自身，并逐渐意识到了自身的思想，这与《精神现象学》时期的主张——当自我意识到自身时，它就是精神——是一致的。尽管黑格尔凭借"自在""自为""自在自为"概念阐明了精神之自我实现的辩证运动，但谢林认为，"思想能够在自身之中圆满地完成自身"是不可能的，严格来说，思想在其本质统一性中、在它的纯粹活动中都无法把握其自身，因为它永远都在中介活动中，它永远只是这个中介的诸阶段，而且，黑格尔在处理理性与精神的关系时，没有严格区分理性与精神。

谢林虽然也从黑格尔《逻辑学》的出发点——纯存在——入手，但与黑格尔身后的批评者不一样的地方在于他没有从一个独立于思想之外的现实的、具体的东西出发，而是从"存在者"、从理性出发来构建对黑格尔的批评。在谢林看来，黑格尔必须为他的体系寻找到一个最客观的开端，把这个最客观的东西规定为一切主观的否定，规定为纯存在，也就是规定为一种与主体完全无关的存在，但是谢林从主体-客体的无差别出发，严格来说是从一种纯粹客观的、纯粹自在的无差别出发，揭示主体的演进过程，即主体"它愿意自己成为自己那样，因此这个演进过程的一个环节，就是那个之前处于平衡状态（无差别状态）的主体从现在起自己关注自己"②。那个被关注的东西（B）即主体，而关注者（A）将自己设定在自身之外，成为最初的客观东西，即"最初的存在者"，是向着内在性或精神性的更高的潜能阶次前进的第一个层面。所以，谢林认为，黑格尔的纯存在向无、变易的演进过程"不是一种包含在空洞概念自身之内的必然性，而是一种包含在哲学家的内心里，通过他的回忆而涌现出来的必然性，迫使他离开那种空洞的抽象"③。由此而来，黑格尔的演进过程不仅对现实世界缺乏理解，而且他的错误还表现为："首先，概念不但顶替了思想的位置，而且被设想为一个自行运动着的东西，但是概念就其自身而言只能是一个完全不动的东西，除非它是一个思考着的主体的概念，也就是说，除非它是一个思想；其次，人们以为首先仅仅是被一个包含在它自身内的必然性推动着前进，但实际上，人们显然早就已经有了一个努力追求的目标，而且，即使哲学家想尽办

---

① 瓦尔特·舒尔茨. 德国观念论的终结——谢林晚期哲学研究 [M]. 韩隽，译. 北京：中国人民大学出版社，2019：133.
② 谢林. 近代哲学史 [M]. 先刚，译. 北京：北京大学出版社，2016：156.
③ 谢林. 近代哲学史 [M]. 先刚，译. 北京：北京大学出版社，2016：158.

法企图掩饰他的意识,那么这也不过表明,那个目标是以一种更具决定性的方式无意识地影响着哲学家的活动。"① 黑格尔把《逻辑学》的开端"纯存在-无-变易"所揭示出来的正-反-合运动视为思想自身的运动,但对谢林而言,概念是静止的,不会运动,那么结果只能是,要么这种运动是一个拟人的描述,要么是哲学家(主体)参与其中且属于哲学家自己(主体)的反思性描述。显然,谢林选择了后者。

而且谢林认为,我们无法通过任何一种方式思惟纯存在。黑格尔将纯存在看作最纯粹的和最直接的确定性,即不具有任何内容的纯粹确定性本身,但在谢林看来,"思考一般意义上的存在"是不可能的,"因为根本就没有什么一般意义上的存在,没有什么与主体无关的存在,存在必然是而且始终是一种特定的存在,也就是说,要么它是一种纯粹本质性的、退回到本质之内、等同于本质的存在,要么它是一种对象性的存在——这个区分是黑格尔完全忽略了的"②。作为第一个思想的存在,显然不是作为对象的存在,而只能是非对象性的、纯粹本质的存在。在谢林看来这个表示纯粹本质的存在只能是一个纯粹的主体。而黑格尔由之出发的那种一般意义上的存在,从其无规定性、没有包含任何可以被思考的东西而言,只能理解为既非一种本质性的存在,也非一种对象性的存在,这种存在的种属概念完全是从经院哲学的领域里借来的。即便黑格尔接下来补充了一个命题——"纯存在是无",但谢林认为,他的意图绝不是想要说,纯存在是一个不可思考的东西,否则就与纯存在是最初的第一个思想的命题相矛盾。③ 谢林进一步分析指出,"纯存在是无"的命题并非存在发现自己是"无",而是"我"发现它是"无",因为纯存在就是"我"设定为纯存在的。而且谢林认为,虽然黑格尔使用了"纯存在是无"的命题形式,但他完全没有注意到系动词"是"(ist)的意义。作为系动词它指示着纯存在和无的关系。谢林说,如果把纯存在从那种(自己回应自身的)主体存在与对自身作为某物存在的要求的关系中提取出来,它就和"无"是不一样的东西,由此"无"成为"一个东西"了。④ 当然,黑格尔并不是从谢林所说的这种主体性意义上的存在出发的,而是从一种非主体性的存在开始。但谢林敏锐地指出,黑格尔虽然意图以非主体性的存在建构他的逻辑学开端,但他依然不能避免主体

---

① 瓦尔特·舒尔茨. 德国观念论的终结——谢林晚期哲学研究 [M]. 韩隽,译. 北京:中国人民大学出版社,2019:158-159.
② 谢林. 近代哲学史 [M]. 先刚,译. 北京:北京大学出版社,2016:159.
③ 谢林. 近代哲学史 [M]. 先刚,译. 北京:北京大学出版社,2016:160.
④ 谢林. 近代哲学史 [M]. 先刚,译. 北京:北京大学出版社,2016:137.

性的困境，当纯存在进入变易（Werden）环节的时候，并不是存在本身，而是那个作为思想者的"我"开启了变易，因为单纯从纯存在出发，在这个纯存在中找不到任何运动的要素，意识在纯存在这里什么也得不到，纯存在的无规定性是我设定的，"纯存在是无"，而且是思想者要追求一种"更为丰富的存在"。

可见，谢林和黑格尔的分歧集中在纯粹知识运动的两端——开端和终点：在开端处，黑格尔单纯从逻辑上规定存在，现实存在只能被放置在思想的外围，且围绕着理性而成为现实的。而谢林从一开始就在理性中建构现实的存在，把主体-客体作为存在的无限潜能来思考，存在者是理性自身的物质化，理性自身的形象和形态。如果我们将其二者的思想立场融合，相互补充，那么，精神/绝对理性的自身运动就呈现为两条路线：一条路线是由哲学家来推动的，从逻辑上看是从概念到概念的单纯反思性的运动；一条是理性实在的自身运动，它自己展开自身、完成自身，进入绝对者中。用谢林的话说，就是理性自己宣示自身的、自己把自身变成现象的客观化的纯粹行动。在终点处，黑格尔强调了绝对精神的自由外化和外放——"神性理念外放自然"，但他并没有去构建一种创世理论，而谢林则在泛神论的基础上，遵照雅各布·波墨的"神性自由开启于自然之中"的理念，构建了他的创世学说。一言以蔽之，谢林与费希特、黑格尔的分歧主要围绕着自然哲学而展开。他批评费希特没有自然哲学，黑格尔虽然讨论了自然，但只讨论了自然的可能性，没有讨论自然的现实性，自然只是从理念脱落出来的，属于理念自身的决断和开启。

舒尔茨认为，谢林与黑格尔之间的争辩是"私人恩怨"，"因为他们两人都在做着共同的事情——关于一种自己完成着自身的思想的问题"。所以，谢林对黑格尔的批评是真正的"交换彼此的意见/一个出自另一个的设定（Aus-einander-setzung），因为这种批评正是谢林在与黑格尔的一种直接的、本源性的亲近的立场中形成的"①。正是在这种亲近中，谢林的理性科学越来越成熟，最终提供了否定哲学（理性直接的自我扬弃）和肯定哲学（理性中介的自我设定）。

谢林一生持有观念论的理性概念，它源自费希特自我哲学中的主体-客体，从费希特的"自我"出发，谢林最初将其规定为主体和客体的无差别，即绝对同一；后来将其规定为"存在的潜能"，即尚未被对象化的主体-客体的直接性，也就是尚未被把握的客观化的纯粹行动本身。从此出发，黑格尔通过思想中介活动来展开对绝对者的实现运动和把握，只能导致绝对者的对象化。另外，谢林的观念论立场之所以容易让人误解，就在于他一以贯之地坚持，绝对者是不

---

① 谢林. 近代哲学史 [M]. 先刚, 译. 北京：北京大学出版社, 2016：143.

能被思考的东西，任何一种想要在思想中把握绝对者或者神的尝试，都是不可能的，因为绝对者作为不受限制的纯粹活动是不能作为一个对象来把握的。可见，谢林应该是西方近代哲学以来最早对对象化思惟提出质疑的第一人。除此之外，谢林的洞见卓识还在于他在近代哲学史上第一次区分了存在着的东西和存在本身。存在着的东西也就是自中世纪哲学以来被称为本质的东西，存在只是存在着的东西的一个谓词，谢林遵循康德，将存在看作设定，现实的存在是绝对设定。

尽管黑格尔在1831年的11月意外逝世了，但他留下了其《哲学史讲演录》（1833年出版），在《哲学史讲演录》最后一部分，我们看到了黑格尔对谢林的评价。首先，黑格尔批评了谢林的"绝对同一性"缺乏逻辑论证，只能诉诸于"智性直观"，而"智性直观"在他看来，只不过是一种猜想，不是证明，更像是诉诸于"神谕"。① 谢林一贯主张绝对者是不可思想的，只能诉诸于智性直观，在他看来，黑格尔的纯存在作为绝对者运动的开端是空洞的、不能启动演进进程的死物，他孜孜以求地开端必须符合两个条件：一是必须从现实世界出发；二是必须是这样一种精神，这种精神完全能走出自身，能够把自身设定在自身之外。黑格尔则坚持认为，绝对者就是思想本身，当自我意识认识到自身的时候，它就成为精神。如果绝对者不可认识，那么，"绝对者"这个概念是从哪里来的？黑格尔批评谢林说："谢林哲学的缺点在于一开始就提出了主观和客观的无差别点，这种同一性只是绝对地（抽象地）陈述出来的，并没有证明它是真理。谢林常常是用斯宾诺莎的形式，提出一些公理。在哲学研究里，人们要求对于所要树立的观点加以证明。但是如果从理智的直观开始，那我们就会满足于断言、神谕，因为所要求于我们的只是作理智的直观。"② 黑格尔的思想中介活动本身，恰恰就是绝对者自己认识自身的环节。黑格尔高度认同谢林绝对者只能在终点的洞见，但同时，绝对者也在开端，只不过就像谢林所说作为潜能在开端只是尚未现实化而已。因此，黑格尔坚持纯存在作为他的《逻辑学》开端，恰恰是贯彻了绝对者、理念在开端处尚处于思惟中，作为一般意义上的存在，而不是作为对象的存在，从尚且不是对象的存在而言，纯存在只是一种可能的、潜在的存在，也就是无。只有在终点处，绝对者、理念才从开端处的潜在的存在实现为现实的存在，理念是自然。可见，谢林除了主张自己的同一

---

① 黑格尔. 哲学史讲演录：第4卷[M]. 贺麟, 王太庆, 译. 北京：商务印书馆, 1983: 353.
② 黑格尔. 哲学史讲演录：第4卷[M]. 贺麟, 王太庆, 译. 北京：商务印书馆, 1983: 353.

哲学从一开始就立足于自然从而与黑格尔区别开来之外，其演进过程与黑格尔的概念辩证法的推进过程并没有什么本质上的差异。但在黑格尔看来，对立统一是一个包含着间接性在自身内的过程，而谢林则将对立统一看作一个直接的真理，并不需要逻辑论证。

其次，黑格尔认为谢林从绝对的同一性出发构建的哲学体系只是"极大的形式主义"。在他看来，谢林将绝对定义为主观与客观、有限与无限的无差别，是由智性直观来保证，而不是通过辩证运动来实现，因此所有的差别，在谢林那里只能是"量的差别"。"在主体与客体之间，不可能存在量的差别以外的任何差别。因为两方面都不可能设想存在着质的差别。"① 绝对中出现的对立，也只是被认作一种相对的、量的或者非本质的对立。进而，谢林将这种量的差别用数学上的幂次来描述，绝对者的第一个量的差别是物质的第一幂次，光为第二幂次，有机体则为第三幂次。黑格尔评价说："把一切安排成系列，只有肤浅的规定，没有必然性，——这乃是形式主义；没有概念，我们所找到的只是公式。"② 黑格尔认为谢林不是把绝对者当作一个得到论证的结果，而是当作一个单纯的未经论证的前提。关于绝对者，谢林概括了他与黑格尔的本质差别：对他自己的体系而言，绝对者作为出发点，乃是一个纯粹的主体，亦即主体-客体的无差别、主体与客体的同等可能性，从第一步开始就位于自然之中，因此并不需要一个从逻辑到实在的过渡和转变。而黑格尔的逻辑学则承认一种双重的（逻辑的和实在的）转变过程，因为绝对理念首先以一种逻辑的方式（亦即在纯粹思惟之内）先于一切现实性、自然和时间，就达到了完满，然后，绝对精神作为一个贯穿了自然界和精神世界的实在的结果，作为完满的概念再次被拥有。尽管对谢林和黑格尔而言，集中于开端的争执是围绕着相近的概念而展开，但黑格尔的"纯粹存在"概念作为绝对者的潜在形式，从开端到终点都是实体，而谢林的"绝对同一性""无差别"无论如何都首先不是实体，因此差之毫厘，相距千里了。在终点，黑格尔的绝对精神必须要外放，掌握着自身真理的精神，做出决断，放任自己成为自然界，或者放任自己具有他者存在的形式。完满实现了的绝对者、绝对理念要想继续展开运动，必须采取行动——放任自然。而谢林认为，这时的绝对精神在黑格尔这里已经成为神，只有神才能把运动的全部环节当作它自己的环节囊括在自身内，所以黑格尔由此走向"神智学"；而谢

---

① 黑格尔. 哲学史讲演录：第4卷 [M]. 贺麟，王太庆，译. 北京：商务印书馆，1983：358.

② 黑格尔. 哲学史讲演录：第4卷 [M]. 贺麟，王太庆，译. 北京：商务印书馆，1983：362.

林的神概念是那个思考着自己的觉知，是一个目的因。

最后，黑格尔认为，谢林是近代自然哲学的创始人，并把自然看作死的、僵化的理智，其贡献在于把概念和概念的形式引进自然，以替代通常的自然形而上学。但谢林的自然哲学之所以招致恶评，甚至被批评者嘲讽为"幂次"理论，则是"因为自然哲学完全是按照外在的方式进行论述的，是以一个现成的图式为根据，从而引出其自然观的"①。在黑格尔看来，用数学上现成的幂次来考察并套用到自然身上，是一种外在构造的形式主义，这种做法不过是为了逃避思想，而思想才是自然哲学应该研究的最直接的规定。

在《哲学史讲演录》中，黑格尔总结了自己与谢林之间的差别："一方面是把自然彻底地引导到主体，另一方面是把自我彻底地引导到客体。但是真正的实现只能采取逻辑的方式。因为这包含着纯粹思惟。但逻辑的考察却是谢林在阐述、发挥中所没有达到的。对主客同一的真理性的真正证明只在于这样进行，即对每一方的自身，就它的逻辑规定亦即它的本质的规定加以考察，从而可以得出这样的结果：主观是这样的东西，它自身必然要向客观转化，而客观是这样的东西，即它不能老停留在客观上面，它必然要使自身成为主观的东西。"②依据黑格尔的这一段话，我们最终能够为谢林和黑格尔二者思想上的纠缠不清做个了断：谢林与黑格尔同属于德国观念论的终结阶段，他们共同将康德之前的实体、主体和客体带向统一，而他们二者的分歧，站在谢林的个人立场上也许带有私人恩怨的性质，但站在黑格尔立场上则是体系的进步和完满之需要。由于黑格尔的突然逝世，谢林的"柏林讲座"对两人的观念论道路做出最终评判和了结：他早期的同一哲学恰当地完成了康德哲学，而黑格尔则以自己的方式完成了同一哲学。

---

① 黑格尔. 哲学史讲演录：第4卷［M］. 贺麟，王太庆，译. 北京：商务印书馆，1983：363.
② 黑格尔. 哲学史讲演录：第4卷［M］. 贺麟，王太庆，译. 北京：商务印书馆，1983：353.

下篇 02
海德格尔与德国观念论的争辩

　　从历史上看，笛卡尔形而上学的基本立场继承了柏拉图-亚里士多德的形而上学，尽管有其新的开端，但还是活动在同一个问题中：存在者是什么？……笛卡尔对存在者和真理的解释工作首先为一种知识学或知识的形而上学的可能性创造了前提条件。……在莱布尼茨以来的德国思想中得到完成的笛卡尔基本立场的本质性改变，绝没有克服后者的基本立场。这些改变才只是展示出笛卡尔基本立场的形而上学作用范围，并为19世纪这个还是现代以来最黑暗的世纪创造了前提条件。……莱布尼茨、康德、费希特、黑格尔和谢林的本身各各相异的体系的唯一性尚未为人们所把握。这些思想家的体系的伟大之处在于，它们并不像笛卡尔的体系那样，是从作为自我和有限实体的主体出发来展示自身的，相反地，它们或者像莱布尼茨那样从单子出发，或者像康德那样从先验的、植根于想象力的有限理性之本质出发，或者像从费希特那样从无限的自我出发，或者像黑格尔那样从作为绝对知识的精神出发，或者像谢林那样从自由——作为任何一个其本身通过对根据与实存的区分而得到规定的存在者的必然性——出发，来展开自身。

——海德格尔：《世界图像的时代》

第五章 海德格尔的真理之路

第一节 此在的处身情态

德国观念论的各体系都将主体-客体的绝对同一体作为自己的起点，绝对同一体归根结底是自我、理性、精神、主体。海德格尔对主体性形而上学的克服，首先要克服的就是这种主体性，他认为主体-客体的二分作为知性反思的结果根植于实际性的生命状况。

尽管海德格尔的《存在与时间》并不是以批判德国观念论为主要目标，但他在构建此在的生存论分析时，却与德国观念论多有交涉。一方面海德格尔用"此在"替代了德国观念论的主体，克服了德国观念论的理性传统；另一方面海德格尔在构建自己的基础存在论的过程中，使用了形而上学的语言，甚至在不自觉中受到了康德先验观念论的影响，将康德的先验概念或隐或显地用在了对存在意义的发问以及对此在的生存论分析中。因此，在《存在与时间》中，海德格尔除了核心概念 Dasein（此在）之外，也使用了 a priori（先天）、transzendentale（先验）等德国观念论普遍使用的术语，但后者是在知识论层面上使用的，而海德格尔是在生存论层面上使用的，含义已是完全不同。

有学者无视海德格尔在《存在与时间》中对主体性形而上学的直接批评，不失精巧地将海德格尔基础存在论重组为一种崭新形式的观念论，主张这种观念论是海德格尔此在的生存论分析留下的一个后门。我们将在下一节具体讨论海德格尔的这种时间的观念论，当前我们则坚持认为，《存在与时间》已经走在克服主体性形而上学的道路上。最能将德国观念论与海德格尔区分开来的，是《存在与时间》中对此在处身情态的分析。

如果说德国观念论围绕着自我、自我意识、主体、理性、精神展开他们的形而上学体系，那么海德格尔则是围绕着生命、处身、存在真理展开自己的形而上学问题。就《存在与时间》而言，此在不是主体，它表达着一种存在关系。其本己的生存是个体化的在此，在此存在敞开存在，能在；就此在的字面意思而言，此在（Dasein）是能够在其生存中敞开着存在（Sein）的此（Da）。就海德格尔的存在问题而言，他之所以重新提出存在问题，是因为传统形而上学遗忘了存在，这种遗忘表现在传统形而上学的"存在"指的是存在者的存在性，是从实体属性的关系而言，因此存在性、在场性、存在者整体都依然是存在者，不是存在，存在不是存在者；就存在本身而言，存在不是名词，而是一个动词，表达着展开、揭示，它是真理的敞开，是世界在起来……只有此在可以发问存在，这作为最值得追问的事，就构成了"存在地地道道的是 transcendens（超越者）。此在存在的超越性是一种与众不同的超越性，因为最彻底的个体化的可能性与必然性就在此在存在的超越性之中。存在作为这种 transcendens（超越者）的每一次展开都是超越的认识（transzendentale Erkenntnis）。现象学的真理（存在的展开状态）乃是 veritas transcendentalis（超越的真理）"①。以现象学的方法描述此在的存在，此在的超越就是去生存，生存的本质是在世界中存在，其在世的生存论结构是操心，这种操心结构是由此在的种种本己的、非本己的处身情态表现的。迄今为止，西方形而上学总是把存在者经验为对象、表象，海德格尔首先尝试突破这种对象思惟、表象思惟，在揭示此在的操心结构中，在描述各种情绪中，创立了一种打交道的、操劳的存在方式，这种打交道的、操劳的存在方式由"情绪""理解"引领。因此，海德格尔的基础存在论不是认识论，而是实践论，更准确地说，是生存论。

海德格尔的"情绪"概念不是一个心理学术语，而是一个生存论概念，它首先是一种契机，此在操劳于世，专注于各种存在者、各种属性，在熙熙攘攘、劳劳碌碌中已经忘记了自己、忘记了存在，是情绪将它的存在带入此在的生存境遇中。他说："在情绪中，此在被带到它的作为'此'的存在面前来了。"②可以说，此在的生存总是带有情绪的在此，总是被情绪所包围，处身情态因此被海德格尔规定为此在的源始的存在方式，这种源始性就表现在即使用意志和理性来控制情绪，也不能摆脱情绪，不能没有情绪，只能用另一种情绪来替代这种情绪。

---

① 海德格尔. 存在与时间[M]. 陈嘉映，王庆节，译. 北京：生活·读书·新知三联书店，2006：45.

② 海德格尔. 存在与时间[M]. 陈嘉映，王庆节，译. 北京：生活·读书·新知三联书店，2006：157.

处身情态将此在的此带向前来,"情绪一向已经把在世作为整体展开了,同时才刚使我们可能向某某东西制订方向。……世界、共同此在和生存是被同样源始地展开的,处身是它们的这种同样源始的展开状态的一种生存论上的基本方式,因为展开状态本身本质上就是在世"①。处身情态是一种展开方式,不是一种认识方式,因此它与心灵的一种内在感觉状态不同,更不是一种知性反思。海德格尔承认,情绪的闪烁不定,按照对"世界"的绝对认识的观念来衡量,它的"展示"就是"不真",但理性的认识已经把世界弄成现成东西的齐一性了,虽然这种齐一性的认识是一种新财富。不过,海德格尔还是强调指出:"即使最纯的 θεωρια(理论)也不曾甩开一切情绪。只有当理论能够平静地逗留于某某东西而在 ραστωνη(闲暇)和 διαγωγη(娱悦)中让现成事物来前就自己的时候,只还现成的东西才会在纯粹外观中向着理论显现出来。认识的规定活动是通过现身在世组建起来的;把这一生存论存在论上的建构展示出来,和企图从存在者层次上把科学移交给'感情'乃是不应互相混淆的两回事。"②

处身情态的"展示"与此在的存在"理解"一起构成了海德格尔打交道的生存方式。海德格尔说:"处身情态是'此'之存在活动于其中的一种生存论结构。理解同处身一样源始地构成了此之存在。处身向来有其理解,……理解总是带有情绪的理解。"③ 海德格尔在这里将处身情态与理解并置为此在存在的基本样式,我们将理解也可以看作一种处身情态,因为当情绪将自己和世界带向前来时是伴随着理解的,理解作为此在的生存论现象,也是一种基本的处身情态。海德格尔此在的生存论分析最重要的贡献在于提出了操劳、打交道的存在方式,突破了传统形而上学的主体-客体的表象式思惟。这种突破具体体现为以下四点:

第一,强调此在不是主体,此在不是我思,此在不是自我意识。此在是先行理解着存在的在世,此在的存在是操心,此在作为基本处身情态是由"怕""理解""闲言""好奇""两可""沉沦""畏"等组成,其中,"畏"是此在的基本处身情态,它启示着、敞开着此在的能在。德国观念论的自我是自我,自我的同一性亦即自我意识的同一性;海德格尔的 Dasein 不是自我,而是 Da(生

---

① 海德格尔. 存在与时间 [M]. 陈嘉映,王庆节,译. 北京:生活·读书·新知三联书店,2006:160.
② 海德格尔. 存在与时间 [M]. 陈嘉映,王庆节,译. 北京:生活·读书·新知三联书店,2006:161.
③ 海德格尔. 存在与时间 [M]. 陈嘉映,王庆节,译. 北京:生活·读书·新知三联书店,2006:166.

存场域）与 Sein（存在）的关系，亦即此在的生存显露和敞开的不是自己，而是存在，存在就在此中。

第二，强调此在的先行理解之"先"，而理性、自我意识等理智力量则是通过概念化、专题化衍生出来的。海德格尔《存在与时间》完成部分的主题是此在与存在的本质关系，这种关系是存在论上的存在关系，不是认识论上的反思关系，是一种先行的存在理解。德国观念论是在存在者层面上处理主体与客体的关系，为了追求主体与客体的统一、思惟与存在的同一，将客体的客体性归结为主体的主体性；海德格尔是在存在论层面上处理此在与存在的关系，首先存在不是存在者，其次此在不是认识主体，而是去生存，所以他并不处理主体的主体性和自我意识问题，而是分析此在的生存论结构和要素。在分析中海德格尔反复强调此在的生存论结构和要素都是"在先的"。不过，遗憾的是，正是海德格尔对"在先""可能性条件"的强调，又使得他对此在的生存论分析带有浓烈的先验观念论特征。

第三，将传统形而上学客体领域的世界、自然世间化。世界是周围世界，此在在世，强调了周围世界的周围性。海德格尔进行此在的生存论分析之前首先厘清"自然的世界概念"，也就是说明自己的存在论问题研究不是实证科学，对存在的发问已经超出了收集关于存在者的知识。"世界"是此在的一个基本生存论要素，"此在在世界中存在"是此在的基本生存论结构，或者说，此在在世是一个整体状况，这里还没有主体、客体的二元区分，"绝没有一个叫作'此在'的存在者同另一个叫作'世界'的存在者'比肩并列'那样一回事"①。"只因为此在在如其所在地就在世界之中，所以它才能接受对世界的'关系'"②，因此"在世""世界性"作为此在的生存论要素是前理论、前科学的。与传统形而上学将世界规定为存在者总和、笛卡尔将其定义为广延之物不同，海德格尔把世界规定为一个存在论概念，是一个生成着意义的领域，世界性是意义整体。

第四，此在存在的先天状况是"在世界中存在"，此在存在的整体结构是操心，操心决定着此在的存在。操心（包括操劳）是此在在世存在的基本样式。西方传统形而上学处理人与世界关系的基本模式就是主体-客体、意识-实在的理论模式，海德格尔在阐明这种关系的同时，提出了操心这种打交道的实践模

---

① 海德格尔. 存在与时间 [M]. 陈嘉映，王庆节，译. 北京：生活·读书·新知三联书店，2006：64.
② 海德格尔. 存在与时间 [M]. 陈嘉映，王庆节，译. 北京：生活·读书·新知三联书店，2006：67.

式。打交道这种实践模式集中出现在海德格尔对在世之在的"在之中"的分析中,此在在世界中存在,就要与各种事物打交道,既操劳于世,又操劳于事。世界作为意义整体,也在操劳中向此在先行展示其意义,更根本的是,存在的意义也在这种操劳中得到此在的先行理解。传统主体性形而上学将世界看作独立于主体之外的实在之物的总和,海德格尔认为,只要把世界看作"外部的",实在的东西看作独立于心灵和意识的,那么就必然产生心灵或意识是否可以认识或通达外部世界和实在的问题,这是思惟与存在统一问题的近代认识论表达。海德格尔此在在世的操心结构分析表明:"认识是通达实在事物的一种派生途径。实在事物本质上只有作为在世内存在者才可通达。通向世内存在者的一切途径在存在论上都植根于此在的基本建构,都植根于在世存在。而在世具有更为源始的操心的存在建构(先行于自身的-已经在-世界之中的-作为寓于世内存在者的存在)。"①

打交道的存在方式包含三个本己的生存论环节:"处身情态""理解"和"畏"。当然,对海德格尔来说,称呼、言谈、制作、行动、实践都属于此在在世的交道方式,只不过就存在的意义之揭示而言,"理解"是本己的存在方式,"阐释"是非本己的存在方式,"畏"是本己的情绪,"怕""闲言""好奇""两可""沉沦"等是非本己的情绪。本己的和非本己的生存都是此在的生存,在此在的生存论结构中都是不可或缺的环节,而且非本己的生存论才是此在的生存常态,本己的生存只不过是此在在世生存的一个变式。本己的生存之所以被甄别出来主要是与德国观念论主体性形而上学形成对峙。

"理解"在传统形而上学中属于认识范畴,是人的知性能力,但海德格尔是从生存论-存在论上使用这个术语,与其他情绪一样也属于此在在世的一种方式。在世界中存在本身是展开了的,此在的这种展开状态就是理解。因此,海德格尔说:"在生存论上,理解包含有此在之为能在的存在方式。"② 此在不是现成存在者,不是实体,其本质是去存在、能在,因此理解也不是此在的附加能力或属性,而是其能在本身。"理解是这样一种能在的存在:这种能在从不作为尚未现成的东西有所期待;作为本质上从不现成的东西,这种能在随此在之在在生存的意义上'存在'。此在是以这样的方式去存在的:它对这样去存在或那样去存在总已有所理解或无所理解,此在'知道'它于何处随它本身一道存

---

① 海德格尔. 存在与时间 [M]. 陈嘉映,王庆节,译. 北京:生活·读书·新知三联书店,2006:233.
② 海德格尔. 存在与时间 [M]. 陈嘉映,王庆节,译. 北京:生活·读书·新知三联书店,2006:167.

在，也就是说，随它的能在一道存在。"① 此在被抛于世且操劳于事，正是这种能在的存在之理解使此在本己的存在成为可能，"理解是此在本身的本己能在的生存论意义上的存在"②，海德格尔之所以将理解看作此在本己的能在，就是因为理解作为一种展示活动，它关涉到在世存在的全部基本状况。

海德格尔认为，"理解"现象本身具有一个生存论结构，这个生存论结构让世界作为意义整体展现出来，世内存在者本身的开放，上手事物在它的有用、可用和可怕中被揭示为上手事物，甚至自然作为现成存在者的"统一"也被揭示出来。海德格尔据此认为对自然之可能性条件的追问也是建立在理解的能在之上的。需要注意的是，"世界"与"自然"完全不同，世界是此在的，是此在的在世；自然则是现成存在者整体，并不专属于此在。"仅当此在生存，世界才存在；只要此在生存，世界便存在。而即使此在不生存，自然也能存在。"③ 自然在此在的生存论结构中又区分为上手状态的自然与作为现成在手状态的自然。上手状态的自然通常都是在世界中被遭遇，非世界化的、无意义的现成在手状态的自然也可以遭遇到，只不过一旦非世界化和无意义的自然闯入此在的生存世界中，就会世界化，甚至被毁坏，自然也就从现成存在状态转变为上手状态："森林是一片林场，山是采石场，河流是水力，风是'扬帆'之风。随着被揭示的周围世界来照面的乃是这样被揭示的'自然'。"④ 考虑到此在的在世本质，对生存本身的理解也总是对世界的理解，当自然没有进入世界中时，就不可理解。

"理解源始地把此在之在向着此在的'为何之故'进行投放（Entwurf），就像它同样源始地把此在之在向着作为它的当下世界之世界性的意义进行投放一样。理解的投放性质就其在此之展开性而言，在此作为一种能在的在此，构建着在世之在。"⑤ 简言之，海德格尔的投放概念实际上等于打开此在的"此"，也就是打开了存在意义的境域，在这个存在境域中此在与存在一起现身。当然，此在通过理解将此在自身与存在一起投放出来，是此在的能在之纯粹可能性的维度，而不是意向性的维度，更不是专题化的认识维度。"就其投放性质而言，

---

① 海德格尔. 存在与时间 [M]. 陈嘉映, 王庆节, 译. 北京：生活·读书·新知三联书店, 2006: 168.
② 海德格尔. 存在与时间 [M]. 陈嘉映, 王庆节, 译. 北京：生活·读书·新知三联书店, 2006: 168.
③ 海德格尔. 现象学之基本问题 [M]. 丁耘, 译. 上海：上海译文出版社, 2008: 226.
④ 海德格尔. 存在与时间 [M]. 陈嘉映, 王庆节, 译. 北京：生活·读书·新知三联书店, 2006: 83.
⑤ 海德格尔. 存在与时间 [M]. 陈嘉映, 王庆节, 译. 北京：生活·读书·新知三联书店, 2006: 169.

理解在生存论上构成我们称之为此在的视的东西。"① 理解作为投放，就像投放一道光亮一样让此在看见自己的存在，看见存在本身。但这里的看见都是生存论意义上的，不是认识论意义上的，源始的理解和投放使此在自身成为可见的，自我意识、直观和思惟甚至现象学的"本质直观"才是可能的。后者因此在海德格尔看来都是理解的远离源头的衍生物。

表面上海德格尔此在的生存论各要素的分析很杂乱，实际上有一个生存论结构将各生存论要素统一起来，构成整体性，生存论结构的整体性由一个基本情绪统领。这个基本情绪是"畏"。"畏，作为此在存在的可能性之一，连同在畏中展开的此在本身一道，为鲜明地把握此在源始存在的整体性提供了现象基础。此在之在绽露为操心。"② 畏与怕不同，两种情绪都有逃离的性质，但怕逃离的是世内存在者，而畏逃离的是世内存在。"畏之所畏者就是在世本身。"③ 也就是说，在畏中，碰到的不是世内这个或那个有威胁的东西，而是此在的存在本身，不知道这个存在是什么，世界整体意义的关联性就崩塌了，因此"畏之所畏者就是世界本身"。存在不是存在者，它是无，海德格尔强调，从存在者来经验存在，它是无，存在者本身没有意义，只因此在的存在，只因此在在世，存在者才有意义，畏之所畏者是在世本身，因此在畏的情绪中世界的世界性得到展示，存在本身得到展示，从存在来经验存在，它是有。

"无在畏中揭示自身，但并非作为存在者而揭示自身。它同样也不是作为对象而被给予。畏并非对无的把握。但是，无却通过畏并且在畏中才变得可敞开，尽管又不是这样的情形：仿佛无处于惶惶不安状态中的存在者整体'之旁'脱离开来而显示出自身。相反，我们倒是说：无在畏中与存在者整体一体地来照面。"④ 处身于畏之莫名的情绪中，此在与其在世存在脱离，"'世界'已不能呈现任何东西，他人的共同此在也不能。所以畏剥脱了此在沉沦着从'世界'以及从公众意见方面来理解自身的可能性。……畏使此在个别化为最本己的在世存在。"⑤ 此在的个别化敞开了此在本己生存的可能性，敞开了此在自由存在的

---

① 海德格尔. 存在与时间 [M]. 陈嘉映, 王庆节, 译. 北京：生活·读书·新知三联书店, 2006：170.
② 海德格尔. 存在与时间 [M]. 陈嘉映, 王庆节, 译. 北京：生活·读书·新知三联书店, 2006：211.
③ 海德格尔. 存在与时间 [M]. 陈嘉映, 王庆节, 译. 北京：生活·读书·新知三联书店, 2006：215.
④ 海德格尔. 路标 [M]. 孙周兴, 译. 北京：商务印书馆, 2001：131.
⑤ 海德格尔. 存在与时间 [M]. 陈嘉映, 王庆节, 译. 北京：生活·读书·新知三联书店, 2006：217.

可能性。也就是说，是"畏"将此在从沉沦于世、泯然常人中脱离出来，将其带向它的存在本己状态之前。"畏在此在中公开出向最本己的能在的存在，也就是说，公开出为了选择与掌握自己本身自由而需的自由的存在。"① 如果说此在的本质是它的能在，那么此在的本质也就是它的自由。转换视点后，我们可以看到，海德格尔的生存论分析如果落脚点在于本己的存在，那么他对"畏"之情绪的分析将为"个体化""个别化""少数人"张目。海德格尔显然意识到了这一点，"畏如此把此在个别化并开展出来成为'solus ipse'（唯有自己）"。他将其称为生存论的"唯我论"，不孤立于世界，而是把此在带到世界之为世界面前，带到它的在世面前，"个别化"因此是指直面自己的存在。

畏之莫名不安和进退失据的处身情态就被海德格尔描述为"无家可归"（unheimlich）状态。一边是心安理得地沉沦于世，湮没于芸芸众生中，一边是在操劳于世期间莫名地不安，从世界中抽离，转向存在问题。因此，"畏作为基本处身情态属于此在在世的建构，这种本质性建构作为存在论结构从不现成摆着，而是其本身总存在于实际此在的一种样式中，也就是说，存在于一种处身情态中。安定熟悉地在世是此在之茫然失所的一种样式，而不是倒转过来。从生存论-存在论来看，这个不在家须作为更加源始的现象来理解"②。生存论上这种最本己的畏之情绪很罕见，因为人们习惯于且安逸于在家状态，遗忘了存在，在"沉沦"这种被抛于世的事实性的生存样式中，沉沦使此在自身操劳于常人的非本己世界中而不能自拔。因此，对存在的发问是一种稀罕之事，而且对存在发问，更需要一些难得的生存论契机。在《形而上学导论》中，海德格尔以"究竟为什么存在者存在而无反倒不在？"这个问题开场，指出这个问题不是随意提出的，有其发问的独特生存论处境和契机——处身情态，譬如，"在某个完全绝望之际，万物消隐，诸义趋暗归于无，这个问题就浮现出来了"③；"在某个心花怒放之际""在某个无聊寂寥之际"④ 这个问题来临了。这些生存论契机实际上就是海德格尔所分析的处身情态，可以作为存在问题稀罕性亦即存在之遗忘状态作为常态的进一步佐证。

海德格尔在《存在与时间》中总共分析了三个此在在世的本己的生存论要

---

① 海德格尔. 存在与时间 [M]. 陈嘉映，王庆节，译. 北京：生活·读书·新知三联书店，2006：217.
② 海德格尔. 存在与时间 [M]. 陈嘉映，王庆节，译. 北京：生活·读书·新知三联书店，2006：219.
③ 海德格尔. 形而上学导论 [M]. 王庆节，译. 北京：商务印书馆，2015：1.
④ 海德格尔. 形而上学导论 [M]. 王庆节，译. 北京：商务印书馆，2015：2.

素：处身情态、理解以及最本己的情绪——畏，非本己的生存论要素重点分析了怕、沉沦、沉沦于世的诸多表现形式——闲言、好奇、两可。在《形而上学的基本概念》中专门分析了基本情绪"无聊"。无论本己的还是非本己的生存都属于此在在世的操心结构之整体。操心（Sorge）作为此在的存在论结构的形式上的生存论的整体性，它被海德格尔总结为："先行于自身已经在（世）的存在就是寓于（世内照面的存在者）的存在。"① 操心的"先于……已经……寓于……"结构环节所表达的这一形式上的生存论结构本质上是时间性的，这是我们下一节时间的观念论中要讨论的内容。本节我们需要强调的是操心作为形式上的生存论结构所表达的另一本质层面：操心既不是意向性结构，也不是心理结构，更不是主体与客体的认识结构，而是此在在世的关联行止（Verhalten）：寓于……的关联行止，即寓于上手事物的存在被把握为操劳（Besorgen），与他人共在被把握为操持（Fürsogen）。海德格尔的"此在"不是主体，"操心"因此也不是主体的主体性。"操心作为源始的结构整体性在生存论上先天地处于此在的任何实际'行为'与'状况''之前，也就是说，总已经处于它们之中了。因此，这一现象绝非表达'实践'行为先于理论行为的优先地位。通过纯粹直观来规定现成事物，这种活动比起一项'政治行动'或休息消遣，其所具有的操心的性质并不更少。'理论'与'实践'都是其存在必须被规定为操心的那种存在者的存在可能性。"② 海德格尔在这里将操心看作此在能在的存在论条件，但这里的"先行于……"表达的不是逻辑在先，不是先验的条件，而是此在本己生存的可能性的存在论条件。"操心"破除了理论与实践的区分，而且是理论活动与实践活动的存在论条件。

第二节 时间观念论

海德格尔的《存在与时间》重新提出存在的意义问题。这里的重点在于"重新提出"，因为"诸神与巨人之间关于存在的战争"、曾让柏拉图与亚里士多德为之殚精竭虑的存在问题，已经被西方形而上学遗忘了。海德格尔的《存在与时间》通过将存在与时间并置起来，把存在解释为时间性的，时间是理解

---

① 海德格尔. 存在与时间 [M]. 陈嘉映，王庆节，译. 北京：生活·读书·新知三联书店，2006：222.
② 海德格尔. 存在与时间 [M]. 陈嘉映，王庆节，译. 北京：生活·读书·新知三联书店，2006：223.

存在的"视域",已经是"重新提出"了。根据柏拉图的《蒂迈欧篇》,存在与永恒、空间并列为创世的第一级序列,时间属于次一级序列。根据亚里士多德的《物理学》,时间是就前后而言的运动的数,不可能是一般意义上的存在。海德格尔既不是从创世也不是从运动,而是从"此在"的生存出发阐释"存在与时间","依时间性解释此在,将时间解释为存在问题的超越境域"是《存在与时间》第一部分的目标。海德格尔选择"此在"而不是"自我意识""主体""个体"等现代概念,是因为此在的生存先行理解着存在。当然,仅仅依靠此在的生存论分析尚不能阐明"时间与存在"的现象学关联,"将时间解释为存在问题的超越境域"还面临着诸多困难,其中最大的困难在于这时的海德格尔尚没有摆脱传统形而上学的语言,其生存论分析带有明显的先验观念论特征。

　　海德格尔最终放弃完成《存在与时间》,使得"此在的生存论分析"成为《存在与时间》的核心部分,这进一步加强了《存在与时间》先验观念论的内在属性。尽管海德格尔在导论中指出,发问存在的意义、此在的生存论分析采用的是现象学方法,但如果我们以康德的先验观念论所设定的"可能性条件"为视点,就会看出《存在与时间》也为我们提供了一种时间性的观念论。海德格尔的观念论如果成立,必然是建立在存在论差异上,即存在与存在者的区分上。他在评论观念论时说:"如果观念论这个名称说的就是这样一种理解,即存在绝不能由存在者得到澄清,对于任何存在者,存在总已经是'超越的东西'了,那么,就只有观念论才有可能正确地提出哲学问题。"① 对康德而言,考察经验知识的可能性条件是"先验的"(transzendental)。对海德格尔来说,存在者的现成存在总是以存在的理解为可能性条件,存在本身总已经是"超越的"(transzendental)。此处我们看到,康德"先验的"和海德格尔"超越的"是同一个词,海德格尔的观念论要素因此就由此在和存在理解构成。

　　就《存在与时间》而言,海德格尔尚没有完成重新发问存在本身的意义,而是考察了此在存在的意义,以便为重新发问存在的意义开辟道路和奠定基础。在《存在与时间》的第2节,海德格尔描述了存在问题的"形式结构":在存在问题中,存在是"问之所问"(das Gefragte);存在的意义是"问之何所以问"(das Erfragte),"这是真正的意图所在"②。存在问题的形式结构首先揭示了此在与存在的本质关联。此在的本质是去存在,此在的生存敞开了存在的意义,

---

① 海德格尔. 存在与时间 [M]. 陈嘉映,王庆节,译. 北京:生活·读书·新知三联书店,2006:239.
② 海德格尔. 存在与时间 [M]. 陈嘉映,王庆节,译. 北京:生活·读书·新知三联书店,2006:6.

存在是此在的此。对海德格尔而言,"有"（es gibt）如果脱离了或独立于我们对它的理解,就不存在:"存在却只有在某种存在者的理解中才'存在'——而存在之理解之类的东西原本就属于这种存在者的存在。所以存在可能未从概念上得到理解,但它绝不会完全未被理解。……这就表明了存在与理解的必然联系。"①"只有当此在存在,也就是说,只有当存在之理解在存在者层次上的可能性存在,才'有'存在。"② 站在德国观念论立场上,这完全可以被认同为:当且仅当此在存在,种种存在者才存在。不过,海德格尔肯定不会赞同这种主观观念论的强解释,这里的要点是存在——存在者的可理解性,它们使存在者作为存在者而有意义——依赖于此在,依赖于此在对存在的先行理解。海德格尔认为,此在之存在本质上构建了对存在的理解。存在因此一向且只有此在的存在,才获得一种理解:"存在仅在特殊的被展现性中才'给出'（gibt es）,……仅当此在生存,存在才被给出。"③ 借用先验观念论的一种弱解释,此在作为存在理解的可能性条件,也就是存在意义的可能性条件,就是可以接受的。无论是观念论还是生存论,都可以说,此在在存在论上对存在的意义具有优先性。

海德格尔用"时间性"替换了"时间",日常时间概念依赖于源初的时间性概念。《存在与时间》的第二篇借助于第一篇此在在世的生存论分析成果,描述了时间最源始的现象,时间最源始的现象表明时间性与此在密切关联,没有此在,就没有时间。时间性的观念论首先意味着存在依赖于此在的时间性,或者用先验观念论的句式,就是此在的时间性是存在意义的可能性条件。

从海德格尔的文本中,我们摘录了一些关于此在与时间关系的论断:

1. 此在,从其存在之最极端的可能性来思考,是时间它自身,而不是在时间中。④

2. 并不是时间存在,而是此在通过时间时间化它的存在。时间不是在我们之外的某个处所生起的一种作为世界事件之框架的东西;同样,时间也不是我们意识内部的某种空穴来风,时间就是那使得在-已经-寓于某物-存在-之际-

---

① 海德格尔. 存在与时间 [M]. 陈嘉映,王庆节,译. 北京:生活·读书·新知三联书店,2006:212.
② 海德格尔. 存在与时间 [M]. 陈嘉映,王庆节,译. 北京:生活·读书·新知三联书店,2006:244.
③ 海德格尔. 现象学之基本问题 [M]. 丁耘,译. 上海:上海译文出版社,2008:21.
④ HEIDEGGER M. *Der Begriff der Zeit* [M] Ed. Helmut Tietjen. Tübingen:Max Niemayer,1989:19.

167

先行于-自身-存在成为可能的东西，即，使操心的存在成为可能的东西。①

3. 时间不是而且首先不是规定变易秩序的图式，而是本真的此在它自身。②

4. 因而，如果表明了此在的知性所通达的"时间"不是源始的，而是源自本身的时间性……③

5. 首先要领会到的是，时间性作为绽出视野的、时间化着像世界时间这样的东西，它也组建着上手事物与在手事物的内时间性。④

6. 没有本质-时间，因为所有的时间本质上都属于此在。⑤

7. 完全有人类根本就不存在这样的可能性。也确实曾有过一个时期，人并不存在。但严格来讲，我们不能说有过一段人在其中不曾存在的时间。人曾经、现在而且将在任一时间中存在，因为时间只在人存在的情况下才成之为时间的。绝没有一种人从不曾在其中的时间，所以如此，并不是因为人从恒久而来，又往永恒而去，而是因为时间不恒久，时间总只是在作为人的历史此在的某个时间中才成之为时间。⑥

根据以上所摘引的观点，我们说海德格尔是一个时间性的观念论者。他讨论了时间作为日常理解最终依赖于源初的时间性。组建源初时间性的那些特征也组建了世界-时间，世界-时间从这个意义上说派生于源初时间性的形式。海德格尔对此在的生存论分析指出，源初的时间性是此在生存结构的时间样式，因此它也是此在的形式。换句话说，时间的解释依赖于一种本质上的人之生存现象，时间要求着此在。

当然，海德格尔不可能使用"时间性的观念论"这个名称，他坚持此在的生存论-存在论立场。首先，他的分析把源初的时间现象分类为一种时间的形式。日常时间和世界-时间因此依赖于一种更深层次的时间形式——时间性，而不是依赖于某种非时间的东西。其次，他并没有直白地说时间依赖于此在，而

---

① HEIDEGGER M. *Prolegomena zur Geschichte des Zeitbegriffes* [M]. Frankfurt am Main: Vittorio Klostermann, 1979: 442.

② HEIDEGGER M. *Logik: Die Frage nach der Wahrheit* [M]. Ed. Walter Biemel. Frankfurt am Main: Vittorio Klostermann, 1976: 205.

③ 海德格尔. 存在与时间 [M]. 陈嘉映, 王庆节, 译. 北京: 生活·读书·新知三联书店, 2006: 375.

④ 海德格尔. 存在与时间 [M]. 陈嘉映, 王庆节, 译. 北京: 生活·读书·新知三联书店, 2006: 474.

⑤ HEIDEGGER M. *Die Grundprobleme der Phänomenologie* [M]. Ed. Friedrich-Wilhelm von Herrman. Frankfurt am Main: Vittorio Klostermann, 1975: 370.

⑥ 海德格尔. 形而上学导论 [M]. 王庆节, 译. 北京: 商务印书馆, 2015: 95.

且源初的时间性严格意义上并不依赖于此在。源初的时间性是"此在存在的意义",即只有根据时间性的结构,此在存在的多重要素才有意义并赢得一种深层的统一。最后,"时间性的观念论"暗示着时间取决于观念,取决于笛卡尔-康德-胡塞尔的主体,而此在并不是这样一种主体。海德格尔的哥白尼式转向恰恰就在于破除近代以来主体-客体这种对象性、表象性思惟方式,而提出了一种操劳结构,一种打交道(Umgang)的方式,一种"给出"的方式。这种方式被海德格尔应用于此在的生存论分析中,此在的生存论分析是海德格尔绽出存在意义的视野的路径,是对此在存在先行领会的考察,一种形式显示。通过这种打交道的方式,"海德格尔解构了将对世界的理解还原为主体心灵中的表象状态的一切论证,解构了心灵与精神作为认识的基础"① 的基础主义认识路线。

《存在与时间》通过此在的生存论-存在论分析追问存在的意义,严格来说是追问此在存在的意义,或者说此在对它的存在的理解。这种理解最突出的特征是时间性、世间性,它不是理论认知。海德格尔在第二篇"此在与时间性"中实际上是将第一篇对此在的生存论-存在论的在世分析重新奠基在时间性基础上,也就是把此在的生存论之操心结构阐释为以时间性为前提条件。这种操作不可避免会出现重复,而且还有些生硬和不融贯,自然会招致批评。《存在与时间》的第二篇和第二部都没有完成,这也直接反映了时间问题的艰难。不过我们在意的是海德格尔所确立的存在论立场和视角:"只有从时间性问题出发把存在与真理的原则联系问题铺开,才能着手分析……那时也就可以说'是'的存在论意义了;只有从……时间性出发,亦即从一般此在的时间性出发,才能澄清'意义'的'发生',才能从存在论上使形成概念的可能性得以理解。"② 通过海德格尔对"在世的时间性"的分析,我们看到,他主张:"绽出的时间性源始地敞亮了'此'。绽出的时间性首要地调整着此在本质上具有的一切生存论结构的可能统一。"③ 此在的先行理解、处身情态以及沉沦、畏等都奠基于时间性中,通过对这种奠基的阐释,海德格尔把此在的时间性解释为"将来""当前""已是"的一种非线性相继性的流形结构,与亚里士多德线性现在时间观本质不同的地方就在于,在海德格尔的时间性流形中,源初的当前不再是定义时间的

---

① 孙冠臣. 论《存在与时间》中此在的先验性 [J]. 上海交通大学学报(哲学社会科学版),2010(1):68.
② 海德格尔. 存在与时间 [M]. 陈嘉映,王庆节,译. 北京:生活·读书·新知三联书店,2006:398.
③ 海德格尔. 存在与时间 [M]. 陈嘉映,王庆节,译. 北京:生活·读书·新知三联书店,2006:399.

起点。"曾在从将来而来构成当前"可以用来描述海德格尔关于此在存在的时间性。为了更好地理解海德格尔的时间性概念，我们重点考察此在的生存论的时间性解释和它的实际性。

在《存在与时间》第 31 节论理解中海德格尔早已暗示了此在自我理解的时间性解释的方向。他说："要是有人愿意并能够把此在当作现成事物来记录它的存在内容，那么可以说，基于投放的生存论性质组建起来的那种存在方式，此在不断地比它事实上所是的'更多'。但它从不比实际上所是的更多，因为此在的实际性本质上包含有能在。然而此在作为可能之在也从不更少，这就是说，此在在生存论上就是它在其能在中尚不是的东西。"①

在这里，海德格尔将此在的生存等同于它的"能在"，等同于它的可能性，也就是将此在的生存和能在二者等同于它还不是的东西。此在还不是的含义中就直白地呈现着它能够是的含义。这里的关键在于理解海德格尔如何使用"还不是"以及"先行"。此在的源初时间性的概念是对操心结构的一种解释，也就是说，此在的存在按照它的自我理解还不是现实的 A，或者生存性不是按照此在的"先行于它自身"的存在来理解，而是表示着此在能够为其能在而存在，因此是此在对其自身的筹划，只有在此在筹划自身的生存论意义上，"将来"才是此在生存论建构的首要意义。海德格尔关于此在生存的将来性是这样说的："'将来'在此并不意指一种现在——它尚未成为'现实的'，而是到某个时候才将是现实的，而是意指'来'——在这个来中此在就其最本己的能在而走向自己。"② 换句话说，海德格尔所指的将来，不是立足于当下的在前面，亦即将来在某一天会成为当下，海德格尔是将曾在、当前与将来作为此在操心结构的统一整体来把握。他说："时间性在每一种绽出样式中都整体地到时，即生存、实际性与沉沦的结构整体的整体性，也就是说，操心之结构的统一，奠基于时间性当下完整到时地绽出的统一性。到时不意味着绽出样式的'前后相继'。将来并不晚于曾在状态，而曾在状态并不早于当前，时间性作为曾在的当前化的将来到时。"③

《存在与时间》的第一篇是此在的生存论-存在论分析，核心是"在世"，

---

① 海德格尔. 存在与时间 [M]. 陈嘉映，王庆节，译. 北京：生活·读书·新知三联书店，2006：170.
② 海德格尔. 存在与时间 [M]. 陈嘉映，王庆节，译. 北京：生活·读书·新知三联书店，2006：371.
③ 海德格尔. 存在与时间 [M]. 陈嘉映，王庆节，译. 北京：生活·读书·新知三联书店，2006：398.

第二篇是此在的生存论-时间性分析，核心是"时间性"。此在的生存论-存在论结构和生存论-时间性结构不是此在的两个生存论结构，而是一个结构，因此二者的分析必然是重合的，而且海德格尔认为此在的三种存在样式——生存性（Existenzialität）、事实性（Faktizität）、沉沦状态（Verfallensein）——在操心的整体性结构中得到统一，而这种统一是通过时间性实现的，因此我们才推论说，海德格尔的时间性分析本质上就是世间性分析。海德格尔说："时间性使生存论建构、实际性与沉沦能够统一，并以这种源始的方式组建操心之结构的整体性。"① 操心结构的统一在于时间性，这就意味着操心的整体性结构：先行于自身的-已经在（一世界）中的-作为寓于（世内照面的存在者）的存在，② 就奠基于时间性的源始结构中。"先行于自身"奠基于"将来"中，"已经在……中"关联着"已是"。"寓于……而存在"在"当前化"之际成为可能。③"将来""已是"和"当前"构成了操心之生存论结构整体的三个时间性绽出状态、三个生存论要素，作为时间性绽出状态揭示着存在的意义的"之所向"，作为生存论要素揭示着此在存在理解的生存论处境——"生存""被抛""沉沦"。因此，"将来"（Kunft）、"已是"（Gewesen）、"当前"（Gegenwart）完全不同于传统计数时间的三个维度——未来、过去、现在，也不同于胡塞尔的内时间意识。海德格尔说："我们把如此这般作为已是着的当前化的将来而统一起来的现象称作时间性。只有当此在被规定为时间性，它才为它本身使先行决断的已经标明的本己的能整体存在成为可能。时间性绽露为本己的操心之意。"④ "将来"不是尚未到来的现实，尚未实现的现在，而是此在借以在最本己的能在中的来到自身的那个"来"，它是此在生存论上的"先行"；"已是"是此在在世的事实性，承担着此在的被抛之生存处境，是此在生存论上的"负有罪责"；"当前"使周围世界在场的东西前来照面，只有在当前化的意义上作为当前，决断才能是其所是的东西。操心之整体性结构只是借助于"先""已是"以及"当前化"这样的语词来提示出生存论建构、实际性以及沉沦的时间性意义。"将来、已是与当前显示出'向自身''回到''让照面'的现象性质。'向着……'

---

① 海德格尔. 存在与时间 [M]. 陈嘉映，王庆节，译. 北京：生活·读书·新知三联书店，2006：374.
② 海德格尔. 存在与时间 [M]. 陈嘉映，王庆节，译. 北京：生活·读书·新知三联书店，2006：372.
③ 海德格尔. 存在与时间 [M]. 陈嘉映，王庆节，译. 北京：生活·读书·新知三联书店，2006：373.
④ 海德格尔. 存在与时间 [M]. 陈嘉映，王庆节，译. 北京：生活·读书·新知三联书店，2006：372.

'回到……''寓于……'等现象不折不扣地把时间性公开为 εκστατικου（已经出离的东西）。时间性是源始的、自在自为的'出离自身'本身。"① 所以，将来、已是、当前这些现象就是时间性的绽出，虽然绽出-视野的时间性在结构上，将来、已是、当前每一个时间化过程都包含了三种绽出样式的共同作用，但将来在源始而本己的时间性之绽出的统一性中拥有优先地位。

在《存在与时间》的第65节，海德格尔总结说："我们把前面对源初时间性的分析概括为下面几个命题：时间源始地作为时间性的到时存在；作为这种到时，时间使操心的结构之建制成为可能。时间性本质上是绽出的。时间性源始地从将来到时。源初的时间是有限的。"② 操心结构作为此在的生存论结构，使得此在的时间性实际上亦即其世间性，将来的优先性和源初时间性的有终结性就构成了此在存在的双重面相。

源初的时间性是源初的时间；源初的时间性被海德格尔描述为"纯粹的和直接的绽出"，作为"源始的、自在自为的'出离自身'本身"③。源初的时间性使操心、此在的存在成为可能。时间的这种"绽出""出离自身"的特征表达着此在的时间之实现：绽出，从其自身中脱离出来，此在总是早已"出离自身"。同样地，作为时间的实现，此在从未与它自身相一致，相反，敞开、绽出，此在"是"时间。源初的时间性组建了此在的绽出自身的存在，它是此在投放的敞开性。

虽然海德格尔并没有用太多的篇幅来解释将来的优先性，但这种优先性就体现在将来对当前的唤醒以及本己的时间和非本己的时间的区分中。他说："源初而本己的时间性是从本己的将来到时的，其情况是：源初的时间性曾在将来最先唤醒当前。源初而本己的时间性的首要现象是将来。非本己时间性本身有其不同的到时样式；将来所拥有的优先地位将与此相应而有所改观，但这种优先地位也会在衍生的'时间'中浮现出来。"④

海德格尔定义当前是由将来唤醒为当前，并通过这种唤醒来描述将来的优先性。向着此在最本己的能在的召唤是良知，良知显露为操心的呼声，把此在

---

① 海德格尔. 存在与时间 [M]. 陈嘉映，王庆节，译. 北京：生活·读书·新知三联书店，2006：374-5.
② 海德格尔. 存在与时间 [M]. 陈嘉映，王庆节，译. 北京：生活·读书·新知三联书店，2006：377.
③ 海德格尔. 存在与时间 [M]. 陈嘉映，王庆节，译. 北京：生活·读书·新知三联书店，2006：375.
④ 海德格尔. 存在与时间 [M]. 陈嘉映，王庆节，译. 北京：生活·读书·新知三联书店，2006：375-76.

唤向前来，唤到它的诸种可能性上去。对此在而言，最本己的可能性是死亡，死亡本是此在确定可知会到来的，但仅仅由于暂时尚未到来，常人依此否认了死亡的确定可知，此在的本己生存按照海德格尔此在的生存论分析立场，正是向死存在，向死存在基于操心，本己的向死存在因此就意味着此在的一种生存上的可能性。这种可能性是此在最本己的可能性，向此可能性存在，就是此在本己的生存，此在的能在因此向死而生，构成一个时间圆环，"在这种能在中，此在就可以看清楚，此在在它自己的这一别具一格的可能性中保持其为脱离了常人的，也就是说，能够先行着总是已经脱离常人的"①。海德格尔对此在本己生存的现象学描述落脚点是在本己化、个别化和自由上。他说："先行向此在揭露出丧失在常人自己中的情况，并把此在带到主要不依靠操劳操持而是去作为此在自己存在的可能性之前，而这个自己却就在热情的、解脱了常人的幻想的、实际的、确知它自己而又畏着的向死的自由之中。"②

海德格尔讨论此在的生存论结构的整体性，首先讨论的是死亡现象，没有死亡，生存就不完整。死亡因此是此在生存的最重要的生存论现象，只有此在的死亡，才能使此在的生存成为整体，向死存在揭示了此在生存整体的整体性；死亡揭示了此在的时间性、有限性；死亡作为可能性，是此在最本己的可能性，揭示了此在整体的能在。

在《存在与时间》"第一篇准备性的此在基础分析"中，海德格尔分析了此在生存论结构的形式的整体性——操心，在"第二篇此在与时间性"中，海德格尔着重分析了此在本己的整体能在，操心作为此在生存论结构的整体性再次出现，只不过是以时间性结构整体呈现，时间性就成为操心的存在论意义。"操心是向死存在的。……因而本己的将来绽露其本身为有限的将来。"③ 在向雅斯贝尔斯"有限-处境"概念致敬的一个注释中，他说："雅斯贝尔斯把死视为引向他所提出的'有限-处境'现象的导索，而这一'有限-处境'的基本意义超然于一切'态度'与'世界图像'的类型学之上。"④ 死亡是有限-处境，定义了此在能在的有限性。此在的存在是一种能在，而这种能力的界限是不能

---

① 海德格尔. 存在与时间 [M]. 陈嘉映，王庆节，译. 北京：生活·读书·新知三联书店，2006：302.
② 海德格尔. 存在与时间 [M]. 陈嘉映，王庆节，译. 北京：生活·读书·新知三联书店，2006：306.
③ 海德格尔. 存在与时间 [M]. 陈嘉映，王庆节，译. 北京：生活·读书·新知三联书店，2006：376.
④ 海德格尔. 存在与时间 [M]. 陈嘉映，王庆节，译. 北京：生活·读书·新知三联书店，2006：286.

在，海德格尔因此称死亡是能在的有限-处境的条件。死亡作为一个条件，此在在其中不能够在此，死亡因此揭示了此在本己存在的时间性，即此在的生存是有时间的，时间性构成了操心的源始的存在意义。

一方面，此在的生存大多数情况下是常人的、非本己的生存，只有"死"是本己性的，自己必须亲自要过的，通过沉沦于常人也不能逃避的是自己的"死"。因此，终有一死揭示了此在的本己性。另一方面，此在的生存是能在，是其可能性，一旦死亡成为现实，此在就不再存在，没有了可能性。"此在在死亡中达到整全同时丧失了此之在。"① 也就是说，此在存在的整体性与其不再存在是一体的，此在不再存在（死亡）的同时赢得其整体性。因此，死亡现象揭示了此在的不可企及的将来性，终将到来又不可完成的将来意指此在的存在作为可能性亦是向终结而存在，"向终结而存在"就被海德格尔规定为此在的生存论结构要素，死亡因此在海德格尔的生存分析中，首先不是一个经验事实，不能从生理学、心理学、人类学等科目上来理解，他关注的是死亡现象揭示了时间性的有限性，它既是一个必将到来的终点，又是不可企及的将来。不可企及揭示了此在的死亡也是一种可能存在，不是现成在手的经验事实，它不是还没有到来的现在。源初时间性的有限性就转向它的非相继性：仅就它不是前后相继的而言，源初的时间性才是有限的。海德格尔的"死亡"概念作为此在的生存论在世结构要素本身就是以时间性之将来样态现身的。

海德格尔说，不是过去、现在和将来的线性相继性，而是绽出-视野的时间同时时间化了这三个维度。传统的现在-时间概念把现在看作过去和将来的分离点，把过去和将来分别看作不再是现在和还没有成为现在；而绽出-视野的时间不但倒转了这一顺序，把"已是着的将来"看作时间性的优先样态，当前从这个样态产生。如果绽出-视野的时间蕴含着在场（当前）依赖于缺席（已是与将来），在场的这种观念是如何能够与这样一个事实——通过现在—时间所表达的一个事实——我们持续地生活于对现在的把握之中相一致？而"我持续地生活于现在之中"表达的恰恰就是理解的意向结构，即在任何理解的模式中（思想、知觉、活动、谈话等）对某物的显现。理解总是某物作为某物的一个理解，我理解了面前的这个"某物"是一把镰刀而不是一根拐杖。把某物理解为这就预设了那，当显现时，我们比面前被呈现的东西获得了"更多"，从一个"更多"或"其他地方"我们"回到"在场。因此，为了理解某物为这或那，理解

---

① 海德格尔. 存在与时间 [M]. 陈嘉映, 王庆节, 译. 北京：生活·读书·新知三联书店，2006：273.

必须依赖于没有在场的东西，没有在场的东西构成了我们理解的语境或框架，依靠它，显现被理解。海德格尔说："操劳打交道只有已经领会了因某物缘某物而有的因缘或诸如此类，它才能让上手事物向寻视照面。"① 没有在场的东西（曾在）因此并没有完全消失，它就是我们经历的过去，时时刻刻都在当下的理解中起着作用，不经意间，已是潜入将来，与将来一道走向前来。这也就是海德格尔所说的"对何所缘的期备"②。有所期备与有所居持一道在其绽出统一性中使当前化为可能，也就是说，将来与已是一起构成的"到时"使意向的理解成为可能。这种可能性是通过熟悉化具体实现的，海德格尔说"有所期备有所居持的当前化组建着熟悉"③，此在不仅在熟悉中认出自己，而且还通过何因何缘的筹划而"认出"作为它所是的存在者——上手事物。

如果海德格尔所言不差，已是总是从将来潜入当前，一切理解都以投放的样式出现，那么，我们认为，人类的认识就从来不可能追上理解永远正在消逝着的地平线。只有时间停止，理解才能够是完全的和确定的：它将能够把握住试图理解的东西的全部意义。理解的这种时间性结构一方面限制了我们的理解，使任何理解都是有限的，另一方面又使新的理解成为可能。理解有限性的本质在于时间的"无限制的"作用，在于界定可确定的限制的不可能性中。每一个我们试图为理解划定界限范围的视域都将由于时间的连续性而失去它的限制特征。正是理解本身的时间性结构冲垮了我们所设置的抵抗时间的连续性的每一个障碍。但是时间的"非-限制"的影响不只是解构性的，它也是建构性的，即由于新的和未预见到的视域从历史的深处浮上表面，从将来走向当前，破坏了我们认为知道的和拥有的，这些浮出表面的视域建构了理解的新的投放的可能性。如果不是时间的这种建构特征，未预见到的、新的视野以及机遇都将是不可能的。将来作为能在的可能性维度，以曾是的面貌走向当前，构成了理解的永远常新的地平线。

正是在上述意义上，此在的超越不但使自然科学研究成为可能，而且，世界也随着诸绽出样式的"出离自己"而"在此"，"只要此在到时，也就有一个

---

① 海德格尔. 存在与时间 [M]. 陈嘉映，王庆节，译. 北京：生活·读书·新知三联书店，2006：401.
② 海德格尔. 存在与时间 [M]. 陈嘉映，王庆节，译. 北京：生活·读书·新知三联书店，2006：402.
③ 海德格尔. 存在与时间 [M]. 陈嘉映，王庆节，译. 北京：生活·读书·新知三联书店，2006：402.

世界存在"①。一旦我们将科学理解为一种生存方式、在世方式——对存在者的存在进行揭示与展开的在世方式，那么，理论的"科学态度"也将从寻视操劳中发生，即世内现成事物的专题化。这种专题化以此在对存在者的超越为前提，此在的超越不但超越着存在者，而且也超越着世界。时间性不但组建着此在的生存，而且也组建着世界，可以说，此在生存着就是它的世界。时间性因此也是世间性。海德格尔说："世界之所以可能的生存论时间性条件在于时间性作为绽出的统一性具有一条视野这样的东西。"② 绽出的视野在将来、已是与当前三种绽出样式中虽各不相同，但它们作为整体时间性的视野规定着实际生存着的存在者本质上向何处展开。所以，"根据时间性绽出的统一性的视野建构，就有展开了的世界这样的东西属于那个向来是其此的存在者"③。正如康德的主体性的认识结构指定了经验的结构，海德格尔此在的生存论时间性结构指定了世界与存在。这样的此在显然对存在具有优先性，从而与康德的统觉一样都是先验的。

用"生存论条件"取代"先验条件"，"先验的"转换为"超越的"，让海德格尔的现象学运思依然深陷主体性哲学的窠臼中。其时间性的观念论规定了此在的存在是时间性的存在，此在是时间性的，具体包含三个核心主张：（1）操心是时间性的；（2）此在的历史性；（3）定时。

（1）操心是时间性的，表达了此在的生存论结构是世间性，是在世。操心的时间性揭示了操心的意义，在世操劳使所操劳之物、所操持之事有意义。海德格尔要确认时间性是操心的存在论意义，实际上等于又再次确认一遍此在的存在理解的存在论条件，只不过与第一篇中此在的生存论分析不同的是，将时间性阐明为此在存在的存在论条件，因为此在的存在是时间性的，此在存在的意义是操心，时间性也是操心的意义。"时间性绽露为本己的操心的意义。"④ 既然此在的生存论要素表达着时间性的三种样态，而操心表达着此在生存的整体结构，那么，操心结构的整体性和统一性也应该由时间性来表达。"'先行于自身'奠定在将来中，'已经在……中'本来就表示曾是。'寓于……而存在'

---

① 海德格尔. 存在与时间 [M]. 陈嘉映，王庆节，译. 北京：生活·读书·新知三联书店，2006：414.
② 海德格尔. 存在与时间 [M]. 陈嘉映，王庆节，译. 北京：生活·读书·新知三联书店，2006：414.
③ 海德格尔. 存在与时间 [M]. 陈嘉映，王庆节，译. 北京：生活·读书·新知三联书店，2006：414.
④ 海德格尔. 存在与时间 [M]. 陈嘉映，王庆节，译. 北京：生活·读书·新知三联书店，2006：372.

在当前化之际成为可能。"① 这句引文直接表明了时间性使此在的生存、实际性、沉沦统一起来构成一个整体——操心。以此为基础,海德格尔才能"重演"生存论分析的任务。

(2) 此在的历史性,表达了此在的生存本身是历史的,即存在的发生,亦即真理的发生。《存在与时间》一直在反复强调此在的生存论分析的目标是找到回答一般存在意义问题的可能性,这种可能性就奠基于能够提出存在问题的此在的存在理解之中。此在的生存是时间性的,时间性不是流俗的时间,更不是存在者,其源始的时间现象表达为"到时"和"历事","此在的历史性分析想要显示的是:这一存在者并非因为'处在历史中'而是'时间性的',相反,只因为它在其存在的根据处是时间性的,所以它才历史性地生存着并能够历史性地生存"②。历史奠基于时间性,历史因此并不首先意味着过去的东西,它表达着"一种贯穿'过去''现在'与'将来'的事件联系和'作用联系'"③。从生存论上,海德格尔将历史定义为:"历史是生存着的此在在时间中进行的特别的历事。这是一个在此在共处中'过去了的'而却又'流传下来的'和继续起作用的历事,它在强意义上就是历史。"④ 因此,对此在历史性的阐释归根结底是为了阐明此在的时间性,此在历史的发生是此在在世存在的历事,它基于绽出境域的时间性而属于时间性的到时。

(3) 定时,不是把时间作为工具用来计时,而是表达着此在与世界、世内存在者的关系。海德格尔问道:"为什么凡此在谈及所操劳之事,即使大半不附音声,却也连带道出了'现在正……''而后将……''当时曾……'? 因为意指某事的解释一并道出了自己,亦即道出了寓于上手事物的存在。"⑤ 现在、将来和曾是作为时间性绽出统一性的不同形态,并不首先意味着物理时间或心理时间的先后相继的流逝方向性维度,更多的是表达着此在生存于世间的操劳活动,与世内存在者打交道的活动,作为定时不是确定一个数字,而是涵盖生存

---

① 海德格尔. 存在与时间 [M]. 陈嘉映,王庆节,译. 北京:生活·读书·新知三联书店,2006:373.
② 海德格尔. 存在与时间 [M]. 陈嘉映,王庆节,译. 北京:生活·读书·新知三联书店,2006:426-27.
③ 海德格尔. 存在与时间 [M]. 陈嘉映,王庆节,译. 北京:生活·读书·新知三联书店,2006:429.
④ 海德格尔. 存在与时间 [M]. 陈嘉映,王庆节,译. 北京:生活·读书·新知三联书店,2006:429.
⑤ 海德格尔. 存在与时间 [M]. 陈嘉映,王庆节,译. 北京:生活·读书·新知三联书店,2006:460.

性"之间"所表达的一个时段,更准确地说是表达一个时机,确定事件发生的契机。因此,计时作为此在操劳时间的直接样式,源自此在本己的绽出时间的统一性,计时是为了做事,"在操劳中得到解释的时间向来已被理解为做……的时间了"①。计时在操劳于事中将"公共时间"公布出来,日历、钟表等时间器的发明有其"生存论-存在论的必然性"。如果说传统观念论对时间的先天性把握是以时间的数量化、形式化为基础的,那么海德格尔则完全颠倒了这一在先顺序,从生存论-存在论和时间现象出发,计时是公共时间的可能性条件。"在操劳活动中,每一事物都配有'它的时间'"②,"我们把世内存在者'在其中'照面的时间规定为世间时间"③。

海德格尔时间观念论所确立的上述三点主张直接与亚里士多德的时间作为运动的计数以及康德的时间作为先天直观形式对峙起来,构成其独特的世间-时间现象学:"时间不仅和主要不是规定变化次序的图式,而实际上就是此在本身。"④

第三节 海德格尔非概念的真

"存在论区分",即存在与存在者的区分,是海德格尔早期提出存在问题的出发点。因此,对存在的意义、存在真理的发问,就有两种发问立场:一是存在论立场。存在论立场主张此在就在真理中,真理是事件的发生、敞开和揭示。二是存在者立场。存在者立场主张寻求确定性,真理是知识、理论和原理。海德格尔的真理之路因此不同于传统哲学的真理之路,他指出:"必须把真理理解为基本生存论环节。"⑤ 把此在在世的展开状态解释为源始的真理。海德格尔后期存在真理的主题依然坚持此立场。我们甚至可以说,海德格尔从回答存在有

---

① 海德格尔. 存在与时间 [M]. 陈嘉映,王庆节,译. 北京:生活·读书·新知三联书店,2006:468.
② 海德格尔. 存在与时间 [M]. 陈嘉映,王庆节,译. 北京:生活·读书·新知三联书店,2006:472.
③ 海德格尔. 存在与时间 [M]. 陈嘉映,王庆节,译. 北京:生活·读书·新知三联书店,2006:473.
④ HEIDEGGER M. logik: *Die Frage nach der Wahrheit* [M]. Ed. Walter Biemel. Frankfurt am Main: Vittorio Klostermann, 1976: 205.
⑤ 海德格尔. 存在与时间 [M]. 陈嘉映,王庆节,译. 北京:生活·读书·新知三联书店,2006:339.

多重含义，哪一种含义是其最根本的含义出发开始他的哲学之路，自始至终都坚持存在的最根本含义是真，意义的真。

早在《存在与时间》（1927）时期，海德格尔的思想道路就已经自觉地区别于德国观念论，他后来说，"一切人类学和作为主体的人的主体性都被遗弃了——《存在与时间》就已经做到了这一点"①。尽管上一节我们讨论了海德格尔的时间观念论，那也只是站在先验观念论视点上的一种暂时的解读。德国观念论的思想道路是理性之路，追求概念的真；海德格尔的思想道路是理解之路，追求揭示的、展开状态的真。两种思想道路、两种真理之路在海德格尔《存在与时间》中早已通过几个核心概念得到提示和分析：世界与世界性；命题与理解；传统真理概念和真理的原始现象等。进入1930年代以后的海德格尔更是自觉地与传统形而上学对峙起来，所思之事为形而上学的克服。形而上学之克服，对海德格尔而言，就是放弃形而上学的思惟方式，亦即放弃表象式的思惟。如果说《存在与时间》时期的海德格尔还试图从康德那里寻求庇护，那么《形而上学导论》时期的海德格尔则将德国观念论视为存在历史的一个环节，即主体性形而上学的终结。

理查森曾在给海德格尔的信中提出其思想"转向"的问题，海德格尔在回信中将"转向"解释为"存在本身的发生过程"，是"有"（Es gibet），是真理事件，即本然（Ereignis）。思想的"转向"是建立在本然发生（Er-eignen）过程基础上的存在真理与此在的共属（Gehören）和带出（Erbringen）。海德格尔因此并不愿意无条件接受理查森"海德格尔 I"和"海德格尔 II"的区分，更倾向于用"存在与时间"和"时间与存在"来表达他的思想道路。但就海德格尔所思之事——存在问题而言，其思想的"转向"是从"存在的意义"到"存在真理"的本然事件。"存在的意义"是以此在的"理解"（Verstehen）为视点；"存在的真理"则是以存有"有""给出"（Es gibet）为视点。

一方面为存在真理做准备，一方面思考形而上学的克服，海德格尔首先要克服他自己在《存在与时间》中的先验性和主体性色彩。对先验的认知方式，海德格尔在《哲学论稿（从本然而来）》中曾有过深刻的反思，他指出，先验的方式只是准备性的和过渡性的，一切都是为旋转与跃入做准备②，作为存有真理之开启、开抛的跳跃与着眼于可能性条件而进行的单纯先验的认知方式有

---

① 海德格尔. 路标 [M]. 孙周兴, 译. 北京：商务印书馆, 2000: 233.
② 海德格尔. 哲学论稿（从本有而来）[M]. 孙周兴, 译. 北京：商务印书馆, 2012: 322.

本质的不同。① 为了揭示这种本质性的差异，在《哲学论稿》中，海德格尔除了确立新的索引词 Ereignis（本然）之外，还从字面上改变了关键词的写法，比如 Dasein（此在）被改写为 Da-sein（此-在），以澄清此在不是对象性、实体性的存在者，它首要的意义在于它的存在，表达着人与存在的关系。Sein（存在）改写为 Seyn（存有），更加偏爱使用否定性、疏离性、离弃性的前缀（Un-/Ab-）对理性概念进行反转，比如非-真理（Un-wahrheit）、非-本质（Un-wesen）、失据/深渊（Ab-grund）等，以组建非形而上学的语言为思想的另一开端做准备。

在《哲学论稿》中，海德格尔提出了克服《存在与时间》中先验性的三种方案：一是废黜此在对存在的优先性；二是废黜存在对存在者的优先性；三是存在之跳跃。

（1）此在与存在相互归属

在《存在与时间》中此在作为存在理解的可能性条件，对存在具有优先性，而在《哲学论稿》中，海德格尔说："跳跃乃是存在之真理的开抛的实行，那是在移置入敞开域之中意义上的开抛，如此这般地，开抛之抛投者就把自身经验为被抛者，亦即被存有所居有者。"② 也就是说，此在在这种抛投的敞开域中成其自身，并归属于存有。海德格尔抱怨说，人们没有首先去倾听《存在与时间》关于存在理解所讲的东西，而是径直把"理解"看作"主体"内在"体验"的一种有所规定的认识，相应地把此在看作自我-主体。在《哲学论稿》中，海德格尔将理解与开抛联系起来，"理解是一种揭示，是把自身抛出去和摆出去，使自身进入敞开域中，而在此敞开域中，理解者才得以达到自己，成为一个自身（Selbst）"③。也就是说，不是先有一个自我-主体，然后理解，而是自身在抛入敞开域中后才成为自身的，在理解中成为自身的。"于是，存在之理-解（Ver-stehen）作为存在之真理的建基，就是'主体化'的反面了，因为'它是'对一切主体性以及由之规定的思惟方式的克服。"④

被抛性在这里也并不仅仅指《存在与时间》中所揭示的实际性，它还揭示了对存有本身的那种征用着的抛投。在《存在与时间》中，被抛性与投放一起组建了存在理解的可能性；而在《哲学论稿》中，处于源初地位的则是存有与

---

① 海德格尔. 哲学论稿（从本有而来）[M]. 孙周兴，译. 北京：商务印书馆，2012：250.
② 海德格尔. 哲学论稿（从本有而来）[M]. 孙周兴，译. 北京：商务印书馆，2012：250.
③ 海德格尔. 哲学论稿（从本有而来）[M]. 孙周兴，译. 北京：商务印书馆，2012：272-273.
④ 海德格尔. 哲学论稿（从本有而来）[M]. 孙周兴，译. 北京：商务印书馆，2012：273.

此在的发生——被抛性和投放的种种结构正是从这种发生的事件中呈现出来。"与此在的缘起相一致,转向必然存在于作为被抛的投放的理解中;投放的抛投者是一个被抛的抛投者——但仅仅是在抛投中并通过抛投而言的。"① 这就意味着存在者之存在永远不能被构思为某个主体、心灵或《存在与时间》中此在的功能,由此海德格尔自认为他已经一劳永逸地摆脱了先验论。因为尽管存有依然需要此在,但此在本身也只有通过存有才能成就为自身,存有不再依附于此在。他说:"最要紧的事体是,不要去超逾存在者(超越性),而是跳过这种区分(存在论区分),因而也跳过超越性,从存有与真理而来原初地进行追问。"② 简言之,从《存在与时间》到《哲学论稿》的转向可以被看作一个从对存在的理解到存有本质发生的转向。针对这个华丽的转身(转向),海德格尔说,存有本身宣示了它的历史性本质。存有并不是由此在的理解所决定的;相反,它发生着,并在这种发生中携带着此在。

(2)存有与存在者具有同时性

在《存在与时间》中,海德格尔指责传统形而上学只是关注存在者与存在性,而没有关注存在问题,为此他提出了"存在论区分"的概念。虽然存在论区分的提出确实帮助我们认识到存在问题不同于任何存在者层面上的问题,但这种提法也诱导我们去寻找一个存在的优先结构。正如海德格尔所分析的那样,存在早在存在者向我们敞开之前就在我们的理解中被给予我们了,也就是说存在是存在者之为存在者的根据,对存在者具有优先性。而在《哲学论稿》中,海德格尔则尽力避免以先验的方式来把握存在的敞开,提出了存有与存在者的"同时性"(Gleichzeitigkeit)概念,存有并不是存在者的一种可能性条件,而是完全与对存在者本身的敞开一道发生。他说:"然则存有不是某个'更早先的东西'——自在自为地持存着——本然乃是对存有与存在者而言的时空上的同时性。"③ "存有的真理和存有的本现既不更早,也不更晚,此-在就是时-空与作为存在者的真实者的同时性。"④ 同时性的概念可以帮助我们避免陷入无穷的还原,在这种无穷的还原中,我们会不停地把存在者还原为存在,将存在还原为存在的存在,如此这般地追问下去,目的就是获得一个更深更牢靠的基础,而同时性仅仅是"一个历史的瞬间存在",在这个历史的瞬间,存在者与存在一道呈现出来,而不再需要任何更进一步的基础。因此,同时性概念不但避免了陷

---

① 海德格尔. 哲学论稿(从本有而来)[M]. 孙周兴, 译. 北京:商务印书馆, 2012:273.
② 海德格尔. 哲学论稿(从本有而来)[M]. 孙周兴, 译. 北京:商务印书馆, 2012:263.
③ 海德格尔. 哲学论稿(从本有而来)[M]. 孙周兴, 译. 北京:商务印书馆, 2012:15.
④ 海德格尔. 哲学论稿(从本有而来)[M]. 孙周兴, 译. 北京:商务印书馆, 2012:235.

入先验论，也避免了陷入目的论。更为关键的是，摆脱形而上学的"区分"与基础主义。当然在《哲学论稿》中，海德格尔对同时性概念的讨论还是含混的，前后并不一致，他有时也承认，即便存有不是存在者的"原因和理由"，它也是它们的"基础"，即便存有不是先天的，它也"先于一切站立到它之中的存在者而本质性地现身"①。

（3）此-在与存在之跳跃

海德格尔放弃讨论存在的超越问题，转而讨论存在的跳跃。《哲学论稿》这部书的各章结构就像一部音乐作品的乐章，被海德格尔称为源初思想的一种赋格，他说："根据本质性思想的一种简单推移，存有之真理的发生必须被移置，从第一开端移置入另一开端，以便在传送中奏响完全不同的存在之歌。"② 不过，对海德格尔来说，第一开端和另一开端之间的旋律配合不是一个对另一个的应答，而是一种回响，以及跳跃进那让它从存在者那里收缩回来的存有之深渊般的演奏中。不过这种回响作为存有真理的发生本质上是一种寂静之音、一种矜持和隐藏，原则上不能以让日常声音和让空间、时间成为可能的方式来把捉和延展。存有真理事件的这种寂静的道说只能发生在空间-时间的瞬间中，也就是说，从第一开端向另一开端的转渡也是一个瞬间，既不能用空间也不能用时间来确定本然发生的位置和时间段，同样地，从形而上学向存有思想的转渡也是这样一个瞬间，一个"转向"，倾听这个转向和瞬间就是调音到本然的决定性瞬间上来。不过，这个瞬间，依然滞留有一个雾那，一个节点，一个转渡的"之间"，海德格尔承认思想这样一个通道是困难的，要言说这一转渡，只能通过跳跃进入这个"之间"的通道中。

通过跳跃，海德格尔确定了《哲学论稿》中本然的思想以及存有真理的发生与形而上学历史中的存在的意义的关系以及《存在与时间》中存在的意义的关系。海德格尔宣称，从《存在与时间》中的存在的意义到《哲学论稿》中的存有的意义以及存有真理作为本然之间的通道中既有连续性也有中断。他认为，《存在与时间》按照它与本然的关系，它本身是转向的准备，也可以说，《存在与时间》中的存在的意义是形而上学的存在和《哲学论稿》的存有（Seyn）的之间。因此，需要一个跳跃，《存在与时间》是一个准备，为这样一个跳跃清理出一个场地，但它没有尝试表达这个跳跃。通过跳跃，此-在才与这个无法超越的裂隙确立联系，并让存在跳跃入一种不可能性中。海德格尔说："在存有之本

---

① 海德格尔. 哲学论稿（从本有而来）[M]. 孙周兴, 译. 北京：商务印书馆，2012：320.
② 海德格尔. 哲学论稿（从本有而来）[M]. 孙周兴, 译. 北京：商务印书馆，2012：10.

现的开启中变得明显可见的是，此-在完成不了什么，除非它接受本-然过程的回响，亦即移置入这种回响，并且因而首先成为它自身。"① 可见，此-在的本质就是跳跃。此-在是这一跳跃之不可能发生的来临。

　　从存在的意义转向存有真理，海德格尔的思想姿态已经摆置在了以"泰然让之"为特征的诗性栖居中。首先，从《存在与时间》到《哲学论稿》，存在论上的"超越"概念被把握为"此-在"的跳跃，此-在向来已经跃身于存在者之敞开域中了。此-在之"此"就是那种既作为疏朗之地又遮蔽着的敞开的"之间"。海德格尔进一步将其阐明为大地与世界的"之间"，"它们的争执的中心，因此是最亲密的归-属状态的场所，从而也即'成为自己'、自身和自身性的根据"②。此-在在此建基，此在与存在者的关系也发生了转变，从表象与表象者转变为此-在作为存有之真理的经验者、倾听者。此-在与存有相互归属，共同组建了理解的可能性，理查德·珀尔特认为，在这个意义上，"海德格尔将先验哲学极端化了，在深度发掘经验的可能性条件方面，他甚至比康德都来得更彻底"③。

　　其次，从存在的意义转向存有真理，此-在从时间性的存在到作为时间-空间，组建了存有真理的时机之所，即敞开状态的"位置"。因此，真理作"为此之建基"和此-在而"存在"④。也就是说，此-在之此作为时间-空间是为自身建基的，唯有当从这个疏朗中心跃起时，源始的真理之本现才能得到经验。海德格尔使用本现（wesen）这个动词是否可以避免为了理解的可能性，必须寻获一个基础，从而陷入先验论的窠臼呢？他说："现在，真理之本质现身已经原始地转变为此-在了，而且现在，下面的问题根本就没有什么意义了，即诸如'思惟'……因为思惟本身现在就其可能性而言，已经完全被托付给被疏朗的中心了。"⑤

　　最后，海德格尔的建基主题本身就弥漫着这样一种情绪：当真理不再是正

---

① 海德格尔. 哲学论稿（从本有而来）[M]. 孙周兴，译. 北京：商务印书馆，2012：250.
② 海德格尔. 哲学论稿（从本有而来）[M]. 孙周兴，译. 北京：商务印书馆，2012：340.
③ POLT R. The Emergency of Being: On Heidegger's *Contribution to Philosophy* [M]. Ithaca, London: Cornell University Press, 2006: 48.
④ 海德格尔. 哲学论稿（从本有而来）[M]. 孙周兴，译. 北京：商务印书馆，2012：349.
⑤ 海德格尔. 哲学论稿（从本有而来）[M]. 孙周兴，译. 北京：商务印书馆，2012：350.

确性的时候,当真理的本质现身乃是非-真理的时候,真理绝非一种现成状态,而更多的是一种庇护和照料。我们永远不可能完全控制或理解存有,因为一切控制和理解的可能性都是从作为一种超出了它们之外的事件的存有之中生长出来的。如果说康德努力把握的是经验的可能性,而海德格尔在这里试图抓住的则是对不可理解性的可理解性的可能性。而他的这种努力是否就像他所认为的那样是走出先验论观念论的一个决定性步骤,仍是未决的。虽然他的"跳跃"概念也包含有安置此-在和排除超越的一切日常含义的意谓,"跳跃"不是离开存在者进入世界,而是跳跃入源初空间-时间的游戏中,敞开了存在论区分,跳跃的源初之思没有将存在者聚集起来解释为表象或先验观念,但跳跃的源初之思是发生在思想的第一开端的终结与对另一开端尚未到来的期冀的关系中。因此,这个跳跃以及它所开启的"之间"都属于霎间,对海德格尔来说,都是突然和不可预期的闪现。"本然""本现"、相互归属、同时性、"跳跃"等概念的使用是海德格尔放弃表象式思惟方式,摆脱形而上学语言的一次努力。

放弃表象式思惟,放弃形而上学的语言,是海德格尔形而上学之克服的核心要义,是从存在者的真理向存有真理的转渡,形而上学之"克服"意味着必须经受存在者与存在之间的区分,必须经受存有真理的自行发生。海德格尔说,"克服"其本质含义是让形而上学自己自行进入存有真理之敞亮中。

本质上,海德格尔通过形而上学之克服走出了一条非概念的真的道路。只有在此语境下,我们才能更好地把握"哲学终结之际,思想的任务是什么?"的发问与沉思。终结中的哲学在海德格尔的语境中含义明确:(1)哲学本质上是希腊的,这句话无非是说"哲学是某种最初决定着希腊人的实存的东西,不止于此,哲学也决定着西方-欧洲历史的最内在的基本特征"①。最初决定着希腊人的实存的东西以及决定着西方-欧洲历史的最内在的基本特征是希腊人所开启的追问方式——这是什么。"是什么?"首先是由苏格拉底、柏拉图、亚里士多德发展出来的问题形式,我们可以简称为"苏格拉底之问",比如:美是什么?知识是什么?自然是什么?运动是什么?……"这是什么?"所问的什么性(Washeit)在哲学的不同时期,有不同的规定:柏拉图将其规定为"理念";亚里士多德将其规定为第一根据、第一实体;康德将其规定为对象的对象性;黑格尔将其规定为绝对精神。"是什么?"之路,代表着形而上学概念的真。每当我们从哲学上追问"这是什么?"的时候,我们便是在追问一个由希腊人的言说方式所规定的哲学问题,也就是在追求概念的真。(2)形而上学亦即存在-神

---

① 海德格尔. 同一与差异 [M]. 孙周兴,陈小文,译. 北京:商务印书馆,2011:6.

学。"形而上学思考存在者之为存在者，即普遍存在者（最共同者）。形而上学思考存在者之为存在者，即整体存在者。形而上学既在探究最普遍者（也即普遍有效者）的统一性之际，思考存在者之存在，又在论证大全（也即万物之上的最高者）的统一性之际思考存在者之存在。这样，存在者之存在先行被思考为奠基性的根据了。所以，一切形而上学根本上地地道道是一种奠基，这种奠基对根据做出说明，面对根据做出答辩，并最终质问根据。"[1] 海德格尔据此将形而上学定义为存在-神学，它最本质的属性是通过"是什么之问"寻求第一原因、本原、第一根据、自因、基础。

对于"哲学终结之际，思想的任务是什么？"，海德格尔首先给出一个否定性判词："在我们这个可思虑的时代里最可思虑的是我们尚未思想。"[2] 在现代技术世界里，科学鼎盛，但科学不思想，只要我们认为逻辑会给予我们关于什么是思想的消息，那么，我们就不可能去思量，可见，我们尚未思想，并不只是思想上的一个耽搁、一种拖延，或者充其量，只是我们人类方面的一个疏忽或缺陷，"我们尚未思想，乃是起因于这种有待思想者本身从人那里扭身而去，甚至久已从人那里扭身而去了"[3]。"尚未思想"既然不是人类的疏忽或耽搁，而是有待思想者从人这里扭身而去，海德格尔显然是在说形而上学作为存在历史，存在弃让和被遗忘的命运，亦即存在真理的命运。"最可思虑者"，那个从人这里扭身而去的东西，那个对我们隐匿起来的东西，就是存在的本质，那个"是什么？"之问的"是"之本质。因此，只要我们只能形而上学地思想，我们就尚未真正地思想。

既然"尚未思想"，我们首先就要学会如何思想，才能思及最可思虑者。海德格尔给予的回答是：（1）等待（应和）；（2）学会聆听（存在的召唤）；（3）对物的泰然让之（对技术世界既说"是"又说"不"的态度），对神秘的虚怀敞开（对在技术世界中隐匿的意义保持开放的态度）。

（1）思想的等待实际上是一种应和。"作为应和，存在之思想是一件十分令人迷惑的事情，因此是一件十分贫乏的事情。也许说到底，思想乃是一条无可回避的道路，这条道路并不想成为拯救之路，也并不带来任何新的智慧。这条道路充其量是一条田间小路（Feldweg），一条穿过田野的道路，它不光是谈论一种放弃，而且已经放弃了，即放弃了对一种约束性的学说和一种有效的文化

---

[1] 海德格尔. 同一与差异［M］. 孙周兴，陈小文，译. 北京：商务印书馆，2011：62.
[2] 海德格尔. 什么叫思想？［M］. 孙周兴，译. 北京：商务印书馆，2017：9.
[3] 海德格尔. 什么叫思想？［M］. 孙周兴，译. 北京：商务印书馆，2017：10.

成就或精神行为的要求。所有这一切都取决于那个充满迷误的返回步伐,即返回到一种思索,这种思索关注着那个在存在之命运中预先确定的存在之被遗忘状态的转向(Kehre)。这个从形而上学的表象性思想中脱身出来的返回步伐并不摒弃这种表象性思想,但它开启出达乎存在之真理(Wahr-heit des Seins)的要求的那种远景,而应和就在存在之真理中立身和运作。"① 在考虑思与言的关系时,海德格尔说:"全部沉思必须关注语言之神秘……语言决不是人的一件作品,而是语言说(Die Sprache spricht)。人说,只是由于人应和于语言。"② "人说话,因为人应和于语言,这种应和乃是聆听,人聆听,因为人归属于寂静之指令。"③

(2) 思想乃是一种对允诺的聆听。"唯有词语才让一物作为它所是的物显现出来,并因此让它在场。"④ "任何存在者的存在都寓居于词语之中。所以才有下述命题——语言是存在之家。"⑤ "倘若没有如此这般的词语,那么物之整体,亦即'世界',便会沉入一片暗冥之中。"⑥ "当思想找到它通向其本真目标之际,思想便专心于倾听一种允诺,而这种允诺向我们道说那为思想而给出的要思的东西。"⑦ "因此,现在所必需的思想的本真姿态是对允诺的倾听,而不是发问。但因为这样一种听是对有所应答的词语的听,所以,对有待思的东西的允诺的倾听总是展开为一种对回答的追问。"⑧ 从思想的等待(应和),到思想是对允诺的聆听,海德格尔逐渐地将放弃人言(形而上学的语言),专心聆听道说(存在的召唤),最后走向一种默会式的寂静之境,聆听者(Höriger)潜心聆听那些孤独者的始终开端性的对话。

(3) 在现代技术世界里,人类普遍擅长于计算性思惟(das rechnende Denken),而疏离和逃避沉思之思(das besinnliche Nach denken)。海德格尔指出,当今的人类在逃避思想。盲目抵制技术世界是愚蠢的,"我们可以利用技术对象,却在所有切合实际的利用的同时,保留自身独立于技术对象的位置,我们随时可以摆脱它们。……我们可以对技术对象的必要利用说'是',同时也可以

---

① 海德格尔. 演讲与论文集 [M]. 孙周兴, 译. 北京:生活・读书・新知三联书店, 2005:194.
② 海德格尔. 海德格尔与有限性思想 [M]. 北京:华夏出版社, 2002:18-19.
③ 海德格尔. 在通向语言的途中 [M]. 孙周兴, 译. 北京:商务印书馆, 2005:27.
④ 海德格尔. 在通向语言的途中 [M]. 孙周兴, 译. 北京:商务印书馆, 2005:158.
⑤ 海德格尔. 在通向语言的途中 [M]. 孙周兴, 译. 北京:商务印书馆, 2005:154.
⑥ 海德格尔. 在通向语言的途中 [M]. 孙周兴, 译. 北京:商务印书馆, 2005:167.
⑦ 海德格尔. 在通向语言的途中 [M]. 孙周兴, 译. 北京:商务印书馆, 2005:170.
⑧ 海德格尔. 在通向语言的途中 [M]. 孙周兴, 译. 北京:商务印书馆, 2005:170.

说'不',……这种对技术世界既说'是'又说'不'的态度为:对于物的泰然任之"①。"技术世界的意义遮蔽自身,……那种我们据以对在技术世界中隐蔽的意义保持开放的态度为:对于神秘的虚怀敞开。"②

海德格尔之所以这样回答,那是因为他认为哲学的基本问题也是唯一问题是存在问题。而存在者之存在的本质渊源在形而上学中是未经思想的,被思想的只是那个至高的、唯一的存在者。存在一直作为在场性和在场状态以及它的诸多变种在形而上学的历史中被思考,本真地有待思想的东西却被扣留着,隐而不发,这是海德格尔追问"什么叫思想?"以及断言我们尚未思想的缘由。

德国古典哲学作为西方形而上学的现代形态,既是"认识论",又是先验哲学。海德格尔说:"何以诸如认识论这样一种东西是从现代形而上学中产生出来的呢?这是因为存在者之存在状态被思考为对有所确保的表象而言的在场状态。"③ 在讨论"哲学如何在现时代进入其终结了?"中,海德格尔也曾专门提道:"为存在者提供根据的形而上学思想的特征乃在于,形而上学从在场者出发去表象在其在场状态中的在场者,并因此从其根据而来把它展示为有根据的在场者。"④ 在讨论什么叫思想时,海德格尔总结说:"以往思想的基本特征乃是表象(Vorstellen)。""表象本身乃是再现。"⑤ "表-象投置存在之物。它摆置和固定可能被视为存在着的东西。因此,对存在之物的规定就在一定程度上受制于一种表象,这种表象追逐一切,为的是按自己的方式建立一切并且使之保持。"⑥ 海德格尔认为,西方传统形而上学的这种表象式思惟的确立,意味着人成为主体,主体成为自我,自我成为自我意识(我思),因此近代哲学亦被称为主体性形而上学,主体与客体的分离是其基本特征,客体从"我思"出发被把握为对象,自我/主体与对象/客体的关联是由再现(repraesentatio)即表象(Vorstellen)建构起来的。

西方人待人接物的基本经验方式是把所牵扯勾连的事与物看作对某个对象

---

① 海德格尔. 讲话与生平证词(1910—1976)[M]. 孙周兴,张柯,王宏健,译. 北京:商务印书馆,2018:629.
② 海德格尔. 讲话与生平证词(1910—1976)[M]. 孙周兴,张柯,王宏健,译. 北京:商务印书馆,2018:630.
③ 海德格尔. 演讲与论文集[M]. 孙周兴,译. 北京:生活·读书·新知三联书店,2005:83.
④ 海德格尔. 面向思的事情[M]. 陈小文,孙周兴,译. 北京:商务印书馆,2005:69.
⑤ 海德格尔. 演讲与论文集[M]. 孙周兴,译. 北京:生活·读书·新知三联书店,2005:150.
⑥ 海德格尔. 什么叫思想?[M]. 孙周兴,译. 北京:商务印书馆,2017:105.

领域进行认知的过程，实际上也是主体化过程。海德格尔指出，这种认识论特征实际上在西方历史的开端处就有其渊源：在那里，存在者之存在显现为现时出场（präsenz）、在场（Anwesen）。按照西方传统形而上学学说，人乃是理性的动物（animal rationale），对于理性的动物来说，这种本质特征就在于那种方式，即它如何把一切存在之物当作自己的对象和自己的状态而带向持立，把它置于自身面前，并且使自己适应于这个被摆置者（作为自己的四周环境）。① 人们根据表象的正确性来规定真理的本质，也就是说我们内部的表象究竟是否与我们外部的现实相符合成为真理的标准。"世界是我的表象"，叔本华用这句话概括了近代哲学思想。迄今为止思想的本质都是从表象出发，作为一种表象方式而得到烙印的。可以说，康德以后，哲学作为科学，是认识论、概念的真或判断的真。

康德的先验追问——"如何可能？"是苏格拉底之问的近代表达——构成了现代形而上学的基本特性。在康德身后，德国观念论者进一步将真理保障为自我意识自身的确定性，存在者之存在状态亦转变为意识的自身显示，与康德一样，在德国观念论者这里，对象的对象性与主体的主体性是共属一体的。在康德的先验认识论那里，"每一个对象都服从可能经验中直观杂多的综合统一的必要条件"②。这个必要条件，就是自我意识的同一性。"意识的统一就是唯一构成表象与一个对象的关系，从而构成它们的客观有效性，使它们成为知识的东西，因而，就连知性的可能性也依据的是它。"③ 可以说，是康德在认识论中所发起的"哥白尼式转向"成功确立了近代以来西方形而上学的思惟方式——表象式思惟，不是我们的认识要求符合外在的对象，而是"对象必须遵照我们的认识"，也就是说，我们的认识方式决定了认识对象是否呈现在我们面前，以及以什么样的性状呈现给我们。所以康德对对象之对象性的探讨，亦即对知识的先验条件的确定，实际上是对主体之主体性的探讨，知识的至上原理最终植根于自我意识（统觉）的原始统一。对象之对象性与主体之主体性相互归属。

非概念的真要放弃认识论路线——表象式思惟。海德格尔说，思想的任务就是学会放弃形而上学的思。"放弃以往的思想，而去规定思的事情"④，以往

---

① 海德格尔. 什么叫思想？[M]. 孙周兴, 译. 北京：商务印书馆，2017：86.
② 康德. 康德著作全集：第 3 卷 [M]. 李秋零, 译. 北京：中国人民大学出版社，2004：140.
③ 康德. 康德著作全集：第 3 卷 [M]. 李秋零, 译. 北京：中国人民大学出版社，2004：106.
④ 海德格尔. 面向思的事情 [M]. 陈小文, 孙周兴, 译. 北京：商务印书馆，2005：89.

的思想，自亚里士多德以来就是对第一根据、第一原理、原因的追问，最终的落脚点在那个至高、至善的唯一存在者身上，因此形而上学就是存在-神学。而从笛卡尔与康德以来，现代西方形而上学就走向了认识论，"表象"成为现代形而上学的基本特征。海德格尔要克服形而上学就是要"对形而上学不加过问""不顾及存在者而思存在"，这就意味着再也不能以形而上学的方式来思存在了，再也不能通过表象、概念、判断来把握存在真理了。其后期思想提出要为思想的另一开端做准备，实际上是在探讨一种非客观化的、非对象性的思想是如何可能的，这也即意味着创造或学会非概念的思或非表象式的思，非客观化地以及非理论地探究和言说存在、言说世界的真实和生活的意义。

海德格尔"非概念的真"在1964年被明确为这样一个问题："一种非客观化的（非对象性的）思与言的可能性问题。"① 他借讨论神学与信仰的机会揭示了非客观化的思与言的可能性。信仰不是科学，信仰作为个体的生命体验，具有强烈的私人性，从而与客观化、普遍化的科学形成对立。科学与信仰的形而上学分歧就在于一个追求客观化、普遍化，一个追求生命的超越与圆满。科学只是人类认识世界、解释世界的一条道路而已，并不是唯一和全部，除了科学，人类的意识形态还有艺术、宗教、常识等，对于更宽泛意义上的物的日常经验既不是客观化的，也不是一种对象化的。比如我们躺在草地上，惬意于蓝天白云、云雀啾啾，我们并没有使蓝天、白云、云雀、啾啾成为一个个客体，甚至也没有使之成为一个个对象，成为某种专门被表象出来的东西。所以，并不是每一种思与言都依然是客观化的。自逻辑实证主义以来，每一种思作为表象，每一种言作为表达，已然都是"客观化的"，技术-科学主义的语言观偏执于逻辑构造、人工语言、符号系统，甚至有取代艺术语言和思想语言的价值冲动。从表面上看，这是对科学理性的推崇，实际上是对"生命之流"的扭曲。海德格尔认为："思与言并不是理论的-自然科学的表象和命题所能穷尽的。……思并非必然是一种关于作为客体的某物的表象。只有自然科学的思与言才是客观化的。"②

---

① 孙周兴. 非推论的思想还能叫哲学吗？——海德格尔与后哲学的思想前景 [J]. 社会科学战线，2010，9：26.
② 海德格尔.《今日神学中一种非客观化的思与言的问题》的神学谈话中主要观点的若干提示 [D] // 海德格尔与有限性思想. 刘小枫，选编，孙周兴等，译. 北京：华夏出版社 2002：19-20.

第六章 海德格尔对康德的现象学解释[①]

第一节 "回到康德"

奥托·博格勒在《海德格尔的思想道路》第四章梳理了海德格尔"现象学-先验哲学-形而上学"的思想进路,指出,海德格尔的现象学从一开始就与胡塞尔不同,他将现象学建基于实际性生活的"存在理解"之上,也就是建基于"实际性的解释学",因此海德格尔的现象学就演变为"解释学的现象学"。[②] 在海德格尔看来,传统形而上学、神学以及科学都没有明确地提出此在的存在的意义问题,此在的存在的意义在传统形而上学语境中被把握为现成在手状态。胡塞尔的先验现象学没有将先验自我的存在的意义把握为现成在手状态,而是把握为非现成在手状态,现成在手状态的存在被建基于先验自我的构成活动。海德格尔解释学的现象学将先验的自我替换为此在,追问此在的存在的意义问题,此在的存在的意义是实际性的生存,即"在世",因此是存在论。胡塞尔不理解也不赞同先验自我的这种生存论转向,认为海德格尔并不理解从世俗的主观性上升到先验的主观性的意义,更不理解"先验的还原",将《存在与时间》看作一部人类学的现代版本——实存哲学。"解释学的超越的真理如何公布出存在的意义,先验哲学如何可以成为存在论,并重复形而上学提出问题的方式。有没有可能将先验哲学把握为存在的敞开,并因此是形而上学?海德格尔不再

[①] 本章是对曾经的研究——《海德格尔的康德解释研究》(中国社会科学出版社 2008 年出版)——的一次补充。
[②] PÖGGELER O. *Martin Heidegger's Path of Thinking* [M]. Translated by Danial Magurshak and Sigmund Barber. Atlantic Highlands, NJ: Humanities Press International, Inc. 1990: 54.

通过讨论胡塞尔提出这一问题，而转向其他思想家，首先是康德。"①

海德格尔在《康德与形而上学问题》（1929）导言开宗明义说："接下来的研究任务是将康德的《纯粹理性批判》解释成为形而上学的建基，以便将形而上学问题作为一种基础存在论的问题带到眼前。"② 如果康德被视为一个形而上学家，将《纯粹理性批判》解释为存在论，就与当时流行的新康德主义的解释形成对峙。新康德主义者将《纯粹理性批判》解释为知识论，是"经验的理论"或"实证科学的理论"。海德格尔从未将《纯粹理性批判》视为数学-物理学经验的理论，而是发问存在论内在可能性的理论。因此，海德格尔对康德的现象学解释，就被新康德主义者卡西尔视为一种"暴力"和"篡夺"。但不容否认的是，海德格尔的现象学解释开启了对康德形而上学问题的存在论解释视点，也符合康德"作为科学的形而上学如何可能？"之目标。从思想的严肃性出发，海德格尔承认这种解释暴力和篡夺，并将其视为思想家之间的对话，说出康德想说而未说出的东西。

我们将海德格尔围绕着《存在与时间》所提出的存在意义问题对康德的现象学解释，视为海德格尔与康德的暂时性结盟，暂时性表达着海德格尔对康德批判哲学的"征用"，回到康德因此就是要征用康德。

海德格尔对康德批判哲学的"征用"，首次出现在1925/1926年讲座《逻辑学：对真理的追问》，然后是1927年讲座《现象学的基本问题》，1927/1928年讲座《康德〈纯粹理性批判〉的现象学解释》，最后基本立场和观点都总结于1929年出版的《康德与形而上学问题》中。在这期间，海德格尔意图通过"解释学的现象学"方法和视点全面改造康德的先验论洞见，以便拓展他的实际性的解释学的适用空间。这种拓展不仅要服务于成功引出存在的意义在于时间性这一《存在与时间》中确立的主题，而且也要服务于夯实重新提出存在问题的基础——存在论区分，也就是存在不是存在者的区分。

在1927/1928年关于康德的讲座课上，海德格尔告诉他的学生说："当我几年前开始再次研究康德的《纯粹理性批判》，并以胡塞尔的现象学为背景阅读它时，它就像鳞片一样从我的眼睛上掉下来，康德将会成为我所寻找的路径之正确性的最基本的确认。"③ 在《康德书》的第四版序言中，海德格尔又回顾说：

---

① PÖGGELER O. *Martin Heidegger's Path of Thinking* [M]. Translated by Danial Magurshak and Sigmund Barber. Atlantic Highlands, NJ: Humanities Press International, Inc. 1990: 62.
② 海德格尔. 康德与形而上学的疑难 [M]. 王庆节，译. 上海：上海译文出版社，2011: 1.
③ HEIDEGGER M. Phänomenologische Interpretation von Kants *Kritik der Reinen Vernunft* [M]. Frankfurt Am Main: Vittorio Klostermann, 1995: 431.

"在准备1927/1928年冬季学期关于康德《纯粹理性批判》的课程时,我关注到有关图式化的那一章节,并在其中看出了在范畴问题,即在传统形而上学的存在问题与时间现象之间有一关联。这样,从《存在与时间》开始的发问,作为前奏,就催生了所企求的康德阐释的出场。康德的文本就成为一条避难出路,在康德那里,我寻觅我所提出的存在问题的代言人。"①

从此在的生存、实际性、在世、有限性出发,海德格尔在《存在与时间》时期与康德的暂时性结盟是其对康德《纯粹理性批判》现象学解释的主基调。按照写作计划,海德格尔《存在与时间》未完成的第二部分第一篇"康德的图式论和时间学说——提出时间状态问题的先导"最早可以追溯到1925/1926年讲座《逻辑学:对真理的追问》第31节"纯粹知性概念的图式论",海德格尔在这一讲座的最后三分之一部分详细阐述了康德关于时间的论述,试图表明康德在《纯粹理性批判》的决定性部分为什么以及如何一再地回到时间的基本现象上来,尤其是他在先验感性论与先验分析论的关节处对时间的引用。值得留意的一处具有文献研究意义的不同是,海德格尔对康德的现象学解释,尤其是1927/1928年讲座和康德书,都是引述并强调康德《纯粹理性批判》第一版,知识的三种主观来源(感官、想象力和统觉),尤其凸显生产性的想象力的作用,但在1925/1926年讲座中,海德格尔却是引用的第二版,纯粹理性批判的修订版,关注的是时间,而不是生产性的想象力。总之,就已出版的阐释康德的文本而言,海德格尔将康德关于时间的论述看作对时间性问题迈出的第一步。

就方法和视点而言,海德格尔对康德的现象学解释,应该理解为"实际性的解释学"。"基础存在论"与"实际性的解释学"在海德格尔早期思想结构中是相辅相成、一体两面的关系,可以说,海德格尔是通过实际性的解释学所开启的视野、路径通达基础存在论的,也就是说,实际性的解释学是海德格尔构建其基础存在论的方法论。实际性关联着此在的"在世生存"和世界作为"意义整体"的存在论,解释学关联着"存在理解"和时间的源始现象的揭示和呈现的现象学方法论。在实际性的解释学中,海德格尔就明确地提出:"存在(Sein)——为及物动词:是实际生活!如果存在取决于它自身,即存在,那么存在本身根本就不可能是一个占有的对象。"② 这里的存在一方面指此在的生存,能在;另一方面也指出了海德格尔的存在问题中的存在与传统形而上学存在问题中的存在不是一个概念,在使用上,海德格尔的存在概念是动词,而传

---

① 海德格尔. 康德与形而上学的疑难 [M]. 王庆节, 译. 上海: 上海译文出版社, 2011: 2.
② 海德格尔. 存在论: 实际性的解释学 [M]. 何卫平, 译. 北京: 人民出版社, 2009: 8.

统形而上学的存在概念作为范畴是名词。

实际性的解释学与海德格尔的学生伽达默尔的解释学不同,伽达默尔的解释学作为理解与解释的理论,既是人文科学的真理,又是人文科学的方法论,但海德格尔的解释学重点落在实际性(Faktizität)上,这里的实际性并不是指一般科学意义上的事实(Tatsache),而是事态(Bewandtnis),属于实存范畴,它特指此在,即生存(Existenz),"实际性(Faktizität)是用来表示'我们的''本己的'此在的存在特征"①。在海德格尔基础存在论语境中属于此在的生存论分析中的被抛性,"生存总是实际的生存。存在论结构本质上是由实际性规定的"②。克兹尔解释说,海德格尔的实际性与逻辑性相对,它是时间的、偶然的、个体的、具体的、一次性的和不可重复的。③ 实际性表达的是生命、生存的非逻辑、非理性特征,而"解释学这个用语也表示对实际性的投入、开端、走向、询问和说明的统一方式"④。因此,实际性的解释学也可以被理解为生存论的解释学。海德格尔通过现象学的形式显示或现象学的眼光,将解释学追溯到希腊神话中的赫尔墨斯神,认为解释学与带来消息或音信相关联,他说:"解释学是对……(我)的在其存在中的在者之在的告知。"⑤ 在海德格尔这里,解释学一方面被从技艺学和方法论上的解释学推到存在论层面上,另一方面从认识论意义上的理解和解释推到现象学的新道路上来。"解释学并不就是解释,它首先意味着带来消息和音信"⑥,因此实际性的解释学在海德格尔这里就是存在论,其任务是"使每个本己的此在就其存在特征来理解这个此在本身,在这个方面将此在传达给自身,此在消除自身的陌生化。在解释学中,对于此在来说所形成的是一种以它自己的理解方式自为地去生成和去存在的可能性"⑦。

在《从一次关于语言的对话而来》中,海德格尔解释说:"我是因为研究神学而熟悉'解释学'这个名称的。……倘若没有这一神学来源,我就绝不会踏上思想的道路。"⑧ 在《存在与时间》导论中,海德格尔明确指出:"现象学描

---

① 海德格尔. 存在论:实际性的解释学 [M]. 何卫平,译. 北京:人民出版社,2009:8.
② 海德格尔. 存在与时间 [M]. 陈嘉映,王庆节,译. 北京:生活·读书·新知三联书店,2006:222.
③ KISIEL T. Das Entstehen des Begriffsfeldes. "*Faktizität*" im Frühwerk [D]. Dilthey-Jahrbuch, Bd. 4. Göttingen: Vandengoeck & Ruprecht. 1987:94.
④ 海德格尔. 存在论:实际性的解释学 [M]. 何卫平,译. 北京:人民出版社,2009:9.
⑤ 海德格尔. 存在论:实际性的解释学 [M]. 何卫平,译. 北京:人民出版社,2009:10.
⑥ 海德格尔. 在通向语言的途中 [M]. 孙周兴,译. 北京:商务印书馆,1997:82,100.
⑦ 海德格尔. 存在论:实际性的解释学 [M]. 何卫平,译. 北京:人民出版社,2009:18.
⑧ 海德格尔. 在通向语言的途中 [M]. 孙周兴,译. 北京:商务印书馆,1997:95.

述的方法论意义就是解释。此在的现象学的逻各斯具有解释的性质。通过解释，存在的本真意义与此在本己存在的基本结构就向居于此在本身的存在理解宣告出来。此在的现象学就是解释学。"① 当然，这里需要再次强调的是，尽管海德格尔早期的神学研究背景以及深受狄尔泰和施莱尔马赫解释学的影响，提出了现象学的解释学，但"在《存在与时间》中，解释学既不意指关于解释技艺的学说，也不意指解释本身，而是指一种尝试，即首先根据解释学因素来规定解释之本质"②。解释的本质植根于此在的存在之理解以及语言与存在的关系中。

就实际性的解释学提出的背景还需要补充两点：一是在胡塞尔现象学的直接影响下所确立的形式显示的研究方法；二是解构传统形而上学，以批判性的实际性此在的生存取代对象性世界本原的基础探究。因此，海德格尔实际性的解释学的意图主要是通过形式显示揭示出哲学的本真性问题是存在论，从而为其基础存在论提供方法论支撑。上一节我们提到德国观念论的智性直观在海德格尔这里就转换为现象学的直观或解释学的直观，这种直观既不同于康德的感性直观，也不同于德国观念论的智性直观，而是对胡塞尔"赋义"行为在文本阅读中的贯彻："使……变成可理解的、赋予意义的。"③ 以实际性的解释学为方法，康德的对象性理论得以被解释为存在论，在这存在论的解释中，海德格尔强调了"存在论区分"。以存在论区分为基础，康德的"哥白尼式的转向"就不仅具有认识论转向的意义，更具有存在论转向的意义。

将康德的《纯粹理性批判》解释为存在论，这并不是海德格尔的首创，而且仅仅简单地把新康德主义的康德解释归结为知识论与海德格尔的康德解释归结为存在论区别开来，并没有什么意义，因为"'存在论'这个词的现代用法等于'对象论'，而且首先是一种形式上的对象论。在这个方面，它与传统的存在论（'形而上学'）一致"④。海德格尔对康德的现象学解释本质上排斥的就是存在论自近代笛卡尔以来的对象论用法，他从康德那里看到的不是表象和对象，而是存在意义的敞开，此在的有限性、时间性。海德格尔通过对康德的现象学解释得出的结论是康德的理性批判以及对对象之对象性的分析，本质上是对基

---

① 海德格尔. 存在与时间 [M]. 陈嘉映，王庆节，译. 北京：生活·读书·新知三联书店，2006：44.
② 海德格尔. 在通向语言的途中 [M]. 孙周兴，译. 北京：商务印书馆，1997：96-97.
③ 海德格尔. 形式显示的现象学：海德格尔早期弗莱堡文选 [M]. 孙周兴，编译. 上海：同济大学出版社，2004：19.
④ 海德格尔. 形式显示的现象学：海德格尔早期弗莱堡文选 [M]. 孙周兴，编译. 上海：同济大学出版社，2004：2.

础存在论道路的初步开辟。海德格尔认为，通过提出经验可能性条件的问题，康德开创了一个翻天覆地的转变，"举凡有存在物知识的地方，存在物的知识之所以可能，是因为有某种存在论的知识存在"①。康德发动的"哥白尼式的转向"就意味着将对存在者知识（本体论）之可能性的追问转向对存在论知识的可能性的追问上来。海德格尔评论指出，康德最根本的发现是认识到先天综合判断的这些原理既不建基于经验，也不植根于概念分析，而是建基于"存在敞开"的可能性之上，追问存在敞开的可能性，也即是追问"存在的意义"。因此，先天综合判断如何可能的问题就被海德格尔等同于存在论知识如何可能的问题。

在《纯粹理性批判》中，康德通过思想与直观的统一提出了超越的本质统一性问题，超越的统一植根于"先验的自我"。但海德格尔通过阐释认为，超越的想象力才是思想与直观共同的根，而且康德在迈出最关键的一步，即将超越的想象力思考为最源始的时间时，退缩了回来。尽管如此，海德格尔依然要从康德超越感性论和分析论中挖掘出时间性的直接来源。他说："康德对时间的处理以及解释应该能够清楚地表明，此在存在的时间——在这里首先是认识——在结构上而不是在框架中运作。"② 此在的存在结构之操心就是时间性的。操心由时间规定，这并不是说先有一个时间，然后对操心进行规定，而是操心本身就是时间，操心是时间本身的实际性。从康德图式论的洞见中，海德格尔看到人类正是由于他们的时间性本质的预期特征，能够敞开他们的经验并能全面地发现它的意义。康德的图式论阐明了时间的配置力量是如何孕育意义的产生，也就是说，生产性的想象力（预知）不但能够召唤出世界参照系，而且也能够同时标记我们自己参与这一敞开的过程。按照海德格尔的解释，生产性的想象力就被等同于时间性，正如在《存在与时间》中所阐明的时间性使此在的生存可能，超越的想象力的时间性使先天综合判断也就是经验可能。海德格尔先后在《现象学的基础问题》《康德〈纯粹理性批判〉现象学解释》以及《康德与形而上学问题》中阐明了这种敞开的统一性，以及在其敞开中存在的先行理解的超越形式：绽出的时间建构着存在理解的超越境域。

《康德书》因意图再次澄清《存在与时间》中的存在问题而出版，而如何把康德的《纯粹理性批判》成功地阐释为与海德格尔的存在问题相关，却不仅

---

① 海德格尔. 康德与形而上学的疑难 [M]. 王庆节，译. 上海：上海译文出版社，2011：9.
② HEIDEGGER M. Logik：Die Frage nach der Wahrheit [M]. Frankfurt Am Main：Vittorio Klostermann，1976：409.

仅是康德的图式论就能解决的,还必须依靠海德格尔的现象学方法,即实际性的解释学。只有在现象学的解释学视域中,海德格尔才能"显现"出康德想说而未说出的东西,即海德格尔自己的存在问题。不过,海德格尔在这种解释中也清晰地意识到康德的"先验自我"与"此在"之间的距离,结盟也开始走向对话。在《存在与时间》中,海德格尔指出,康德没有将先验自我把握为实际性的、本质的时间性生存,尽管他不无道理地用"我思"这一表达来把握"我"的现象内容,没有首先思考为"实体",不过依然思考为"主体",而且还是表达着"总已经是现成的事物的同一性与持存性。从存在论上把'我'规定为主体,就是把我设为总已现成的事物"①。当康德说"我思必然总是伴随着我的表象"时,没有指出这种"伴随"的存在方式,而是将我与其表象理解为"持驻地共同现成存在",也没有看到世界现象,理所当然地把"表象"与"我"的先天内涵划分得泾渭分明。② 因此,康德无法在讨论"我思"之时将此在的"在世"引出。

海德格尔在注释中强调:"康德根本上是在世内现成存在者的不恰当的存在论视野内将人格自我的存在论特征把握为'实体性'的东西。"③ 迄今为止流行的关于人的概念无外乎两个源头:(1)理性的动物;(2)人格(Person)、人格性(Persönlichkeit)。其要么与康德和德国观念论有关,要么与中世纪神学有关,康德的核心问题是要回答人是什么,而海德格尔坚持避免使用"人的此在""人的存在"等表达。因为在他看来,人这个概念原则上会妨碍我们对实际性的理解。在《存在与时间》中,海德格尔关于此在的生存论分析提供了此在的在世结构,虽然用一定的篇幅分析了"常人",但这并不意味着"此在"在一般意义上就是"人"的别样名称,抑或直接确定为人的"本己的生存",更不是"主体"概念。所以,从《存在与时间》的发问视野,亦即以实际性的解释学来阐释《纯粹理性批判》,"这就将康德的问题放置在了一个它所陌生的,尽管它是以其为前提的发问之上了"④。

从理性出发来规定人,必然会把自我视为主体、实体和人格,而康德在

---

① 海德格尔. 存在与时间 [M]. 陈嘉映,王庆节,译. 北京:生活·读书·新知三联书店,2006:364-365.
② 海德格尔. 存在与时间 [M]. 陈嘉映,王庆节,译. 北京:生活·读书·新知三联书店,2006:366.
③ 海德格尔. 存在与时间 [M]. 陈嘉映,王庆节,译. 北京:生活·读书·新知三联书店,2006:365.
④ 海德格尔. 康德与形而上学的疑难 [M]. 王庆节,译. 上海:上海译文出版社,2011:2.

"论纯粹理性的谬误推理"中也正是把自我把握为单纯性、实体性和人格性。在海德格尔看来,康德在"论纯粹理性的谬误推理"中虽然区分了实体自我与形式自我,也就是经验自我与逻辑自我,主张作为绝对主词的我只是形式自我、逻辑自我,但这种区分离从现象上即生存论-存在论上把握自我差了一步,从而错失了自我的生存论-存在论基础。

从严格意义上讲,康德先验哲学属于知识论这一点是不会错的,而且根据上文的分析,康德的超越论(形而上学)带有鲜明的先验特征。但为什么海德格尔依然将其解释为存在论的,这里面的玄机就在于海德格尔的存在论尽管表面上看完全属于亚里士多德形而上学传统,但是他的基础存在论与康德一样,已经主动背离了亚里士多德的形而上学传统。在海德格尔看来,自亚里士多德以来,哲学家们在追问超越之物——存在——的时候,总是将这个既无质的规定性又无所表述的普遍存在等同于最高等级之物或最后根据之物了,也就是等同于存在者了,从而双重遗忘了存在。康德虽然认识到"存在不是一个实在的谓词"[1],并将存在等同于知觉和设定,但他没有最终把最源始的时间现象和世界现象通过批判带到眼前,也是因为这种遗忘,但康德先验哲学的重大意义也正是在于通过批判,使得时间和世界再次成为最值得追问的问题。

在《时间概念史导论》中,海德格尔得出结论说,对存在本身的问题和意向式存在者之存在问题的耽误植根于此在本身的沉沦,"这两项耽误:首先,在存在本身的问题上的耽误。其次,在意向式存在者之存在问题上的耽误,并不是哲学家的偶然的疏忽。在这一耽误中,就显明了我们的此在本身的历史……而这里就蕴含着:正是在其本身所不能摆脱的沉沦的存在方式中,正当其抗拒着这一沉沦的存在方式之时,此在才能达到它的存在"[2]。就所引文本而言,海德格尔研究的焦点集中于胡塞尔和舍勒的人格主义,批判他们依然将人定义为理性的动物(homo animal rationale),从这一定义出发,无论是胡塞尔的人格主义心理学还是舍勒的人格主义行为学,都依然处在实在性和客观性之构成问题的范围之内。但这一批判同样适用于康德的人格理论,当康德以他的方式把人规定为理性人格时,他也接受了关于人格的古老的基督教定义,只不过他以某种方式把基督教的定义非神学化了。康德把他在《纯粹理性批判》中所开始的研究称为形而上学的形而上学,海德格尔在康德书中将这种形而上学的形而上学解释为形而上学建基,看作基础存在论,即此在的形而上学。"此在的形而上

---

[1] 海德格尔. 现象学的基本问题 [M]. 丁耘,译. 上海:上海译文出版社,2008:31.
[2] 海德格尔. 时间概念史导论 [M]. 欧东明,译. 北京:商务印书馆,2009:175.

学"表面上要将超越的本质统一性植根于想象力和时间性中,深层次上是要在存在论上而不是在人类学上发问"人是什么?"。

  康德批判哲学要回答哲学三个最基本的问题:我能知道什么?我应该做什么?我可以希望什么?所有问题最后都被归结为人是什么?海德格尔因此将康德哲学视为"人类学"。他说:"对形而上学的本质进行发问,就是对人的'心灵'之基本能力的发问。康德的建基表明,为形而上学建基就是对人的一种发问,这就是人类学。"① 但海德格尔认为,如果人只是基于在他之中的此在才成为人,那么作为人的那个更为源始的东西,人类学甚至哲学人类学都回答不了,因为人类学向来已经把人设定为人了。海德格尔说:"人在存在理解的基础上就是那个'此',……比人更源始的是在人那里的此在的有限性。"② "人是什么?"就变成了"此在是谁?"。与人类学从现成性上将人定义为"人是理性的动物"相对立,尼采将人定义为"人是尚未被确定的动物"③。海德格尔完全接受了尼采关于人的不确定性,将人的本质规定为"去生存""能在"。尽管海德格尔后来一再强调不能从主体、人的角度去理解他的此在,此在揭示的是人与存在的关系,此在因此指人的在世存在、存在之此,但他对此在的生存论-存在论分析,揭示了此在的日常性存在、本己性存在,分析了此在如何沉沦于世、如何向死而生、如果通过超越理解存在等。在胡塞尔看来,就是构建了此在的哲学人类学。

  此在的形而上学,并不意味着是单纯关于此在的形而上学,而是指形而上学必然发生为"此在",存在的意义问题就发生于"此"。"此之在"成为形而上学的基础,而且它的生存对存在意义的敞开是存在论,因此此在的形而上学又被称为基础存在论。不过,基础存在论只是第一步,它要阐明此在的存在理解在于时间性、在于遗忘。在《存在与时间》中此在的存在理解被把握为此在的时间性,在《康德书》中则被解释为对存在的遗忘。他说:"此在的有限性——存在之理解——在于遗忘。"④ 基础存在论旨在揭示存在理解的内在可能性在于此在去生存的投放活动,而这种投放活动首先从遗忘那里赢得。因此,

---

① 海德格尔. 康德与形而上学的疑难 [M]. 王庆节,译. 上海:上海译文出版社,2011:195.
② 海德格尔. 康德与形而上学的疑难 [M]. 王庆节,译. 上海:上海译文出版社,2011:219.
③ 海德格尔. 什么叫思想? [M]. 孙周兴,译. 北京:商务印书馆,2017:67-68.
④ 海德格尔. 康德与形而上学的疑难 [M]. 王庆节,译. 上海:上海译文出版社,2011:223.

此在的基础存在论建构,作为形而上学的建基活动,就是一种"再回忆"①。海德格尔说,要把基础存在论的主要工作放在"如何有效地使来自存在问题的唯一的和持续的引导不被打上折扣,从而将其所开放的此在的生存论分析保持在正确的轨道上"②。就与康德的暂时性结盟和思想对话而言,这意味着把康德的形而上学建基活动定位为第一次对存在者之存在的公开状态的内在可能性发出坚决的追问。从此在的存在理解出发,这种追问的可能性必然与时间相关,此在的生存论分析具有决定性意义的一步就是具体澄清作为时间性的操心。康德的形而上学建基活动也必然被要求超越流俗的时间概念,退回到将时间作为纯粹的自我感触的超越论理解上去,即生产性的想象力和时间性上来。当然,海德格尔把时间与生产性的想象力的本质统一性解释为《纯粹理性批判》的核心,显然不是因为康德关于时间是"直观形式"的规定,而是植根于此在的有限性根据——存在理解——必须在时间中进行自身投放。

海德格尔与康德的暂时性结盟和思想对话主要发生在马堡时期,达尼尔 O. 达尔斯特伦(Daniel O. Dahlstrom)为海德格尔的康德马堡讲座总结了五个核心论题③,可以帮助我们理解海德格尔对康德的现象学解释:

论题一("解释学"论题):"《纯粹理性批判》就是为作为科学的形而上学建基。"因为它提出了前存在论的和前科学的问题:"一个特定的存在者存在(to be)意味着什么,科学中的每一个存在者的客观化都以此为基础。"

论题二("认识论"论题):"所有一般认识首要的是直观。"

论题三("现象学"论题):"想象力的生产性的综合"是(a)感性和知性共同的根,(b)范畴的起源,也就是说,"形而上学的"演绎的关键,(c)统觉的先验统一性的预设,因此(d)范畴客观有效性的最终来源,也就是,"先验的"演绎的基础。

论题四("存在论"论题):想象力的生产性的综合植根于时间,"时间不再是在流俗意义上,而是作为此在的绽出结构的源始统一性意义上的时间性来理解"。

---

① 海德格尔. 康德与形而上学的疑难 [M]. 王庆节,译. 上海:上海译文出版社,2011:224.
② 海德格尔. 康德与形而上学的疑难 [M]. 王庆节,译. 上海:上海译文出版社,2011:224.
③ DAHLSTROM D O. *Heidegger's Kant-Courses at Marburg* [D]. Reading Heidegger from the Start. Edited by Theodore Kisiel and John van Buren. Albany, N. Y.: State University of New York Press. 1994:296-297.

论题五("历史"论题):康德"撤回或回避了"他对先验想象力以及时间的原初含义的解释。

达尔斯特伦认为,将这五个论题综合统一起来,就可以得出这样一个有趣的结论:它们表明批判哲学是《存在与时间》的一个预告①。

第二节 回到形而上学问题

对存在问题的重构和论述决定了海德格尔回到康德的道路。海德格尔的《康德书》"将康德的《纯粹理性批判》阐释为形而上学的一次奠基活动,其目的在于将形而上学问题作为一种基础存在论的问题展现出来"②。基础存在论的问题在《存在与时间》中早已被规定为存在意义的问题,海德格尔试图从此在生存的时间性来思考存在意义的时间性,但《存在与时间》第一部分的第三篇没有完成,这也说明海德格尔对时间性问题的阐释没有成功,在向康德寻求庇护和出路的过程中,他试图将存在的意义问题解释为存在理解或存在敞开的超越境域的问题。独立于时间性,海德格尔首先追问超越是什么,超越存在者意味着什么,超越的境域如何被视为存在的意义。这些问题最后被归属于一个问题:形而上学是什么?

就康德与形而上学问题而言,海德格尔把康德视为形而上学之建基的"开端"。从形而上学作为存在历史之立场出发,海德格尔将柏拉图、亚里士多德视为传统形而上学的开端,而《康德书》却提出康德是形而上学之建基的开端,这又有什么不同的含义或立场?海德格尔说:"就意味着回答这一问题:为什么在康德那里,形而上学的建基活动变成了纯粹理性批判?回答必须通过讨论以下三个分题来达成:第一,什么是康德所面临的形而上学概念?第二,什么是这一传统形而上学之建基的开端?第三,为什么这一建基是一种对纯粹理性的批判?"③

通过重新发问"形而上学"本质规定这一问题,将康德视为"开端",而且是为形而上学建基的开端。形而上学早在希腊时代就已经被建基,是关于存

---

① DAHLSTROM D O. *Heidegger's Kant-Courses at Marburg* [D]. Reading Heidegger from the Start. Edited by Theodore Kisiel and John van Buren. Albany, N. Y.: State University of New York Press. 1994: 297.
② 海德格尔. 康德与形而上学的疑难 [M]. 王庆节, 译. 上海: 上海译文出版社, 2011: 1.
③ 海德格尔. 康德与形而上学的疑难 [M]. 王庆节, 译. 上海: 上海译文出版社, 2011: 1.

在者本身和存在者整体的知识，康德的建基只能是重新建基，将形而上学重新建基于存在问题之上，重新追问形而上学的内在可能性。《纯粹理性批判》就被纳入《存在与时间》所规定的思想道路上来——发问存在论本身的内在可能性——为形而上学建基，是为基础存在论。就《存在与时间》而言，《康德书》就承担着至少两个方面的任务：一是要将《纯粹理性批判》与基础存在论关联起来；二是重新规划基础存在论的纲领，既是对《存在与时间》第二部分没有完成的一个交代，也是对未来工作的一种重新规划。

首先，海德格尔重新规定了形而上学问题。康德所遵循的形而上学定义来自鲍姆加登，即形而上学是包含人类知识的第一原理的科学，亦即纯粹理性的体系（科学），包括自然形而上学和道德形而上学。形而上学这个概念源自对亚里士多德书籍的编撰，按照亚里士多德的定义，它属于第一哲学，是关于存在者之为存在者的知识，一方面追问的是何者为第一存在者，即关于存在者第一根据、第一原因的知识；另一方面追问存在者整体的知识。简单地说，形而上学乃是对存在者本身和存在者整体的根本性知识，普遍的存在者和最高的存在者是其对象。因此，对于存在者本身和存在者整体的根本性知识的发问属于康德所熟悉的领域，康德为此将形而上学的整个体系视为由四个部分组成：本体论、理性自然学、理性宇宙论、理性神学。海德格尔要继续追问形而上学本质规定的内在可能性，即关于存在者之为存在者的知识的发问只能作为以下这些问题的指引才是有效的："存在者的存在的知识之本质在哪里？在何种程度上这种知识必然扩展为存在者整体的知识？而为什么这种知识又被当作某种关于存在知识的知识？"① 如果这些问题不清楚，或者没有得到追问，那么，形而上学在海德格尔看来，只能是关于哲学窘境的标题而已。康德没有清晰地意识到这些问题，而是坚守传统形而上学的意图，然而在康德的时代，由于这样一门科学中的所有努力造成了形而上学成为一个纷争的战场，以及它的不可规定性和无效性。康德认为，我们必须首先中断所有扩展纯粹理性的企图，直至这一科学的内在可能性问题得到澄清为止，于是，对形而上学的内在可能性进行划界，在这一意义上为形而上学进行某种建基，就成为康德对纯粹理性批判的主要工作。

康德为形而上学建基之所以被海德格尔尊崇为"开端"，原因就在于康德将形而上学问题回溯到了去追问那使得存在者层面上的知识成为可能的对象的可能性的问题上，可能的可能性问题属于对存在的先行理解之本质的问题，亦即

---

① 海德格尔. 康德与形而上学的疑难 [M]. 王庆节, 译. 上海：上海译文出版社, 2011: 4.

属于存在的敞开性问题,是存在论问题,所以,康德为形而上学建基从整体上探讨的是存在论内在可能性的问题。从这个意义上说,康德"哥白尼式的转向"之要义总是被误解,而其真正的意义,亦即康德要说的是:"并非'所有的知识'都是在存在者层面上的,而且,举凡有存在者知识的地方,存在者的知识之所以可能,是因为有某种存在论的知识存在。"① 康德的转向要求对象必须以我们的认知为准,这一假设意味着在对象被给予我们之前,就已经确立了关于对象的某种东西,构成对象之对象性的"某种东西"是我们对存在的先行理解。只有当某个存在者作为存在者率先已经开放出来,也就是说,在其存在状态中被先行理解,在存在者层面上的知识才有可能和存在者(对象)相符合。存在者的开放性(存在者层次上的真理)依赖于存在状态的敞开性(存在论层次上的真理)。所以,海德格尔才会据此认为,康德哥白尼式的转向使得康德站在了为形而上学建基的开端位置上。他说:"借助于追问存在论本身的内在可能性,传统形而上学的建基工作才得以开端。"②

其次,海德格尔将"先验的"(transzendental)可能性条件转换为超越的可能性条件,从设定认识论的条件转向发问存在论条件。康德"先天综合判断如何可能?"之问与苏格拉底"是什么?"之问一脉相承,"是什么?"之问问的是本质,"如何可能?"之问问的是知道的方式,是对人类认知能力的考察。康德的批判思路告诉我们,关于存在者的经验本身,总是以对存在者的存在理解为前提,而这种对存在者的存在的理解,又以某种先天原理为指导。康德把我们从先天原理出发来认知的能力称为"纯粹理性",对纯粹理性之本质的澄清就是"纯粹理性批判"。康德的"先天综合判断如何可能?"之问就包含三个结构性要素:(1)先天要素,即先天知性原理条件;(2)综合要素,即经验条件;(3)判断要素,即先验的自我条件。三个要素都不涉及存在者自身,只涉及我们对存在理解的可能性,亦即我们对经验发生的场域之开启的可能性。因此,作为知识可能性的先天条件,它们的本质首先并不是独立于经验,并使经验可能的逻辑在先,即先验的(transzendental),而是使经验得以发生的场域本身,即先行理解着存在的那个"此",此之在的投放使经验得以发生,即超越的(transzendental)。海德格尔解释说:"超越论的知识并不研究存在者自身,而是研究先行的存在理解的可能性,这同样等于说,研究存在者的存在状态。"③

---

① 海德格尔. 康德与形而上学的疑难 [M]. 王庆节, 译. 上海:上海译文出版社, 2011:9.
② 海德格尔. 康德与形而上学的疑难 [M]. 王庆节, 译. 上海:上海译文出版社, 2011:9.
③ 海德格尔. 康德与形而上学的疑难 [M]. 王庆节, 译. 上海:上海译文出版社, 2011:12.

康德说:"一切知识,倘若不涉及对象,而是一般涉及我们关于对象的认知方式——只要这认知方式是先天可能的,我就将这些知识称为先验的。"① 站在海德格尔存在论知识的可能性立场上,"这种认知方式是先天可能的",既不是逻辑在先,也不是生物学意义上的"天生的",而是此在在世生存的先行理解之先。由此,对存在的先行理解作为超越论问题就构成了"先于所有经验的东西而又使得所有经验的东西成为可能"的超越论真理的本质。② 海德格尔批评新康德主义者说:"当《纯粹理性批判》这部著作被阐释为'关于经验的理论',或者甚至被阐释为实证科学的理论时,它的意图就一直从根本上被曲解了。《纯粹理性批判》与'知识理论'完全没有干系。"③

再次,海德格尔重新规定了人的有限性本质。以存在论知识的可能性问题为视点,人的有限性问题就构成了《纯粹理性批判》的主要论题,这一问题基于康德关于人类心灵的本质概念:a)本质上是时间性的;b)本质上是自发的和创造性的。

存在论知识之可能性的超越论场域在《康德书》中被海德格尔称为"渊源域"(Ursprungsfeld),并把渊源域之本质特征的探讨视为对人的知识的有限性本质的澄清。④ 存在之先行理解的敞开境域的此在之"此"被强调为"起源"(Ursprung),一是再次确定"在先"(a priori),二是与康德立场一致,强调"认知原本就是直观"⑤。海德格尔注释说:"直观在这里意味着,存在者自身,以'让给予'的方式,作为领-受着的东西公开出来。认知'原本',即第一位的,就在其(作为有限的)本质之根据中。"⑥ 从直观"原本"的意义上,单单直观还不是知识,认知既是思惟着的直观,也是直观着的思惟,但海德格尔说,与上述立场相反,"我们必须要坚持,直观构成了认识的真正的本质,并且,在

---

① 海德格尔. 康德与形而上学的疑难 [M]. 王庆节, 译. 上海:上海译文出版社, 2011: 11-12.
② 海德格尔. 康德与形而上学的疑难 [M]. 王庆节, 译. 上海:上海译文出版社, 2011: 13.
③ 海德格尔. 康德与形而上学的疑难 [M]. 王庆节, 译. 上海:上海译文出版社, 2011: 13.
④ 海德格尔. 康德与形而上学的疑难 [M]. 王庆节, 译. 上海:上海译文出版社, 2011: 17.
⑤ 海德格尔. 康德与形而上学的疑难 [M]. 王庆节, 译. 上海:上海译文出版社, 2011: 18.
⑥ 海德格尔. 康德与形而上学的疑难 [M]. 王庆节, 译. 上海:上海译文出版社, 2011: 18.

直观与思惟的所有相互关联中，直观拥有真正的分量"①。只有坚持这一立场，才能把握知识的有限性本质。康德在《纯粹理性批判》中区分了人类的感性直观与神的"源生性直观"（intuitus origniarius），感性直观是被动的接受性，没有创造力，依赖于可被直观的东西和对存在者之存在的先行理解（康德的"感触"概念），是有限的，而且人类知识需要思惟，"举凡涉及人的每一种知识都由概念与直观而来"②，而相对于神不需要思惟而言，人类思惟本身就已经是有限性的标记。况且，神的直观是无限的，无限直观对个别东西的直观就意味着直接创造出可被直观的这个存在物自身。神的认识只是"直观"，而人的认识，与之相反，则是某种思惟着的直观。以康德的纯粹理性批判为视点，认知就是一种表象活动或概念活动；以海德格尔此在的生存论-存在论分析为视点，直观的有限性在于它的接受性，而接受性的前提在于可接受的东西首先公开出自身，因此直观的发生植根于此在生存的被抛性。

不仅直观是有限的，知性也是有限的。新康德主义者主张直观有赖于知性，知性是第一位的，但海德格尔坚持认为："知性不仅隶属于直观的有限性，而且其自身，甚至由于缺乏有限直观的直接性，因此就成为更加有限的东西。知性的表象活动需要迂回（Umweg），需要借助于某种普遍，它通过这种普遍并从这种普遍出发，才使得那众多的个别成为在概念上可以表象的东西。这一隶属于知性本质的迂回性（推理性），就是其有限性最鲜明的指南。"③ 相对于神的直观的创生性而言，知性并不比有限直观具有更多的创造力，知性从不制造存在物，它只是负责把那可直观的存在物带将出来（Hervorbringen）。在海德格尔看来，只要人的有限性作为存在论建基问题的基础，康德在《纯粹理性批判》中就只能进行现象与物自身的二元区分。康德说："在本书中，客体被告知有双重意义，即作为现象或者作为物自身。"④ 现象这一名称意味着作为有限知识对象的存在物自身，更精确地说，只有对于有限性知识而言，才在根本上有对象这样的东西。海德格尔说，对象性就是在经验意义上的存在。对于无限的知识而言，它不可能依赖于已现成存在的存在物，无限的认识是一种直观，这一直观

---

① 海德格尔. 康德与形而上学的疑难 [M]. 王庆节，译. 上海：上海译文出版社，2011：20.
② 海德格尔. 康德与形而上学的疑难 [M]. 王庆节，译. 上海：上海译文出版社，2011：20.
③ 海德格尔. 康德与形而上学的疑难 [M]. 王庆节，译. 上海：上海译文出版社，2011：26.
④ 海德格尔. 康德与形而上学的疑难 [M]. 王庆节，译. 上海：上海译文出版社，2011：29.

本身让存在物自身得以发生，对神而言，根本就没有对象，而只有物自身。在康德逝世之后发表的遗稿中，他说："物自身与现象概念之间的区别不是客观的，而是单纯主观的。物自身不是另一个客体，而是对这同一个客体之表象的一种不同（方面）的关联。"① 只是这个站在现象背后的物自身根本就不是那种有限知识可以窥视的东西。而物自身的意义就在于否认人类知识可以无限制地知晓这一存在物。"……（在感官世界中），［无论我们怎样］对它的诸种对象进行了极其深入的研究，所涉及的只是诸现象而已。"②

最后，海德格尔将有限直观（感性）与知性的共同根源明确为超越的想象力。要回溯有限知识的可能性根源的问题，正是康德纯粹理性批判的任务，他首先将我们知识的"发源地"还原为"心灵的两个根源"，他说："我们的知识源于心灵的两个根源。第一个是感受表象（印象的可接受性），第二个是通过这一表象认知对象的可能（概念的自发性）。"③ 有限知识的本质要求二者合一，即"综合"，对康德而言，纯粹理性批判必须要阐明这种"综合"的可能性，对海德格尔来说，为形而上学的建基，同样要求发问存在论综合的内在可能性根据。对感性和知性的"综合"既非直观又非思惟，它和二者都有亲缘关系，具有二者共同的表象特征，康德说："我们在后面将会看到，一般的综合纯然是想象力的结果，亦即灵魂的一种盲目的尽管不可或缺的机能的结果，没有这种机能，我们在任何地方都根本不会有知识，但我们却很少，甚至一次也没有意识到它。"④ 海德格尔以此为立足点，高度评价康德的"图式论"，主张感性与知性的共同根源就是超越的想象力，进而将超越的想象力还原为原初的时间性。这是海德格尔的康德现象学解释给当时流行的新康德主义知识论、实证论阐释带来冲击和陌生性的最核心观点。海德格尔认为，之所以康德身后的康德学者，尤其是新康德主义者没有看到甚至否认这个共同的根源，就在于他们一是没有持存在论问题的发问视点，没有看到形而上学建基就是去发问先天综合的内在可能性，亦即存在论综合的可能性；二是对于一个有限性的本质存在而言，对存在论的可能性之发问还是一个纷乱棘手的事情。所以，关于有限知识的根源

---

① 海德格尔. 康德与形而上学的疑难［M］. 王庆节，译. 上海：上海译文出版社，2011：29.
② 海德格尔. 康德与形而上学的疑难［M］. 王庆节，译. 上海：上海译文出版社，2011：30.
③ 海德格尔. 康德与形而上学的疑难［M］. 王庆节，译. 上海：上海译文出版社，2011：32.
④ 海德格尔. 康德与形而上学的疑难［M］. 王庆节，译. 上海：上海译文出版社，2011：57.

问题以及它的可能的统一性的指引，最终导向了那个不可知之地。海德格尔说，只有当突入那至今尚且遮蔽着的领地之际，并且通过对那自己显现出来的东西的阐明，才会出现解蔽方式与溯源方法的确定性与规定性。因此，海德格尔通过他的实际性的解释学最终发现，那个解蔽源头的领地不是什么别的东西，而恰恰是人的"心灵"。存在论综合的可能性，被康德标明为"对我们的内在本性的研究"①。

海德格尔指出，超越的想象力作为生产性的源头不仅是感性和知性的中介环节，更是二者合二为一的可能性根据，只有在生产性的想象力的运作机制下，人类有限的知识才会显现为理性。在他看来，康德已经预示、暗示或指引了共同根源，并在《纯粹理性批判》导言的结论部分找到了所谓的依据："对于导言或预示而言，似乎有必要这样说，人类知识有两个主要枝干，即感性和知性，它们也许出自某种共同的但不为我们所知的根源。通过前者，对象被给予我们；但通过后者，对象被思惟。"②"似乎""也许"代表着不确定，且康德指出，即使有共同根源，也不为我们所知，但海德格尔并不为其所动，而是抓住关键词"枝干"指出："'根源'在这里被把握为'枝干'（Stämme），它是从共同的根部生发出来的。"③ 存在论知识的本质统一性的可能性在于超越的想象力，通过超越的想象力，存在论的知识将超越"形象出来"，即保持境域的开放，境域事先经由纯粹的图式得以瞥见。"作为原初的纯粹综合，超越的想象力形象出了纯粹直观（时间）与纯粹思惟（统觉）的本质统一性。"④

在海德格尔看来，存在论知识之本质统一性有着源生性的自身形成，而对这一自身形成的展示，康德称之为"范畴的先验演绎"。海德格尔从中看出超越的本质，超越是使得一切与存在者的有限关联得以彰显，也就是"让对象化"的能力。"一个正在进行有限认知的本质存在，只有当其能够在自身中遭遇已然现成的存在物时，它才可能与它自身所不是，也并非它所创造的存在物发生关联。然而，为了使这个存在物能作为如其所是的存在物来遭遇，这一有限认知的本质存在必须事先就在根本上作为存在物而被'认出'，也就是说，就其存在

---

① 海德格尔. 康德与形而上学的疑难 [M]. 王庆节, 译. 上海：上海译文出版社，2011：37.
② 海德格尔. 康德与形而上学的疑难 [M]. 王庆节, 译. 上海：上海译文出版社，2011：33.
③ 海德格尔. 康德与形而上学的疑难 [M]. 王庆节, 译. 上海：上海译文出版社，2011：33.
④ 海德格尔. 康德与形而上学的疑难 [M]. 王庆节, 译. 上海：上海译文出版社，2011：121.

建制而被'认出'。这里，存在论知识——在此总是前存在论的知识——就是使得存在物般的东西自身能够相对于某个有限的本质存在而进行对象化的可能性条件。"① 存在论知识的内在可能性因此就在于对超越的揭示，康德"纯粹知性概念演绎"的基本意图是对有限理性的超越的揭示。

海德格尔在《存在与时间》中将超越揭示为此在在世的操心结构，而在《康德书》中，将作为纯粹综合能力的超越解释为再生性的、形象着的、纯粹生产性的想象力。康德在"超越的演绎"中已经表明，"所有的综合由想象力而来。超越的统觉，就其本质而言，关乎纯粹的想象力"②。康德说："想象力的、先于统觉的纯粹（生产性）综合的必然统一原理，是一切知识的可能性的根据，尤其是经验的可能性的根据。"③ 新康德主义者试图用知性的概念能力取代想象力的综合，并将感性置于知性之下，而海德格尔不但将再生性的想象力置于核心，而且彻底颠覆了新康德主义的论断："知性，仅当它以纯粹想象力'为前提'或'包含'纯粹想象力之际，方为知性。"④ 在将康德为形而上学建基的超越论解释为对存在论知识的内在可能性根据的发问的过程中，相对于《存在与时间》，《康德书》有几个校正：（1）用"一个有限的本质存在"代替"此在"；（2）此在在世"打交道"的操劳方式被明确为超越的"感性化"；（3）微调了基础存在论的目标，从将此在解释为时间性的存在作为唯一目标，意识到对存在问题本身的发问，必须实施返回步伐，"去倾听在哲学活动的第一场围绕存在的争斗中，哲学如何以及怎样仿佛就是在自动地述说这一存在"⑤。以上校正预示了海德格尔接下来的思想道路。

就海德格尔而言，回到康德，就是要把康德思想为形而上学之建基的开端，就是要在形而上学问题中思考人的有限性的本质，但康德形而上学之建基的结果并没有将超越的想象力构建为基础，也没有将这种建基变成对人类有限理性本质的发问，而是在揭示主体之主体性。海德格尔因此指出，康德在他自己所

---

① 海德格尔. 康德与形而上学的疑难 [M]. 王庆节, 译. 上海：上海译文出版社, 2011：64-65.
② 海德格尔. 康德与形而上学的疑难 [M]. 王庆节, 译. 上海：上海译文出版社, 2011：74.
③ 海德格尔. 康德与形而上学的疑难 [M]. 王庆节, 译. 上海：上海译文出版社, 2011：74.
④ 海德格尔. 康德与形而上学的疑难 [M]. 王庆节, 译. 上海：上海译文出版社, 2011：76.
⑤ 海德格尔. 康德与形而上学的疑难 [M]. 王庆节, 译. 上海：上海译文出版社, 2011：230.

建立的基础面前退缩了。

具体而言，康德的退缩或摇摆，海德格尔认为有三个主要原因：第一，康德的分析依然固守于感性与知性的严格区分，这种教条式的承诺阻止他成功地阐明超越的想象力的地位。用海德格尔的话说，康德感到了压迫，以这种教条为基础有必要将时间与统觉相互分离开来。第二，康德的时间概念和统觉概念分别被其他两个偏见所破坏。尽管康德区分了经验直观的时间和纯粹直观的时间，但他对后者的阐明依然面向数学科学所设想的自然。在数学科学概念中，自然是现成在手之物，时间不是绽出的投放，即原初地持留与呈现，而仅仅是一系列空洞的现在，与自然的现成在手性共同延展。第三，康德的批判哲学信奉笛卡尔主义，以"我思"为直接给予性和先天性的预设和前提，将任何先天的事物都解释为思想，好像它必然和完全地与人类主体相关联，被理解为每个人都有权力进入的意识的领域。时间和空间直观就被还原为心灵的条件或活动，时间被定义为内感官，自我意识与外在世界的联系所产生的虚幻问题就由它来背负，这是康德对超越问题误解的明显标志。

不过，康德的退缩严格说来是为了拯救纯粹理性，是从存在论领域边界线上的退缩。康德在《纯粹理性批判》中清晰地划定了认识论和存在论领域的边界线，现象与本体的区分本质上也是认识论与存在论的区分。康德将人类的认识限制在现象界，而超出现象界对实体、实在性下判断的知性活动都是非法进入存在论领域的超越活动，因此康德的视点属于"人的立场"或"以人类为中心"。海德格尔虽然也是从此在的有限性、时间性出发，但是，《纯粹理性批判》的主要洞见时间建制和人类主体性并不是先天的前提条件，它们有更源始的来源——绽出视域的时间性，用康德的术语来说，就是想象力的生产性的综合既不能还原为感性或知性，也不能还原为感性和知性联合的产物，只能归属于时间性的存在。而且，人类主体的时间性也不是主体进入外在世界的某种调解站，而是存在理解的先天视域。显然，相对于康德的退缩，海德格尔则从认识论领域"暴力"推进到存在论领域，其视点不是人类主体性，而是存在的意义，存在真理，逐步走向"非人"。

因此，回到形而上学问题，就不仅仅是《康德书》的任务，更是海德格尔接下来离开此在的生存论分析，直接就存在本身而发问的准备。

第三节 理性自我认识的体系

海德格尔指出，康德是第一位试图通过纯粹理性批判来规定近代形而上学"数学因素"的哲学家，哲学对康德而言就是人类理性目的论，而这种理性目的论的结果是体系。德国观念论对康德的完成亦即对体系的完成，体系原则是德国观念论最本质的特征。

通过德国观念论与康德的对置来理解康德是海德格尔为我们开启的另一视点。海德格尔认为，对康德而言，知识的基础是直观，理性必须凭直观去认识其努力的最终目的；康德将知识的本质定义为经验，也就是定义了知识的有限性，但他没有进一步考察这种有限性的本质。德国观念论则主张，直观传递首要的和基本的知识必须以包含存在者整体、神以及人类的本质（自由）的方式构成，由于德国观念论所主张的存在整体是自足的，也就是说不包含、不接受除自身之外的任何关系，与他物无关，因此是绝对。知识不再是关于与认知者相对的事物的知识，与其范畴结构相关，而是一种绝对知识，哲学就是绝对者的智性直观。这样，与认知主体相关的体系概念就转变为绝对认知中的绝对理性体系的体系概念。海德格尔说：绝对理性"认知到自身的那一瞬间起，体系才绝对地从自身出发得到了奠基，也就是说，体系真正地以数学的方式、自身确凿地奠基于绝对自身意识上并且接合和支配着存在者的全部区域"①。

在康德那里，最终并没有产生德国观念论那样的绝对体系，一方面是因为在康德看来，理性作为理念的能力，作为对存在者整体之认识的主导性表象的能力，理性本身就是体系性的，但康德没有阐明诸理念之本源，没有阐明体系的根据；另一方面，对康德来说，并不存在没有感性直观的认识，只有通过感官被给予我们的对象才是可认识的，而超感性的东西——神、世界和人类自由——不可能通过感官给予我们，并且，康德也没有表明这些在理念中被表象和意指的东西乃是"对象"。德国观念论与康德最大的分歧就是对理念所设立的这些存在者整体的不同态度，对它们的真理性的认知，康德排除了对象性认知的可能性，德国观念论则主张其真理性必须被知晓，对存在者整体的非对象性的认知才是真正的认知，因为这种认知展开的过程，就是存在者整体生成自身

---

① 海德格尔.谢林：论人类自由的本质[M].王丁，李阳，译.北京：商务印书馆，2018：93.

的过程，存在者整体向着自身的生成就是绝对的存在者。

在形而上学的问题格局中，对存在者整体的追问亦是存在问题，自希腊以来，本质性的东西是理性，是逻各斯，是陈述，是关于判断、范畴的学说。康德的"纯粹理性批判"因此也归属于此问题格局，"通过对出于其自身的基本原理的纯粹理性的全部本质进行规定。批判是纯粹理性进行划界和测定的筹划，所以属于作为本质环节的批判，康德称之为建筑术的批判"①。在康德的纯粹理性"批判"中，"纯粹理性的基本原理必须根据其自己的特性被奠基和证明，这种特性同时就存在于基本原理之本质中，以至于它们在自身中就表现出一种有根据的关系，由于其内在的统一而相互归属。这样一种遵循原则的统一体，康德称之为体系，批判作为测定纯粹理性批判的内在结构和结构之基础，因此就承担着奠基的使命，展现并建立纯粹理性的基本原理的体系"②。

按照康德"基本原理的体系"概念，希腊哲学不是"体系性的"，体系产生于近代哲学和科学中，海德格尔指出，是近代哲学追求数学性的理性体系的意志为体系的构造提供了条件。

海德格尔说："关于某个像体系这样的东西的思想的可能性以及关于体系的发端与实施的可能性都受制于它们固有的预设。这些预设所涉及的并非什么无关紧要之事，而正是对存在，以及对真理与认知一般的看法。"③ 认知体系的可能性以及求体系的意志共同构成了西方近代哲学的本质性标志，无须详细论证，一种体系构造的可能性条件同时也就是近代各门科学的产生与持存的本质性预设，海德格尔总结了近代哲学最初的体系构造的主要条件和今日科学的基本预设。最初的体系构造的主要条件有：（1）数学性因素的强势地位确立起来了；（2）数学性因素作为认知之标尺，要求最终的且绝对可靠的论证，确定性对真理的这种优先性导致了真理本身就被把握为确定性；（3）作为一切认知标尺的数学的确定性要求导致了"我思"被设定为最初的、真正的可知者，从而也就是真实之物，笛卡尔将认知的确定性置于"我思故我在"这一原理的自身确定性上；（4）思想及其确定性成了真理的标尺，真的东西同时被承认为真正存在着的东西，思想的自身确定性决定了什么能存在和什么不能存在，甚至根本上，

---

① 海德格尔. 物的追问：康德关于先验原理的学说［M］. 赵卫国，译. 上海：上海译文出版社，2010：110.
② 海德格尔. 物的追问：康德关于先验原理的学说［M］. 赵卫国，译. 上海：上海译文出版社，2010：111.
③ 海德格尔. 谢林：论人类自由的本质［M］. 王丁，李阳，译. 北京：商务印书馆，2018：57.

什么叫存在；(5) 教会学说作为真理和认知的总体秩序与形态的唯一标准破灭了，让位于自行论证自身的探寻活动；(6) 教会对认知与行动之立法方面的独裁统治的破灭被理解为人类向其自身的解放。在此条件下产生的体系，必然是一种数学性体系，并且同时是思想的、理性的体系。因此，在西方，明确的、真正的体系构造是作为追求数学性理性体系的意志而开始的。虽然这个时候的笛卡尔与莱布尼茨都非常出类拔萃，但他们的体系构造还都停留在开端处，这个时期产生的那个唯一完成了的，在其论证联络中被完全构筑起来的体系是斯宾诺莎的形而上学。斯宾诺莎主义的影响非常广泛，与莱辛、雅可比、门德尔松、赫尔德、歌德的名字联系在一起，由此造成的一个后果是，人们自以为哲学的"体系"一般而言就是类似于斯宾诺莎这种全然确定且片面的体系的东西，甚至在德国观念论时期，有些学者曾将谢林哲学歪曲为斯宾诺莎主义。而海德格尔则认为，谢林是唯一看清斯宾诺莎真正错误并同其体系做斗争的人。自我确证的主体性哲学发展到德国观念论时，"体系"的一个本质性洞见被补充进来，体系除了必须是数学性的、必须是理性体系之外，还必须是绝对知识的要求。19世纪初德国观念论体系就因此与17世纪、18世纪的思想体系不同，在德国观念论中，哲学把自己把握为绝对的无限认识。这是对人类理性的完全信任和高扬，这样一种认知只能以对理性本身的重新沉思和考察才被赢得，而这一沉思和考察正是康德的工作。

自康德始，理性自己认识自己的要求就被明确提出来了。"纯粹理性批判"正如他所言，实际上是一个理性法庭，成立理性法庭"是对理性的一种敦请，要求它重新接过它的所有工作中最困难的工作，即自我认识的工作"[1]。在理性自我认识的道路上，德国观念论结出累累硕果，但康德与其身后的德国观念论的关系则时刻处于超越和背离中。在海德格尔看来，"康德当时接纳德国观念论的基本立场本身的程度有多小，德国观念论超越出康德的距离就有多远，但这一点无疑只能基于由康德施行在原则上对人类理性之本质的沉思，并受其指引才能发生"[2]。这一方面意味着康德的观念论与德国观念论的分歧是不可调和的，另一方面也指出了二者之间的分歧就在于对理性本质的沉思不同。海德格尔通过康德对理性本质的沉思阐明了康德对体系概念的规定，并认为康德的体系概念只有在德国观念论那里才最终圆满实现。海德格尔在评价德国观念论的

---

[1] 康德. 康德著作全集：第4卷 [M]. 李秋零, 译. 北京：中国人民大学出版社, 2005: 7.

[2] 海德格尔. 谢林：论人类自由的本质 [M]. 王丁, 李阳, 译. 北京：商务印书馆, 2018: 70.

体系特征时说，康德已经表明，理性在其自身中就是"体系性的"，并且表明了它如何是"体系性的"。在康德看来，哲学无非就是人类理性的目的论，那么这也就意味着，哲学最内在的和本真的任务就是体系。不过，康德的纯粹理性批判虽然完成了自希腊以来又一个本质性的步骤，但它并没有建立在此-在与存在的转向性关联基础之上，因此海德格尔认为这种批判终究是无根基，借助于这种批判和先验立场，理性很快就转变为精神，精神进展为绝对，知识成为精神的自我认识，理性体系以辩证法的形式展现出来。

海德格尔指出，康德的"纯粹理性批判"贯彻了近代形而上学、自然科学的"数学"特征，也就是说，先行从原理出发来确定存在者的存在，属于理性的自我认识。"理性是出自原则的知识，并因此本身就是规则和原理的能力，所以，一种积极意义上的纯粹理性批判，必须在其内在的统一和完备中，也就是在其体系中展现纯粹理性的基本原理。"① 对康德来说，纯粹理性作为判断的理性，是知性，话语、陈述是知性活动，知性是概念能力；纯粹理性的最高目标是追求整体性和概念的统一，其本质是对作为诸原则的理念的能力，最高的理念因此是神、世界和灵魂。按照康德的观点，理念并不是"实指的"，而是"启发式的""范导性的"，它们只是为我们的表象指明了方向，在这个方向上，必能鉴于被给予之物之杂多性的联络，发现存在者整体的一体性，这就意味着理性事先就为我们的直观和思想提供了这样一个方向，这一方向指向无所不包的一体性和对存在者整体所进行的具有一体性的分环勾连，这实际上就是我们所讨论的体系的概念。体系就是"杂多的知识在一个理念之下的统一"②。"通过这种统一性，知性知识并不纯然成为一个偶然的集合体，而是成为一个按照必然的规律相互联系起来的体系"③。理性就是那个使得我们所有的知性行为"有体系性"的东西。所以，按照康德的理解，"理性本身不是别的，正是体系能力，并且其旨趣就在于，在有最高可能性的一体性中，突显认识的最大可能的多样性。这一要求就是理性自身的本质"④。一体性是理性的预设，只有基于这个一体性，人类知性对一个对象区域或世界的认识才是可能的。可见，这样一

---

① 海德格尔. 谢林：论人类自由的本质 [M]. 王丁，李阳，译. 北京：商务印书馆，2018：70.
② 康德. 康德著作全集：第3卷 [M]. 李秋零，译. 北京：中国人民大学出版社，2004：531.
③ 康德. 康德著作全集：第3卷 [M]. 李秋零，译. 北京：中国人民大学出版社，2004：420.
④ 海德格尔. 谢林：论人类自由的本质 [M]. 王丁，李阳，译. 北京：商务印书馆，2018：73.

类前提使得人类认识得以超越进入一个可认识之物的整体把握中,因此康德把这样一种能够使得人类超越自己有限的感性认识的理性能力称为超越的理性。

康德指出,理性就其本质而言就是体系性的,体系能力和对体系的要求两者一道都是理性,由此对理性之本质、对其内在构架及其能力以及对其行事方式的可能道路的沉思,也必须鉴于体系构造的诸种条件来考察和规定理性,康德将其称为"纯粹理性的建筑术"。"我把一种建筑术理解为种种体系的艺术。"①"纯粹理性的建筑术"是先验方法论的第三篇,它不仅阐明了建筑术属于方法论,而且揭示了"在理性的统治下,我们一般而言的知识不可以构成一个集合体,而是必须构成一个体系,唯有在体系中,它们才能够支持和促进理性的根本目的"②。三大"批判"的先后问世,尤其是"第三批判"的出版,表明康德本人在自觉地努力构建一个完整的理性体系。但在海德格尔看来,在康德那里并没有最终产生德国观念论意义上的体系。如果说康德晚年也在着手进行关于体系的筹划,那也是德国观念论关于体系的一些最初的步骤已然显露出来并产生影响的背景下发生的。对康德本人乃至他的哲学而言,虽然从理性出发规定了体系概念,但其哲学在体系方面也存在着本质性的困难。理性本身是体系性的,并不意味着康德就成功阐明了体系的根据:神、世界、人,诸理念之本源。他只是成功实施了对纯粹理性的批判,通过这种批判对作为经验的认识进行了本质划界,而没有就作为人类理性目的论的哲学的认知方式进行充分的论证,并将其根源充分地揭示出来。也就是说,只要理念是范导性、启发性的,而不是作为实指的东西摆置出来,那么诸理念之整体,即体系就完全不可能从事实本身出发、从存在者整体出发被奠定,体系的根据就不可能被展现出来。理性自我认识的体系最终是在德国观念论中完成的。

在海德格尔看来,德国观念论诸体系超越康德"纯粹理性的建筑术"的关键在于:康德把哲学规定为人类理性的目的论,与之相对,德国观念论则把哲学看作绝对者的智性直观。当康德还在谨慎地审查、考察理性自我认识的能力的时候,德国观念论者已经把理性自我认识,即绝对者的自我认识摆在了体系的核心位置。在康德那里,人类只有感性直观,没有智性直观,由此规定了人类的有限性,而在德国观念论这里,人类却被赋予了智性直观,尽管这种智性直观并不等同于康德专属于神的智性直观。按照康德的看法,理性的基本表

---

① 康德. 康德著作全集: 第3卷 [M]. 李秋零, 译. 北京: 中国人民大学出版社, 2004: 531.
② 康德. 康德著作全集: 第3卷 [M]. 李秋零, 译. 北京: 中国人民大学出版社, 2004: 531.

象——神、世界和人类——这些理念只不过是范导性、启发性概念,并非具体的、对象性的、给予着其所意指之对象本身的表象,它们属于本体概念,不可被人类知性所认知。然而站在德国观念论的立场上,这些理念作为绝对者是可以在绝对者的自我认知运动中被认知到的,甚至可以说,这些关于存在者整体的认知,由于它们承载和规定其他所有认知,必然是真正的认知,并且按照等级来看是第一级的认知。这些真正的认知不可能是通过关系或从关于它物的认知出发而被规定的,也就是说存在者整体是全然与它物无关的东西,因此被称为绝对者。在康德那里,认知根本上是直观,而关于存在者整体的认知,由于超出了人类感性直观的范围,所以不可知,因此先验客体在康德那里是界限概念。而在德国观念论这里,关于存在者整体的认知必然是直观,这种直观是对绝对者的直观,涉及的是那种我们并不以感官感知的东西,是非对象之物,这种直观不可能是感性直观,而只能是智性直观。在海德格尔看来,德国观念论的智性直观不但不是康德意义上的知性僭越,反而是对理性概念希腊源初词义的回归——努斯(vovs),直接把握。由此,对存在者整体的真正认知——哲学——就是绝对者的智性直观。

海德格尔认为,从理性出发构建体系,理性的体系作为理性自己认识自己的体系,是真理体系,首要的任务要证明外在世界的实在性,消解笛卡尔主体-客体、心灵-实在的二分,建立思惟与存在的统一性。这也是自近代哲学以来,思惟与存在的统一问题成为哲学基本问题的原因。只有解决了思惟与存在的统一问题,理性的体系才是真正的真理体系。康德将哲学到目前为止尚不能证明外在世界的实在性看作"哲学和一般人类理性的耻辱",但在海德格尔看来,康德本人所提供的证明也没有成功,其没有成功的原因和以往哲学家一样,都是没有事先澄清"世界现象本身";也就是说没有认识到"世界本质上是随着此在的存在展开的,'世界'随着世界的展开也总是已经被揭示了"[1]。从此在在世的本质立场出发,海德格尔认为康德的证明实际上是一个循环论证,"想要证明的东西同实际证明的东西以及用来进行证明的东西的混淆,表现在康德的'驳斥观念论'中"[2]。

海德格尔与康德最根本的分歧是对哲学的定义不同,对海德格尔来说,哲学是对历史性此在的存在的意义的解释活动;对康德而言,哲学是人类理性的

---

[1] 海德格尔. 存在与时间[M]. 陈嘉映,王庆节,译. 北京:生活·读书·新知三联书店,2006:233.
[2] 海德格尔. 存在与时间[M]. 陈嘉映,王庆节,译. 北京:生活·读书·新知三联书店,2006:234.

目的论。因此，尽管在《存在与时间》时期海德格尔将康德看作自己此在的基础存在论的一个前辈，但那也只是暂时性的，只是时间性视域的暂时性融合，而二者的立场和方法完全不同。这种不同甚至早在海德格尔与康德短暂结盟时期就表现出来了。海德格尔在《存在与时间》中专门分析了康德对外在世界的实在性的证明，这个证明被康德作为定理"对我自己的此在的纯粹的，但为经验所规定的意识，证明了在我之外的空间中的对象的此在"①的根据。而海德格尔分析指出，康德所使用的"此在"概念依然沿用了传统的含义，即此在这个术语所标识的存在方式，依然是传统的"现成性"的那种存在方式②，对康德来说，"'对我的此在的意识'就是笛卡尔意义上的对我的现成存在的意识。'此在'这个术语既指意识的现成存在，又指物的现成存在"③。传统形而上学总是从现成性、实在性上来理解存在者的存在，在康德这里，此在同样被把握为一个现成存在，外在于自我意识的事物也是现成存在，二者首先在认识关系中，也就是在理论理性中相互独立，然后二者统一于自我意识，也就是说，康德通过将客体的客体性归结为主体的主体性，将主体与客体、思惟与存在统一起来。

  海德格尔指出，康德"对我之外的"物的现成存在的证明所依赖的是"变易和持久同样源始地属于时间的本质"④。尽管看起来，"康德好像从某种时间性存在者的观念出发给出了一个'存在论证明'"⑤，但这只是一种假象，依然是以独立地摆在那里的主体为开端，他提出证明时的立足点依然是在主体之内，即在"我之内"，而且是从在经验上给定的、"在我之内"的变易出发的，经验上"在我之内"的变易必然以"在我之外"的现成的持久事物为条件，只要在经验上设定了"在我之内"的现成变易，就必然在经验上一道设定了一个"在我之外"的现成的持久事物。因此，康德的证明在海德格尔看来，并不是存在论的证明，严格来说，依然是从现成存在者层次上的证明，康德无非证明了

---

① 海德格尔. 存在与时间 [M]. 陈嘉映, 王庆节, 译. 北京: 生活·读书·新知三联书店, 2006: 234.
② 海德格尔. 存在与时间 [M]. 陈嘉映, 王庆节, 译. 北京: 生活·读书·新知三联书店, 2006: 234.
③ 海德格尔. 存在与时间 [M]. 陈嘉映, 王庆节, 译. 北京: 生活·读书·新知三联书店, 2006: 234.
④ 海德格尔. 存在与时间 [M]. 陈嘉映, 王庆节, 译. 北京: 生活·读书·新知三联书店, 2006: 234.
⑤ 海德格尔. 存在与时间 [M]. 陈嘉映, 王庆节, 译. 北京: 生活·读书·新知三联书店, 2006: 235.

"变易的存在者和持久的存在者的必然的共同现成存在",也就等于证明了"主体和客体共同现成存在"①,而存在论上此在的基本建构"在世界中存在"在康德的证明中始终是隐而不显的。就存在论的立场而言,此在在世恰恰是"主体"最源始的生存论现象。

海德格尔因此说:"'哲学的耻辱'不在于至今尚未完成这个证明,而在于人们还一而再再而三地期待着、尝试着这样的证明。"② 站在海德格尔的生存论立场上,"按照此在在世的基本情况,此在的世界、在之中和它本身三个方面同样源始地随着此在的展开而显露。而且,在世界实际展开状态中,世内存在者也被共同揭示了"③。因此,他认为,关于外在世界、外在于我的存在者的实在性问题根本就不需要证明,它们一起都在此在的存在理解中得到展示。"如果我们正确地理解此在,那么它是违抗这类证明的,因为它在其存在中一向已经是那种东西,而这些证明却事后才以为有必要对它加以论证。"④ 当此在沉沦于世,将起初对存在的理解变成对现成存在的理解,它就会发现唯一确定的现成东西只能是一种纯粹的"内在的东西",即自我意识了,从自我意识、我思、主体出发,才会提出外部世界的实在性问题。可见,"一旦毁坏了在世的源始现象,那么,和一个'世界'的拼接就只有依靠残留下来的孤立主体来进行了"⑤。这既是笛卡尔"我思"确定性的由来,也是康德"我思必须能够伴随我的一切表象"的起点。就生存论-存在论立场而言,这是海德格尔与康德乃至整个德国观念论最根本的分歧,也是海德格尔与康德以及德国观念论、主体性形而上学对话、争辩的出发点。

康德依然从判断和命题出发把真理看作知识与对象的一致,并将知识的真理性等同于客观普遍性或普遍必然有效性。这种真理观致力于确立真理的标准和规范:正确性、一致性、客观性、普遍性、有效性,最终都将归结为理性和逻辑。从理性的本质规定出发,体系是真理的体系,也就是说,站在康德和德

---

① 海德格尔. 存在与时间 [M]. 陈嘉映,王庆节,译. 北京:生活·读书·新知三联书店, 2006:235.
② 海德格尔. 存在与时间 [M]. 陈嘉映,王庆节,译. 北京:生活·读书·新知三联书店, 2006:236.
③ 海德格尔. 存在与时间 [M]. 陈嘉映,王庆节,译. 北京:生活·读书·新知三联书店, 2006:231.
④ 海德格尔. 存在与时间 [M]. 陈嘉映,王庆节,译. 北京:生活·读书·新知三联书店, 2006:236.
⑤ 海德格尔. 存在与时间 [M]. 陈嘉映,王庆节,译. 北京:生活·读书·新知三联书店, 2006:238.

国观念论的立场上，真理只能以体系的形式展示出来，体系是真理。在真理的本质问题上，海德格尔与康德彻底决裂，返回到希腊，通过阐释柏拉图的真理观，将真理从理性体系的羁绊中解放出来，恢复真理作为"无蔽状态"的原初含义。海德格尔的存在问题本质上也就是存在真理问题，他的真理问题要确立的不是真理的标准，而是追问真理的本质，也就是说，真理的发生。因此，站在真理的标准立场上，真理就有真和假的区分，而站在存在真理即真理的本质发生立场上，真理的本质在于解蔽与自由，亦是遮蔽与"不真"。

　　海德格尔指出，真理的源始现象为"逻各斯"，"逻各斯这种让人看的'是真'乃是一种揭示方式的真在：把存在者从隐蔽状态中取出来而让人在其无蔽（揭示状态）中来看"①。"是真"（真理）等于说"是进行揭示的"②。"真理的本质揭示自身为自由。自由乃是绽出的、解蔽着的让存在者存在。"③ 海德格尔自始至终坚持存在即是真理，真理即是存在这一存在论立场，将 αληθεια（无蔽）归结为 λογος（逻各斯），二者是对 φύσις（存在）的揭示。从存在论上将真理定义为揭示状态和进行揭示的存在，"真在"（Wahrsein）是此在的一种存在方式，也就是说，揭示活动是此在在世的一种方式。由此，海德格尔才将此在的存在理解之揭示性、此在在世的展示性视为源始的真理现象。同时，他追随亚里士多德的古老问题，存在有多重含义，哪一种含义为最根本的含义，海德格尔显然是将真意义上的存在作为最根本的含义，《海德格尔的形而上学问题简论》中曾专门强调了这一立场，这里需要补充的是在真理之路上海德格尔与康德的分歧，在海德格尔通向真理的途中，《存在与时间》阶段侧重于最源始的真理现象的生存论存在论分析。"在最源始的意义上，真理乃是此在的展开状态，而此在的展开状态中包含有世内存在者的揭示状态。此在同样源始地在真理和不真中。"④ 真与不真都属于此在在世的本质，而且此在在沉沦于世，不真恰恰是源始真理的起点，不真是真的常态，隐蔽、遮蔽与敞开、揭示一起构成存在的真。因此，此在的"能在"通达源始的真和本己的真，就需要争夺，"真理（揭示状态）总要从存在者那里争而后得。存在者从隐蔽状态上被揪出来，实际

---

① 海德格尔. 存在与时间 [M]. 陈嘉映，王庆节，译. 北京：生活·读书·新知三联书店，2006：252.
② 海德格尔. 存在与时间 [M]. 陈嘉映，王庆节，译. 北京：生活·读书·新知三联书店，2006：252.
③ 海德格尔. 路标 [M]. 孙周兴，译. 北京：商务印书馆，2000：221.
④ 海德格尔. 存在与时间 [M]. 陈嘉映，王庆节，译. 北京：生活·读书·新知三联书店，2006：256.

的揭示状态总仿佛是一种抢夺。希腊人在就真理的本质道出他们自己时，用的是一个剥夺性质的词［αληθεια（去蔽）］，……'在不真中'造就了'在世界之中'的一个本质规定"①。如果说这时的海德格尔需要从巴门尼德的真理女神那里寻求支持的话，那么，康德自始至终都与亚里士多德的立场一致，主张判断的真。

判断的真，亦即概念的真，在海德格尔看来属于现成存在者状态上的真，从生存论上讲，是不真。他说："命题一旦道出，存在者的被揭示状态就进入了世内存在者的存在方式。而只要在这一被揭示状态（作为某某东西的揭示状态）中贯彻着一种同现成东西的联系，那么，揭示状态（真理）本身也就成为现成东西（有理智者和物）之间的一种现成关系。"② 海德格尔重点标示的这一段，可以被看作阐释了存在论真理与认识论真理的关系，认识论真理，即存在者状态上的真是存在论真理，即源始的真理现象的衍生物。在海德格尔看来，判断的揭示状态是某某东西的被揭示状态，从此在在世的生存论分析出发，判断、命题、陈述是上手事物，命题中被揭示的东西是现成事物，因此命题作为揭示着的陈述同存在者的联系，就被看作现成东西之间的联系，这种联系本身获得了现成性质，而存在者的被揭示状态也变成了现成的一致性，存在真理也就变成了存在者的真理。转换为康德"可能性条件"的先验句式，源始的真理现象、存在论真理是存在者的现成性状态上的真理、认识论真理的可能性条件，不是判断是真理的处所，而是最源始的真理是命题的处所。"命题可能是真的或假的（揭示着的或蒙蔽着的）；最源始的'真理'即是这种可能性的存在论条件。"③

海德格尔认为，真理本质上就是此在的存在方式，"唯当此在存在，才'有'真理"④。这不是一个主观观念论的论断，也就是说，这里不是断言自我意识的主体性地位，而是强调此在之存在就是真理这一存在论现象。"唯当此在存在，存在者才是被揭示被展开的。"⑤ 真理源始地与此在关联，因为此在的存

---

① 海德格尔. 存在与时间［M］. 陈嘉映，王庆节，译. 北京：生活·读书·新知三联书店，2006：256.
② 海德格尔. 存在与时间［M］. 陈嘉映，王庆节；译. 北京：生活·读书·新知三联书店，2006：258.
③ 海德格尔. 存在与时间［M］. 陈嘉映，王庆节，译. 北京：生活·读书·新知三联书店，2006：260.
④ 海德格尔. 存在与时间［M］. 陈嘉映，王庆节，译. 北京：生活·读书·新知三联书店，2006：260.
⑤ 海德格尔. 存在与时间［M］. 陈嘉映，王庆节，译. 北京：生活·读书·新知三联书店，2006：260.

下篇　海德格尔与德国观念论的争辩

在是由揭示和展开状态规定的，此在的存在之理解，指的就是真理这种揭示和展开状态。康德也曾批驳观念论，努力地与贝克莱的主观观念论区分开来，要求"哲学的课题是'先天性'，而不是'经验事实'本身"①。但海德格尔认为先验哲学依然没有摆脱"理想主体"的预设，没有认识到此在的先天性恰恰奠基于此在在世这一"事实"。他说："一个'纯粹自我'的观念和一种'一般意识'的观念远不包含'现实的'主体性的先天性，所以这些观念跳出了此在的事实状态与存在建构的诸种存在论性质，或这些观念根本不曾看见它们。"② 海德格尔也使用"Apriorität"（先天性），但他强调的是此在的"实际性"的在先性，事实主体或此在同样源始地在真理和不真中，这一规定性才是事实主体或此在的"先天性"。康德的先验哲学没有将"先天"建立在此在的"实际性"上，也就是说他对纯粹理性的批判缺乏一个存在论基础。海德格尔与康德的结盟，除了第一节我们强调的是为了从康德那里寻求庇护，本质上又何尝不是在为康德的《纯粹理性批判》提供这样一个存在论基础，从而完成康德呢？

---

① 海德格尔. 存在与时间 [M]. 陈嘉映，王庆节，译. 北京：生活·读书·新知三联书店，2006：263.
② 海德格尔. 存在与时间 [M]. 陈嘉映，王庆节，译. 北京：生活·读书·新知三联书店，2006：263.

第七章 海德格尔与费希特

第一节 知识学的问题格局

在"德国观念论与海德格尔研究"这个题目下进行思想追踪，最容易被忽视的就是费希特。就海德格尔的思想道路而言，费希特也无足轻重，他完全被康德、黑格尔"高大伟岸的"思想身影所掩盖，同时也比不过谢林思想的深邃与幽暗对海德格尔的吸引力。不过，海德格尔还是将其拯救出来，视为德国观念论的开端。海德格尔对费希特的关注较少，在他早期申请大学教职时所写的一个很短的个人简历中提到他曾研究过费希特，另据 William J. Richasdson 所提供的海德格尔生平年表索引中所示，1916—1917 冬季学期，海德格尔曾开课"真理与实在：费希特 1794 知识学研究"（*Truth and Reality*: *On Fichte's Doctrine of Science* 1794），但后来 Theodore Kisiel 根据新的证据，将这门课的题目改为"逻辑学的基本问题"（*Basic Questions on Logic*），遗憾的是，我们并不知道这门课的内容，这门课是否就是专门研究费希特的还不得而知。不过，据 Theodore Kisiel 考证，海德格尔在建构此在的生存论分析时所使用的关键术语"实际性"（Faktizität）就来自费希特 1801 年的"知识学"（*Presentation of the Doctrine of Science of 1801*）①。猜测性的思想传承路径研究表明：（1）费希特哲学对新康德主义西南学派的文德尔班、李凯尔特、拉斯科等人有深刻影响，海德格尔早年跟随李凯尔特学习，应该熟悉新康德主义者所撰写的关于费希特哲学的作品；

---

① KISIEL T. Unterweg von Tatsachen zu Gedanken, von Werken zu Wegen [D]. Zur philosophischen Aktualität Heideggers vol. 3, Im Spielgel der Welt: Sprache, Übersetzung Auseinandersetzung, Dietrich Papenfuss and Otto Pöggeler, eds. Frankfurt am Main: Klostermann, 1992: 93.

(2)海德格尔的导师胡塞尔不但研究过费希特,而且多次开课讲解费希特的哲学思想。直接性的证据除了1929年弗莱堡讲座《德国观念论与当前哲学的困境》直接讨论了费希特的知识学之外,就剩下散见于海德格尔全集中对费希特的几次提及和评论,以及1919年战时紧急学期"哲学的观念和世界观问题"中对费希特的讨论。

海德格尔把费希特的知识学看作从存在论知识中生发出来的,从一定程度上说,海德格尔1929年对费希特知识学的阐释是同时期康德解释的延申。存在论知识的解释视点与通常流行的费希特解释立场完全不同,在对德国观念论的历史解释中,学者们一般会把费希特看作从康德那里,以及与莱茵赫尔德、雅可比、迈蒙等康德主义者讨论那里生发出来的。海德格尔的解释根据在哪里呢?如何才能把作为知识学的形而上学问题纳入他的此在的基础存在论发展轨迹中?首先,知识学(Wissenschaftslehre)这个名称就意味着"一般科学的科学"(Wissenschaft der Wissenschaft überhaupt)即"科学学",哲学在这里就是一种科学。其次,对费希特知识学三个原理的阐释虽然是海德格尔表面上所遵循的步骤,但是,他要阐明或看重的不是把这些原理仅仅理解成一些基本命题或公理,而是紧扣它们本身所要表达的东西,即"本原行动""自我的本质"以及"自我性"做文章。费希特认为,哲学运思是一种建构活动,海德格尔将这种建构活动视为解释活动,本质上它是先行理解,针对费希特的知识学,海德格尔要阐明的是先行理解的基础、理解的视野以及基础与视野的整体关联,即理解的方向。为此,海德格尔对费希特做了如下转换:

知识本身在其作为知识的存在之中:知识-存在。一切知识都是"思",一种我-思(Ich-denke);知识是一种我-知(Ich-weiß)。

这个自我行动着;知识-存在,一种我-行动(Ich-handle),行动者是一个自我,这个自我恰恰在这种行动中存在着,……他是他的活动(tätigkeit)、他是行动(Tat)的产物;他在行动中成为他自身,行动中的行动:行为动作?本原行动(Tat-handlung)。

据此看来:最高原理就表现了"自我"的源初本质。……"自我"虽然是我自身,但这个自我并非正好作为这一个自我,而是作为一般自我的自我,每一个自我的自我性。[1]

---

[1] 海德格尔. 德国观念论与当前哲学的困境 [M]. 庄振华, 李华, 译; 赵卫国, 校. 西安: 西北大学出版社, 2016: 70-71.

海德格尔对费希特的解读，并不是要确定一些关于自我的事实，而是要确定涉及自我的本质的存在论问题格局。费希特关于自我的论述，不是关于个别的、实际的自我的一些命题，而是关于自我之自我性的一些本质命题，这些命题着眼于存在这个根本问题。对存在的发问由此就与对人的追问整体关联起来。只有在这种整体关联中，海德格尔此在的生存论-存在论分析中的"实际性（Faktizität）""行为（verhalten）""自我性（Ichheit）"才会与费希特发生关联；从思想旨趣上，费希特的行动理论与海德格尔的此在沉沦于世、操劳于世的实践理论相合处颇多。他认为，费希特的"自我设定"的本原行动证明了形而上学基础问题与人的生存之解释学上的循环根本性融合，自我设定构成了自我存在的本质，费希特的知识学对主体性的确立不是理论的，而是实践的。因此，海德格尔对费希特的解释与同时期对康德的解释一样，都是为他自己的基础存在论寻求支持和佐证，但海德格尔对费希特的态度与对康德态度略有差别，在思想阐释中，他将康德视为一个前辈和盟友，将费希特看作一个思想争辩的对象。

我们由此把海德格尔对费希特知识学的问题格局向存在问题的格局的转换称为哲学史上的一个另类迂回，一方面阐明海德格尔把对费希特的解读强行指向他"此在的有限性"这一存在论维度，将费希特的理论旨趣——从康德的体系中走出来，确定知识的基础，构建知识的体系——转移到"实际性""此在"的生存论分析上来；另一方面表明海德格尔对德国观念论（费希特）的整体处理并不是要在传统哲学史的语境中提出一种解释与阐发，而是将其纳入"当前哲学的问题情景"中，与德国观念论展开一场思想的争辩（Auseinandersetzung）。"实际性的解释学"给出了与德国观念论进行思想争辩的可能性。因此，海德格尔对费希特的解读，体现了以下三个特征：

（1）从海德格尔形而上学作为存在之历史的视点出发，费希特相较于康德、黑格尔，意义不大，或者说重视不够。在讲述费希特知识学三个基本原理的过程中，也是从实际性的解释学出发考察将其思想纳入"此在"的存在论语境中的可能性，以便将知识学的问题格局与存在问题的格局对置起来。

（2）从理解康德与德国观念论的关系这种哲学史一般视点出发，海德格尔将费希特而不是康德作为德国观念论的起点，意义重大。一方面德国观念论——费希特自我哲学、谢林同一哲学、黑格尔绝对观念论——是对康德先验哲学的"完成"；另一方面这种对康德的完成也代表着主体性形而上学的完成。

（3）海德格尔将他所处的历史时代与德国观念论勃兴的历史时期进行对置，不是单纯地查证和比较，而是关联着当前哲学的基本趋势，而且连考察本身，也是从"当前"（Gegenwart）生发出来的。他认为，只有首先将当前的问题情景标画出来，才会赢得一种考察德国观念论的视域（Horizont），因此这种考察不再是单纯的比较研究，而是一种对话（Zwiegesprach）、一种争辩（Auseinandersetzung）。

为此，我们要考察以下几个问题：

第一，费希特的自我哲学在哪一点上或者说在什么意义上可以纳入《存在与时间》的基本框架中？

海德格尔对费希特的解释遵循的是他对康德解释的路线。在对康德的现象学解释中，他把康德的《纯粹理性批判》看作为形而上学建基，他认为，康德与形而上学的基本问题是人的有限性问题。有限此在所能够通达的存在者之存在的问题，就是对象之对象性的问题。在康德那里，把对象区分为经验对象（现象）和先验客体（本体），并把"物自身"规定为边界概念，这都表明"存在问题与有限性——作为有限'自我'的主体——的整体关联"①。相应地，他对费希特的解释也是从存在问题以及与有限性的整体关联入手，在他看来，费希特知识学的诸原理，不能仅仅被理解成一些命题，而是要从它们本身所表达的东西——本原行动，自我的本质，自我性（Ichheit）②——着眼来理解它们。

在海德格尔看来，费希特寻找一切人类知识的基础，只能到笛卡尔与康德所确定的"我思"中去寻找，因为，"一切知识都是'思'（Denken），一种我-思（Ich-denke）；知识是一种我-知（Ich-weiβ）"③。按照康德的说法，则是"我思必须伴随我的一切表象"，反之也成立，"我的一切表象必须是我思的表象"。因此，我-思、我-知都是一种我-行动（Ich-handle）。一个行动着的自我，这个自我恰恰就是在行动中存在着，自我本身就是一个行动，而且是本原行动。据此而言，费希特所确立的一切人类知识的最高原理，不仅确立了知识的根据与可能性，而且也揭示了最源初的本原行动，揭示出"自我"的源初本质。当然在他这里，自我显然不是作为一个个体，而是作为一般自我，亦即每一个自我的自我性。

海德格尔在解释费希特的过程中，利用了费希特在讨论"绝对无条件的原

---

① 海德格尔. 德国观念论与当前哲学的困境 [M]. 庄振华，李华，译；赵卫国，校. 西安：西北大学出版社，2016：65.
② 海德格尔. 德国观念论与当前哲学的困境 [M]. 庄振华，李华，译；赵卫国，校. 西安：西北大学出版社，2016：70.
③ 海德格尔. 德国观念论与当前哲学的困境 [M]. 庄振华，李华，译；赵卫国，校. 西安：西北大学出版社，2016：70.

理"时采纳了康德的论断——存在是绝对的设置——从经验意识的最高事实出发，将命题（Satz）"A＝A"与经验事实"设置"（Setzung）、存在（Sein）联系其起来，他说："如果 A 是在自我之中被设定的，则它是被设定的，或它是存在的。"① "对于从事判断的自我来说，A 是直截了当地存在的，而且仅仅是由于它一般地被设定于自我之中而存在的。这就是说，被设定的是：在自我——不论这个自我现在正从事设定，或从事判断，或随便正在做别的什么——之中，有着永远等同，永远同一的某种东西。"② 这个东西就是"自我是自我"，也可以说成是"自我存在"。自我的设定，是自我的纯粹活动，这样，"自我存在"就不仅仅是一个经验事实，而且也是一种本原行动。在海德格尔眼里，将"设置"与"存在"等同起来，是一个关键的讨论，设置虽然与逻辑学关联，"但它是一个形而上学-存在论的概念，放置、让-放置、让-在面前放着、让-现成-存在、让-存在"③，这里不仅涉及知识问题，而且涉及存在问题。如果说在古希腊存在是自在起来，那么在德国观念论语境中，存在是设定起来、我设定起来。为此，海德格尔用了很大的精力阐明设置概念与存在概念的整体关联：

首先在费希特"A 是 A"这个命题中，"是"作为逻辑上的系词，将谓语连接到命题的主语之上。按照话语中的"连接"这个含义，"是"处在逻辑上的谓语部分，但它不是谓语，而只是设置谓语，在关系的意义上，将谓语设置到主语之上。逻辑上的系词"是"，作为关系意义上的设置，早在康德那里就已经阐明了这种关系意义上的设置概念，而在费希特这里，作为逻辑关联，其本质也是多重的：（1）存在（是）＝关系的位置；（2）位置-设置＝思——被思考。④

其次，虽然海德格尔只是一带而过，但我们依然可以推断出，这个"是"被思考成"神存在"，其思想来源出自中世纪"神存在"的证明以及"本质"与"实存"的区分。只有从这里出发，海德格尔才顺理成章地把这种绝对的"存在"解释为"实存着""在此存在"（实存，此在，"现实性"）。这一解释路径与上一解释路径不同，这个"是"不再作为关系意义上的设置，而是衍生出另外的双重含义："a. 这般-那般地-存在（在关系的意义上的设置），b. 现

---

① 费希特. 费希特文集：第 1 卷 [M]. 梁志学，编译. 北京：商务印书馆，2014：503.
② 费希特. 费希特文集：第 1 卷 [M]. 梁志学，编译. 北京：商务印书馆，2014：503.
③ 海德格尔. 德国观念论与当前哲学的困境 [M]. 庄振华，李华，译；赵卫国，校. 西安：西北大学出版社，2016：75.
④ 海德格尔. 德国观念论与当前哲学的困境 [M]. 庄振华，李华，译；赵卫国，校. 西安：西北大学出版社，2016：76.

实存在（不折不扣的、绝对的设置）。"① 由此而来，一般设置就与存在同义，设置＝命题＝存在，根据-命题（Grund-sätze）的问题就与根据-存在（Grund-Sein）的问题统一起来了。这些从中世纪讨论神之存在问题而来的存在-根据问题经过德国观念论时期康德、鲍姆加登、沃尔夫等人的进一步讨论，衍生出费希特关于知识最高原理亦即知识的根据、基础的讨论。为此，海德格尔认为，只有从这些整体关联出发，才能理解费希特的"知识学"，但这种理解不是知识论，而是形而上学。

第二，费希特的"自我"只能从实践上来理解，也就是从生存论上来理解，对海德格尔来说，关键的问题是"自我是本原行动"和"自我是绝对主体"在多大程度上在其本身中是统一的？

在费希特那里，从一开始，自我就被理解为"自我行动着"，被理解为实践着的自我，但作为纯粹活动的自我与自我在它的自我设置活动中规定了非我，成为非我的根据之间就存在着冲突，这种冲突是作为本原行动的纯粹活动与作为设置行动的客观活动之间的冲突：（1）自我将自身设置为在规定着非我；（2）自我将自身设置为受非我规定。正是这种冲突揭示着自我与非我相互规定、相互限制的本质。从（1）我们可以看出，费希特把非我的实在性托付给了纯粹的意识活动，非我必然归属于自我。海德格尔据此认为，一切存在者，包括非我的存在，只有当其在自我之中、通过自我和为了自我而被设置下来时，才能存在。因此，如果费希特的"非我"表示与自我相对而立的存在者（物自身），那么，知识学的第一原理就包含着物自身的起源与本质的问题。从（2）我们可以看出，自我受到非我的规定，它是理智（知性、理论的判断活动、认知活动），作为表象活动，作为自行受到非我规定的这种理智，本质上依然属于自我性的范畴。费希特说："这个反题包含了作为理智的，从而作为被限制的存在者的那个自我与作为直接被设定的，从而不受限制的存在者的那个自我之间的全部矛盾，并且使得我们不得不承认有一种自我的实践能力，作为两者统一的手段。"② 这种冲突必须被化解，就需要建立自我与非我的交互作用，即自我如何对非我以及非我如何能对自我起作用。于是，"理性的权力命令"就被逼迫出来，理性在其自身中有其意愿，因此是实践理性。费希特提出自我的"实践能力"是"二者统一的手段"，在海德格尔看来，无非是想在因果性的意义上或属

---

① 海德格尔. 德国观念论与当前哲学的困境［M］. 庄振华，李华，译；赵卫国，校. 西安：西北大学出版社，2016：77.

② 费希特. 费希特文集：第1卷［M］. 梁志学，编译. 北京：商务印书馆，2014：661.

性与实体的意义上建立起自我与非我的交互作用。但是在理论领域，自我与非我又无法建立任何因果性，因为从知识学的第二个原理出发，自我与非我的对立设置虽然出自自我，但这种出自不是原因，而是结果，强调的是作为理智的自我对于非我的依赖性，以及非我给自我造成了阻碍。从实践理性出发，费希特又引入奋进（Strebens）概念，自我的纯粹活动作为无限的活动，可以不指向某种特定的事物，从而不受某个进行界定的他者规定，却仍然可以进行设定，这样它即便不设定任何特定的事物，却还是使得一般对象成为可能。

"理性的权力命令""奋进"强行把自我从理论领域带进实践领域，自我的无限性打破了表象活动的有限性，其最终获得的"绝对同一"依然是纯粹逻辑的。因为受限制的自我和不受限制的自我之间的冲突，亦即有限者与无限者之间的冲突，在僵持不下的情况下，有限者必定屈从于无限者，有限者被扬弃，无限的自我作为"一"和"全"单独留下来。费希特在引进"奋进"概念时说："自我返回自身的纯粹活动，就其与一个可能的客体的关系而言，是一种奋进。这种无限的奋进向无限冲去，是一切客体之所以可能的条件；没有奋进，就没有客体。"① 自我的纯粹活动具有奋进特征，奋进追求的显然不是被表象的东西，而是绝对者本身，自我返回到它自身之中了。海德格尔认为，对费希特而言，问题的关键不在于强调自我与非我的逻辑关系，而在于确认绝对主体是不是神，还是说，自我关涉的是人的自我。费希特错失了存在者与存在的区分问题，也就是错失了存在论差异的问题。在海德格尔看来，冲突现象的根据就在于存在者与存在之间的这种区分上。费希特的结论——自我必然为自身而存在——已经从外围接近了存在论差异，自我如其本然地总是为自身而存在，这就是说，自我总是我的自我，自我仅仅为我而存在。自我在其本质方面是一种自身（Selbst），费希特的结论只揭示了自我的自身性，亦即同一性，"自我是本原行动"和"自我是绝对主体"的统一源初地建立在自我的自身性、同一性之上。

第三，在海德格尔看来，把自我理解为绝对主体这种基本观点在德国观念论内部具有统领地位，而且，这个"自我"并不是在实存意义上，而是在逻辑意义上被把握，这就与他的存在论立场完全隔离开了，因为他坚持认为，"只有从人的此在之存在出发，对一般存在的那种普遍而根本的追问才能被提出"②。

---

① 费希特. 费希特文集：第 1 卷 [M]. 梁志学, 编译. 北京：商务印书馆, 2014：677.
② 海德格尔. 德国观念论与当前哲学的困境 [M]. 庄振华, 李华, 译；赵卫国, 校. 西安：西北大学出版社, 2016：156.

但在费希特那里，自我要求一切实在性都包含在它自身之中，这个要求的实现必然是以无条件设定的，无限的自我观念为根据，亦即绝对的自我为根据。这样，一切现实的最终根据，对自我而言，是自我同它之外的某种东西之间的一种原始交互作用。费希特说："任何东西就其观念来说，都是依存于自我的，然而就实在性来说，自我本身是依存性的。但是，对自我而言，没有任何东西是实在的而不同时也是观念的。因此，在自我那里，观念根据和实在根据是同一个东西。"① 康德的物自身作为绝对之物，它之所是与它存在的方式，也仅仅是对于这种"有限精神"而言才在那里，有限精神必须设定在它之外有某种绝对的东西（物自身），但毫无疑问，物自身是为了自我、在自我之中，而又不在自我之中的。这种情况费希特认为是一个循环，一个圆圈，必须被设定为我们一切哲学运思的根据。海德格尔认为，费希特的基本关切不是为了调和实在论与观念论，而是绝对主体作为根据，必须从其自我性方面来把握自身。因此，对自我本身的限制也发生在绝对的、不受限制的主体之中。

费希特当作核心问题的，并不是有限化，以及在绝对主体这一理念中的有限性问题，他反而依照他定向于体系与确定性的理念的做法，认为绝对主体绝对不允许再进行任何进一步的回溯。"绝对自我"不是由任何更高的东西规定的。②

海德格尔主张，人类理性要确认它最本己的有限性、它之所是，这就意味着要追问人的存在，以更源初的方式追问人之中的此-在，作为此在的人。尽管他通过对知识学三个原理的陈述，企图从中挖掘出一种此在形而上学的端倪，但是由于费希特的自我被设置成绝对主体了，人作为主体性的"端倪"最多只能挖掘出形而上学与人＝自我＝意识＝主体＝绝对（方法－逻辑上的）主体这样一条线索。因此，我们认为，海德格尔对费希特的解释相较于对康德的解释，作为对实际性的源初显示（Anzeige），以及作为新康德主义眼中的暴力入侵，武力篡夺，并不成功，康德的文字在他的解读下最终成为他的代言人，但对费希特，充其量只能算是一种另类迂回，迂回到对整个德国观念论的理解乃至对形而上学作为存在历史的理解。

第四，自笛卡尔以来，自我的确定性就成为知识的最终根据。费希特显然

---

① 费希特. 费希特文集：第 1 卷 [M]. 梁志学，编译. 北京：商务印书馆，2014：698.
② 海德格尔. 德国观念论与当前哲学的困境 [M]. 庄振华，李华，译；赵卫国，校. 西安：西北大学出版社，2016：159.

没有兴趣分析自我事实性的生存意义上的可能性,而是致力于建立自我存在逻辑上的确定性,定向于理性的体系。因为他坚信,随着在科学中我们所前进的每一步,我们进入了一个任何事情都可以被证明的时代。费希特将他所有的着力点都放在了证明活动、可证明之物上。因此,对自我的自我性的规定就不是在对存在的追问的引导下产生出来的,而是产生于对如何为一种绝对确定的知识奠基的关切。存在问题的格局,就被一种知识学的问题格局吞噬了。①

海德格尔对费希特绝对无条件原理的"讨论"并不是为了要揭示其逻辑命题的意义,而是为了指明最高原理在知识-存在的根据与可能性之处所表现出来的本原行动,表现了"自我"的原初本质。他感兴趣的是本原行动是否可以表达此在的实际性。海德格尔说:"将'我思'作为事实进行的投开,这里涉及一种本原行动,亦即涉及绝对主体。"②"自我是自我"命题不是表达着我事实上实存着,不是不实存,而是表达着自我的是本质,我是有本质的,而且我是这种本质。当一个事物的本质仅仅在于将自身设置为自己,那么它就是"自我",就是绝对主体。自我的自我性的形式与内容就被揭示出来了:本原行动作为最高的事实是自我性的形式,绝对主体作为被设置的如何(wie gesetzt),亦即这种本质带有的存在论问题构成自我性的内容。

对自我的设置(命题)就是这自我的纯粹活动。自我设置了自己本身,它作为自我-设置活动而"存在"。"我存在":自我-存在尤其是行动与活动;独一的本原行动的表现。(我存在:这"是"一种存在;这种存在=自我设置。——"我存在"作为最高的行动-事实;……["我存在"的]存在:设置自己。)

设置的活动,它的设置活动的存在方式是:本原行动。这里谈到的是哪个自我,又是如何谈论自我的?通过这种投开,我们去往何方?③

这样,费希特与海德格尔之间的关联当然可以用 Tathandlungen(本原行动)、Tatsachen(行为事实),以及 Faktizität(事实性)来阐明,但这种阐明必须建立在明晰知识学的问题格局与存在论问题的格局的差别之上,海德格尔说:

---

① 海德格尔. 德国观念论与当前哲学的困境 [M]. 庄振华, 李华, 译; 赵卫国, 校. 西安: 西北大学出版社, 2016: 175.

② 海德格尔. 德国观念论与当前哲学的困境 [M]. 庄振华, 李华, 译; 赵卫国, 校. 西安: 西北大学出版社, 2016: 86.

③ 海德格尔. 德国观念论与当前哲学的困境 [M]. 庄振华, 李华, 译; 赵卫国, 校. 西安: 西北大学出版社, 2016: 85.

"令我们感兴趣的，则是那——在费希特的意义上——不可证明的东西，而费希特那里的一切可证明性都间接地汇聚到这不可证明的东西之上了。"① 不可证明的东西只能是"实际性的生命"，设置活动也基于此。借助于生存论分析之"自我投开"的观念，海德格尔把这种有限性描述为处境性的"我的实际性"。在对费希特观念论的一种公开反转/迂回中，海德格尔主张这种有限性实际上驱动了知识学的整个第一部分。

第二节 作为"康德的完成者"

海德格尔评论说，康德首次提出的形而上学问题，作为新的巨人之战，也明显规定了德国观念论的问题视域，"德国观念论的哲学家们知道自己是'康德主义者'和康德的完成者（Vollender）"②。费希特是最接近康德的，他的哲学目标就是完成康德的"批判"，通过为人类知识建立绝对无条件的原理，回答科学/知识如何可能的问题。

自费希特的知识学体系开始，德国观念论最为明显的一个特征是"体系"。费希特主张，每一种科学/知识都拥有体系的形式，一种科学/知识的所有命题被一个原理联结为一个整体，只要这个原理是真实和确定的，那么所有构成知识体系的其他命题以及整个科学/知识都是真实和确定的。这个原理因此是科学/知识的第一原理。这个第一原理是所有确定性的基础，第一原理是确定的，知识体系的所有其他命题也是确定的；第一原理是不确定的，知识体系中的所有其他命题也是不确定的。费希特首先提出一般知识学的概念，亦即一般科学的科学，哲学是一种科学；然后确立并证明这种最高科学的第一原理。海德格尔认为："1794年的'知识学'是费希特本人作为书出版的唯一一种。后来他在每一次改变表述的时候，都追溯到这个版本：'全部知识学的基础'。"③ 因为尽管费希特的知识学经历了六个阶段（1794，1797，1801，1804，1810，1812/13）的发展，但其全部哲学活动在本质上都是对知识学的修订。海德格尔据此限定

---

① 海德格尔. 德国观念论与当前哲学的困境 [M]. 庄振华，李华，译；赵卫国，校. 西安：西北大学出版社，2016：106。
② 海德格尔. 德国观念论与当前哲学的困境 [M]. 庄振华，李华，译；赵卫国，校. 西安：西北大学出版社，2016：65。
③ 海德格尔. 德国观念论与当前哲学的困境 [M]. 庄振华，李华，译；赵卫国，校. 西安：西北大学出版社，2016：67。

了自己阐释费希特的范围和道路：（1）还原费希特全部知识学之诸原理关键性论证的实际过程；（2）阐明这些过程的一些主要阶段；（3）考虑到黑格尔与谢林，对整体而言还封闭着的一些基本问题展开争辩性的讨论。依照海德格尔的解释路径，在"还原"和"争辩"中，我们可以看到海德格尔对费希特同时也是对德国观念论者作为康德完成者的形而上学历史的定位。

海德格尔认为，知识学作为一般科学的科学，它必须要：（1）证明一般原理的可能性；（2）回答：是确定的，这意味着什么。

如果知识学本身就是科学，那么它自身就有对原理的预设，这些原理无法在其内部得到证明，也不能从其他科学那里推导出来，它只能被规定为在自身是绝对确定的。费希特的知识学就陷入一个矛盾：一方面知识学要为人类所有知识确立基础，建立根据；另一方面知识学本身作为一般科学的科学，其原理和根据是无法证明，只能设定为绝对确定性的。因此，在他看来，费希特的证明只能是一些抽象的、形式的讨论。

知识学的绝对无条件的原理表明："一切知识都是'思'，一种我-思；知识是一种我-知。"[1] 海德格尔提醒我们注意，费希特这里将知识的本质规定为我-思，与康德的主张——我思某事物，我表象，一脉相承。当然，海德格尔没有指出的是，费希特与康德的区别是：康德将我思某某，我表象的综合功能归结为自我意识源始的统一性；而费希特将我思还原为源始的行动，即本原行动。行动被规定为自我的本质，并不意味着费希特确定第一原理时，就进入自我的有限性和个别性问题域中，相反，第一原理中的自我是一般自我的自我，本质上是每一个自我的自我性。从抽象的一般自我出发，费希特寻求全部知识学的基础的方法论被海德格尔解释为"建构"。站在海德格尔此在的基础存在论立场上，生存论建构"是一种投开（Entwerfen），它的基本特征在于揭示，以自己的方式让-看到"[2]。但费希特对知识学一般原理的"建构"显然不是生存论层面上的，而是逻辑学层面上的。海德格尔评价说："从知识的事实到本原行动。知识-思-判断-命题。从哪些事实出发？'从命题出发'，而且是从'无从反驳地'给予我们的任何命题出发。"[3] 就费希特的《全部知识学的基础》（1794）

---

[1] 海德格尔. 德国观念论与当前哲学的困境 [M]. 庄振华，李华，译；赵卫国，校. 西安：西北大学出版社，2016：70。

[2] 海德格尔. 德国观念论与当前哲学的困境 [M]. 庄振华，李华，译；赵卫国，校. 西安：西北大学出版社，2016：73。

[3] 海德格尔. 德国观念论与当前哲学的困境 [M]. 庄振华，李华，译；赵卫国，校. 西安：西北大学出版社，2016：73。

而言，就是从三个"逻辑"命题——同一律、矛盾律和根据律——出发，这不仅因为这三个命题是最高的逻辑原理，而且也因为它们是"我设定""我行动"这样一些"我思"的最高原理。

海德格尔对费希特的解释，采取的是争辩立场，而不是像对康德解释时那样，首先是结盟，然后才是争辩。而且《康德书》（1929）之后，海德格尔已经走出了与康德结盟的状态，从基础存在论转向形而上学问题，虽然他依然重视德国观念论对其存在问题的积极意义，但立足点已经转移到形而上学作为存在的历史之上了。因此，我们不能被他夹杂在对费希特知识学评价中的生存论-存在论分析的余音所迷惑，认为他依然试图从费希特这里开启基础存在论，相反，他采取的是迂回策略，通过向基础存在论的迂回，将费希特的知识学与基础存在论对置起来，以便更好地过渡到他与德国观念论的争辩。

从迂回到争辩的第一组概念是"命题、设置和存在"。

费希特知识学的第一个绝对无条件的原理：A 是 A，我是我，即自我设置，设置不是逻辑学概念，而是形而上学-存在论概念，设置即让存在。早在康德那里，确切地说是在神学的某个核心问题那里，设置概念就与存在概念具有整体的关联。正如上一节已经讨论过的，费希特的 A 是 A 之"是"首先被规定为逻辑上的系词，但这里的系词只表达关系，在关系意义上将谓语设置到主语之上，因此"是"表达着关系意义上的设置。而且，这个"是"在形而上学上也曾被思考为"神存在"，亦即"绝对的存在"，迂回到海德格尔的基础存在论，则表达着"实存着，此在存在"①。这样，设置原理，本质就表达着设置＝命题＝存在，海德格尔解释说存在就是"在设置活动中被设置者的被设置状态"，这就是费希特从经验意识的最高事实出发，从"我是我"推出"我存在"原理的主要步骤。而且只能从这种整体关联出发，将费希特的知识学理解为形而上学，而不能理解为认识论。

设置作为设置活动，它首先是命题，这个命题表达着我存在，因此还需要从经验事实出发投放到本原行动。命题本身就是一种判断，"我是我"通过对自我的设置活动被规定为自我的纯粹活动，自我设置了自己本身，它作为自我-设置活动而"存在"：自我存在本身就是行动和做，因此是本原行动，我存在表达着这"是"一种存在，这种存在是我自己设置自己的活动，是行动本身。当 A 是 A 被规定为一种行动、本原行动时，它就不再是一种空洞的同一性，而具有

---

① 海德格尔. 德国观念论与当前哲学的困境 [M]. 庄振华，李华，译；赵卫国，校. 西安：西北大学出版社，2016：76.

了内容。内容体现在自我设置活动中，自我设置活动揭示了"只要像自我这类的事物是一个存在者，它的本质就是设置自己的活动"①。这里的自我就成为绝对主体，绝对主体就是 A 是 A 这一命题所表达的内容。海德格尔解释说："自我是作为本原行动的自我性（=形式），亦即绝对主体（=内容）。"②

自我性的本质规定亦即绝对主体是什么？有人解释为神，有人解释为经验性主体的最终条件，海德格尔认为，这些解释都没有抓住费希特第一原理所蕴含的真正问题——有限性及其本质。费希特之所以被误解，是因为有限性本质并没有在第一原理中揭示，而是在第二原理中才得到阐明。

从迂回到争辩的第二组概念是：对置、对立与否定。

费希特知识学的第一个绝对无条件的原理确立了自我性、本原行动。第二个原理就要回答本原行动的"如何"（Wie），并坚持第一原理所确定的自我性，"自我性意味着以绝对的方式设置自己本身＝将一般自身设置为自我"③。由此，第二原理可以从第一原理中获得其自明性，不要求证明，因为 A 是 A，-A 不＝A。可见，尽管第二原理形式上与第一原理一样，是无条件的，但内容则超出了第一原理，从其整个行动中抽象出来一个东西，即否定，是第一原理所不能包含的。因此，第二原理并不是第一原理的改写，而是把-A 对置出来了。海德格尔说："-A 必须被设置，而且必须被追问的是：-A，如其本然的反面，是在单纯行动之形式的何种条件下被设置的？如果第二个命题可以从第一个命题推导出来，那就必定可以从第一个命题中推导出使得 A 成其所是者，亦即那个设置活动的方式，这种方式是一种对立设置活动。"④

对立设置活动是同样源始的设置活动，与设置活动一样，也是一种绝对的行动。设置活动设置了自我，而对立设置活动作为意向对象的行动形式对立设置的是与自我相对立的被设置者，是非我。显然，费希特对确定性的寻求坚持了康德的意识同一性道路，A 是 A，不是-A，不是-A 作为绝对的对立设置活动亦属于本原行动，因为它是在设置活动 A 是 A 中一并被对置起来的，严格地说，非我依然属于自我性，用康德的话说，就是意识对象必然归属于自我意识的同

---

① 海德格尔. 德国观念论与当前哲学的困境 [M]. 庄振华，李华，译；赵卫国，校. 西安：西北大学出版社，2016：86.
② 海德格尔. 德国观念论与当前哲学的困境 [M]. 庄振华，李华，译；赵卫国，校. 西安：西北大学出版社，2016：86.
③ 海德格尔. 德国观念论与当前哲学的困境 [M]. 庄振华，李华，译；赵卫国，校. 西安：西北大学出版社，2016：93.
④ 海德格尔. 德国观念论与当前哲学的困境 [M]. 庄振华，李华，译；赵卫国，校. 西安：西北大学出版社，2016：95.

一性。海德格尔解释说："'自我在绝对的意义上设置非我'绝不意味着自我创造性地建立它自身所不是的某个存在者，并随意规定什么存在或者不存在；而是意味着，如果自我设置活动澄清了如其本然的自我之存在，那么自我对立设置活动就表现了某种自我存在的特征。非我的本质，即那以归属于自我性的方式在自我性上澄清了对立之物的本质，这种本质就在如其本然的设置活动中，亦即在表象活动（Vorstellen）中。对……的前-置活动（Vor-stellen）就是，某种事物让自身被遇到，让自身迎面而来。"① 从康德表象理论出发，费希特第二原理的对立设置活动就被海德格尔解释为设置-表象的活动，亦即将非我理解为康德意义上的"对象的对象性"。

海德格尔由此将费希特的第二原理解释为"对立设置活动定律"，在这里，获得了"对立者""对立""非""否定性""否定范畴"。否定性范畴表达着非存在，对立设置活动因此并不是本原行动的否定活动，而是源自自我性的肯定活动，它依然表达着自我和存在问题。

从迂回到争辩的第三组概念是：根据、限制和同一性。

第三原理形式上是有条件的，是可以从前两个原理推导出来，内容是无条件的，不可证明的，"在绝对的意义上，是通过理性的某种权力命令而产生的"②。海德格尔认为，理性的权力命题并不是逻辑演绎无法涵盖的残余，而是整个问题格局的关键。

只要非我被设置了，自我与非我就处于矛盾和对立中，"自我和非我相互针对对方否弃自身，自我性在内部瓦解了"③。但意识的同一性原理或者说自我的同一性原理是"我们的知识的唯一绝对的基础"④，因此第三原理就需要将自我与非我统一起来。这种统一以将自身限制-进去、将自身限制-下来、将自身保持在一种局限中的方式进行。处在限制范围和限制活动中的东西是可分的和可量化的，这样，自我和非我在绝对的意义上就被设置为可分和可量化的了。既要坚持第一原理自我的同一性，又要坚持第二原理对立设置的限制性、否定性，因此费希特的解决办法只能是将设置活动具体化为既维持统一，又保持对立的

---

① 海德格尔. 德国观念论与当前哲学的困境［M］. 庄振华，李华，译；赵卫国，校. 西安：西北大学出版社，2016：101-102.
② 海德格尔. 德国观念论与当前哲学的困境［M］. 庄振华，李华，译；赵卫国，校. 西安：西北大学出版社，2016：107.
③ 海德格尔. 德国观念论与当前哲学的困境［M］. 庄振华，李华，译；赵卫国，校. 西安：西北大学出版社，2016：111.
④ 海德格尔. 德国观念论与当前哲学的困境［M］. 庄振华，李华，译；赵卫国，校. 西安：西北大学出版社，2016：111.

活动。海德格尔说,"从根本上保持同调性,并使同调性成为可能"①。从确立一个自我,到否弃这个自我,现在通过限制保留了这个自我,这个自我作为自我-存在,同时是同一性和对立。海德格尔说:"在对立设置活动中,它没有否弃自身,而是恰恰保存了自身;在自我保存的活动中,它将自身保持在同一性中,亦即设置自身为同一之物的绝对根据,亦即设置自身为绝对主体。"②

　　第三原理:"自我在自我之中,与可分的自我相对立,设置了一个可分的非我。"③ 这一原理预设了自我是绝对自我,亦即绝对主体,被限制的、可分的自我是有限的自我,与可分的非我从绝对自我的设置活动中产生出来,海德格尔由此指出,"设置活动——与此一道的还有自我性——的本质是有限性"④。应当如何理解这一论断?按照德国观念论的立场,绝对主体不是无限的吗?海德格尔从人的有限性本质出发解释费希特的知识学原理,对于德国观念论的整个问题格局扭转会产生什么样的影响?对此问题的回答将为接下来海德格尔与德国观念论的争辩奠定基础。

　　在第一和第二原理中,费希特的思路是首先引入逻辑命题,作为经验事实,然后由其出发,得出对原理的阐明,原理又反过来证明了逻辑命题的可能性。第三原理则不同,通过诉诸于理性的无条件的权力命令首先得到第三原理,然后再引入逻辑上的根据律,将原理和根据律关联起来,藉此表明,这个定律就像其他那些逻辑定律一样,只能从知识学的诸原理出发才能得到证明。

　　海德格尔认为,费希特对根据的讨论,最初完全运行在传统的轨道上,这个轨道首先是从莱布尼茨开始固定下来的。"'根据'首先被归于判断、陈述活动和设置活动。关系:主谓关系"⑤,后来,费希特对根据律的讨论浮现出某种新的因素,即主张"逻辑上的根据律受到上述质料性原理的规定,就是说,它的有效性本身受到限制,它只对我们的一部分知识有效"⑥。这就意味着并非所有的知识都是逻辑的,并非所有的知识都是一种设置活动,一种判断活动,海

---

① 海德格尔. 德国观念论与当前哲学的困境 [M]. 庄振华,李华,译;赵卫国,校. 西安:西北大学出版社,2016:115.
② 海德格尔. 德国观念论与当前哲学的困境 [M]. 庄振华,李华,译;赵卫国,校. 西安:西北大学出版社,2016:116.
③ 费希特. 费希特文集:第1卷 [M]. 梁志学,编译. 北京:商务印书馆,2014:521.
④ 海德格尔. 德国观念论与当前哲学的困境 [M]. 庄振华,李华,译;赵卫国,校. 西安:西北大学出版社,2016:118.
⑤ 海德格尔. 德国观念论与当前哲学的困境 [M]. 庄振华,李华,译;赵卫国,校. 西安:西北大学出版社,2016:123.
⑥ 费希特. 费希特文集:第1卷 [M]. 梁志学,编译. 北京:商务印书馆,2014:523.

德格尔之所以将此立场视为新的因素，因为判断活动、逻辑学属于旧存在论。不过，费希特将根据律视为有限的，本质上是将绝对自我作为判断活动、设置活动的唯一根据，唯当根据律被归属于第三原理之后，其本身才是被限制的。

侧重于术语方面的讨论，海德格尔注意到费希特讨论判断活动时规定了设置活动的结构：正题、反题与合题。他认为，这种讨论对于洞察德国观念论之辩证法与康德判断学说及康德传统之间的整体关联，极为重要。费希特自信地说，通过知识学的第三原理，康德所提出的先天综合判断如何可能的问题已经以最普遍和最令人满意的方式得到了回答，但海德格尔认为，费希特的第三原理并不能像康德的可能性问题一样内在蕴含着对存在论知识之可能性的发问，就费希特的立场而言，康德还是太经验化了，没有采取纯粹的、系统的演绎。海德格尔敏锐地指出，当费希特将第三原理的可能性根据归属于理性的权力命令时，他实际上等于堵死了这种综合的可能性根据的进一步发问。海德格尔据此认为："费希特是否比康德更普遍和更令人满意地解决了问题，这是存疑的。"①

"联系康德来看费希特那里的开端，德国观念论的整个问题格局都不是原初的。在存在问题方面以及此在的形而上学方面来看，都不是原初的。"② 毫无疑问的是，德国观念论直接脱胎于康德的先验观念论，属于康德主义者，只不过在康德身后，他们争论的焦点有两个：一个是针对康德先验哲学体系的拱顶石——"我思"，在德国观念论者的眼中，康德并没有阐明"我思"的本质，也就是说，批判哲学的逻辑极点"统觉的源始综合的统一性"是如何可能的，康德并没有阐释清楚。另一个是针对康德著名的现象与本体的区分，也就是物自身（das Ding an sich）的问题。德国观念论者无一例外都不能容忍这种区分，力图建立一种同一哲学，在坚持自我意识的同一性基础上，取消现象与物自身的区分，将物自身的实在性和可知性纳入"自我""绝对""精神"之中。康德与德国观念论之间围绕着上述问题的争辩被海德格尔称为"关于存在问题的新的巨人之战"。

在海德格尔看来，费希特对可证明性和对证据的追求只能使自我的实际性处于幽暗之中，即脱离它的存在，如果以费希特的方式——知识学——为形而上学建基，那么，存在问题就会越来越陷落到遗忘之中。因为在费希特的知识

---

① 海德格尔. 德国观念论与当前哲学的困境［M］. 庄振华，李华，译；赵卫国，校. 西安：西北大学出版社，2016：130.
② 海德格尔. 德国观念论与当前哲学的困境［M］. 庄振华，李华，译；赵卫国，校. 西安：西北大学出版社，2016：103.

学中，自我作为绝对主体宣示了它的支配地位，从而使得费希特的知识学与形而上学的基础问题相隔绝，与人类此在的存在问题相隔绝。站在海德格尔基础存在论的立场上，恰恰只有从人类此在的存在问题出发，而不是单纯从主体性出发，形而上学最普遍和最基础的问题才能得到追问。不过，尽管海德格尔这个时期的费希特解释是为他的基础存在论服务，但他并没有刻意强化这一立场，也没有将他对知识学的解释完全集中于此在的存在论问题上来，他只是通过实际性解释学的方法迂回地来推进知识学向存在论的转化。在这种从知识学向存在论的迂回转换过程中，海德格尔敏锐地看到，从费希特的康德开始，自我被明确地规定为自我意识，规定为主体，从此以后德国观念论在考察人的时候，只关注意识特征，而忽略了自身存在、自我存在的特征。海德格尔评论说："这种将人理解为'自我'的基本观点，以及对自我的规定——规定为意识、自我意识，进而将这种自我意识规定为绝对主体——构成了德国观念论的形而上学必然走向辩证法的根据。"①

甚至我们可以从费希特对 Sein 术语的使用进行细致区分这个细节出发，分析出德国观念论内在的蕴含辩证法特征。"不带谓词与带有谓词表示的不是一回事"②，带谓词表示"是"，不带谓词表示"存在"或"有"。前有康德将存在作为设定，实存作为绝对的设定，后有费希特将自我规定为被设定的，亦即存在的。不过，"自我＝自我""自我是自我"在这里所表达的"自我存在"还不是一种本原行动，而是一个经验事实。只不过自我先于一切经验事实的设定而先行被设定起来了。因此，这种行动再也没有更高根据的东西为根据，是"直截了当地被设定的，以自身为根据的东西"，那么，自我由自己所做的设定，就是自我的纯粹活动。这样，"自我存在"也就是说"自我设定自我"所表达的就是一种本原行动了，费希特说："——自我设定自己，而且是凭着这个由自己所做的单纯设定而存在的；反过来，自我存在着，而且凭着它的单纯存在，它设定它的存在。——它同时既是行动者，又是行动的产物；既是活动着的东西，又是由活动制造出来的东西。行动与事实，两者是一个东西，而且完全是同一个东西。因此'自我存在'是对一种本原行动的表述，但也是对整个知识学里必定出现的那种唯一可能的本原行动的表述。"③ "自我是直截了当地设定了

---

① 海德格尔. 德国观念论与当前哲学的困境[M]. 庄振华，李华，译；赵卫国，校. 西安：西北大学出版社，2016：155-156.
② 费希特. 费希特文集：第1卷[M]. 梁志学，编译. 北京：商务印书馆，2014：502.
③ 费希特. 费希特文集：第1卷[M]. 梁志学，编译. 北京：商务印书馆，2014：505.

的"①，也就是说"自我存在着，因为它已设定了自己"。"自我设定自己本身，完全是因为它存在着""它通过它的单纯存在而设定自己，它通过它的单纯被设定而存在"。处于主词位置的自我"直截了当地设定了的东西"与处于谓词位置的自我"存在着的东西"是完全等同的，自我在费希特这里显然是作为绝对主体来使用的。他说："自我的存在（本质）完全在于自己把自己设定为存在着的，这种自我就是作为绝对主体的自我。"② 自我作为绝对主体，它设定自己，就意味着它存在；它存在，就意味着它设定了自己。所以，在费希特这里，说自我是自我，就等于说自我存在，自我"是"与自我"存在"具有同等价值，与自我存在不相等同的东西，就不是自我。费希特的自我设定以及接下来在第二原理中对非我的设定，都是建立在意识同一性或自我同一性的基础之上的，也就是康德的"我的"，尽管他不认为这种本原行动是知性行为，是自我对自己的思惟，而是在康德的基础上向前推进了一大步。但笛卡尔的"自我"是一个纯粹的精神实体，能思想，但没有广延性；康德的"自我"功能化了，作为"统觉的源始的综合统一性"；费希特则将"自我"绝对主体化了。从实体到主体，实体就是主体。可见，自我在其自我性中，亦即作为针对非自我性事物进行对立设定活动，这种对立必然走向自我的内在统一性，因此自我的设定活动包含了辩证法的三个必然环节：正题、反题和合题。到了黑格尔那里，正题是自在的，反题是自为的，合题是自在自为的。于是从自我性出发，德国观念论体现出：自我-主体、实体是主体以及辩证法的特征。

而在海德格尔看来，这种将实体主体化的思路直接来源于语法与逻辑，费希特没有看到逻辑是源自存在论的。因此，当费希特说，每一个自我本身都是最高的和唯一的实体的时候，就意味着从他开始，德国观念论将自我解释成意识、绝对，最后在黑格尔那里解释成精神，主体性形而上学完成了。海德格尔为此提出了他最为经典的批评：辩证法遗忘了存在。

在德国观念论中辩证法处于支配地位，这表现为将自我理解成绝对主体这种基本观念，也就是说，这个自我最终是在逻辑意义上被把握的，而这又意味着，这种形而上学将其自身与为所有形而上学之可能性建基的基本问题——人类此在的存在问题——隔离开来了，唯独从此出发，对一般存在的那种普遍而又根本的追问才能够被提出，即只有凭借对此在（主体）的某种特定考察，以

---

① 费希特. 费希特文集：第1卷 [M]. 梁志学，编译. 北京：商务印书馆，2014：505.
② 费希特. 费希特文集：第1卷 [M]. 梁志学，编译. 北京：商务印书馆，2014：506.

及对一般存在（遗忘）的追问，才能被提出。然而恰恰在这里，在对形而上学最坚决的努力中，存在却消失了。①

第三节 时代哲学与"当前"

海德格尔对康德与德国观念论的阐释，绝不是讲解哲学史，尽管他将他们都纳入形而上学作为存在的历史中。海德格尔的阐释只关涉哲学活动本身，他在做哲学，因此阐释活动实际上是思想家之间的对话。"这里涉及的也不是任何哲学史，而仅仅涉及哲学活动本身。以进行哲学活动的方式与德国观念论争辩"②，海德格尔与德国观念论的对话（Zwiegespräch）与争辩（Auseinandersetzung），描绘了主体性形而上学中存在问题的具体形态。

在海德格尔看来，这种争辩首先是考察德国观念论者对待康德先验哲学的态度和立场；其次是分析德国观念论者各自处身的哲学问题情境，亦即他们要应对的"当前"问题；最后与海德格尔自己哲学活动要面对和解决的当前哲学问题建立整体关联。与德国观念论的争辩使费希特的独特位置显现出来。（1）他是德国观念论的开端，开端以完成康德为目的："批判哲学的本质，就在于它建立了一个绝对无条件的和不能由任何更高的东西规定的绝对自我；而如果这种哲学从这条原理出发，始终如一地进行推论，那它就成为知识学了。"③（2）费希特的问题格局——逻辑学与形而上学的整体关联——展开为体系与辩证法的统一。费希特认为，"A 是 A"这第一原理在康德那里已经有了，尽管他没有把它说出来，海德格尔评论说，费希特错了，康德已经在"一切的思都是一种'我思'"中说出来了，但费希特将康德带入完全不同的——纯逻辑方向上，这种影响持续到"当前"的马堡学派，"这个学派竭力只在纯粹逻辑的意义上理解自我"。④

在海德格尔看来，康德的问题格局是形而上学的基本问题——存在者之存

---

① 海德格尔. 德国观念论与当前哲学的困境 [M]. 庄振华，李华，译；赵卫国，校. 西安：西北大学出版社，2016：156-157.
② 海德格尔. 德国观念论与当前哲学的困境 [M]. 庄振华，李华，译；赵卫国，校. 西安：西北大学出版社，2016：11.
③ 费希特. 费希特文集：第 1 卷 [M]. 梁志学，编译. 北京：商务印书馆，2014：531.
④ 海德格尔. 德国观念论与当前哲学的困境 [M]. 庄振华，李华，译；赵卫国，校. 西安：西北大学出版社，2016：355.

在，就存在者一般而言，只要它是有限之人所可以通达的，也就成了对象，对象组建着经验世界，这属于纯粹知性概念的经验性的应用，也是我们获得安全和可以定居的岛屿。康德认为，纯粹知性概念永远不能有先验的应用，因此现象与物自身是边界概念，这也表明了存在问题与有限"自我"的整体关联，但德国观念论对物自身的斗争在边界上动摇了有限性，破坏了边界，绝对主体的确立产生了辩证法问题和体系问题，因为作为绝对主体的自我事实上依然是有限的。有限性与无限性问题构成了康德与德国观念论之间争执的问题格局。

德国观念论者作为康德身后的康德主义路线的践行者，他们的问题格局——自我（主体）与非我（客体）的同一性问题——在起点处首先是由康德设定的，其隐藏着传统形而上学关于存在者与自我的问题，并将存在者作为被意识到的东西涵括进意识中，自我的确定性就被彻底翻转为绝对者的确定性，绝对者本身成了形而上学的真正主题。黑格尔之后，人们抛弃康德的主体观，致力于建立某种生命哲学，或者在意识现象学中研究它，都不可能真正解决主体性问题，因为在海德格尔看来，德国观念论的发展过程，一方面意味着形而上学在其自身内部的完成，另一方面也意味着人的有限性的显明。因此，为了把握当前哲学上的两种基本趋势的整体关联：一是由"人是什么"这个问题所推动的哲学人类学研究；一是由"存在者是什么"这个问题所引导的形而上学研究①。海德格尔认为，阐明费希特、谢林和黑格尔的目标和道路，并与他们进行哲学对话，才能更好地回到人的有限性立场上来。

费希特的目标是完成康德，为一切可能的科学确立系统的形式，他的知识学必须是一门关于一般科学的科学，也就是说知识学必须为一切科学提供它们的原理，实际上就是一条至上原理，科学作为一个完备的体系就是在这条至上原理上建立起来的。费希特所确立的知识学 Wissenschaftlehre，因此也可以翻译成科学学。一般而言，整个德国观念论的时代是自我确定性的时代，自我意识、理性、精神、绝对同一构筑了人类知识大厦的基础，正如海德格尔所言，正是这种自我确定性，实体即主体，使得德国观念的时代成为一个体系的时代、辩证法的时代。而按照黑格尔哲学作为时代精神的辩证运动来说，德国观念论的理性、精神也必将进入下一个环节，经 19 世纪新康德主义、逻辑实证主义的中介，主体性形而上学也必将被黑格尔身后的现代西方哲学否定、取代，而克尔凯郭尔、尼采、海德格尔所代表的新时代精神——生命的保值增殖，生命的体

---

① 海德格尔. 德国观念论与当前哲学的困境 [M]. 庄振华，李华，译；赵卫国，校. 西安：西北大学出版社，2016：15.

验,人类此在的有限性、实际性——构成了理性、精神、绝对的对立面。

海德格尔重新定义了哲学活动,哲学不是世界观,而是对实际性生命的理解。早在尼采和狄尔泰那里,理性作为确定性就已变得可疑,从自我意识的原则出发来把握自身与世界也变得非常不牢靠,理性的危机在海德格尔的时代已经开始出现,无论是笛卡尔的自我意识,还是先验和绝对形式下的自我意识,都已经不能保障知识、科学的基础以及人的本质规定性。因此,海德格尔认为,"只有在作为源初科学(Urwissenschaft)的哲学中,科学观念向着自然的生命意识的这样一种侵入才能在原始的、彻底的意义上出现"①。他通过此在的生存论分析,突出此在的"实际性""有限性""被抛性"与费希特以降的德国观念论从意识、主体出发形成对峙;不再朝向绝对的反思展开的我思,不再是作为本原行动的自我的设定活动,意图通过揭示实际性的此在的生存结构打开存在意义的时间性视域。也可以说,海德格尔开启了一条与德国观念论完全不同的超越道路:以存在领会、存在理解意义上的超越取代了把握着客体性的主体性意义上的超越。

因此,在海德格尔看来,在费希特的自我哲学中,康德先验哲学所确立的立场一直都在起着作用,也没有像费希特所宣称的那样:他的知识学彻底完成了康德的先验哲学,只不过他将康德的"自我"从笛卡尔主义出发彻底贯彻下去而已。根据他所遵循的笛卡尔-康德的基本立场,自我成为知识学体系唯一的立足点,理性的裁决对他来说就不是别的,仅仅是"自我本身的要求"。除此之外,理性的裁决毫无意义。海德格尔指出:"知识学受到了笛卡尔那里为哲学制作的发端的限制,受到了康德那里被移置到一个新维度之中的那种形而上学形式的限制。"② 因此,在知识学中关键的因素只能是:(1)对某种最终的确定性的追问,那种同时也预先勾画出来整个知识的某种全方位的、系统的可奠基的框架;(2)这种最终的确定性奠基于作为绝对主体的自我(先验之物)中。既然费希特追随笛卡尔将人类此在解释为"自我",那么,他对三个基本原理的论述就是对有限的自我的本质关联的解释。根据他对确定性和体系形式的偏好,费希特并没有主要去关注自我有限性的规定,而是重点关注了自我如何被确保为知识自身的起点。伴随着对自我的这种解释,自我第一次收获了绝对主体的规定性。实际上,笛卡尔的发端,亦即近代哲学的发端,最终被归结为确定性

---

① 海德格尔. 哲学的规定 [M]. 孙周兴, 高松, 译. 北京: 商务印书馆, 2015: 3-4.
② 海德格尔. 德国观念论与当前哲学的困境 [M]. 庄振华, 李华, 译; 赵卫国, 校. 西安: 西北大学出版社, 2016: 304.

的寻求,而确定性又必然最终被还原为自我的同一性。这既是近代哲学作为主体性哲学的基本特征,也是德国观念论的基本特征。海德格尔评论说:"这样一来,人的此在问题就变成了绝对主体之辩证法的问题,也就是说,因为对此在之存在的追问并非在源初的和纯粹的意义上是主导性问题(它是由对存在的追问本身主导的),因此与此一体的那种追问,即对人的此在之有限性的追问就没有走上正轨。"①

海德格尔认为,费希特虽然分析出了自我性奠基于自身性,但没有进一步将自身性的有限性揭示出来。在康德那里,形而上学还是对一种有限的纯粹理性的考察,也就是对人的有限性本质的考察,但到了德国观念论这里,对认识的有限性考察变成了对一种绝对认识的追求,也就是对绝对主体的无限性的要求。费希特认为自己是康德批判哲学的完成者(Vollender),以自我为绝对主体,在批判的体系中,一切都从自我出发,物作为在自我中的被设定者的物性,而归属于自我领域,使得一切存在者都被当作保留在自我之内的、内在的。海德格尔说:"因而'批判地'呈现出来的框架就是自我本身,而且是奠基工作的第一位的和最高的权威机关,并且还不是随意地,仿佛任意接受的框架,而是通过批判的检验者首先被设立的那个可能的体系的框架与根据。"②

自笛卡尔以来,自我的确定性就成为知识的基础。笛卡尔主张,凡是在我心中呈现的清楚明白的观念都是真实的观念,费希特秉承了笛卡尔的立场,甚至主张确定性(Gewißheit)优先于真理,在海德格尔看来,这又是作为知识学的形而上学的基本特征。显然,这种对确定性的寻求在费希特这里已达其极致——绝对自我、绝对主体——因此,费希特的核心问题,肯定不是海德格尔所主张的人类此在的有限性问题,也不是绝对主体的有限性问题,绝对主体之绝对,表达着它的无条件性、无限性;绝对主体之绝对要求它自己就是最高的根据、最源初的本原。绝对主体作为一切事物最高和最后的奠基者,只能是"自我奠基",并且使自我的自我性构成了正题、反题和合题的可能性根据。海德格尔说:"体系,绝对的奠基!批判主义明确追问根据,而且贯彻了向根据的回溯,而且是绝对确定的回溯,回溯到使得一切奠基成为可能者。"③ 当然,作

---

① 海德格尔. 德国观念论与当前哲学的困境 [M]. 庄振华, 李华, 译; 赵卫国, 校. 西安: 西北大学出版社, 2016: 157.
② 海德格尔. 德国观念论与当前哲学的困境 [M]. 庄振华, 李华, 译; 赵卫国, 校. 西安: 西北大学出版社, 2016: 163.
③ 海德格尔. 德国观念论与当前哲学的困境 [M]. 庄振华, 李华, 译; 赵卫国, 校. 西安: 西北大学出版社, 2016: 165.

为辩证法体系，费希特在自我确定性中并没有消弭绝对的我，无限的我与相对的、有限的我之间的对立关系，相反，无论在体系的正题中，还是在合题的交互规定中，对立（反题）都更加突出地彰显出来。海德格尔认为，在绝对的、不受限制的主体之中，并通过这种主体发生了对自我本身的降格设定，自我在正题、反题、合题的辩证关系中被有限化了。海德格尔说："对立设置并不攀升，而是下降。自我本身——在其作为对立设置活动的自身设置活动中——被降低设置到一个更低的概念（这个概念具有可分性）中去了。"① 通过这种"降格的设定"，绝对的设定只是适用于有限的实际性。自我之本质中的可限制性的可能性，它的有限性的可能性就被费希特在逻辑上找到了。不过，对费希特而言，这种自我的限制性和对自我的有限化，依然是从"自我"的确定性出发的。"权力裁决，这就是说，(a) 被带入自我之中，从它的视点来看（设置!）；(b) 自我本身在此是无限的，只不过被限制了（verendlicht）!"② 可见，费希特的知识学受到了笛卡尔为哲学制定的发端的限制，也受到了康德那里移置到一个新维度之中的那种形而上学形式的限定。

因此，站在海德格尔此在的有限性立场上，理性裁决的必要性，受到了自我意识这个绝对主体发端之不可能性的限制，从而耽搁了存在问题，也即耽搁了超越性，因此必须将费希特颠倒过来。

"权力裁决，也就是说，a) 被带入自我之中，从它的视点来看（设置!）；b) 自我本身在此是无限的，只是被限制了。颠倒过来：b) 这个事实在其事实性的问题中！这就是存在！a) 相应地，自我作为此在，不是从无限而来被设置到有限制性中，而是颠倒过来，但这里当然是先行把握的问题。"③ 海德格尔相信，完全可以从费希特发现和重建的这个有限的事实出发，并让其事实性成为问题，从而进入存在问题的领域中。相应地，自我作为此在，不是从无限性而来，被设置到有限制的状态中，而是相反，自我作为此在本身就是有限的。海德格尔认为，不是从"自我设定"开始，不是从作为绝对设定者的自我开始，而是从有限的此在开始。

的确要从此在开始，的确要从"存在"开始，却不是从康德先验统觉的那

---

① 海德格尔. 德国观念论与当前哲学的困境 [M]. 庄振华，李华，译；赵卫国，校. 西安：西北大学出版社，2016：159.
② 海德格尔. 德国观念论与当前哲学的困境 [M]. 庄振华，李华，译；赵卫国，校. 西安：西北大学出版社，2016：305.
③ HeideggerM. Der Deusche Idealismus（Fichte, Schelling, Hegel）und Die Philosophische problemlage Der Gegenwart. Frankfurt am Main：vittorio Klostermann. 1997：246.

种彻底剥离的做法开始，通过这种剥离恰恰会失去有限性。是的，那种特殊的有限性，那种对立之物，现如今成为某种绝对者的产物；它成为无限的，绝对的功绩。与此相反，绝对之物恰恰在有限性这里碰了壁。①

作为一种"降格的设定"理性的权力裁决参与了人类理性体系的建构。作为理性的裁决，亦即作为设定，它服务于一种绝对确定的知识的建基，服务于对在-世界-中-存在的源初的有限的克服，对它深渊般的不确定性以及内在的不一致的克服。"体系、确定性，而不是真理，既不是完整的此在，也不是优先强调存在者整体。"② 但是，根据它源初的含义，在那里又向实际性的有限性反弹回来了。

海德格尔认为，形而上学问题的困难之处是对人的追问和对存在者之整体的追问之间的整体关联，与德国观念论的争辩之所以特别有必要，是因为在它之中，人的有限性问题消失了，形而上学被设置为对无限者的无限认识。因此，海德格尔在与费希特（德国观念论）的争辩中，坚定维护了康德对人的有限性问题的洞见。存在与时间，康德是在这一个方向上迈出一步的第一人，在康德这里，时间才又重归形而上学之中，但德国观念论完全忽视了康德所走出的这一步。海德格尔认为，正是因为没有看到这一步的重大意义，也决定了德国观念论的命运。他们的所有努力都是要克服一切有限之物，因此体系成为德国观念论特有的渴求，也是他们的标志，因为对无限与确定性的追求，只有采取体系（辩证法）的形式才可以被表述和理解。海德格尔只能遗憾地说，德国观念论虽然对精神的思索已经达到了一种前所未有的强度，但遗憾的是，没有走向康德对有限性的沉思所确立的那个方向。

具体到德国观念论的开端——费希特这里，海德格尔认为，费希特因受到"自我设定自我"的完全限制以及执著于确定性的寻求，所以遗忘了存在问题，虽然他开启了辩证法，但并没有借助辩证法走向《存在与时间》所开启的超越道路，他的知识学体系为此奠基的那个方向因此也不是本质性的。海德格尔正是基于此才说出如此突兀的话："辩证法越正确（richtiger），就越不真（unwahrer）！它可以总是仅仅保持为'正确的'，并'争得'那并不必要的确定

---

① 海德格尔. 德国观念论与当前哲学的困境 [M]. 庄振华，李华，译；赵卫国，校. 西安：西北大学出版社，2016：312-313.
② 海德格尔. 德国观念论与当前哲学的困境 [M]. 庄振华，李华，译；赵卫国，校. 西安：西北大学出版社，2016：229.

性。"① 为此，海德格尔对费希特的解读，因其存在论立场必然要求他走出费希特，进而走出德国观念论。

既然德国观念论理所当然地认定自己是康德哲学的继承人和完成者，那么，海德格尔与德国观念论的争辩就必须指明他与德国观念论的分歧，"德国观念论遗忘了时间与存在之间的整体关联"，或者更准确地说，"有限性与无限性"之间的分歧就是海德格尔与德国观念论之间最核心的分歧，我们将在最后一章再次回到这个话题。在德国观念论中，争论的焦点集中在康德关于物自身（das Ding an sich）与现象的区分上。海德格尔认为，正是因为德国观念论不懈地与康德的物自身做斗争，才造就了"绝对精神"这个核心概念。而且，这种斗争还连带消解了康德关于感性直观与智性直观的区分。在康德那里，人是有限的，只有接受性的感性直观，没有智性直观，只有神才有创造性的智性直观。建立在接受性感性直观的基础上，康德的现象概念实际上指的就是事物本身，而不是心灵中发生的事情，现象就是某种向着某个心灵自我显示的存在者（绝不是某种幻象）。而康德的"物自身"概念按照海德格尔的解释则是，存在者之为存在者是从 an sich［自身］被思考的，也就是就自身而言的，这种考察角度不关涉作为有限的、只能借助于感性直观和知性概念进行认知的我们人类此在，这就意味着"物自身"不是人类此在的概念，而是属于某种无限者、神的概念，它是创造性智性直观的对象。对有限的人而言，正是因为是有限的，我们才可以说现象就是那个物。所以，在这个意义上，现象与物自身的区分，也就是感性直观与智性直观的区分，实际上就是有限认识和绝对认识，有限性与无限性之间的区分。而德国观念论者取消了这种严格区分，经过改造，将智性直观赋予人类理性，尽管这种使用是以绝对者自身运动过程的历史方式实现的。因此，海尔格尔说："德国观念论阵营对康德的物自身发起的斗争意味着，对以现象为转移，有其内在界限的那种直观的斗争。对物自身的斗争意味着从形而上学出发消除有限性问题。"② 一方面为了克服有限性，另一方面为了体系的需要，德国观念论就此产生了辩证法。"激发辩证法的乃是下面这一点，即绝对认识必须由一种绝对的生物来实施。围绕体系的多方努力在最深处乃是与这个问题的

---

① 海德格尔. 德国观念论与当前哲学的困境［M］. 庄振华，李华，译；赵卫国，校. 西安：西北大学出版社，2016：308.
② 海德格尔. 德国观念论与当前哲学的困境［M］. 庄振华，李华，译；赵卫国，校. 西安：西北大学出版社，2016：347.

事态同根共生的。"①

海德格尔认为，费希特的知识学也是为了阐明自我的本质，而且是对人的本质的一种追问，但知识学最终的落脚点在于绝对主体，虽然绝对主体也归属于自我性，但自我性的本质是有限性。因此，虽然费希特自己认为康德没有完成的综合在他这里通过三个原理，将一切先验哲学都建基于这种综合之上了，但是，在海德格尔看来，费希特的解决方案是否比康德的解决方案更令人满意，是大可怀疑的。因为，费希特所确立的综合是建立在自我之上的，这种自我（主体）已经是最高的和唯一的实体了。而主体（subiectum）等于实体（substantia）在海德格尔的分析中，完全是建立在逻辑和语法之上的，而"逻辑和方法之上的主体概念的这种显著的支配作用便是为什么在德国观念论中看不到存在的真正的问题格局——主体性问题在这里被大力推至中心点的位置——的原因"②。海德格尔、康德与费希特都在追问人的本质，但海德格尔与康德看到了有限性、时间性，因而走向了对自我（此在）的存在的追问道路；而费希特对人的本质的追问从被当作自我、被当作意识、被当作自我意识、被当作绝对主体，走向了主体作为真正的存在者，并且在自身之内囊括了所有存在者的观念论道路，而没有追问存在者的存在。因此，存在问题与认识（意识）问题的对峙一方面指明了海德格尔与德国观念论争辩的方向，另一方面也在某种意义上促使海德格尔最终放弃了他的带有强烈主体性色彩的"此在的形而上学"的筹划，并帮助他开启下一个阶段关于存在真理的思想以及继续在形而上学之完成意义上的与德国观念论者的对话，这正是海德格尔解读费希特（德国观念论）并走出费希特的意义。

---

① 海德格尔. 德国观念论与当前哲学的困境 [M]. 庄振华，李华，译；赵卫国，校. 西安：西北大学出版社，2016：348.
② 海德格尔. 德国观念论与当前哲学的困境 [M]. 庄振华，李华，译；赵卫国，校. 西安：西北大学出版社，2016：371.

第八章 海德格尔与谢林

第一节 一个存在-神学家

按照舒尔茨的观点，要给谢林和海德格尔的传承路线描画一个关节点，没有比选择 Was 和 Dass 的讨论最为恰当的了。Was（是什么）与 Daß（事实上发生的事情）的区分，亦即本质（essentia）与实存（existentia）的区分，最早发生于经院哲学家和神学家对神实存的证明中。谢林高度重视这种区分，并试图将二者统一起来，作为观念的东西（理性）与现实的东西（事实）统一的基础。[1] 海德格尔创造性地将 Dass 看作 Dasein（此在）的本质，此在的本质即事实性的生存，更直接的是海德格尔选择使用 Dasein 这个术语的核心意图就是要利用 Dasein 的构词法和语义共同揭示着此在的存在即是它的"此"（Das）。从神的 Dass 到此在的 Das，清晰地揭示了谢林与海德格尔的渊源关系。

谢林在德国观念论中的位置比较特殊，有学者认为，是谢林，而不是黑格尔，代表着德国观念论的完成（顶峰）；也有学者认为，谢林哲学思想已经完全背离了德国观念论，走向了神学、宗教神秘主义等。对谢林在德国观念论中的评价，总是离不开谢林离开耶拿这一事件。先刚教授指出，谢林离开哲学的耶拿来到宗教的维尔茨堡，是其哲学生涯和人生的重要转折点。[2] 天才谢林离开耶拿大学以后，不仅其人渐渐脱离了哲学圈子，而且其思想，尤其是后期思想也渐渐不为人注意，以至于在整个德国哲学界将近一个半世纪几乎被遗忘。直

---

[1] 舒尔茨. 德国观念论的终结——谢林晚期哲学研究 [M]. 韩隽, 译. 北京：中国人民大学出版社，2019：22-32.

[2] 先刚. 永恒与时间——谢林哲学研究 [M]. 北京：商务印书馆，2008：4-43.

到沃尔特·舒尔茨1955年的经典著作《谢林晚期哲学中德国观念论的完成》问世，谢林才被给予德国观念论历史中真正重要的地位。但这种学术名誉的恢复并不是一帆风顺，同年，雅斯贝尔斯在其著作《谢林：伟大和不幸》中就说："谢林不仅对意义以及对现代科学的方法无知，……而且对所面对的可理解的实在也完全陌生。"① 对雅斯贝尔斯来说，谢林非法地越过了康德所设置的边界，产生了一种通神论的诺斯替主义。他拥有一个优美的灵魂产生了许多天才式的生存论见解，但都是假知识。真正将谢林在德国观念论中的历史地位提高到极致的人是海德格尔，是海德格尔对谢林的《对人类自由的本质及其相关对象的哲学研究》（"自由论文"），这部著作的至高评价才极大地引起了人们对谢林的理论兴趣，这种影响还在持续和发酵中。按照事先划定的研究范围，接下来我们将阐明吸引海德格尔的不是谢林的观念论，不是他的绝对同一哲学，而是他对存在本质的深刻洞见。

在1926年给卡尔·雅斯贝尔斯的信中，海德格尔评论道："谢林在哲学方面的思考远远领先于黑格尔，尽管他在概念方面比黑格尔更混乱。他有关自由的论文我刚读了开头几页。它对我而言太有价值了，以至于我在第一次粗略浏览中就想认识其中三昧。"② 海德格尔对谢林自由论文的阅读持续到1936年的讲座课和1941年的研讨班，甚至在1943年的研讨班上也有通告。在1936年的讲座课快结束的时候，海德格尔总结了谢林所激起的经验："人类自由之事实对他来说拥有一种特异的事实性。人类并不是某种现成的观察对象，不是我们事后再将每天寻常细琐的感觉披在上面的东西，相反，人类是在深入存在的诸种深渊与高处的洞察中，在朝向神性中的骇人之处、朝向一切受造者的生命之畏、朝向一切受造的创造活动的忧郁、朝向恶之恶性及爱之意志的洞察中被经验到的。"③ 在稍后的注释中，海德格尔将这种经验进一步解释为："这种经验是，存在之历史如何渗透到我们之中并因此承载着我们通达未知之地，栖居于此，就必须对存在之真理的根据做出决断。"④ 总之，谢林的著作敞开了人类的经

---

① JESPERS K. Schelling: Größe und Verhängnis [M]. München: Piper Verlag, 1986: 249.
② 瓦尔特·比默尔, 汉斯·萨纳尔. 海德格尔与雅斯贝尔斯往复书简 [M]. 李雪涛, 译. 上海: 上海人民出版社, 2012: 148.
③ 海德格尔. 谢林: 论人类自由的本质 [M]. 王丁, 李阳, 译. 北京: 商务印书馆, 2018: 326.
④ HEIDEGGER M. Die Metaphysik des deutschen Idealismus. Zur erneuten auslegung von Schelling: Philosophische untersuchungen ueber das Wesen der menschlichen Freiheit und die damit zusammenhaengenden Gegenstaende (1809) [M]. Frankfurt am Mian: Vittorio Klostermann, 1991: 140.

验，在这种经验中，人类不再是所有事物的作者和仲裁者，而是参与其中的过程、生命经验本身。显然不仅存在着一个超出主体的主宰，而且还存在着一个超出主体的存在之历史，在存在历史中人才被具象化出来。重要的是，将这种经验带出来的思想是立足于对强力冲动的考察，这种冲动超出了知性和理性的机能。不可否认，谢林所考察的冲动天然就与海德格尔的思想旨趣有亲和性，在1935年，海德格尔将其描述为跃入问题之中的源初一跳。"放弃流行，回溯到发问的阐释乃是一跃。唯有那有着正确起跑的人才能够跳跃，一切都取决于这个起跑，因为这起跑意味着，我们自己重新在实际上发问问题并且在这些问题中原创出条条视轨。但是，这事既不会在放任不羁的浮想联翩中发生，也不会在对一种宣称为规准的体系的固守中出现，相反，它在而且从历史的必然性中，从历史的此在之亟须中发生。"①

可见，对海德格尔来说，谢林《自由论文》的诱惑在于其对自由的探究在发端处就依然"超出了人类"，直入关于存在真理之本质的问题中了。海德格尔的这个评价看起来有些奇怪，所"超出"的是向主体的传统倒退——自由意志，自由在谢林这里不再是自由意志的问题，"自由并未被视作人类的属性，而是相反：人类或许算是自由的所有物。自由乃是包容一切、贯彻着一切的本质，人类只有复返于其中才成为人类。这就是说，人类的本质基于自由。但自由本身是一个超越着一切人类存有的、对本身的存有本身的规定"②。所以，此探究处理的乃是作为本真的存有本身之本质的自由的一种特定样式——人类的自由。在谢林这里，追问人类的本质就意味着，此追问要"超出"人类，进入那个比人类本身更为本质和更为强大的东西当中。"自由并非作为人类意志的附加物或装备的自由，而是作为本真存有之本质的自由，而本真存有之本质则是作为存在者整体之根据的本质的本真存有之本质。"③

谢林的《自由论文》要讨论一种自由的体系，自由与体系本质上是相冲突的：要么坚守体系，放弃自由；要么坚守自由，放弃体系。但谢林认为："或者，有这样一种意见，即体系的概念，一般而言且就自身而言，与自由的概念有冲突：如此一来，下面这事就怪了，即由于个体自由终究以某种方式与世界整体（不管它是以实在论的还是观念论的方式被设想）相联络，某种与自由共

---

① 海德格尔. 形而上学导论 [M]. 王庆节，译. 北京：商务印书馆，2015：202-203.
② 海德格尔. 谢林：论人类自由的本质 [M]. 王丁，李阳，译. 北京：商务印书馆，2018：16.
③ 海德格尔. 谢林：论人类自由的本质 [M]. 王丁，李阳，译. 北京：商务印书馆，2018：17.

同持存的体系,至少在神性的理智中,就必然现成存在。"① 海德格尔在讨论谢林关于自由与体系的冲突中,首先,把解读的兴趣点放在了体系的神学特征上,"神是体系一般的主导性理念"②,从源初和本质性的意义上,每种哲学作为形而上学都是神学(亚里士多德),海德格尔一贯坚持的立场是:对存在者整体的把握(逻格斯)问及存在之根据,就是说,原-实事(Ur-sache),而这个根据被称作神。其次,海德格尔敏锐地注意到了在这段话中所提到的"神性的理智",他据此认为,谢林的《自由论文》就本质性地活动在存在的这种源初神-学的区域中。神学在此首先意味着,关乎存在者整体的发问,这个关乎存在者整体的问题,这个神学问题,不可能脱离关于存在者之为存在者的问题,即关于存在本身之本质的问题而被问出,而后者关于存在者之为存在者的问题,即"存在学"。

哲学是存在-神学,在海德格尔看来,哲学越源初地是这同为一体的两者,哲学就越在真正意义上是哲学。所以,海德格尔在此意义上高度评价谢林的这部《自由论文》,说它是哲学中最深刻的著作之一,就是因为它在某种别具一格的意义上同时是存在论的和神学的。

谢林说:"在人类中,存在着幽暗的原则的全部强力,同样在人类中,同时正好存在着光明的全部力量。在人类中存在着至深的深渊和至高的天空,或者说,存在着两个中心。人类的意志是神的胚芽,这神只还在根据中存在着,而这胚芽就隐蔽于永恒的渴望中;人类的意志也是闭锁于深处的神性的生命目光,当神捕捉到了自然的意志时,神便瞥见了这一目光。"③ 海德格尔认为,理解了这一段话,就意味着把握了整部论著。这一段话既指明了人在对存在者整体的联系中是什么,也暗示了最高的认识原则:"相同者只由相同者所认识。"④ 倘若在哲学中,认识的对象是存在者整体,从而是存在者的那个根据、神,那么哲学家作为认识者,便必然立身于与他在此所认识的东西相同的东西之内:"以己内之神把握己外之神"。"相同者由相同者所认识""以己内之神把握己外之神"是谢林对塞克斯都的摘引;海德格尔则通过引证柏拉图-普罗提诺的看法,

---

① 海德格尔.谢林:论人类自由的本质[M].王丁,李阳,译.北京:商务印书馆,2018:96-97.
② 海德格尔.谢林:论人类自由的本质[M].王丁,李阳,译.北京:商务印书馆,2018:98.
③ 海德格尔.谢林:论人类自由的本质[M].王丁,李阳,译.北京:商务印书馆,2018:105.
④ 海德格尔.谢林:论人类自由的本质[M].王丁,李阳,译.北京:商务印书馆,2018:106.

以及歌德的名句"若眼睛不似太阳那般,何以我们能将光亮观瞻?若属神之力不在我们之内生息,何以神性者能引我们入迷?"① 来进一步佐证谢林这部自由论著的基本原则:我们之外的神乃是经由我们之内的神而被认识的。

从自由与体系的对立到自由与体系的一体化,揭示了谢林神学的内在特质。这种对立的展开和一体化需要在必然与自由的冲突中进行表述,但谢林并没有遵从近代哲学自笛卡尔到康德以来所确立的问题领域,而是转变了自然和必然的概念。必然指的是作为唯一且至高神中的必然性,自然也不再全然是无精神的东西;自由也不再是无自然的、"我能"中的纯然我性之物。自由首先并不是完全与自然相区别的东西,而是被谢林把握为人类对神的内在的非依赖性。迄今为止,人们一直都是通过自然和自由两个领域的区分来划分体系区域的,在康德那里,哲学也就照此分为自然形而上学和道德(自由)形而上学。自由只能在实践理性领域内,并作为某种在理论上无法把握的东西被表达。而在谢林这里,自由彻底转变为支配一切存在者领域,并且在人类中汇聚为一种独一无二的清晰、尖锐的东西,进而以此方式要求存在者整体交出一种新的接合结构,即体系。由此而来,谢林关于人类自由的本质问题,自由与自然的对立就转变为人类自由与神的对立,神与存在者整体的问题,于是,"神学"问题在最为广泛的意义上凸显出来。

海德格尔认为,谢林在《自由论文》中开始的发问,乃是发生在关于存在者整体之根据的神学问题和关于存在者之为存在者之本质的存在论问题之间的某种相互作用,是存在-神-逻辑学在其自己之中的循环的活动。黑格尔的《精神现象学》也是这样一种——只不过是另一种类型的——存在-神-逻辑学;尼采主要著作的草稿《权利意志》,也是一种这样的存在-神-逻辑学,而又是另外一种类型。② 海德格尔指出,谢林通过对斯宾诺莎泛神论的解释和批判试图表明,在他这里,自由的体系不是泛神论,不是神学,而是根本的"存在论",这种存在论完全是决定性的。它首先且主要是关于自由事实的正确经验和情感,这决定了自由的全部问题。而且,海德格尔甚至将谢林的《自由论文》看作对现象学的一种回答:"德国观念论形而上学作为现代形而上学,其本质被认为是由黑格尔的《科学体系》以及更具体地说由《精神现象学》最终决定……不过,绝对再-现(这意味着意志)的形而上学被认为是在谢林的《论

---

① 海德格尔. 谢林:论人类自由的本质[M]. 王丁,李阳,译. 北京:商务印书馆,2018:109.

② 海德格尔. 谢林:论人类自由的本质[M]. 王丁,李阳,译. 北京:商务印书馆,2018:127.

人类自由》中有其形而上学传统的最深的来源。这部著作是对现象学的一种回答。"① 如果我们熟知海德格尔在《存在与时间》中的论断"现象学是存在论",那么,海德格尔对谢林《自由论文》的这个评价就不会显得突兀。

在谢林看来,斯宾诺莎主义的真正谬误并非神学上的,相反,它首先且真正来看是一种存在论上的谬误。存在者被完全地和根本上依照事物和现成者的存在来理解并仅仅被如此理解。谢林说,斯宾诺莎主义全然不识活物,遑论作为存在本己的,并且或许更为源初之样态的精神之物;对斯宾诺莎主义来说,甚至"意志"也是一个事物(东西),并且必然性只不过是事物之间的这样一种必然性,即一种机械的必然性。

谢林将自由定义为善或为恶的决断(Entscheidung zum Guten oder Bösen)。这种决断通过神圣存在中的分离(分裂)成为可能。恶并不只是善的缺席,而是深深地扎根于存在本身中的。波墨最早提出了神的一个黑暗法则,这个黑暗法则假定即使自己本身不是恶的,没有神格也能够提供恶的可能性。对谢林而言,恶就是自由存在的一种可能的已决断状态,是人类之自由-存在的一种方式。

现在让我们再次回到谢林《自由论文》的核心:

"在人类中,存在着幽暗的原则的全部强力,同样在人类中,同时也正好存在着光的全部力量。在人类中存在着至深的深渊和至高的天空,或者说,存在着两个中心。人类的意志是神的胚芽,这神只还在根据中存在着,而这胚芽就隐蔽于永恒的渴望中;人类的意志也是锁闭于深处的神性的生命目光,当神捕捉到了自然的意志时,神便瞥见了这一目光。"②

谢林的这一深刻洞见深深地吸引着海德格尔,海德格尔将"人类的意志"进一步阐明为人类存在之为人类存在,把"自然"进一步扩展为存在者之全体性。恶的根据在海德格尔这里就被改造为此在的本己生存的根据,由此,他认为,理解了这一段话,不仅能够把握谢林《自由论文》的全部,同时意味着触及"那不可把握者"。不过,海德格尔同时也解释说,无论谢林在深入人类自由之本质的新道路上推进得有多远,康德对自由问题的基本立场仍未被动摇,甚

---

① 海德格尔. 谢林:论人类自由的本质 [M]. 王丁,李阳,译. 北京:商务印书馆,2018:127.
② 海德格尔. 谢林:论人类自由的本质 [M]. 王丁,李阳,译. 北京:商务印书馆,2018:105.

至还得到了证实。在康德那里，自由恰恰是不可把握的，就自由存在者而言，它是拒绝概念化把握的。从存在者整体出发，谢林主张，人并非在神之外，对立于神，而是在神之内，属于神而存在。所以，谢林本质上依然持德国观念论体系立场，将存在者整体的最高一体性与人类自由统一起来。不过，谢林的深刻之处在于这种统一是以二重性、差别和斗争为前提的。思想的实情是，谢林的观念论已经超出同时代的人很远了，海德格尔说，从笛卡尔的"我表象"的观念论到谢林的"自由的观念论"的转变，揭示的是更高层次的实在论——观念论的实在论，"自然哲学"意味着从观念论原则出发，从自由出发来把握自然。观念论与实在论在谢林这里第一次实现统一和融合，实现统一和融合的基础是"源初的存在是意愿""意愿就是原存在"。[①]

海德格尔分析指出，在谢林那里，神之中的根据的本质就是渴望，而渴望就是一种意志，恶的根据就在原意志中。这个根据作为某种有自身性的原意志而存在，这种原意志成为受造的精神的被分化的自身性，并取代普全意志，可见，私己意志往普全意志之上提升就是恶。由此而来，构建了"恶"的不是有限性之为有限性本身，而是那被提升至私己渴求的统治地位的有限性。不过，这种提升只有作为精神性的提升才是可能的，所以恶属于精神和历史的范畴。也就是说，唯有人类才有作恶的能力，但这种能力并不是人类身上的某种属性，相反，海德格尔说："具有这种能力地去存在——这构成了人类存在的本质。"[②] 考虑到《存在与时间》，拥有这种能力地去生存，就意味着赢得了此在本己生存的可能性。站在此在的基础存在论立场上，谢林的私己意志就与此在的本己生存之决断相容，这里的关键在于良知的呼唤和决断，亦即对私己意志的渴望。人类只要实存，就不可能总是停留于未经决断的状态中，决断就意味着走出自身，意味着为善为恶的能力，这种能力也正是人类自由的本质。海德格尔的学生阿伦特藉此提出 the banality of evil（恶的平庸），也是在人类自由本质的意义上反思此在的本己生存之可能性在现代社会中的丧失。在海德格尔与谢林的意义上，"恶"绝不平庸！

海德格尔最后总结道：

> 对谢林而言，人类自由之事实拥有一种特异的事实性。人类并不是某种现

[①] 海德格尔. 谢林：论人类自由的本质 [M]. 王丁，李阳，译. 北京：商务印书馆，2018：185.

[②] 海德格尔. 谢林：论人类自由的本质 [M]. 王丁，李阳，译. 北京：商务印书馆，2018：293.

成的观察对象，不是我们事后再将每天寻常细琐的感觉披在上面的东西，相反，人类是在深入存有的诸种深渊与高处的洞察中，在朝向神性中的骇人之处、朝向一切受造者的生命之畏、朝向一切受造的创造活动的忧郁、朝向恶之恶性及爱之意志的洞察中被经验到的。①

尽管谢林没有由此而进一步思考存在作为深渊，从而走出德国观念论，但他构建的存在论意义上的活力论，对海德格尔返回到思想的开端处思考存在问题而言，具有重大意义。存在在希腊意义上被理解为涌现（physis），"physis 作为绽放，随处可见。例如，天体运行（旭日东升），大海涨潮，植物生长，生灵降世。……这种绽放，'由自身内部-向外-站出去'切不可与我们在存在者那里观察得到的过程混为一谈"②。不过，海德格尔拒绝了谢林将这一见识融合到体系中的努力。对海德格尔来说，谢林的工作最终功亏一篑，就在于他竭力将其关于存在作为深渊的观念强行纳入德国观念论形而上学的神正论、目的论结构中。正如伽达默尔所指出的那样，海德格尔意识到，在他与黑格尔的争辩中，谢林也有可能通过对前理论的或者实际性的存在论与来自《存在与时间》的存在问题形成对峙。

在海德格尔 1941 年的讲座中，谢林已经成为那些唯意志论形而上学家中的一员，他们的思想在尼采那里达到顶峰。从这一时期开始，海德格尔转向诗人，尤其是荷尔德林。按照海德格尔思想道路留给我们的线索可以看到，在《存在与时间》时期，海德格尔将此在的历史性看作存在论思想的根源，通过历史性此在的实际性的生命的解释，可以松动和打破形而上学传统概念所造成的思想板结，追问存在的意义，立足于此在的本己生存，谢林的恶的形而上学的深刻性就体现出来了。不过，1936 年的谢林讲座与 1941 年的谢林研讨班都属于海德格尔转向存在真理时期，在这一时期，历史性是存在将自己赋予此在的方式，从存在真理出发审视形而上学作为存在的历史，谢林的存在-神学作为传统形而上学的高峰与黑格尔的绝对精神一起代表着德国观念论的终结，在海德格尔的思想道路上，他们作为存在历史的一个阶段只是思想逗留的一处驿站。

---

① 海德格尔. 谢林：论人类自由的本质 [M]. 王丁，李阳，译. 北京：商务印书馆，2018：326.
② 海德格尔. 形而上学导论 [M]. 王庆节，译. 北京：商务印书馆，2015：17.

第二节　　自由与泛神论

海德格尔认为，自笛卡尔将广延之物（res extensa）与思想物（res cogitans）明确区分开来以后，自然与精神的对立就成为哲学自身最内在的推动力和运动法则，这一对立不光是哲学的研究对象，更是近代哲学的状况。德国观念论依然行走在笛卡尔主义的道路上，他们追求的是主体与客体、思惟与存在、自由与自然的绝对同一。谢林的绝对同一哲学在追求自然与自由的统一时，因其基本立场是泛神论，自由不再被理解为独立于自然的东西，而是被理解为与神相对立的东西，因此自由与必然的对立就在泛神论语境中转换为自由与体系之间的对立，抑或自由与泛神论的宿命论之间的对立。海德格尔评论说，在谢林那里，"'必然与自由'这一对立乃是一种更高的对立，经由它，关于自由之体系的问题获得了一个新地基，并且，一种新的需要以更加特定的方式加以表述的设问也被赢得了。……唯一可能的理性之体系是泛神论，但后者不免是宿命论"①。体系就其自身而言，是泛神论；泛神论是宿命论，是对自由的否认。可见，单纯从泛神论的宿命论出发，自由的体系是不可能的。谢林的泛神论是如何实现体系与自由的相容，亦即自然与自由的相容，就成为理解其自由体系的关键环节。

在海德格尔的谢林讲座中，泛神论占据了重要的位置。他认为，谢林以泛神论问题为线索寻求体系构造之原则，是一种神学，在此神学中，泛神论问题亦是关于存在者整体之根据的问题，换句话说，自由与泛神论的关系问题，就是从神学问题出发讨论存在问题。这种哲学状况体现在谢林与雅可比关于泛神论的论战中，谢林首先对自雅可比传承下来的泛神论观念进行了批评改造，指出泛神论乃是宿命论的断言是通过弗里德里希·H.雅可比在其著作《致摩西·门德尔松先生关于斯宾诺莎学说的通信集》中表达出来的。在这部通信集中，雅可比说，泛神论真正说来就是斯宾诺莎主义，而斯宾诺莎主义是宿命论，宿命论乃是无神论。雅可比与施莱格尔等人的立场坚持自由不属于体系，甚至不属于哲学和理性，而属于信仰和宗教。海德格尔评价说，尽管雅可比当时的目的是向门德尔松、赫尔德、歌德等人表明，他们所力求的"经过改良的斯宾诺

---

① 海德格尔.谢林：论人类自由的本质［M］.王丁，李阳，译.北京：商务印书馆，2018：121.

莎主义"是不可能存在的，然而，通过把泛神论与斯宾诺莎主义等同起来，产生了以下后果：一方面，"什么是泛神论"这个问题被重新提了出来，进而在论战中得到更为尖锐清晰的规定和回答；另一方面，对斯宾诺莎的历史性解释进入了与以前完全不同的轨迹中。当时的泛神论论战是一场思想盛事并影响深远：雅可比阵营除了施莱格尔，还有卡尔·埃申迈耶尔，与雅可比论战的另一方阵营人员有莱辛、门德尔松、赫尔德、歌德等人，最后谢林也直接参与进来，并取得了"胜利"。谢林的论战作品《F. W. J. 谢林对弗里德里希·海因里希·雅可比先生关于诸神性之物以及其他的著作以及在其中对一种刻意混淆和散布谎言的无神论指控的备忘录》可以看作其《自由论文》的补充。

谢林投身于泛神论的论战还涉及黑格尔。黑格尔的哲学主张，将实在转变为观念或概念，即在思想的状态中将其自身把握为思想，认识到自己是精神。"绝对的实体是一种完满的自由"①，因此对黑格尔而言，自由与必然的统一不仅在现实性上，而且，在思惟与存在的统一，即绝对精神的自我实现上，都必须被把握为运动和过程。精神的这种自我-理解和自我-实现是一种自我-中介的历史过程。因此，黑格尔也将自由看作理性的中介。自由对雅可比而言则是直接的、前理性的以及超自然的，是人与神之间的联结。黑格尔同意自由是人与神圣之间的联结，但是作为在理性王国中有限与无限之间的辩证统一的中介。自由对雅可比而言就是赤裸裸的实际性，一种不能够被理性捕捉的也不会丢失的馈赠/礼物。而对黑格尔来说，自由就是精神的理性实践，更准确地说是某人在其他人那里、在社会中的一种存在。谢林的自由观念可以看作对雅可比和黑格尔二者的回应。为了反对雅可比，谢林意图构建自由的体系，准确地说，这种体系正是被雅可比诊断为"德国观念论的虚无主义"的东西。不同于黑格尔的那种基于理性中介观念的自由体系，他试图在存在论层面上建基人类的自由，保留了雅可比关于自由的前理论的实际性的见识。从存在论出发讨论人类自由的本质，正是海德格尔的基本立场。

谢林、黑格尔和荷尔德林三位好友曾在大学期间同时将赫拉克利特的箴言"一是一切"作为自己的座右铭。在海德格尔看来，按泛神论的形式含义来看，泛神论说的就是一切都存在于同神的关联中，一切存在者都关联于存在者之根据而存在。也就是说，一切存在者、一切事物都存在于神之内。人们把这种在神之内的内在存在和内在根据称为"内在性"。谢林说："因为这一点无论如何也是不可否认的，即，如果泛神论所标示的不是别的，而正是事物在神之内的

---

① 黑格尔. 黑格尔著作集：第3卷 [M]. 先刚, 译. 北京：人民出版社 2015：117.

内在性学说，那么任何一种意义上的理性观点都必然被引向这一学说。但正是泛神论的意义在这一点上产生了分别。"① 谢林认为，泛神论总是与宿命论联系在一起，这是不可否认的，但同时也有许多"最富有生气的自由感"导致了以泛神论的方式来解释存在者。海德格尔指出，谢林的决定性思想是，对人类自由最源初的感觉，恰恰首先且同时使得一种对一体性源初的感觉被获得，这种一体性乃是一切在其根据中且出于此根据的存在者的一体性。简言之，对自由的感觉在自身中就已包含了某一种对存在者之整体的先行把握。因此，在谢林这里，自由必然是"体系的中心点之一"，由此而来，对自由最为源初的、最为真挚的感觉恰恰要求着泛神论。

谢林要在自由与泛神论之间构建一体性，既符合泛神论"一即一切"的含义，也暗示了自由对存在者整体的先行把握。他说："除了将人类连同其自由都救渡到神性的存在物中（因为与全能相对立的自由是不可设想的），或者说人类并非外在于神，而是在神之内，或者说人类的行动本身也一道属于神的生命，除此之外，还有别的道路吗？"② 他认为，只要我们真诚地去思考，神（全能）要求人类无条件的不自由，而人类自由之所以称为自由，也是无条件的我能，对这种对立的消除，除了认识到人类并非与神并列或者在神之外，而是属于神而存在，除了认识到只有当人类以某种方式归属于神（原存在物），即在它之内存在，在这里还有什么其他出路吗？而这种事物在神之内的内在性，也就是泛神论。海德格尔解释说，人类的自由感愈是真挚，他愈是经验到自身是存在着的，那么他也就愈不可能在存在者整体之外被设定为无关紧要之物，内在于这一存在者整体中也就愈是必然，泛神论也就愈是必然。人类的自由本质上也是某物无条件之物，但作为人类的自由，它是某种有限者，所以，人类自由的概念实际上蕴含着一个关于有限的无条件性问题。谢林的意图是要表明，泛神论并不必然导向对自由的否认，相反，对自由的源初经验要求着泛神论。

海德格尔从两个方面阐释了谢林关于自由与泛神论的一体性论证：

（1）为什么得到恰当理解的自由要求泛神论

从自由出发，对人类自由最鲜活的感觉要求人类归属于存在者整体的根据，即要求设定泛神论。谢林指出，迄今为止，所有体系都没有真正设定自由，因为它们尚且不能将自由"真正的""形式的概念"构造起来。首先做到这些的

---

① 海德格尔. 谢林：论人类自由的本质[M]. 王丁，李阳，译. 北京：商务印书馆，2018：132.
② 海德格尔. 谢林：论人类自由的本质[M]. 王丁，李阳，译. 北京：商务印书馆，2018：134.

是康德和观念论。按照观念论的观点，自由存在意味着，处在一切自然的因果链之外，且仍是原因和根据，并因此立于自身之中。海德格尔解释说，即便是自立性也没有穷尽自由之本质，唯当自立性被把握为自身规定（在自由人自身从他自身出发给出本己本质之法则的意义上）时才是如此。所以，对真正自由之本质的界定必然依赖于对人类之本质的规定，反之亦然。德国观念论给出了真正意义上的自由，亦即自由的形式概念："自立性作为在本己的本质法则中的独立性。"① 在谢林看来，在一切新近的体系中，在莱布尼茨式的体系中，同样也在斯宾诺莎式的体系中，都缺乏"真正的自由概念"，但是莱布尼茨的体系以及相应的那些前康德体系，无疑都不能被思考为泛神论-宿命论体系。也就是说，自由与泛神论不在一个同一性之中，若必须讨论自由与泛神论的同一性问题，那么，就进入了自由体系之可能性问题中，这是一个存在论问题，乃是对存在的根本规定。海德格尔评价说，谢林《自由论文》的真正形而上学成就是为一种源初的存在概念提供根据，用谢林的话说，就是为处在某种更为源初的"系词"之中的绝对同一性提供更为源初的根据。在谢林看来，存在论问题是神学的本质问题，自由体系的可能性问题必须按照同一性原则来思考，因此不能忽略系词是的意义。谢林明确指出，同一性不能误解为一样性，当我们说"这个物体是蓝色的"，并不是说这个物体与蓝色是一样的，而是说同一事物在一种眼光中是物体，在另一种眼光中是蓝色。当我们说"泛神论承认自由"或"自由的体系是可能的"，我们并没有言说主词与谓词的一样性，而是它们的共属一体性，不同东西在纯一者中的共属一体性，也就是一种对立之间的一体性。同一性并不会通过拉平它们的差异来消除对立。"恰当的同一性概念意指着不同的东西在纯一者中源初的共属一体性，这个纯一者在此之际同时是不同的东西的可能性之根据。"② 在此意义上，"神是一切"的泛神论命题就通过系词"是"揭示出神与一切的一体性关系。谢林通过将人类设定在神之内，也就是设定成一同归属于"神的生命"，回答了为什么得到恰当理解的自由要求泛神论——自由要求神之内的内在性，因此要求泛神论。

谢林能够克服泛神论是宿命论的窠臼，超越斯宾诺莎主义，德国本土神秘主义的思想影响至关重要。很多学者都认识到，谢林存在-神学的思想资源直接来自波墨和埃克哈特大师理智论的神秘主义。谢林利用波墨和埃克哈特大师关

---

① 海德格尔. 谢林：论人类自由的本质 [M]. 王丁，李阳，译. 北京：商务印书馆，2018：163.

② 海德格尔. 谢林：论人类自由的本质 [M]. 王丁，李阳，译. 北京：商务印书馆，2018：153-154.

于"无""无根据""流溢"思想，尤其是波墨关于三位一体的"自我分裂""自身启示"的神概念，区分了神的实存与存在的根据，克服了斯宾诺莎的"自因"概念。谢林说："我们时代的自然哲学头一次在科学中确立了下述两者间的区分，即那个就其实存着而言的存在物，和就其纯然是实存之根据而言的存在物。"① 实存与根据的区分最为明确地脱离了斯宾诺莎的道路，如果按照谢林所言，在每一"存在物"身上，它的实存和实存的根据都必须被区分开，那么神作为"自因"，祂就是祂自己的根据，这种区分又是如何发生的？谢林认为，根据在"自因"这类说法里，只是作为概念被意指，根本就没有尝试去规定"根据"所含有的实事内容的本质，没有说明这个根据以何种方式是根据。海德格尔指出，这就意味着要说明神"从何而来"、神"往何处去"，也就是说，"这是一个生成着的神！"② 而从某一现成之物的在场状态上对存在者的规定已经不足以把握这个存在了。因此，"'实存'从一开始就被理解为'从自身中走出'，自行敞开，以及在自行敞开化中走向自身，并凭借着这一发生依于自身'存在'，并以此方式才在自身中'存在'，并自行'是'自身。神作为实存，说的就是，实存着的神乃是那个在自身中就具有历史性的神"③。实存与根据区分的发生因此是神自身分裂和启示出来的，神作为实存者乃是绝对的神，或称为它自身的神，神就是其根据，神之中的根据在神之中，但并不真正是神自身的东西，而是神为了自身存在的根据。谢林将这一根据称为神之中的自然。神的实存乃是一种从自身出发的向着自身的生成，一般而言，生成意味着有限，人们习惯于用时间来衡量每个过程和一切生成。海德格尔指出，我们不能够用时间性来把握神的生成，在神的生成中，一切都是"同时的"，神的生成是永恒者的生成，永恒性作为最原初的时间性，这个瞬间，就"是"永恒的本质。根据与实存也应当在这种原初生成性的一体性中来理解，而不是以一种"逻辑"的思惟将其固定、分立，逻辑的思惟必然让神的生成陷入矛盾。

在海德格尔看来，根据与实存共属一体，正是这个共属一体性才使得它们的分离和斗争成为可能，而斗争又会往上构成一种更高的和睦。实际上，在神之内实存与存在根据的区分和斗争，神走出自身，意味着一种"创世"。这种

---

① 海德格尔.谢林：论人类自由的本质［M］.王丁，李阳，译.北京：商务印书馆，2018：213.

② 海德格尔.谢林：论人类自由的本质［M］.王丁，李阳，译.北京：商务印书馆，2018：218.

③ 海德格尔.谢林：论人类自由的本质［M］.王丁，李阳，译.北京：商务印书馆，2018：218.

"创世"既意味着神的永恒生成,也意味着事物在神之内,却并非在神自身之内生成,而是在神之内的根据中生成,从而具有神性。事物既与神有别,同时又在神之中本现的根据上。谢林说,通过"永恒的渴望",神在与其根据的同一性中实存,神自身的启示,一方面表达着神释放出(absolviert)其存在的内在历史并依此而是"绝对的"(absolut)渴望、冲动和原意志,另一方面表达着神的创世:自然、人、精神。神以不同的级次将自身启示为自然与精神,因此谢林主张自然也有精神,人也是自然。在人这一神启示自身的级次上,人的自由揭示着神的理智和意志。可见,谢林排斥宿命论的理论成果不仅仅是拯救性地恢复了斯宾诺莎的泛神论,更重要的是恢复了德意志本土文化的传统,这也是海德格尔将其《自由论文》推崇为德国观念论形而上学的顶峰,是"稀世罕见之作"的原因。

(2)为什么得到恰当理解的泛神论要求自由

按照泛神论立场,神作为一切存在者的唯一来源,在神之内必然存在着一些不是神自身的东西。自由(恶)起源于神,也只能从其"在神之内不是神自身的东西"来理解。谢林沿着这条泛神论路线前进,并且在这个方向上,设想了自由的体系之可能性。关于泛神论诸命题——"一切是神"以及"个别事物是神",已经自己表明为"愚昧的",因为在这些命题和阐释中,神的本质被销毁了。唯剩下"神是一切"命题,这个命题所表达的神与一切的同一性,我们已知道,不能理解为一样性,而是共属一体性。按照谢林一再强调的泛神论概念,泛神论是关于一切事物在神之内的存驻和内包存在的学说,事物在神之内的这种内含性存在在任何情况下都将事物对神的任何一种依赖性包括在自己之内。因此,存在者对神的依赖性就凭此泛神论概念得到了设定,在这种概念的设定下,泛神论不仅应当容许自由,而且还应当要求自由。也就是说,依赖于神而存在的存在者在其自身中、在其存在中是自由的,凭借其本质是独立的。通过谢林的这种改造,现在,泛神论问题对准了在存在者整体中的人类自由之可能性的问题,而这在海德格尔看来,首先涉及存在者整体的绝对根据,即神。关于被恰当理解的泛神论要求自由的论题说的是:神"是"人。

对神的依赖性,亦即对存在者整体的绝对根据的依赖性,就其依赖于根据而言,人类只是作为根据的后果,作为后果而存在,完完全全不是那个被要求的东西,而是作为一个立于自身者的自由者。从这一视点出发,对根据的依赖性包容着根据之后果的独立性。海德格尔举例说明,就像对于存在一个儿子这件事,需要一个父亲,然而这个依赖者,儿子,并不因此而需要是那个根据所是的东西,父亲。可见,如果神是根据,并且神作为根据既不是某种机械也不是某种机械性原因，而是有创造性的生命，那么，由它所导致的东西自身就不可能是纯然的机械；如果作为根据的神在由它所建基者中自行敞开，那么神就只能在此之中自行敞开。依赖者必须自身就是一个在其自身之中自由行动者。

在人这一神自身启示的级次上，人的精神之自由既是神自由意志的体现，更是人私己意志产生的源泉（恶的产生），也就是人自身的自由，尽管这种自由是有限的，但它已经有了突破神甚至是杀死神的可能性。谢林将人视为神在历史中借以启示祂自身的"自由的演员"，人作为神启示自身的重要中介，必须是自由的。同时，这种自由也意味着为恶的可能性——黑暗的力量、私己意志——是人的生命之保值增殖的本能冲动和渴望。海德格尔认为："恶作为人类自由的本质可能性乃是人类存在的一种本质性样式。人类作为与神相分离的，进而具有私己意志的精神，乃是神在其中将自身启示为永恒精神的存在者。"[①] 理解恶的起源，也就理解了人的自由和本质，恶的根据实际上就是人类自由的根据，恶乃是人类自由-存在的一种方式。谢林通过神的自我分裂和自身启示，超越了斯宾诺莎的泛神论，实现了泛神论与自由的和解。从此以后，泛神论中必然与自由的对立，就转变为作为唯一且至高的必然性的神中的必然性与人类自由的对立。在双重意义上他所构建的"恶的形而上学"将人类自由和本质的讨论推向了德国观念论所能达到的顶峰：一方面，基督教神学教义发生了改变，对存在的经验方式也随之发生改变；另一方面，德意志本土意识得到恢复。海德格尔说，这种思想姿态发端于埃克哈特大师，并且在雅各布·波墨那里得到了一种别具一格的展开。到了德国观念论这里，谢林说，我们必须以人的方式来努力理解神之中的根据，神在人类中的自身启示所涉及的正是神作为实存者的本质和存在，从而将这种思想姿态带入一个新的起点和全面的境界。

谢林根据与实存的区分是其自由学说和存在学说的枢纽。海德格尔认为，在谢林那里，若没有一种关于存在的充分概念和对存在者的充分源初的基本经验，那么，我们在自由和自由体系的整个问题中将会寸步难行。他指出，谢林试图在存在者的存在中思考存在者。正如我们之前看到的，这个存在就是意志。不过，由于谢林的泛神论立场，他对根据与实存的区分主要指向是神的存在。神实存的根据或者说神中的自然作为可区分之物片刻也没有离开过神，根据是神的自身-启示、世界与人类的创造，以及恶的可能性之基础。因此，根据的最基本特征是它对存在的一种清晰可辨的渴望：根据渴望显化为实存的神，它渴

---

① 海德格尔. 谢林：论人类自由的本质 [M]. 王丁，李阳，译. 北京：商务印书馆，2018：241.

望实现存在。但是,谢林的泛神论立场也导致他最终拒绝将体系与神统一起来,在神的理解中有一个体系,但神自身不是体系,而是永恒的生成。只承认体系仅在神的理解中,就意味着仅将实存原则赋予体系,另一个原则,即根据,则被排除在体系之外。海德格尔指出,根据不在体系中,按照存在者整体,体系就不再是体系了,这一立场阻碍了谢林后期的思辨,并导致其在存在论上的失败。

谢林和海德格尔都敏锐地意识到恶的问题的独特重要性,都对其本质进行了反思:谢林具有德国观念论的所有确定性和思辨性的特征,海德格尔与众不同的思惟方式则带着全部的难以捉摸和谨慎。与谢林讨论自由的本质与恶的起源的一体性不同,海德格尔将自由与存在真理关联在一起,海德格尔的自由因此也与自由意志没有关系,它单纯意味着让-存在、存在之疏朗,"存在之疏朗允诺着通向存在的切近处。在此切近处,在'此'(Da)的疏朗中,居住着作为绽出地生存者的人"[①]。

第三节 谢林观念论的立场和地位

一般认为,黑格尔是德国观念论最突出的代表,在海德格尔与德国观念论的争辩中,黑格尔更是占有突出的地位,即便如此,谢林与海德格尔的亲缘性也不容忽视。在海德格尔眼中,谢林具有独特的地位,是真正值得仔细研究并富有创造性思想的观念论者。在德国古典哲学神圣家族中,除了康德曾一度成为海德格尔此在的基础存在论的一个"前辈",单论谢林与黑格尔在海德格尔哲学中的意义,显然海德格尔的哲学思想更亲近谢林,只不过黑格尔作为存在历史上的一个关键环节,代表着主体性形而上学的终结,构成海德格尔思想争辩的主要对象,才在海德格尔对传统形而上学的解构文本中频繁出现。在《形而上学之克服》中,海德格尔认为康德的先验哲学构成了存在论的现代形态——认识论,而黑格尔的作为精神之意志的绝对知识的形而上学属于形而上学之完成的开始,在形而上学走向完成的过程中,他曾提到像谢林的《论人类自由的本质》是早期的"一击",不过,当德国观念论的终结经过新康德主义的拯救最终走向"实证主义哲学"表明,谢林的那"一击"也不是致命的一击。海德格尔认为,从哲学的本质规定性存在-神学而言,德国观念论把握为哲学的那个东

[①] 海德格尔. 路标 [M]. 孙周兴, 译. 北京: 商务印书馆, 2000: 398.

西，只是某种顺着一个方向思考到底的康德的概念。思考到底意味着从根基出发，更源始地认识和表述一种在对它的先行勾勒中被先行勾勒出来的整体（绝对）。海德格尔将这种先行勾勒出来的整体（绝对）总结为以下几点：

①绝对者"之"认知有双重含义。

②绝对者既不是"客体"也不是"主体"。

③这种绝对认知乃是真正的认知，存在在其中走向自身。

④历史自身成为这种绝对认知通向自身的一条道路。

海德格尔总结说，如果康德的体系思想可以被概括为"人类理性的目的论"，那么，德国观念论对哲学的基本看法就是"绝对者的智性直观"。海德格尔因此称哲学作为绝对者的智性直观是德国观念论中的新发端，通过这个命题可以认清德国观念论在体系问题上已经以不同于康德的方式发生了改变。建立于绝对者的智性直观基础之上的哲学的一切命题——作为关于存在和存在者之本质的命题——都是辩证的。绝对观念论哲学指引着对属于它自己的辩证法的发展和扩张。在谢林这里，存在首次被理解为有意志的，"意愿就是原存在"，这就是说，"源初的存在就是意愿"①。照一般的表达方式，是精神性的，但要指出的是，精神还不是最高的东西，"……它仅仅是精神，或者说爱的气息"②。谢林把形而上学意义上的"爱"把握为作为不同物的共属一体的同一性最内在的本质。如此被理解的"爱"就是纽带和系词、"是"和存在这些东西的本质。通过这个纽带，根据和实存的源初一体性也就越发强烈地凸显出来，被谢林称为"灵魂"，"灵魂乃是那种根据与实存的一体性"③。在海德格尔看来，由此，谢林开启了对存在本身进行一种更为源初的理解的可能性的前景，这一前景的目标乃是对立于"机械的"思惟方式的"更高的思惟方式"。谢林把这一发展苗头称为"德意志精神发展史上的一个引人注意的现象"④，并将其归于"德意志性情"对机械论思惟方式的抵抗。当然，德意志哲学并没有停留在雅可比所诉诸的"内心、内感觉和信仰"之上，而是投入了"观念论的更高的光芒"中，即一种更为严格的思想中，并且在那样一种观念论中赢得了统治地位，从

---

① 海德格尔. 谢林：论人类自由的本质 [M]. 王丁，李阳，译. 北京：商务印书馆，2018：185.

② 海德格尔. 谢林：论人类自由的本质 [M]. 王丁，李阳，译. 北京：商务印书馆，2018：174.

③ 海德格尔. 谢林：论人类自由的本质 [M]. 王丁，李阳，译. 北京：商务印书馆，2018：265.

④ 海德格尔. 谢林：论人类自由的本质 [M]. 王丁，李阳，译. 北京：商务印书馆，2018：174.

此人们也把那种观念论称为德意志观念论。①

海德格尔评价说:"作为体系的观念论通过费希特的知识学得到了奠定,通过谢林的自然哲学得到了本质性的补充,通过他的先验观念论体系被提升到一个更高的阶段,最终则通过他的同一体系得到完成,并通过黑格尔的《精神现象学》在一种自成一体的进程中特别地得到了论证。"② 按照这一评价,德国观念论体系是在谢林手中完成的,谢林观念论体系意味着一种创世神学,而这种创世是绝对者从自身中走出,生成为绝对者自身的运动。绝对者意愿从根据出发走向自身,绝对者作为意愿其开端样态是渴望的激动,带来激发、分离、塑造、提升和阶次化,最终神瞥见了作为被寻求者的自己,认识到自己就是绝对者。黑格尔的"精神现象学"所揭示的理性通过自身中介运动最终认识到自己是精神,就是谢林体系的进一步论证,在此意义上我们当然也可以把黑格尔的理性辩证法看作一种创世而归属于谢林的存在-神学。从存在-神学的视点出发,谢林的自由体系达到了"德国观念论形而上学的顶峰"③,"是那些异常稀罕的著作之一","谢林是德意志哲学的这整个时期中真正具有创造性并且跨度最大的思想家。他是如此具有创造性且具有如此大的跨度,以至于他推动德意志观念论从内部超出其本己的基本立场"④。

观念论是自由体系,谢林由此把他的哲学的地基移置到了一个更为深刻的根据之上。他认为,观念论在哪里把自己构造为体系,它就在哪里已经把自己表达为自由的体系了。只不过在《自由论文》中尚需进一步论证的是,观念论虽然目前已经达到了形式上的自由概念,并且真切地把自由的普遍本质认作在本己的本质法则中的独立性和自身规定,但观念论还没有在其事实性中来把握人类自由的事实。海德格尔说:"谢林尚没有把发问带到荷尔德林必已通过诗的方式将自己抛出并进入其中,以便终究可以因此越发地保持孤独的那个形而上

---

① 海德格尔. 谢林:论人类自由的本质 [M]. 王丁,李阳,译. 北京:商务印书馆,2018:175.
② 海德格尔. 谢林:论人类自由的本质 [M]. 王丁,李阳,译. 北京:商务印书馆,2018:176.
③ HEIDEGGER M. Die Metaphysik des deutschen Idealisimus: Zur erneuten Auslegung von Schellings: Philosophische Untersuhungen über das Wesen der menschlichen Freiheit und die damit zusammenhängenden Gegenstände (1809) [M]. Frankfurt am Mian: Vittorio Klostermann, 1991:1.
④ 海德格尔. 谢林:论人类自由的本质 [M]. 王丁,李阳,译. 北京:商务印书馆,2018:7.

学位置上。"① 海德格尔指出，谢林还停留在主体性的范围内，不过他完成了主体性并且预先展示出，在对主体性的完成中，主体性通过反转成了非本质（尼采）。为了支持这一判断，海德格尔插入了对观念论整个概念的历史考查。他说："观念论是这样一种哲学的基本观点，在其中，idea（理念）和对理念各式各异的看法规定着哲学的根本问题。"② 首先在柏拉图那里，idea（理念）意味着在观看中被看到的东西，即外观，成为对存在的一种根本规定，从此以后，观念论就是把存在之本质解释为"理念"，解释为一般存在者的被表象状态。西方哲学进入近代，理念对笛卡尔来说，就是表象。但所有的表象活动都是"我表象，我思想"，并且一切属于我的行为方式，甚至感受活动，都是广义上的表象活动，即思想。因此，从笛卡尔开始，作为"我思"的思想成了凌驾于存在之上的法庭、思想及 idea（理念）。观念论就是从思想出发在其本质中规定存在的学说，存在本质出于自我（主体）而被规定。准确地说，此后的观念论就意味着那种在其中自我，确切地说，是作为思想着的主体具有优先地位的关于存在的学说。康德作为一个关键人物出现在观念论中，在他的《实践理性批判》中，我们发现，"自我"的真正本质不是"我思"，而是"我行动"，我从本质的根据出发为我自身立法，我是自由的。从康德开始，自我作为"我表象"，作为 idea（理念），是从自由出发被理解的。因此，康德身后的德国观念论是自由的观念论，自由的观念论经由费希特成了体系。在这个体系中，一切根本上存在着的存在者，都是基于自我而有其存在的，但自我作为我思在源初层面上是设定、是行动，并且作为行动是本原行动，是自由。作为自由的我性乃是一切，甚至自然（非-我），就它存在而言，也是归属于我性的。

谢林同样从自由原则出发来把握自然，但他反对把一切存在者都消解在"我思""我设定"的"自我性"之中，反对这种把自然消灭在纯然的非-我中的做法，专门强调了自然的自立性，不过，谢林尽管试图将自然哲学从自我哲学中分离出来，但他作为观念论者也必须指出，自然不仅在与对它进行着设定的绝对自我的联系中是自我性的，甚至在自身之中也是自我性的，只不过自然还是尚未被展开的"自我"。自我性就是自由，自然的存在在其不同的区域和阶次中是自由的一种走向自身。费希特的命题"自我性是一切"必须通过对它的

---

① 海德格尔. 谢林：论人类自由的本质 [M]. 王丁，李阳，译. 北京：商务印书馆，2018：7.
② 海德格尔. 谢林：论人类自由的本质 [M]. 王丁，李阳，译. 北京：商务印书馆，2018：178.

倒转而得到补充。"一切存在者都是自我性",即自由,这样,一切存在者自在存在的本质都被规定为自由。自由在这里的含义就是自在,自由被规定为更为普遍的自在,使得观念论前进了一大步,笛卡尔的那种"我表象"的观念论变成了"我是自由的"更高等级的观念论,成为自由的观念论。

尽管康德在《实践理性批判》中率先提出了自我的本质是自由,从而开启了观念论从表象的观念论走向自由的观念论的契机,但在《纯粹理性批判》中,康德又曾明确主张,自在之物(物自身)的本质是不可认识的,又使得这一契机处于晦暗之中。后经费希特、谢林的努力,最终在黑格尔这里完满实现,德国观念论彻底将康德的自在之物消融到理念之中,而且,观念论与实在论的对立也一并被消解掉了。在海德格尔看来,实在论是这样一种哲学主张,即它对存在进行规定时,不宣称存在是自我性的、进行着表象的和自由的;存在者之为存在者是"无我的",它并非以进行表象的方式,而是以机械的方式在运作。存在者是不自由的,相反,它是机械性的强制。所以,观念论与实在论的对立是一种形而上学的对立,它涉及对存在本身的解释方式。观念论把存在者的存在解释为自我性的、有自由的;而实在论则解释为无我的、强制的和机械的。对观念论来说,实体即主体;对实在论来说,实体是一个纯然的"物"。从谢林对费希特的背离开始,实在论就被囊括进观念论哲学中。被谢林从费希特自我哲学中分离出来的"自然哲学",并不仅仅也并不首先意指对"自然"这一特殊领域的处理,甚至是物理学的处理,相反,"自然哲学"指的是从观念论的原则和立场出发,即从自由出发来把握自然,它进行把握的方式是,把自然的独立性还给自然。但这种独立性也不能仅仅在康德的意义上被设想为经验的客体,而是应该被设想为承载着一切存在者的根据(实存与存在根据的区分)。在此基础上,谢林最终建立了他的"同一哲学"。当然,谢林的观念论体系是自由的体系,这是根本和底色,最关键的洞见在于通过分析恶的起源亦即自由的起源揭示了人类的意志是神圣的,这种神圣意志的生命观与神的萌芽密切关联。"人类的意志:'神圣的生命观',隐藏在神永恒渴望的萌芽中。人的意志就是这种萌芽。"① 可以说,这种洞见的理论化将直接摧毁传统基督教神学。海德格尔总结说:"人:神的'形象''生命观''萌芽';通过他的行为,人是自由的,他自

---

① HEIDEGGER M. Die Metaphysik des deutschen Idealisimus: Zur erneuten Auslegung von Schellings: Philosophische Untersuhungen über das Wesen der menschlichen Freiheit und die damit zusammenhängenden Gegenstände (1809) [M]. Frankfurt am Mian: Vittorio Klostermann, 1991: 128.

己就是永恒的开端，甚至与受造物无关。"①

在海德格尔看来，谢林的观念论的概念，也就是把存在解释为自由存在，乃是自由的体系。理念被理解为自由，黑格尔也持此立场，在《逻辑学》中，他说，绝对理念就是"最高、最锋锐的顶峰……纯粹的人格，它唯一地通过那成为自己的本性的绝对辩证法，既把一切都包摄在自身之内，又因为它而使自身成为最自由的——仍保持着单纯性，这个单纯性是最初的直接性和普遍性"②。可见，自由存在亦即自在存在，意味着出于本己的本质法则而自行规定自身，存在本身就意味着：自在且自为地，即自依地存在，自行意愿自身，即全然的意愿。所以谢林才会指出，"意愿就是源初存在"，或者说，源初的存在就是意愿。海德格尔解释说："把存在把握为意愿就意味着，出于 idea（观念）把握存在，但并非仅仅把握为 idea（观念），因此就是以观念论的方式来把握它。"③ 这里有两个困难显示出来：（1）存在被把握为意愿，被把握为自由，自由概念藉此就被扩展为对一切存在者最为普遍的设定了。自由体系中关于存在之本质的问题，就成为一个存在论问题。同时带来的一个后果则是为了在这种宽泛和普遍的自由概念下追问人类的自由，即人类所特有的自由，就必须将其置于人类的本质规定中。（2）作为出于本质法则而独立地规定自身的自由，仅仅给出了自由的形式概念，即一般自由存在的方式，但人类的本质和本质法则还没有得到规定，也就是说，自由还没有把自己规定为人类的自由。海德格尔认为，从人类的本质来规定自由是观念论没有提出的问题，是观念论不再能够提出的问题，在这一点上，观念论达到了它的界限。因为观念论自己为了它本己的可能性，把人类概念预设为理性的自我，从而把一种对人类本质更为源初的基本经验排除在外了，也就无法足够本源地去展开存在本身的问题。这样，哲学的存在论和神学，即存在-神学与观念论体系一起成为问题。谢林重提人类自由的本质就是出于应对这两个问题，人类自由的本质问题必须超出观念论体系。他说："观念论一方面只提供了最为普遍的自由概念，另一方面提供了纯然形式的自由概念。但实在的和活生生的自由概念，它是一种善和恶的能力。这

---

① HEIDEGGER M. Die Metaphysik des deutschen Idealisimus: Zur erneuten Auslegung von Schellings: Philosophische Untersuhungen über das Wesen der menschlichen Freiheit und die damit zusammenhängenden Gegenstände (1809) [M]. Frankfurt am Mian: Vittorio Klostermann, 1991: 128.
② 海德格尔. 谢林：论人类自由的本质 [M]. 王丁，李阳，译. 北京：商务印书馆，2018：184-185.
③ 海德格尔. 谢林：论人类自由的本质 [M]. 王丁，李阳，译. 北京：商务印书馆，2018：185.

一点是整个自由学说中最深层次的困难所在,它向来就被感受到了,并且不仅是这个或那个体系,而或多或少是所有体系都遇到了困难。"① 谢林把恶与人类的自由本质地关联起来,而且,他对恶的讨论也不是在传统的道德领域,而是在存在论和神学框架中。所以,谢林恶的形而上学或恶的神学招致了普遍的批评,而且认为他已经完全偏离了德国观念论的道路,走向了神秘主义。不过,海德格尔则敏锐地看到,谢林所探究的恶,绝不能在纯粹道德领域中理解,剥除其神秘学外衣,是存在-神学领域中的基础问题,人类自由的本质问题暨关于恶的可能性和现实性问题就成为存在问题的一种转化,成为一种关于恶的形而上学,恶本身也一并决定了形而上学新的发端。

站在海德格尔的立场上,黑格尔就严重误读了谢林的《自由论文》,他说"这部论著只不过是在讨论一个特殊的问题"②。海德格尔指出,这不仅是一个错误的判词,而且谢林的这部论文在黑格尔的《逻辑学》出版之前就已经动摇了它。只要我们从一开始并且始终坚持从哲学的根本问题——存在问题出发来理解谢林的自由论文,那么我们就会理解为什么谢林无论如何都必定会因他自己的哲学而搁浅。回到《存在与时间》的立场上,海德格尔将谢林的存在问题理解为:

1. 谢林的存在概念与存在者的自身存在相关,因而在"主体性"的意义上思考自身性,即"自我性"。

2. 尽管如此,谢林的存在概念并不局限于人类,而是就像传统的存在概念一样,每一个"存在",即每一个存在者。这表明谢林接下来会以某种方式将每个存在者视为自身性和主体性意义上的"主体"。

3. 从历史上看,谢林的存在概念处于传统的存在概念与克尔凯郭尔的狭隘存在概念和"存在主义哲学"之间的中间位置;克尔凯郭尔根据德国观念论在概念上发展起来的"主体性"来思考人。

4. 谢林的存在概念,完全保留在西方同时也就是现代形而上学中,与《存在和时间》中所思考的存在概念没有任何关系。③

---

① 海德格尔. 谢林:论人类自由的本质 [M]. 王丁,李阳,译. 北京:商务印书馆,2018:188-189.
② 海德格尔. 谢林:论人类自由的本质 [M]. 王丁,李阳,译. 北京:商务印书馆,2018:190.
③ HEIDEGGER M. Die Metaphysik des deutschen Idealisimus: Zur erneuten Auslegung von Schellings: Philosophische Untersuhungen über das Wesen der menschlichen Freiheit und die damit zusammenhängenden Gegenstände (1809) [M]. Frankfurt am Mian: Vittorio Klostermann, 1991:75.

不过，海德格尔在这里说的"搁浅"并不是说谢林哲学因其错误而失败了，而是说因其主体性而终结。任何一种哲学都会命定"搁浅"，这种"搁浅"又成为新一种哲学的发端。谢林关于人类自由的本质论文就其内核而言乃是一种关于恶的形而上学，藉此一种全新的、本质性的推动力进入哲学关于存在的根本问题之中。通过谢林的分析，我们可以看到，谢林之前的各个体系，尤其是观念论，都没有能力在承认恶的现实性的同时去奠定一个真正的体系；而谢林通过他所确立的对人类自由本质的考察路径——恶的现实性，必定会更为源初地把握体系的规定性根据，即存在本身的本质，只有这样，恶在其最本己的存在中才会变得可理解，进而可以被嵌入体系，而自由的体系由之才会成为可能。而这正是海德格尔要解释这部自由论文的原因，以便赢得由此进入真正哲学的契机。

可见，无论是对康德还是对德国观念论者的解读，海德格尔的策略都是对其解读文本的内涵或进行存在论的翻转或对置或争辩，以服务于他对本真存在的追问。具体到对谢林的解释，海德格尔的解释又体现了两个不同的特征：第一，谢林对自由本质的探究是被驱策的，就像是冥冥之中有事关事实本身的某种东西驱策着探究超出了作为它们引力中心的人类。无论是笛卡尔的自我，还是康德的先验主体，都不能从其自身必然的开端出发开展本质的探究。谢林的立场证明了海德格尔的观点："只有当我们此在之处境成为对关于存在整体之问题的真正急需时，我们才算是在做哲学。"① 这种急需是什么？答案已经通过黑格尔的误读部分地揭示出来了，海德格尔说，黑格尔没有看到自由"对谢林来说可不是什么单个的论题，相反，自由被思想和开展为整体的本质根基，整个哲学新的根基"②。一旦人类自由的问题成为本真存在本性的问题，那么，急需就只能从超出人类的视野来获得理解，"因为它问至存有之整体中，所以我们绝不可能在这部论著之外谋得这样一种东西，即从它出发，'为什么要讨论这部对自由的探究'这个问题还可以另外得到特别的论证；因为关于存有整体的问题的充分格局就在于存有本身，并且只在于存有本身。但人不可能把自己从存有整体中抽离出来。因为只有当人持立于存在者整体之中并持守住这一持立时，

---

① 海德格尔. 谢林：论人类自由的本质 [M]. 王丁，李阳，译. 北京：商务印书馆，2018：20.
② 海德格尔. 谢林：论人类自由的本质 [M]. 王丁，李阳，译. 北京：商务印书馆，2018：23.

他才是其所是"①。

海德格尔对谢林解读的第二个主要特征是对体系特征的把握。从体系到辩证法，是海德格尔解读德国观念论的一个主要视点。海德格尔把"体系"看作德国观念论哲学的决定性任务，在他看来，康德从理性之本质出发对体系概念进行了规定。"理性就是那个使得我们所有的知性行为'有体系性的'东西。理性使我们从一开始就在一切前来照面的东西那里'举目远眺'入一个根本联络的一体性。理性就是举目远眺入一种展望中的能力，是构造着视域的能力。所以理性本身不是别的，正是体系能力，并且其旨趣就在于，在有最高可能性的一体性中，凸显认识的最大可能的多样性。这一要求就是理性自身的本质。"②而谢林所面对的挑战则是克服体系与自由概念之间臆想的不相容。但是为了方便其理解存在之急需的更大程度的创造性转换，海德格尔必须确认并隔离谢林思想规划中的这部分内容，为此，他继续其早期作品就开始的对德国观念论的批评，并将其与主体确定性紧密关联起来。在其1936年的讲座中，他将纯粹思想的自我确定性以及它的正确性看作体系形式的一个条件。这样，他就拓展了他早期的考察，除了在康德或笛卡尔思想的极端版本中，还在德国观念论（费希特、谢林、黑格尔）中从自我意识中寻求到了主体的真正的现实性。康德出于理性的本质论证了体系的必要性，但同时也把体系遗留在了各种本质性的困难中，也就是说，一切都取决于体系问题，所以费希特、谢林、黑格尔最初发表的那些哲学著作都围绕着体系问题而展开。唯独谢林，其关于人类自由的本质问题是从恶的现实性出发，探讨了自由体系的可能性问题，第一次将自由与必然、自然与精神统一在一体性中。海德格尔高度评价了谢林的这一思想成果，并认为是哲学的新发端。

在海德格尔看来，谢林的自由体系是一种关于恶的形而上学，是对作为体系之根基的存在问题的奠基，与康德为形而上学建基的努力方向是一致的。对康德来说，一种作为对形而上学奠基的形而上学就是纯粹理性批判；对谢林来说，则是关于恶的形而上学。海德格尔敏锐地发现了康德与谢林之间的距离，以及在此期间，德国观念论中发生了什么变化。海德格尔说我们假设谢林的这部论文达到了德国观念论形而上学的顶峰，最早可以在完整的解释结束时或可

---

① 海德格尔. 谢林：论人类自由的本质 [M]. 王丁，李阳，译. 北京：商务印书馆，2018：17.

② 海德格尔. 谢林：论人类自由的本质 [M]. 王丁，李阳，译. 北京：商务印书馆，2018：73.

能只有在多次解释后才能认识到这一点,也就是说,只有当形而上学的所有基本规定在这篇论文中被揭示出来时,当从这篇自由论文中可以完全确定地提取西方所有形而上学的精髓时,我们才可以确认谢林的观念论地位和立场。另外,记得海德格尔曾计划写一本关于神秘主义的著作,这也许解释了海德格尔为什么将视线转向谢林的自由论文,无论是存在的急需还是被驱策,都使得海德格尔与谢林趣味相投。

第九章　海德格尔与黑格尔

第一节　"否定性"：海德格尔与黑格尔的争辩

黑格尔是海德格尔从思想的严格性上最严肃对待的德国观念论哲学家。从其思想的开端处，他就与黑格尔展开了思想家之间的对话和争辩，亦即作为形而上学的存在历史中的争辩。与早先对康德、费希特的解释不同，在与黑格尔的争辩中，海德格尔放弃了实际性的解释学视点，转换到作为形而上学的存在历史的视点。从此视点出发，不仅黑格尔作为存在历史的一个关键环节，康德、谢林甚至《存在与时间》在存在历史中都有其位置。

海德格尔在《尼采》讲座中首次探讨了形而上学的完成，这种完成是从黑格尔开始的。形而上学的完成意味着把存在者设置于存在之被离弃状态中。海德格尔说，自近代以来，在作为真理（veritas）的真理向确信（certitudo）的本质转变中，存在被预先规定为自身表象的被表象状态，而主体性的本质就在其中展开自己。康德的"我思"就意味着"我"把某物作为某物表象出来，因此对康德来说，存在是"纯粹设定"，存在就从希腊的无蔽、在场状态经持存性到现成在场，最终在德国观念论这里转变为一般主体、意志。这对谢林而言，是爱的意志；对黑格尔而言，则是作为绝对认识。在形而上学的完成中，现实性最后进入意志的本质中，因此海德格尔将尼采视为最后一个形而上学家，一个规定了形而上学之本质的形而上学家。

以作为形而上学的存在历史为视点，海德格尔思想中的核心问题——存在问题和虚无主义——也是德国观念论思想中的核心问题。这些主题自从被 F. H. 雅可比带入康德身后的德国观念论猛烈的哲学辩论中，从某种意义上说，直接决定了德国观念论的走向。首先，雅可比的论点为，思辨形而上学导致"虚无主义"；其次，雅可比使用"存有"（Seyn）这个术语来表达斯宾诺莎的一元论原则，即实体（substance）。对整个观念论-浪漫主义学派的挑战就是提出关于"存在"的一种理论或更严格地说是一种不是虚无主义的"体系"，这种挑战被黑格尔的体系强化。

　　自从海德格尔在《尼采》讲座中确立了作为形而上学的存在历史之视点后，《存在与时间》就被纳入存在历史中理解和修订，而作为形而上学之完成的起始的黑格尔，必然也立足于存在历史中。海德格尔与黑格尔的思想争辩也必然以存在历史或者说存在遗忘的历史为着眼点，即"着眼于黑格尔哲学之立足点的独一无二性而与之进行的争辩，同样也处于独一无二的前提条件之下"①。因此，这种争辩准确地说，更是思想家之间的对话，争辩既不是学术批评或"批判"，也不是为了追求一种"正确性"而展开的清算或清理活动。在黑格尔看来，他的哲学立足点是真正完成了的，而且他的哲学原则贯通一切领域（自然、艺术、法、国家、宗教）得到遵循和展现，海德格尔与其争辩，就是要与黑格尔的立足点和原则进行争辩。为了避免使这种争辩（思想家之间的对话）流于形式和空洞化，就必须切实获得较原始的立足点，而不是从外面强加给黑格尔的，海德格尔所选择的立足点是黑格尔哲学的基本规定——"否定性"（Negativität）。本节所依据的海德格尔文本（1938/1939 年，1941 年）并不能构成规范的论文或著作，更像是讲座要点摘要或讲座笔记。在这里我们要做的工作是通过这些摘要来整理海德格尔研究黑格尔的路径和立场，通过核心概念——否定性、存在、虚无、失-据、差别、变易——的整理，呈现海德格尔与黑格尔的争辩格局，揭示存在历史的黑格尔之否定环节。

　　海德格尔对黑格尔"否定性"的讨论分三步（三个环节）：

　　一是否定性：虚无，存在与虚无。"思考虚无意味着：经验存在之真理或经验存在者整体之急迫。思考虚无不是虚无主义，虚无主义的本质在于，通过徒劳无益地对存在者实施阴谋诡计［摆置］而遗忘存在。"② 在海德格尔看来，对存在追问或思考显然不能从存在者或者存在者的存在者性那里获得，而是要返回到存在真理那里去赢得存在，存在之真理作为存在的疏朗之境（Lichtung）——在"我在存在之光中把某物表-象为某物"的意义上，通过思考还未被把握的思想之统一的本质而被指明。疏朗之境作为深渊（Ab-grund）、失-据（赵卫国译）——虚无——不是一无所有，而是真正的要义之所在，即存在本身。至少

---

① 海德格尔. 黑格尔［M］. 赵卫国，译. 南京：南京大学出版社，2018：4.
② 海德格尔. 黑格尔［M］. 赵卫国，译. 南京：南京大学出版社，2018：13.

我们从这里可以确认一点，在海德格尔意义上，我们不能从根据、基础的意义上来理解存在和存在真理，存在意味着深渊，意味着虚无。

在海德格尔看来，黑格尔的"否定性"首先并不是通过"虚无"及其与"存在"的同一性来把握，因为这里没有"差别"，而是通过意识意识到自己的对立面，形成限制和阻碍实现的。然后在黑格尔的《逻辑学》中，纯存在被规定为"虚无"，这个虚无指的是"作为未-规定的、未-中介的东西，更准确地说：它是全然未-规定性和未-中介性"①。而存在者在黑格尔那里，无论如何都是被规定的或被中介的，因此存在者与存在是完全不同的，它们之间有差别：存在者是被规定的或被中介的，而存在是未被规定的或未被中介的。从未被规定的或未被中介的角度而言，虚无与存在没有差别，这种未被规定的或未被中介的存在本身就是虚无。存在者与存在的差别在黑格尔那里充其量只是最低级地"显示"出来，还没有作为海德格尔"存在论差异"（《存在与时间》）那样的一种差别凸显出来，差别必须从变易开始。

如果存在还是作为存在者的性质，比如，超验的先天之物的意义上，一切都内在于"认识"行为，内在于"仅仅"对于某物作为某物的表-象行为，那么，存在与虚无不但没有同一性，而且具有差别。在海德格尔看来，虚无从来不是简单现存的、不起作用的、无价值的、不存在者的意义上"虚无的东西"，虚无是存在本身的本质化，同样在存在论的层次上，存在在海德格尔这里，也不是作为存在者的性质被追问。传统形而上学追问存在实际上追问的是存在者的性质，亦即存在者之为存在者的根据。海德格尔提出的虚无作为存在本身的本质，显然与根据无关，恰恰相反，无之无化是根据之失去，是深渊，失-据。这样深渊、失-据恰恰呈现为虚无之急迫或无化之必然性的根据，在这里，存在、虚无、深渊、失-据就统一起来了，虚无就是作为失-据的存在之本质。因此，虽然黑格尔并没有通过虚无与存在的同一性来把握否定性，而是把否定性作为他的辩证法的关键环节、核心来把握，但这并不影响海德格尔对黑格尔否定性的理解和把握，着眼点恰恰是从存在与虚无的本质性关联出发，通过虚无与失-据的本质关联以及作为失-据的存在来把握的：作为失-据的存在就是虚无，而虚无之无化的"无"可理解为被否定性。因此，这里需要明确指出的是，黑格尔的纯存在作为无与海德格尔所强调的存在与虚无的本质关联并不是一回事。

二是否定性：意识的差别，存在与存在者之差别（存在论差异）。海德格尔

---

① 海德格尔. 黑格尔 [M]. 赵卫国，译. 南京：南京大学出版社，2018：17.

273

在阐明存在与虚无的本质关联之后,回到黑格尔的轨道上,从"意识的差别"出发对黑格尔的否定性进行阐释。他所思考的问题是:如果黑格尔的否定性的标志是意识的差别,那么,这个差别是否取决于作为本质的意识?或者说,差别作为标志是否被用以规定意识(主体-客体-关系)?或者说,两者是一回事以及为什么如此?进而他指出,存在者之存在者性自笛卡尔以来,本身就成了表-象活动,意识成为自身意识,因此不仅意识与意识对象之间的差别和对立构成黑格尔的否定,而且,上一个意识阶段和新产生的意识阶段也构成否定。

海德格尔紧扣黑格尔的"否定"与黑格尔形成对峙和争辩,不能不说是抓住了黑格尔意识辩证法的核心,这种对峙和争辩之所以构成思想家之间的对话,关键则在于海德格尔把黑格尔的否定性纳入自笛卡尔近代哲学以来的表象理论中进行争辩。他指出,如果将黑格尔的否定性理解为差别,那么这种差别就必须是在自我与对象的自行区别,主体-客体-关系,差别作为主体对客体的自行区别的意义上来理解。因为在黑格尔这里,意识概念就是作为我表-象某物——或者说"区别",他把这种表-象关系描画为差别了。海德格尔认为,对某物作为某物的表-象活动,这个"作为"是在差别的意义上使用的。这里的差别有两层含义:一是意识活动和意识对象的差别,一是意识对象是一个假象,必须产生新的意识对象来取代它。可见,在黑格尔那里,"意识和差别"与"同一和差别"是相提并论的。否定对黑格尔来说就是"差别",这种否定是对我思和对象运动着的东西而言的,因此这种否定就是意识本身,准确地说,这种否定就是意识活动,亦是客体化行为以及主体与客体的差异化活动。

海德格尔与黑格尔的争辩,与西方形而上学的争辩,实际上目的就是通过把自己置于黑格尔、西方形而上学中,以便在其中赢得一个特有的和唯一的位置。海德格尔与黑格尔的争辩所选择的着眼点是黑格尔的否定性,通过否定性,海德格尔所赢得的特有的和唯一的位置或东西是差别。否定性就是自行区别着的差别性,在黑格尔意义上是主体-客体-关系的差别,亦是意识本身,即思想本身、表-象本身。而对海德格尔来说,黑格尔的否定性更是存在者与存在的差别,从其存在论差异来理解黑格尔的否定性,从而与黑格尔形成存在历史环节上的争辩。

三是否定性:存在与变易。海德格尔从三个方面讨论黑格尔这一环节的否定性:(1)持存性之否定;(2)走向自身(Zu-sich-selbst-Kommen);(3)存在作为不变性。持存、自身、不变都是对实体的表达,黑格尔通过否定性的辩证运动,完成了精神实体即是主体的论证目标。黑格尔的绝对观念论虽然与康德的主观观念论自行区别开来,但本质上,二者都是我思的确定性,无条件的自我意识，都表达在黑格尔"实体即是主体"的命题中，"实体即主体"也是德国观念论的最高表达。

在海德格尔看来，黑格尔哲学的立足点是绝对本身，在《精神现象学》中，绝对既是出发点，也是终点；而在《逻辑学》中，绝对则是整体，是精神、绝对精神。海德格尔认为，如果"绝对"作为存在者整体则无须立足点，黑格尔的"绝对"实际上是作为绝对知识-绝对理念，本质上讲的是思想的无条件性。思想的无条件性要求"变易"，这种变易的本质是"我"思想，对黑格尔而言，这种变易就是起-变化，并首先是黑格尔的否定性（差别）。在《精神现象学》中是意识与意识对象的差别、意识对象与意识对象的差别，在《逻辑学》中则是存在与无之间的差别、本质与概念的差别。

黑格尔通过"实体即主体"的概念辩证法完成了巴门尼德最早提出的"存在与思想的同一"。在黑格尔这里，理念是思想对存在者的"言说"，思想亦是表象活动，在概念辩证法中，绝对即精神，精神即实体，最终落脚在主体性的确立上。因此，海德格尔指出，思想作为表象活动不仅是表-象着规定当时的存在者的践行方式，而且同时或首先为存在之本质的确定，先行给予了视界。如果说，存在是对于觉察活动或在觉察方面无遮蔽状态的在场性或持存性，而觉察又被规定为思想，那么，存在就是被思想性，"存在与思想的同一"就在黑格尔这里再次被确定下来。

通过以上的整理，我们应该可以看出，海德格尔与黑格尔在哪些地方形成了有效的争辩与对置：（1）海德格尔称为存在的东西，按照西方哲学的开端（希腊人的看法：在场者的完全在场，完满的在场性），对黑格尔来说意味着现实性，而理念的现实性即自然。黑格尔称为"存在"的东西，海德格尔称之为"对象性"，通过康德的影响和转送，存在者的存在（本质）作为范畴，在黑格尔这里就具有客观性。由此而来（2）黑格尔对存在（本质）的追问是作为关于存在者性质的问题，海德格尔是作为关于存在之真理的问题。存在作为存在者的性质被追问在德国观念论这里就是被表-象性，存在者性质作为被表-象性进而作为被表述的存在，因此称为范畴。在海德格尔看来，关于存在问题，存在之真理在黑格尔那里压根是没有被追问或不可追问的东西。（3）黑格尔从"绝对知识"即自我意识作为对象意识的那种知识起始，绝对知识就变成了真理的确定性。确定性意味着知道自己作为知识，成为对象之本己或对象性。真理在这里要作为先验的来理解，哲学的开端因此全然成为"空洞之物"。"实体即主体"，实体性即主体性（我思），存在是变易，亦即存在者的性质和思想，就符合其开端的立足点。海德格尔从存在之历史作为形而上学出发，具体而微地

275

探讨存在的历史及进展，以及形而上学的克服及进展，从而认为"直到德国观念论的完成，哲学仍然还是由其基本立场的不成问题性（确定性），以及对存在者之整体的普遍意图和说明来支撑和守护着（基督教信仰）。从此以后，尽管一切都还不顾多方变革而仍维持老的一套，但某种变化已经酝酿了——不被守护或不被支撑。思想的另外一种历史性开始了"①。海德格尔在期备思想的另一开端或历史性时，提出了思想作为践行形式和思想作为引线——"否定性"和"思想"作为形而上学地解释存在之引线——的统一，最初的开端（黑格尔）和终结（尼采）的统一，此-在与存在的守护与召唤之间的共同归属。

海德格尔最后一次与黑格尔的思想对话和争辩发生于1956/1957年冬季学期关于《黑格尔〈逻辑学〉》的讨论班练习课上，在结束课程的时候提出了其著名的形而上学的存在-神-逻辑学机制。在他看来，思想家之间的对话或争辩只能围绕着思想的实事来展开。对黑格尔来说，思想的实事乃是，思想之为思想，亦即绝对理念。黑格尔在《逻辑学》的结尾处说，"唯有绝对理念是存在，是不消逝的生命，是自知的真理并且是全部真理"②。绝对理念是"存在"，这里的"存在"已经凌驾于西方思想的整个实事之上，已经成为形而上学的唯一名称。海德格尔说："对黑格尔来说，存在首先意味着——但绝非仅仅意味着——'无规定的直接性'。"③ 无规定的直接性属于黑格尔《逻辑学》起点，而在《逻辑学》的终点，经过存在、本质概念的辩证运动，"存在乃是思想的绝对的自我思想"④，已成为有规定的直接性。

因此，我们也可以说，对黑格尔来说，思想之为思想也就是存在，存在作为思想的思想，它自我运动，并只有通过运动才能展开自己、实现自己。思想运动中各个已展开也必然未展开的存在形态（时代精神）就构成了黑格尔意义上的人类历史。同样地，对海德格尔来说，形而上学作为存在的历史，他与形而上学史上不同思想家的对话，也是为了展开被遮蔽的存在的不同形态。达尼尔 O. 达尔斯特伦评论说："当'黑格尔以思辨的-历史性的方式来思考存在者之存在'即把早已被思考的东西聚集（legein）为一种绝对之在场时，海德格尔

---

① 海德格尔. 黑格尔 [M]. 赵卫国，译. 南京：南京大学出版社，2018：48.
② 海德格尔. 同一与差异 [M]. 孙周兴，陈小文，余明锋，译. 北京：商务印书馆，2011：49.
③ 海德格尔. 同一与差异 [M]. 孙周兴，陈小文，余明锋，译. 北京：商务印书馆，2011：49.
④ 海德格尔. 同一与差异 [M]. 孙周兴，陈小文，余明锋，译. 北京：商务印书馆，2011：49.

则专注于沉思那些尚未被思的东西。"① 虽然黑格尔与海德格尔与先前思想家的对话是围绕着同一个思想的实事而展开，但黑格尔与先前思想家对话的尺度与海德格尔与先前思想家对话的尺度有差异，同一不是相同，同一中显示着差异，所以，海德格尔要问同一思想实事，对黑格尔和他而言，是何种差异化实事？与思想史的对话尺度是何种差异化尺度？这种对话的特征又是何种差异化特征？

关于第一个问题，按照海德格尔的解释，伟大的思想家都在思考同一个问题，同一中又显现出差异，通过思想的实事，就可以显现海德格尔与黑格尔的差异："对黑格尔来说，思想的实事乃是——鉴于绝对思想中并作为这种绝对思想的存在者的所思状态来看的存在。"对海德格尔来说，"思想的实事是同一东西，因而就是存在，但这是就存在与存在者的差异而言的存在"②。也就是说，在黑格尔那里，思想的实事指作为绝对的观念；在海德格尔这里，思想的实事指作为差异的差异。希腊人通过存在经验而获得的在场性、敞开性，在黑格尔这里被规定为绝对的主体性了；而海德格尔的意图恰恰要通过拯救性恢复希腊人的经验，通过凸显存在论差异，揭示出存在的被遗忘状态。

关于第二个问题，海德格尔指出，与黑格尔的对话尺度，是一种争辩，它要求进入黑格尔辩证法体系所呈现的力量和划定的范围之中，它因此也规定了与哲学史对话的尺度。为了说明黑格尔体系的力量和范围，海德格尔重点介绍了两位思想家：斯宾诺莎和康德。从斯宾诺莎那里，黑格尔看到了已完成的"实体的观点"，只不过"实体"尚没有被从根本上思考为自我思想着的思想。黑格尔从康德关于统觉的源始综合统一中看到了"思辨发展的最深刻的原则之一"。对海德格尔来说，与思想家对话的尺度与黑格尔是同一的，也要进入早先思想的力量之中，但海德格尔不是进入已被思的东西中，而是进入一种尚未被思的东西中寻求思想的力量。因此，海德格尔无论是对柏拉图的解释还是对康德的解释，都力求通过现象学的解释学显示出柏拉图或康德想说而未说出的东西。同样地，在与德国观念的争辩中，海德格尔也是力求从德国观念论已被思的东西中揭示出未被思的东西。黑格尔哲学在海德格尔的思想争辩中因此成为西方形而上学作为存在历史遗忘存在的典型。海德格尔争辩说，在黑格尔的讨论中起决定性的但尚未被思的东西是疏朗之境，在其中存在者显现出来，疏朗

---

① DAHLSTROM D O. Heidegger and GermanIdealism. A Companion to Heidegger [D]. Edited by Hubert L. Dreyfus and Mark A. Wrathall. Malden, Oxford: Blackwell Publishing Ltd, 2005: 78.

② 海德格尔. 同一与差异 [M]. 孙周兴，陈小文，余明锋，译. 北京：商务印书馆，2011: 52.

之境本身不能被任何实体解释或以任何实体为基础,而且实际上,疏朗之境根本就不是实体。这个疏朗之境是"无,但不是空无(无之无化)……作为根据的深渊……事件"①——所有转喻都是为了表达海德格尔通过"存在"所理解的东西。

关于第三个问题,对黑格尔来说,与先前的哲学史的对话具有扬弃的特征,因为哲学作为时代精神,本身就构成了精神自我展开的一个环节;而对海德格尔来说,与思想史的对话特征则是实施返回步伐,返回到前苏格拉底思想家那里寻求希腊人对存在的源初经验。海德格尔评价说:"扬弃引向被绝对地设定的真理的提高着-聚集着的区域,而这种真理乃是在自知的知识的被完全展开了的确定性意义上的真理。返回步伐指向那个迄今为止被越过了(被遗忘了)的领域,由此领域而来,真理(在疏朗之保证的意义上)之本质才首先成为大可一思。"② 与思想家对话,对海德格尔来说就是实施返回步伐,返回到思想的事实本身,即返回到存在面前,亦即在实事中被遮蔽的差异——存在与存在者之间的差异。

在西方哲学史上,能够把哲学史作为哲学活动本身,能够通过与以往哲学家展开对话,并将以往哲学家已经思及的东西作为哲学史的一个环节或更具体地说,意识/存在各个阶段上的不同形态的哲学家,唯有黑格尔和海德格尔。与以往思想家的争辩与对话,是黑格尔与海德格尔同一的东西,同一中显示的差异则在于黑格尔把以往哲学家已被思的东西看作绝对精神自我展开、自我实现运动中的一个个必经环节;而海德格尔则从以往哲学家已被思及的东西中——存在者层面上的一个个存在形态——发现了已被遮蔽和遗忘了的存在问题。对海德格尔来说,这里有待思的被遗忘状态,是从遮蔽方面被思考的差异本身的遮蔽,被遗忘状态被归属于存在论差异,而差异也被归属于遗忘状态,可见,存在问题被遗忘,不是人类思想的某种健忘,也不是以往思想家的故意遗漏,存在之遗忘状态更多的是由于存在自身的自行隐匿。

虽然海德格尔一生都在关注德国观念论,并从中汲取思想资源,但他对费希特的关注只停留于此在的生存论分析阶段(《存在与时间》),而对康德和黑格尔的关注则是贯彻始终的,尤其是黑格尔,可以说,伴随着他的思想历程,越到后期,海德格尔越是重视黑格尔。一方面海德格尔批评黑格尔,他依然是

---

① 海德格尔. 黑格尔[M]. 赵卫国,译. 南京:南京大学出版社,2018:40.
② 海德格尔. 同一与差异[M]. 孙周兴,陈小文,余明锋,译. 北京:商务印书馆,2011:54.

停留在传统形而上学的领域内来讨论存在、精神、历史,也就是说,依然以概念、逻辑的尺度来把握存在,从而遗忘了存在;另一方面海德格尔又敏锐地洞察到他以时间框架来把握存在的努力在很多方面都与黑格尔的意识经验高度契合,黑格尔在其逻辑框架中走得足够远,已经触及了存在与时间的问题、精神与历史的问题等。

第二节 "意识经验的科学"

《精神现象学》是黑格尔的早期作品,虽然到了"百科全书"时期在其哲学全书体系中不再是主要构成部件,但这部著作在黑格尔哲学体系中是独一无二的,根据海德格尔形而上学作为存在历史的解释学视点,在某种特别的意义上是形而上学历史的特殊时刻。海德格尔通过这部"著作"所指的不是作为某个叫黑格尔的哲学家的思想上的成就,而是作为一段历史之事件的"工作"。

海德格尔认为,在黑格尔的哲学体系中,现象学-体系在任何时候,都在一种明确和必然的意义上,为后来的哲学全书-体系奠定基础。更确切地说,为它开辟空间、维度和扩展领域。不过,从现象学-体系到哲学全书-体系的转变,或者说,现象学被取消了作为哲学全书体系之奠基部分的资格,标志着体系的真正开始,从逻辑学开始,它才是唯一合适的开端,"因为绝对知识的体系,如果它正确领会自身的话,就必须绝对地开始"[1]。这种转变因此也表明黑格尔的形而上学基本结构的决定性回转:"最初隐藏或封闭着的宇宙万物之本质,本身无力对抗认识的勇气,它必然要在其面前显现出来,并将其广度和深度摆到认识眼前以供享受。"[2] "绝对"依其本性不可能抗拒展现活动,而是它本身就想要展开。这种自我展开的意愿是它的本性,显现是精神的本质意愿。对"绝对"的这种本质规定是哲学全书-体系的前提条件,而对这个前提条件的论证,即是对绝对的这种意愿显示、展开之本质的论证,是在《精神现象学》中完成的。"如果绝对想要展开是由于其本身就有显现的意愿的话,那么,这种自行展开,即显现活动就必然属于绝对之本质,本质和显现在这里是同一的。这个绝对就是精神,精神就是自身认识着的知识,是在这种认识中本身要求着它自己的、

---

[1] 海德格尔. 黑格尔的精神现象学 [M]. 赵卫国,译. 南京:南京大学出版社,2018:12.
[2] 海德格尔. 黑格尔 [M]. 赵卫国,译. 南京:南京大学出版社,2018:62.

本身作为一切存在者之本质根据的知识。精神就是绝对知识。"① 海德格尔认为，精神现象学作为"意识经验的科学"，必须把这种绝对的自行展现从它那方面付诸绝对的实现。就此而言，《精神现象学》实际上是冒险完成了一项形而上学的任务，而这项任务最初是由苏格拉底"认识你自己！"（Know thyself！）规定的。

"精神现象学"是绝对精神的自我认识，在此意义上实现了苏格拉底"认识你自己！"的命令。意识的自我展现、自我完善、自我认识的道路，对精神而言，是自我成长的过程，对人而言，则是教化或教养的过程。海德格尔认为，"精神"表达自身，即作为自己而表达自己，它由此而说"我"。如果意识一并知道其所知和其知的活动都"是"与自己相关的话，它就是自我意识。因此意识之本质就是自我意识。由于意识本质上就是自我意识，而且必须从本己出发而得到把握，而本己从自身出发走向对象，因此意识就不是单纯的知觉（perceptio），把握着摆到-面前的活动（Vorstellen），而是统觉（apperceptio），一种随着我们一同把握着的，设立到我们前面的活动。以这种从自身出发走向对象的方式来展示或显现自身，是作为自我意识的意识成为显现着的知识的本质规定。自我意识因此构成了自笛卡尔以来所理解的真理之本质，即现实性或对象性。黑格尔为此说："我们现在才第一次真正达到了新世界的哲学，这种哲学始于笛卡尔。从他开始，我们真正地踏入了一种独立的哲学，这种哲学知道，它独自从理性而来，而自我意识是真实的对象之本质环节。在这里我们可以说，我们到家了，就像水手在惊涛骇浪中长期漂泊之后可以高呼'着陆'了那样。"② "在这个新的时代，原则就是那思想，从自身出发的思想。"③ 以形而上学作为存在历史为视点，自我意识从笛卡尔开始一直到黑格尔的精神，就构成一切存在者之存在的本质，一切存在都是"意识"的对象性。近代形而上学通过意识的要素而成其所是。

在海德格尔的阅读中，《精神现象学》的"导论"被摆在突出的位置，他先后两次逐段解读了这个导论。通常学者们将"导论"分为两部分，1~8段属于自然意识之现象学部分，其中黑格尔批判了近代哲学之前提——主体与客体、现象与本体或经验与逻辑之间的绝对区分。9~16段属于自我意识之现象学部分，其中黑格尔再次确认了意识的自我认识之路不仅是怀疑和绝望之路，更是

---

① 海德格尔.黑格尔[M].赵卫国，译.南京：南京大学出版社，2018：63.
② 海德格尔.黑格尔[M].赵卫国，译.南京：南京大学出版社，2018：67.
③ 海德格尔.黑格尔[M].赵卫国，译.南京：南京大学出版社，2018：67.

自己作为自己的检验尺度，自己检验自己之路。而按照海德格尔的解读，"导论"分为五部分，在1942年黑格尔讲座中，解读了前四部分，即前十五节，第五部分只是提供了针对"导论"第16节的构想，讲座题目为"对黑格尔《精神现象学》之导论的讲解"，副标题为"预先考察：《精神现象学》在黑格尔形而上学中的不同角色和地位"。海德格尔另外一部详解《精神现象学》导论的论著在1942/1943年完成，以"黑格尔的经验概念"为题收录在《林中路》中。《精神现象学》的"导论"具有特殊地位：一方面，这个"导论"才是《精神现象学》的真正开始，而"导论"前面的"前言"则是写于《精神现象学》完成之后，通常被认为是黑格尔整个科学体系的前言。另一方面，这个"导论"最初是没有标题的，在第一版中，标题只出现在目录中，显然是出版商提示的结果，实际上，黑格尔在许多场合都坚持认为，他的体系不能有任何导论或预备性的知识，科学或绝对知识是完整的和整体，由此而来，也就不能有任何知识外在于它。因此，任何尚未成为科学之开端的导论，都会假定导论中的知识外在于或优先于这种绝对的整体性。这样的导论将排斥体系完整性的主张，并使其成为不可能。因此，《精神现象学》的"导论"并不是与著作本身相分离的一个部分，而是它的真正的且必然的开端。

　　对黑格尔/海德格尔而言，科学/思想的开端必然是独一无二的。《精神现象学》的"导论"已经是尚未表达出来的整体，就像橡子已经包含着整棵橡树一样。阐明"导论"也就意味着先行理解整体。这正是海德格尔对黑格尔精神现象学体系的解释，选择"导论"的原因。海德格尔首先标明《精神现象学》两个标题的意义，针对"意识经验的科学"这个初始标题，他说："如果我们不从一开始并且在所有接下来的进程中牢牢记住，'科学'在这里意味着'绝对知识'的话，那么我们就已经毫无希望地误入歧途了。只有记住这一点，我们才会明白，'经验'意味着什么，'意识''意识的经验'以及最后'意识经验的科学'意味着什么。"① 按照康德《纯粹理性批判》的立场，"批判"追问的是经验之可能性的问题，"经验"意味着现成存在者（自然）的理论知识之整体，《纯粹理性批判》作为经验的理论，它是在经验之上——超出经验之所是的东西。显然，黑格尔的经验不是在康德意义上理解的，现象学作为科学也不是关于经验，即超出经验之上的知识。黑格尔的精神现象学作为意识经验的科学，其"意识的经验"是"意识关于自身所造成的那种经验"。海德格尔说，意识通过自身所制造的经验形成了两个方面：消极的一面和积极的一面。在意识通

---

① 海德格尔. 黑格尔的精神现象学 [M]. 赵卫国，译. 南京：南京大学出版社，2018：24.

过自身形成的经验中，意识变成其他的东西。但这种自行转化为他物恰恰就是实现自己本身。而经验恰好就被称为这种运动，在其中直接的东西，无经验的东西，即抽象的东西（相对的东西）。无论是感性的存在还是仅仅被思惟的简单东西，都自行异化，然后通过这种异化返回到自己，而以此方才表现出现实性和真理，也才成为意识的财产。经验被称为一种"运动"，黑格尔在导言中明确说，意识造成这种经验，这种运动……对它自己……发生作用。经验就是意识的经验，只有当意识是经验之主体的时候，经验才是可能的。①

  为了阐明意识的经验作为一种运动，以此方式超越自身而露面和显现，黑格尔首先批判分析了"一个自然的观念"。"按照一个自然的观念，哲学在探究事情本身之前，或者说在现实地去认识真实的存在者之前，必须先弄清楚认识活动本身是怎么一回事"②，这个"自然的观念"显然指的是康德先验观念论的立场。这个自然的观念要求我们在考察知识、真理的时候，要先行考察知识、真理的可能性条件，也就是说，这个自然的观念要求在考察知识、真理之前要先行对认识及其能力进行检验。黑格尔认为，先验观念论纯粹是一种认知理论，它对确定性的兴趣要大于对真理的追求，因此它只考察知识，而不研究世界。"认识活动是一种工具和媒介，而我们本身又不同于这种认识活动；特别是这样一个观念：绝对者位于此一方，认识活动位于彼一方，仿佛一种孤立的、脱离了绝对者的认识活动仍然是某种实实在在的东西，仿佛认识活动在脱离了存在者（亦即脱离了真理）的情况下仍然真实存在着。"③ 黑格尔指出，把认识活动看作我们借以把握绝对者的一个工具，或我们借以观审真理的一个媒介等，都是一些没有出息的想法和说法。他反对这种首先假定认识方式，然后再考察这些认识方式的自然观念，而是主张，绝对并不是某种不在我们近旁的东西，我们必须借助某种"工具"才能接近它。绝对作为绝对"自在自为地就已经在我们近旁"存在了，甚至"它想要在我们近旁"，认识不是介于我们和绝对之间的一种媒介，认识也不等于认识之光通过媒介的折射。认识就是"光线本身"，真理通过它而触及我们。既然绝对者（真理）自身必须显现自身，那么我们应该要做的就不是"来回奔忙"考察认识的形式，而是在这里呈现出这种正在显现着的知识。这种知识以自身性知道自己作为真实的知识，就是绝对知识。海德格尔说："在意识的经验中以这种方式超越自己本身而露面、显现的东西，就是

---

① 海德格尔. 黑格尔的精神现象学 [M]. 赵卫国，译. 南京：南京大学出版社，2018：29.
② 黑格尔. 黑格尔著作集：第3卷 [M]. 先刚，译. 北京：人民出版社，2015：47.
③ 黑格尔. 黑格尔著作集：第3卷 [M]. 先刚，译. 北京：人民出版社，2015：48.

精神。在所描述的作为意识之特有运动的经验中——在自我实现的自行转化为他物的过程中——精神达于现象,出现了精神现象学。"①

在海德格尔看来,黑格尔说"绝对已经在我们近旁","认识是绝对触动我们的光线"②,表明"绝对"的现成在场性,显然黑格尔的"绝对"是在希腊"在场状态"(parousia)意义上使用的,这就意味着"现象学"开始于这样一个预设,即我们已经在绝对的现成在场中了。现象学的任务就是要证明这种在场状态,证明科学的可能性和现实性,并因此证明认识和存在的双重根据,亦即意识的根据就在"绝对"中。黑格尔的精神现象学因此依然归属于传统的"存在-神学",只不过他把最终的无条件性设定为最初的东西出发,而且,对绝对的在场状态的证明不是通过信仰,也不是通过演绎和归纳,而是通过认识到我们的偏见和错误并消除掉这些偏见和错误后才能最终赢得。绝对精神自行展示为绝对知识的场所,就是"意识",这就是通过其显现活动而显现着的知识。可见,德国观念论或绝对形而上学并不是要背离康德的"批判",而是以其无条件性把握"批判"本身。黑格尔对绝对的认识作为意识,是基于绝对本身或从绝对中发展出来的其显现的要素,是这种显现的各种不同形态。对绝对的认识不是一种"手段",而是显现着的绝对本身贯穿其显现阶段而达到其自己的进程。所以,"这里所关系到的既不是对认识能力的批判,也不是对认识方式的偶然描述,而是绝对本身在其由此才首次展开的显现要素中的自行展现"③。黑格尔接下来直接将显现着的精神之自行展现描述为"进程"。

黑格尔说:"现在,因为我们的呈现活动仅仅以这种正在显现着的知识为对象,所以它看上去并不是那个自由的,在一个独特的形态中自己推动着自己的科学,从当前的立场出发,它可以被看作自然意识走向真正的知识的一条道路,换言之,这是灵魂走过的一条道路:灵魂经历了一系列形态分化,就好像经历一些通过它的本性而为自己设定下来的旅站,当它通过一种完整的自身经验认识到它自在所是的那个东西,也就升华为精神。"④ 黑格尔认为,在显现着的知识的显现过程中,意识会经历一系列的形态分化,即意识的形态,而整个顺序就是意识本身转变为科学的一个具体展开的教化史。如果我们将认识理解为进程,并在这种从意识到其本质真理,即通向精神之进程中倾听的话,那么我们就可以事实上"从"自然意识的"立足点"出发,把所有这一切理解为通往绝

---

① 海德格尔. 黑格尔的精神现象学[M]. 赵卫国,译. 南京:南京大学出版社,2018:30.
② 海德格尔. 黑格尔[M]. 赵卫国,译. 南京:南京大学出版社,2018:70.
③ 海德格尔. 黑格尔[M]. 赵卫国,译. 南京:南京大学出版社,2018:72.
④ 黑格尔. 黑格尔著作集:第3卷[M]. 先刚,译. 北京:人民出版社,2015:50.

对精神的"灵魂之路"。将自然意识而不是绝对本身作为起点，是因为自然意识一方面是自然的或现象的意识，另一方面自然意识自身作为自然地显现，是灵魂。海德格尔指出，这是迄今为止解释黑格尔《精神现象学》的通行做法。只不过，黑格尔接下来已明确地说过，这种理解在哲学上是不真实的，自为意识在这条道路上失去了它的真理，因此只具有一种否定的意义。由于哲学之路追寻的是真理，而不仅仅是确定性，它必然面对这种差别并认识到这种所谓知识仅仅是意见。黑格尔把意识认识到知识与科学之间的这种差别并通往其真理的道路称为怀疑（Zweifel）之路，甚至是绝望（Verzweiflung）之路。Zweifel（怀疑）源初含义是"双重感觉"，在黑格尔看来，意识的怀疑就在于它总是已经是其自身又超越它自身，灵魂认识到所有显现的知识的不充分性，它知道它不知道，这就意味着意识在每一个进程中都必然要放弃先行阶段，同时又要保存上一个阶段。不过，黑格尔的怀疑之路依然是在康德所规定的道路上，它既不是笛卡尔式的普遍怀疑，更不是站在实在论立场上在对知识辩护过程中而产生的怀疑论，它是精神对它自身的经验过程中的否定环节，或者更准确地说是精神展开它自身的知识的一个环节，这条怀疑之路寻求的是真理、科学。简言之，黑格尔的怀疑论问题是通过思想与它自身的否定关系表达出来的，也就是"扬弃"。"显现着的知识的进程，是其本质达于显现的诸形态之扬弃"①，海德格尔认为黑格尔的扬弃有三个层级："消除"（tollere）、"保存"（conservare）和"提升"（elevare）。"意识所穿过的诸形态不仅当时在一种消除的意义上被接纳，它们同时在一种保存的意义上被保存。这种保存是一种传送，通过这种传送，意识将送出其所穿过的诸形态本身，意识通过这种方式抓住并保有其显现的本质后果，于是在一种双重化的意义上'扬弃'。"② 由于进程的目标既非完全在进程之外，也不是仅仅在其终点处，目标是开端，进程由此出发开始或迈出它的每一步。在这里首先要明晰海德格尔所使用的"开端"的含义，开端不是开始——从这里继续的起点——而是思想本身所坚守的地方，是思想本身预先将被收容之所。由此理解"开端"，黑格尔所确立的目标就不是在意识诸形态的最后显现，最初的形态本身就已经是绝对的某种形态了。换言之，它们在绝对之绝对性中，从一开始就被提升了。《精神现象学》按照目录表面上所指出的，从"感性确定性"开始，以"绝对精神"结束，作为绝对达到其本质的进程，从感性确定性开始，并非顾及最初停留在知识的这种形式中的人所设定的。《精神

---

① 海德格尔. 黑格尔［M］. 赵卫国，译. 南京：南京大学出版社，2018：75.
② 海德格尔. 黑格尔［M］. 赵卫国，译. 南京：南京大学出版社，2018：75.

现象学》之所以从感性确定性出发，是因为知识的这种形态是最极端的外现，与其本身的完满性相距最远，绝对本身可以释放于其中。

本质上，黑格尔"精神现象学"所确立的真理之路，既是怀疑和绝望之路，也是教化之路，是柏拉图"洞穴隐喻"中所描述的上升之路。只不过作为灵魂自我觉醒的旅程，意识本质上是自我意识，这种自知着自己的知识，按照黑格尔的说法就是概念，因此意识本来就是它自己的概念。意识作为概念而存在，作为这种自己把自己带到其本质形态面前的东西，通过自己超出自己而达到自己。如果绝对知识达到自身的进程，作为穿越其显现的本质形态的进程具有扬弃的基本特点，那么，这种扬弃首先是上升——在绝对中被提升。"意识作为自我意识在提升到绝对的过程中先行存在并运动着，它向来只能通过提升而接纳它所意识到的东西，以便在提升中把这种所意识到的东西的意识作为一种形态来保存。"① 因此，在意识的扬弃进程中就存在着一个"正题-反题-合题"结构，这种扬弃结构的存在也是人们批评黑格尔的一个主要借口：说他纯粹是出于任意而安排的这种从正题到反题，最后合题的三步式的进程，甚至为了自己的体系，不得不这样安排。这种批评表面上看足够哲学，但根本上就不是哲学，因为批评者完全忽略了，综合（合题）才是根本性的和引导性的环节。通过那首先支配着提升的暴力，就已经界定了那些值得保存并因此而要求消除的东西之范围。"为了意识之进程得以在其显现中展现出来，展现着的思想必须先于一切而思考综合，并从合题出发思考正题和反题。"② 由于人们看不清那已经在意识之本质中起支配作用的"绝对的暴力"，那么，思考意识之进程或知晓这种进程之进展的内在法则的任何尝试都将是徒劳的。当进程通过提升来承载和引导，进程中就包含着从每个低级阶段向高级阶段的一种上升，进程中就发生着对先行意识形态的否定，这种否定绝非空洞的否定活动，而是"扬弃""辩证的否定"。

黑格尔"精神现象学"的"真理"概念超越了近代笛卡尔主义的"确定性"概念。海德格尔进一步将黑格尔的"真理"概念落实到"意识经验"概念上，其意图在于将"经验"概念"存在论"化。海德格尔说："经验乃是一种在场方式，也即一种存在方式。通过经验，显现着的意识本身入于其本己的在场寓于自身而在场。"③ 当黑格尔说，意识在经验中获得新的真实对象，这个真

---

① 海德格尔. 黑格尔［M］. 赵卫国，译. 南京：南京大学出版社，2018：77.
② 海德格尔. 黑格尔［M］. 赵卫国，译. 南京：南京大学出版社，2018：78.
③ 海德格尔. 林中路［M］. 孙周兴，译. 上海：上海译文出版社，2004：198.

实对象并不是某种真实之物和存在者，而是真实之物的真理性时，海德格尔把这种真实之物的真理性解释为存在者之存在，是显现者之显现，是经验。新的对象无非就是经验本身。海德格尔因此指出，黑格尔在"经验"一词中所思考的东西，首先说明思惟体作为心灵主体是什么，经验是绝对主体的呈现，这个绝对主体乃是在表象（再现）中成其本质因而自我完成。所以，经验乃是绝对主体的主体性。当然，在德国观念论这里，存在、在场的特有命运是主体性。主体性规定了德国观念论这个特殊且卓越的时代，在主体性的范围内，每个存在者本身都成了对象，因此对象之对象性就归属于主体之主体性。

海德格尔认为，黑格尔的"经验"概念既和亚里士多德的经验，也和康德的经验在本质上完全不同。在亚里士多德那里，经验是比技艺低一级的知识，仅仅停留在关于"如果这样……那么每次就那样……"这种实际状况的知识上，并没有理解事情发生的来龙去脉，只看到其然，不知其所以然。对亚里士多德而言属于经验的知识，在康德这里，还不是"经验"，而是一种"知觉"（Wahrnehmung）。在康德这里，经验知识必须是客观、普遍有效的，也就是说，是关于一种因果关系的知识，既知其然，也知其所以然，按照康德的立场，经验是原因-结果-综合的表象。虽然亚里士多德的经验与康德的经验不同，但在一点上还是相通的，即都是直接与日常通达的存在者相关。而黑格尔的"经验"既不与日常可觉察的存在者相关，并不一般性地关涉存在者，也不是那种严格理解的仅仅指表-象活动意义上的知识。在黑格尔看来，意识（Bewußtsein）从其自身区分出某物或者将其自身投放到自身之外作为存在（Sein），并通过其认识（gewußt）将其自身与其投放之物或对立之物关联起来，"意识的经验"就是让"新的真实的对象"产生。经验是意识实施的"让产生"活动，通过这种活动，从运动中产生着对象，进一步而言，就是"这新的对象包含着第一个对象的否定，它是超出第一个对象所造成的经验"①。可见，对象首先是对于"意识"而产生的，为意识的存在和自在存在因此是意识自身的两个要素。黑格尔说："我们看到，意识现在有了两个对象，一个是最初的自在，一个是这个自在的为-意识-存在。"② 最初的自在即感性直观中的自在的存在者，而"为-意识-存在"的对象则是对象的对象性。由于自在的存在者只有作为对象才达到了其所是的东西，即达到了其本质，也就是对象性，所以，对象性作为对象之本质，不仅是新的，而且同时或首先是"真实的对象"。在这个意义上，黑格尔说

---

① 海德格尔. 黑格尔 [M]. 赵卫国，译. 南京：南京大学出版社，2018：94.
② 海德格尔. 黑格尔 [M]. 赵卫国，译. 南京：南京大学出版社，2018：95.

经验是让新的真实的对象产生的意识活动,在意识活动中新的对象对第一个对象的否定,就是对自在的存在的否定,同时也意味着自在的存在者(第一个对象)是不真实的,真实的是对象之对象性(第二个对象)。黑格尔因此主张,意识总是包含着它自己的标准,意识就是其自己的尺度;现象学不是从纯粹科学的高度对意识发展的客观描述,而是对意识的不同形态的回忆和再现。

黑格尔与康德的差别在于康德将关于对象本身的知识,称作经验,而把思考对象之对象性的知识视为追问经验之对象的可能性条件,是先验的知识,而不再是经验的。与此相反,黑格尔则把这种与旧的、不真实的对象不同的,让新的真实的对象之产生,对于对象之对象性的先验把握,称为经验。简而言之,黑格尔称作经验的东西,在康德那里是先验的。康德说,先验知识关注于经验之对象的可能性条件,即关注于对象性。因此,先验知识作为知识也同样拥有其对象,只不过这个对象不是自然本身,而是意识。如果遵循自笛卡尔以来所规定的康德的基本步调,这个意识之本质是自我意识,那么,黑格尔的经验也是意识。在这一点上,黑格尔与康德是相通的,只不过黑格尔并没有止步于康德关于人的有限自我意识本身——康德从中发现了对象之可能性的条件——而是走向了无限,亦即无条件者。经验作为先验的让新的真实的对象产生,必然与无限性相关。"这种'意识的经验'使这种无条件的东西在其无条件的真理中显现,而无条件的东西则使自己以其完满地、统一地规定着一切对象之可能性的条件显示出来。"① 由此可见,黑格尔是把"经验"这个词用作无条件先验"认识"的名称。意识(Bewußtsein)是知识(Wissen)和存在(Sein)的二重性,从自然意识到自我意识的运动,亦即从知识到科学的运动,最后通达的是绝对的知识和绝对本身,因此"意识经验的科学"统一了现象和本体、经验和逻辑。

在日常经验中,我们形成关于某物的经验,是一种"拥有",当我们在此经验基础上转向另一物时,经验成为一种过渡,并造成第一个对象之非真理的经验。比如,我们通过山毛榉的直观获得一个表-象,现在,冷杉又以不同于山毛榉的方式呈现在我们面前,将山毛榉与冷杉都经验为一棵树,这就需要在先验的经验中完成。用黑格尔的话说,就是在"为-意识的存在"之意识活动中完成,"在那种外观中,新的对象作为由意识之回转所形成的东西而展示自己",也就是形成第二对象,即"新的真实的对象"②。海德格尔认为,"由此表明:

---

① 海德格尔. 黑格尔[M]. 赵卫国,译. 南京:南京大学出版社,2018:98.
② 海德格尔. 黑格尔[M]. 赵卫国,译. 南京:南京大学出版社,2018:101.

新的对象之对象性就是生成；这种生成活动在其中发生的先验的经验，就是意识之自我回转"①。黑格尔揭示出意识经验的本质在于先验的意识之回转，这就如第一个认识到 7 条鱼与 7 块石头都是 7 一样的人，极大地推动了人类数学（抽象思惟）的进步，黑格尔在这一点上比康德更进一步地揭示了对象之对象性，即经验对象的可能性条件，在人类认识发展史上意义重大。海德格尔评价说："黑格尔的先验经验并没有停留在自然对象之对象性条件的自我意识那里，而是——步费希特和谢林之后尘——同样将康德有限的先验自我意识，作为第一个新的对象而质问它的对象性，并这样进而追问那每次都超出自身，直到指示着无条件的东西的条件之整体及其限制。"② 在黑格尔这里，新的对象之"新"以及真实的对象之真理就在于其显现出来，就是生成之完满性，又由于显现的这种完满性就寓居于无条件的、绝对的自我意识之中，所以，绝对的意识"是"真实的对象之真理，绝对的，即本质上趋向完满的意识就"是"生成，即新对象的新性，也就是其不断地显现。③

　　黑格尔的经验之本质作为意识的回转，不仅是无条件的，也是系统的。康德在《纯粹理性批判》结尾部分，关于纯粹理性之建筑术的章节中说："我把体系理解为杂多的知识在一个理念之下的统一。"④ 据此，对象之对象性的先验条件之多样性的统一是系统的，对黑格尔来说，先验的经验是新的对象之真理，绝对意识本身，必然同样是绝对体系的。他在《精神现象学》序言中说："真理存在于其中的真实形态，只可能是其科学的体系。""意识的回转"是意识的经验之本质，经验是先验的-系统的指示，使新的真实的对象产生。在黑格尔这里，经验作为进程和道路，就是对象之对象性生成变化的运动，而这对象就是意识本身，其对象性就是它在其本质之真理中的生成，道路就是作为其真理之生成的意识本身，对象之对象性就是严格意义上的规定者之"定式"。经验作为先验的-系统的进程，就是显现着的知识之展现，作为先验的系统，这种展现本身就是"科学的"。"科学就是绝对知识，即意识本身自行发生的运动。这种运动是意识、有限知识证实自己的活动，作为精神，这种自行证实活动就是精神的出场，就是现象学。经验、现象学是绝对知识造就自身的方式，所以它本身就是科学。这种科学不是关于经验的科学，而就是经验，是作为运动着的绝对

---

① 海德格尔. 黑格尔 [M]. 赵卫国，译. 南京：南京大学出版社，2018：101.
② 海德格尔. 黑格尔 [M]. 赵卫国，译. 南京：南京大学出版社，2018：102.
③ 海德格尔. 黑格尔 [M]. 赵卫国，译. 南京：南京大学出版社，2018：103.
④ 康德. 康德著作全集：第 3 卷 [M]. 李秋零，译. 北京：中国人民大学出版社，2004：531.

知识的现象学。"①《精神现象学》从"感性确定性"开始,以精神之绝对的自我认识的形态结束,即以绝对形而上学结束,构成一个科学的体系,绝对意识从其外化状态回转到其自己本身,意识的显现过程就是从自身出发以某种"外观"出现,通过一系列意识形态的外化,再以此返回自身之中。因此,意识作为显现的知识,就是现象学;意识作为绝对地认识自己本身的精神,就是精神现象学,所以,"意识的经验的科学"就是"精神现象学"。

德国观念论的特征之一是体系,而黑格尔的"精神现象学"作为体系是辩证法,既是绝对精神自我认识、自我展开的历史,也是绝对被把握的历史,认识作为道路,作为进程,作为运动,是否定之否定,是新的真实的对象通过中介环节(经验)不断产生的运动。海德格尔说,康德的一切综合判断的最高原理和黑格尔《法哲学》序言中的名言,以他们各自的方式说出了两方面的意识,存在就是现实性,即对象性,真理就是确定性。因此,德国观念论的绝对形而上学并没有草率地超越界限,而是严肃地践行了交付给它的使命,思考这里所给予的一切(无条件者)。在海德格尔的构思中,谢林和黑格尔的形而上学,经过康德先验哲学的影响或本质性的提纯,是向莱布尼茨的回返。其形而上学只不过是在先验的-存在性的意义上被形而上学地理解,绝对形而上学就作为无条件的思辨和"经验",人作为主体,其本质在自我意识中,而最具存在性的东西是绝对,真理作为确定性。第一步是迈向作为自我意识的意识,第二步也是真正的一步是将"我思"把握为先验的,返回到作为先验的转向的自我意识。在近代主体性形而上学中,主体性再次彻底贯彻了笛卡尔的原则,"笛卡尔的沉思"在黑格尔的绝对形而上学中才真正地完成了。

第三节　形而上学的完成

将形而上学重新解释为存在的历史,使海德格尔成功赢得了克服形而上学的视野。形而上学之克服,既不是将形而上学弃之不顾,也不是完全否定和排斥形而上学,而是进入形而上学的本质中。海德格尔通过沉思形而上学的完成,阐明形而上学的虚无主义本质。以形而上学作为存在的历史为视点,形而上学是虚无主义意指形而上学没有真正把握它自己的本质,因此克服形而上学和虚无主义,就要沉思形而上学尚未思考的东西。在海德格尔看来,形而上学尚未

---

① 海德格尔. 黑格尔的精神现象学 [M]. 赵卫国, 译. 南京: 南京大学出版社, 2018: 32.

思考的是存在。存在的历史开始于希腊关于涌现和在场的经验，初步隐藏于柏拉图和亚里士多德的思想中，后被拉丁时期以及中世纪基督教掩盖，最后被现代性彻底遗忘。形而上学遗忘存在的过程也是存在自行隐匿和收缩的过程。从存在被把握为理念、实体，到被把握为主体和意志，存在的历史作为存在自行隐匿和被遗忘的历史，黑格尔是其主要环节。海德格尔指出，形而上学的完成开始于黑格尔，开始于他的作为精神之意志的绝对知识的形而上学。①

海德格尔认为，存在成为历史（Geschichte）是一种遣送（schickt）和命运（Geschick），"存在的历史就叫作存在的天命（Geschick von Sein）"②。"在存在的天命的遣送中，在时间的到达中，一种奉献（Zueignen），一种转让（Übereignen），即作为在场的存在和作为敞开之领域的时间的奉献和转让，就在其本己中显现出来。"③ 然而，19世纪历史科学的出现和发展表明西方形而上学传统走向终结，这种终结是从黑格尔开始的。他说："只有从德国观念论哲学起，才有了这样一种哲学的历史，这种历史本身成了一条绝对认知通向自身的道路。历史现在不再是过去之物，不是人们已经搞定了的扔到身后的东西，而是精神本身持续不断生成的形式。这一点乃是这个时代的伟大发现。"④ 黑格尔说："在哲学本身中，在现在的最近的哲学中，包含着千百年来的工作所产生的一切；它乃是一切先行者的成果。"⑤ 在黑格尔思辨观念论体系中，哲学已经得到了完成，亦即达到了它的顶峰。当然，在海德格尔的意义上，哲学的完成既不是哲学的结束，也不意味着思辨观念论的唯一体系，这种完成是仅仅作为哲学史的整个进程而存在，在此进程中，开端与完成一样本质性地保持着，用海德格尔的题目来标识这种特征就是"黑格尔与希腊人"。他把"黑格尔与希腊人"这个题目看作探讨哲学史整体，探讨这种历史的完成与开端，进而为沉思形而上学作为存在的历史的本质结构打开视野。这种探讨哲学完成的视野，导致海德格尔将黑格尔与尼采紧密结合起来，严格地说，是海德格尔用在尼采讲座课上形成的"形而上学作为存在的历史"之解释立场以及"哲学终结了"的论断，回过头来规定黑格尔形而上学的本质，黑格尔是西方形而上学完成的开

---

① 海德格尔. 演讲与论文集［M］. 孙周兴，译. 北京：生活・读书・新知三联书店，2005：74.
② 海德格尔. 面向思的事情［M］. 陈小文，孙周兴，译. 北京：商务印书馆，2005：10.
③ 海德格尔. 面向思的事情［M］. 陈小文，孙周兴，译. 北京：商务印书馆，2005：22.
④ 海德格尔. 谢林：论人类自由的本质［M］. 王丁，李阳，译. 北京：商务印书馆，2018：94.
⑤ 海德格尔. 路标［M］. 孙周兴，译. 北京：商务印书馆，2000：508.

端，他与尼采共同决定了形而上学完成的命运。所以，在海德格尔形而上学作为存在的历史中，黑格尔和尼采一起具有典范意义：黑格尔代表着形而上学"存在-神-逻辑学"机制，尼采则规定了形而上学的本质。

海德格尔说："如果我们根据 On（存在）的自行遮蔽着的两义性，在在场者与在场的双重性中来思考形而上学的本质，那么，形而上学的开端便与西方思想的开端是同时发生的。相反，如果我们把形而上学的本质看作一个超感性世界与一个感性世界之间的分离，并且把超感性世界看作真实存在者，而把感性世界视为仅仅是假象的存在者，那么，形而上学就是以苏格拉底和柏拉图为发端的。"①

希腊人的哲学作为开端，黑格尔的思辨体系作为完成，即最高阶段，亦是综合阶段，中间阶段为笛卡尔哲学作为反题的阶段，因为笛卡尔哲学首次通过 *cogito ergo sum*（我思故我在）把主体作为主体设定起来。在此之前，虽然依然普遍地有思惟主体在起作用，但它还没有被把握为主体，还没有被把握为一切客观性植根于其中的那个东西。黑格尔说："（希腊世界的）人尚没有像在我们的时代那样回复到自身。虽然人已经是主体，但他尚没有把自己设定为这样一个主体。"② 笛卡尔哲学阶段属于反题阶段，希腊哲学属于正题阶段，希腊人的哲学在黑格尔看来，乃是纯粹客观的东西，它是精神的第一次"显示"，是精神的第一次"出现"，是一切客体得以在其中合二为一的那个东西，黑格尔把它称为"一般普遍者"。最初的普遍者乃是最直接的普遍者，亦即存在。黑格尔从巴门尼德"存在与思想是同一的"命题中看到了走向笛卡尔的预备阶段，从赫拉克利特那里看到了变易思想。黑格尔主张，"存在（正如巴门尼德对存在所思考的那样）是一，是第一者；第二者是变易——他（赫拉克利特）进到了变易这一规定。这是第一个具体者，是作为在自身中的对立面统一的绝对者。因此，在赫拉克利特那里，哲学的理念第一次以它的思辨的形式出现了"③。柏拉图的理念被黑格尔把握为"在自身中被规定的普遍者"，理念不是直接在意识（直观）中，而是（以意识为中介）在认识中。所以，他说："柏拉图哲学的特性乃是以理智的、超感性的世界为方向……"④ 亚里士多德的"实现"同样也被黑格尔从思辨辩证法的立场思考为绝对主体的纯粹活动。他在亚里士多德的"实现"中看到了精神的绝对的自我运动的预备阶段。海德格尔说："黑格尔是

---

① 海德格尔. 林中路 [M]. 孙周兴，译. 上海：上海译文出版社，2004：189.
② 海德格尔. 路标 [M]. 孙周兴，译. 北京：商务印书馆，2000：509.
③ 海德格尔. 路标 [M]. 孙周兴，译. 北京：商务印书馆，2000：512.
④ 海德格尔. 路标 [M]. 孙周兴，译. 北京：商务印书馆，2000：513.

在被他把握为抽象普遍者的存在的视野中，来理解一、逻格斯、理念、实现的。存在以及在基本词语中被表象的东西尚未得到规定，尚未通过并且进入绝对主体性的辩证运动而被中介化。希腊人的哲学乃是这一'尚未'的阶段。它尚不是完成，但仍然只有从这种完成的角度被把握，而这种完成已经把自己规定为思辨观念论体系了。"① 简言之，在黑格尔看来，精神在希腊世界中尚没有真正作为自我意识的主体达到其自身的确定性，而只有在他自己的思辨辩证法的形而上学体系中，自我认识着的绝对精神的绝对确定性才成为真理，哲学才成其所是。可见，黑格尔是从绝对主体性出发，以思辨辩证法的方式把存在解释为无规定的直接的东西、抽象的普遍者，并且在这种近代哲学视野中解说希腊表示存在的基本词语："一""逻格斯""理念""实现"。

因此，在海德格尔看来，黑格尔始终受到近代笛卡尔主义的阻碍，无法把希腊人的基本经验"解蔽""无蔽"状态专门当作思想之实事来考察，从而错失了存在，使希腊意义上的存在无法从那种与主体性的关联中脱身，进而错失了把解蔽与一、逻格斯、理念、实现四个希腊基本词汇统一起来理解的机会。而按照他的存在真理立场和理解，在在场中运作着的解蔽是在一和逻格斯中运作，亦即在统一着、聚集着的呈放中运作，这就是让持存；无蔽状态在闪现和理念的相依相随中运作，并因此构成存在状态，无蔽在实现中运作，与希腊地被经验的作品及其进入在场之中的被生产状态相关。海德格尔因此说："解蔽不仅在希腊思想的基本词语中运作，而且也在希腊语言之整体中运作。"② 在他看来，希腊地被思的解蔽诚然是对人而言运作着，而人则是由逻格斯规定着，人乃是道说者。道说，意味着：显示、让显现和让看。因此，"只有在无蔽状态已经运作之处，某物才能成为可道说的、可见的、可显示的、可觉知的。"③ 从这个意义上也可以说，甚至语言的整个本质都植根于解蔽，植根于无蔽之运作中。

可见，海德格尔与黑格尔的争辩，是从形而上学而来进入形而上学之本质中的返回步伐，返回到形而上学作为存在的历史中。在这种返回中首先映入眼帘的是黑格尔与希腊人的关系，海德格尔与黑格尔的争辩因此一方面体现在对待哲学的开端的立场上：黑格尔把希腊人的哲学规定为"真正哲学"的开端，但是这种哲学作为正题和抽象阶段还处于"尚未"中；海德格尔则通过对黑格尔关于希腊存在学说的解释指明，唯有就无蔽已经起支配作用而言，哲学借以

---

① 海德格尔. 路标 [M]. 孙周兴，译. 北京：商务印书馆，2000：514.
② 海德格尔. 路标 [M]. 孙周兴，译. 北京：商务印书馆，2000：518.
③ 海德格尔. 路标 [M]. 孙周兴，译. 北京：商务印书馆，2000：520.

开端的那个"存在"才作为在场状态而成其本质,而无蔽本身从其本质渊源方面来看,还始终是未经思考的。对海德格尔来说,未被思考的是最值得思考的,因为在他那里,一种思想越是具有思的特质,越是为它的语言所占用,则对它来说未曾思的东西甚至它所不能思的东西就越是具有决定性。"无蔽"对整个存在历史而言,就是海德格尔所说的,未曾被思的最值得思的东西,是思想的唯一实事。另一方面,在这种返回的过程中,海德格尔总结了形而上学的本质是存在-神-逻辑学机制。达尔斯特伦评论说:"海德格尔致力于描述黑格尔(以及,后来谢林的)的思想为存在-神-逻辑学,意图是证明哲学的基础问题如何被形而上学的主导问题引入歧途。"[1] 在海德格尔的思想中,形而上学的基础问题是存在问题,或者存在的意义问题,后期又明确为存在真理问题;形而上学的主导问题是肇始于亚里士多德的存在者之为存在者的问题,或者何者为第一存在者、最高存在者的问题,是关于"自因"和"根据"的问题。从此出发,他把黑格尔的精神解释为第一实体且也是最一般的主体,他告诉自己的学生,在黑格尔那里,"精神是认识,是逻各斯;精神是我,是自我;精神是神,是神;精神是现实性,纯粹且单纯地是存在者,是存在(on)"[2]。

在海德格尔这里,希腊人代表着哲学的开端,黑格尔代表着哲学的完成。《黑格尔与希腊人》这个演讲本身就指示着在其历史中的哲学整体。当然,哲学整体概念并不意味着思想的终结,是黑格尔第一次把希腊人所开启的哲学思考为一个整体,但这个整体并不是怀特海所说的柏拉图主义的注脚,而是黑格尔把整个哲学史看作自我意识的历史,作为绝对精神自我展开和自我实现的过程之整体。黑格尔在其《哲学史讲演录》中说:"我们眼前具有的历史乃是观念自我发现的历史。"[3] 因此,对黑格尔来说,作为精神向着绝对知识的自我发展,哲学与哲学史是同一的。海德格尔进一步发问,哲学史作为历史在何种意义上必定是哲学的?自近代笛卡尔哲学以来,自我成为决定性的一般主体,但只有到了黑格尔这里,这个使哲学能够真正地和完全地居于其上的坚实陆地才被以正确的方式,变成先验的和完全的,亦即在思辨观念论意义上被占有。因为只

---

[1] DAHLSTROM D O. Heidegger and German Idealism [D]. A Companion to Heidegger. Edited by Hubert L. Dreyfus and Mark A. Wrathall. Malden, Oxford: Blackwell Publishing Ltd, 2005: 71.

[2] DAHLSTROM D O. Heidegger and German Idealism [D]. A Companion to Heidegger. Edited by Hubert L. Dreyfus and Mark A. Wrathall. Malden, Oxford: Blackwell Publishing Ltd, 2005: 72.

[3] 海德格尔. 路标 [M]. 孙周兴, 译. 北京: 商务印书馆, 2000: 504.

有在黑格尔这里，意识的各个形态、主体的主体性结构，以及意识形态的辩证运动，才被第一次作为过程整体完整地展开展现出来，主体也在运动过程中成为绝对地自我认识着的主体。主体的自我认识同时也是对客体的认识，认识的是绝对者本身。从存在到思想，从思想到存在都是绝对地自我思考的思想，存在与思想是同一的。于是，一方面，主体在自我认识的过程中并且作为这个过程引发即生产出它的主体性。另一方面，黑格尔的哲学史必然也呈现为精神的辩证运动，黑格尔辩证法就是绝对主体之主体性的生产过程，并且是作为绝对主体的必然运动的过程。

海德格尔认为，黑格尔的概念辩证法本质上作为绝对主体之主体性的展开运动，根据其主体性的内在结构，展开运动分为三个层级：首先，作为意识和它的对象从对立走向统一。主体与客体的关系以反思为中介，由此，黑格尔辩证法就是思辨的。黑格尔也把"思辨辩证法"径直称为"方法"，思辨辩证法作为这样一种运动方法决定着一切发生的事件，即历史。海德格尔说："现在变得清晰的是，何以哲学史就是精神进程中最内在的运动，亦即绝对主体达到自身的进程中最内在的运动。这一进程的起点、进展、过程和返回乃是在思辨辩证法上被规定了的。"[1]

其次，作为真理的整体是体系。黑格尔认为真理存在的真正形态，只能是这种真理的科学体系，而黑格尔体系的统一和整体之概念总是以绝对的否定性过程来体现。绝对否定作为一种哲学概念，可以用来描述有机的自我分化和自我认同的过程，对纯粹的迂回中介而言，这种过程已经达到非同寻常的程度。其逻辑展开可以精确地阐明它的开端和终点，而且其清晰可辨的各阶段可以让我们能够清晰区分不同的典型时刻或配置其基本要素，进而能够有助于对一系列更加具体的现象进行辩证的分析。海德格尔认为，把对黑格尔形而上学整体的洞察与形而上学史的考察结合起来，就可以看出，黑格尔在逻辑学中对"科学的开端"的寻求，本质上也是一种回跳，即从自我思想着的思想的辩证运动的完成而来的回跳，这种运动的完成，就是绝对观念。因此，在海德格尔看来，黑格尔的精神辩证法乃是完全展开了的整体，显示了存在的全部丰富性。所以，他说"开端乃是结果"[2]"结果是开端"[3]。从存在之空虚性开端，到存在之丰

---

[1] 海德格尔. 路标 [M]. 孙周兴，译. 北京：商务印书馆，2000：508.
[2] 海德格尔. 同一与差异 [M]. 孙周兴，陈小文，余明锋，译. 北京：商务印书馆，2011：57.
[3] 海德格尔. 同一与差异 [M]. 孙周兴，陈小文，余明锋，译. 北京：商务印书馆，2011：58.

富性结束。"存在现身于自身中循环的运动,即由进入最极端外化过程中的丰富性和进入自我完成了的丰富性中的外化过程构成的运动。"①

最后,黑格尔通向"绝对"的概念辩证法完美地贯彻了西方形而上学的存在-神-逻辑学机制。达尔斯特伦在评论中指出:"如果海德格尔利用术语'存在-神-逻辑学'来揭示黑格尔思想的亚里士多德根源,那么扩展术语'存在-神-自我-逻辑学'的意义就在于表明黑格尔思想显著的近代特征。"②

海德格尔把西方传统形而上学规定为关于存在者之为存在者和存在者整体的学说,存在者之为存在者讨论的是存在者之存在的问题,亦即存在论差异的问题;存在者整体讨论的是大全、一切即一的问题,也即存在者的统一性、第一根据、至善的问题。所以,海德格尔将其本质概括为"存在-神-逻辑学"(Onto-Theo-Logie)。他据此指出,"存在-神-逻辑学"机制一方面揭示了西方形而上学在其希腊发端处,就把存在论(存在论差异)、神学和逻辑学联系在了一起,却是尚未被思考的;另一方面也将存在之遗忘的命运坚决贯彻在了形而上学作为存在的历史之中。除了亚里士多德曾在其《形而上学》中将第一哲学规定为神学之外,要想将存在学与神学维系在一起,恐怕就要回答"神"如何进入哲学之中,不仅进入近代哲学之中,而且进入哲学本身之中这个问题。回答神如何进入哲学之中的问题,亦即意味着考察形而上学的存在-神学的本质机制从何而来。对海德格尔来说,对这个问题的回答和考察,就意味着施行返回步伐。

海德格尔指出,用黑格尔来指明西方形而上学的存在-神-逻辑学机制,一方面是因为黑格尔与希腊人的存在经验最切近,他既思考了存在的普遍性、空洞性,也思考了存在的丰富性、现实性;另一方面是因为他把他的思辨哲学称为"逻辑学",代表着西方形而上学自笛卡尔以来的最高峰。逻辑学作为科学,在黑格尔这里就是形而上学,亦即存在者之为存在者的存在-神学。从《精神现象学》到《逻辑学》,揭示了存在-神学从展开为意识经验的科学到展开为关于"绝对"之神学的过程。尽管对黑格尔的思辨体系而言,思想的实事要复杂得多,一方面是因为存在作为思想的思想,作为"观念"当然是逻辑学的主题;另一方面不可否认的是,黑格尔并没有偏离西方形而上学的传统,他总是在存

---

① 海德格尔. 同一与差异 [M]. 孙周兴, 陈小文, 余明锋, 译. 北京:商务印书馆, 2011:58.

② DAHLSTROM D O. Heidegger and German Idealism [D]. A Companion to Heidegger. Edited by Hubert L. Dreyfus and Mark A. Wrathall. Malden, Oxford: Blackwell Publishing Ltd, 2005:71.

在者之为存在者以及存在者整体中，探讨观念之观念性，亦即探讨自我意识、精神、绝对以及其自我展开运动和实现。虽然早在柏拉图那里存在就是作为观念而出场的，但存在把自身标识为自我的观念，是近代以来的事情，观念论路线传承到德国观念论这里，存在进一步揭示自身为自我论证、自我设定的根据。海德格尔说："按其本质来源来看，根据、Ratio 理性就是聚集着的让呈现意义上的逻格斯，即一切是一。因此，说到底，对黑格尔来说，'科学'，也即形而上学，之所以是'逻辑学'，并不是因为科学以思想为课题，而是因为思想的实事始终是存在。"①

海德格尔认为，形而上学一方面要探究最普遍者的统一性，也就是那个最高的共性、共同者，思考存在者之存在，因此是存在学；另一方面也要论证大全、整体，也就是万物之上的那个最高者的统一性，思考存在者之存在，因此是神学。寻找普遍的存在者，最高的存在者，亦即寻找本原，寻找奠基性的那个根据，因此从形而上学的希腊开端，存在作为本原、作为基础、作为根据，就蕴含在对存在者之为存在者的发问之中。它们对作为存在者之根据的存在做出论证，它们面对逻格斯做出答辩，而且在本质意义上是遵循逻格斯的，亦即逻格斯的逻辑学。这里的逻辑学指的是，从作为根据（逻格斯）的存在方面来探究和论证存在者之为存在者整体，因此更准确地说，存在学、神学应被称为存在-逻辑学、神-逻辑学，形而上学是存在-神-逻辑学。

可见，海德格尔是从两个方面揭示了形而上学的基本特征——存在-神-逻辑学：第一，从根据出发思考存在。思想的实事作为存在者之为存在者，发问的是存在者之存在，也就是存在者存在的根据，最终的根据被表象为第一根据，只有从第一根据（第一原因）层面上思考存在、思想的实事，作为根据的存在，才得到彻底的思考。在第一根据和第一原因意义上，存在者之存在被表象为自因（causa sui）。自因、至善、第一根据代表着形而上学的神的概念。在形而上学历史上，存在作为逻格斯，作为基底，作为实体，作为主体，都是形而上学之神学概念的样式。

第二，从最普遍的和最高的存在者之为存在者的统一性出发思考存在，也就是从存在学和神学的统一性出发思考存在。普遍性和第一性的统一、本原和至善的统一、本质和实存的统一，不是存在学和神学的简单联合，而是存在学-神学的共属一体：终极的东西以其方式论证着第一性的东西，第一性的东西以

---

① 海德格尔. 同一与差异 [M]. 孙周兴，陈小文，余明锋，译. 北京：商务印书馆，2011：62.

其方式论证着终极的东西。不过,海德格尔认为,恰恰是这种共属一体性遮蔽了存在论差异,致使存在论差异迄今为止尚没有被思考为这种统一性的根源。海德格尔说,存在始终被称为存在者之存在,在这种称呼中,差异显示为存在者与存在的差异,即存在论差异。形而上学的存在-神-逻辑学机制在存在论差异中有其本质来源,存在论差异使得形而上学的历史有了开端,贯穿并支配着这种历史的各个时代。

海德格尔返回到形而上学的开端,从存在作为逻格斯,作为根据出发,来思考存在和存在中的差异以及差异中的分解。在存在与存在者的分解中,揭示的不是存在与存在者的单纯隔离,而是存在与存在者作为差异之间的相互奠基。即存在作为根据为存在者奠基,存在者作为最高个体为存在奠基。这样,形而上学的存在-神-逻辑学机制就通过差异的分解呈现出来:"存在现身为根据、让呈现意义上的逻格斯。这同一逻格斯作为聚集乃是统一者,即一。但这个一是两方面的:既是在完全第一性的和最普遍的东西意义上的起统一作用的一,又是在最高的东西(宙斯)意义上的起统一作用的一。逻格斯在奠基之际把一切聚集入普遍者中,并且在论证之际从唯一者而来把一切聚集起来。此外,这同一逻格斯于自身中蕴藏着语言本质之烙印的本质来源,并因而把道说方式规定为一种较广义的逻辑的道说方式。"[①] 简言之,存在从差异而来,寻求存在者的共性和一般,为存在者之为存在者奠基,是为存在学;论证第一存在者、第一原因,作为存在者整体的根据,是为神学。因此,海德格尔说,只要存在现身为存在者之存在,现身为差异,现身为分解,那么,奠基(Gründen)和论证(Begründen)的相互分离和相互并存就会持续下去,存在为存在者奠基,存在者之为存在者就论证着存在。存在论差异不但揭示着存在者不是存在,存在不是存在者的"不",而且在形而上学作为存在的历史中显示自身为最普遍的存在者之存在,显示自身为最高的存在者之存在。

但海德格尔认为,在形而上学作为存在的历史中,作为差异往往被遮蔽和遗忘在一种自身还自行隐匿着的被遗忘状态中,也就是海德格尔在其《形而上学导论》中所探讨的存在论差异的双重遗忘。具体到德国观念论,海德格尔认为,从笛卡尔的"我思"到康德的统觉以及费希特的绝对自我,存在论差异就被双重遗忘于主体性中。自我通过设定自身,设定同一与差异之无限的同一,自身作为主体和它的对象。因此,存在(第一次在自我意识中呈现它的现象的

[①] 海德格尔. 同一与差异 [M]. 孙周兴,陈小文,余明锋,译. 北京:商务印书馆,2011:73.

精神）是无限的，而且它的无限性在逻辑上和主体性上都是不可分离的。因为"我思"的绝对同一性与设想它的方式相一致。早在阐释费希特那里，海德格尔就指出，证明与证据是近代自笛卡尔以来的哲学成就，这个成就在德国观念论中达到顶峰。海德格尔的存在论要发问的，恰恰是那不可证明之物。自费希特开始，经谢林，到黑格尔，同一与差异成为哲学的核心问题，并构成了辩证法的主要特征。不过，在海格尔看来，同一与差异的共属一体性，还是有待于思的东西，这种说法与黑格尔关于同一与差异的辩证统一相冲突。对黑格尔来说，同一与差异的统一在于辩证的"生成"，他要寻求的是概念通达完满的运动；而海德格尔则认为，差异来自同一的本质，应当通过倾听在本然（Ereignis）和分解（Austrag）之间起作用的一致音调来发现，他所寻求的是存在历史意义上的存在之差异化运动。同样地，在黑格尔那里，属于概念的历史运动，是可证明的；而在海德格尔这里，属于存在历史的差异化运动则不能证明，但可以指明（weisen）一些东西。

思想的差异不影响海德格尔对黑格尔的特别关注，一方面是因为他将黑格尔看作西方形而上学走向完成的开端，这个完成的开端与发端于希腊的开端遥相呼应；另一方面是因为黑格尔代表着近代主体性形而上学的顶峰。在这个顶峰之上，只有尼采可以与黑格尔并肩而立，而且尼采也是黑格尔遗产的最后继承人。在海德格尔看来，尼采作为规定了形而上学之本质的人，最终将形而上学带向终结。黑格尔-尼采代表着西方形而上学的完成。因此，在这个背景下，珍-玛丽·维伊瑟才会强调指出，"海德格尔并没有过多地思考后-康德的严格意义上的思辨观念论，而是思考了从莱布尼茨到尼采的德国思想"[1]。

不过，我们也应该看到，海德格尔在《尼采》课上，对黑格尔与尼采的区分：

人类的本质总是以这样一种在每种情况下都是不同的方式进入这两种形式的绝对主体性中。纵观形而上学的历史，人类的本质普遍地且持续地被确立为理性的动物（animal rationale）。在黑格尔的形而上学中，一种思辨辩证地理解理性（rationalitas），成为主体性的决定性要素；而在尼采的形而上学中，动物性（animalitas）则被作为主导。从它们本质性的历史统一性来看，二者都将理

---

[1] VAYSSE J-M. Heidegger and German Idealism, Heidegger, German Idealism, & Neo-Kantianism [D]. Edited by Tom Rockmore. New York: Humanity Books, 2000: 27.

性和动物性带入绝对正确性。①

珍-玛丽·维伊瑟解释说:"当黑格尔将主体性设想为理性或有理性的意志的时候,尼采则将其理解为趋向权利的意志,也就是作为冲动和情感的主体性。那么,绝对主体性的本质必须遵照'金发野兽'(blond brute)的形象展现为兽性的野蛮(brutalitas of bestialitas)。在颠倒柏拉图主义的同时,尼采也颠倒了德国观念论。"② 因此,正如上文我们已经提到的那样,黑格尔与尼采代表着西方形而上学的完成,从黑格尔到尼采的发展则指示着现代西方哲学的主要发展方向。

---

① VAYSSE J-M. Heidegger and German Idealism, Heidegger, German Idealism, & Neo-Kantianism [D]. Edited by Tom Rockmore. New York: Humanity Books, 2000: 28.
② VAYSSE J-M. Heidegger and German Idealism, Heidegger, German Idealism, & Neo-Kantianism [D]. Edited by Tom Rockmore. New York: Humanity Books, 2000: 28.

第十章　德国观念论与实存哲学渊源考

第一节　实体与个体

我们向来总是热衷于谈论康德和德国观念论的主体性问题，毫无疑问，主体性问题在康德和德国观念论中都居有核心位置，但是，他们都没有对主体进行追问，他们的基本问题是理性、绝对理性。在康德完成理性的"批判"之后，谢林、黑格尔致力于构建理性如何把握自身的世界体系——这个世界既是观念的，也是现实的；既是确定的、可理解的、合目的的，又是自由的世界。德国观念论理性世界的完成，也就意味着历史的终结，这也是人们抛弃黑格尔转向生命哲学和意志哲学的原因之一。

正如舒尔茨所说："subjectum 在中世纪指的是实在而又实际地呈现给我们的那种事物的存在，而 objectum 则恰恰指处于发生了投射（Objektion）的那种表象的方式中的这种存在。"① 康德与费希特的"自我"更多地是在 subjectum（基底）意义上使用的，主体是基底，客体只是意识投射物在谢林和黑格尔追求绝对同一中得到进一步的强化。只有在主体是实体、基底的意义上，我们才可以说德国观念论是主体性哲学的完成。

近代"实体"概念出自笛卡尔和斯宾诺莎。就概念发生史而言，康德批判哲学的诞生几乎与"泛神论之争"同步，康德与斯宾诺莎的实体学说立场是否一致，也是当时讨论的主要热点；德国观念论的实体、个体概念都有意或无意地参与到与笛卡尔、斯宾诺莎的实体学说的争辩中。

---

① SCHULZ W. Der Gott der neuzeitlichen Metaphysik [M]. Pfullingen: Verlag Günther Neske, 1991: 12.

笛卡尔的实体概念大致有三种用法。他说："显而易见，任何性质或特质都隶属于某个东西，而凡存在性质或特质的地方，必然存在有它们所依赖的东西或实体。"① 当我们看到一些属性存在，我们就可以推断说，这些属性所依托的实体也必然存在。这是将实体定义为事物性质、特质、属性的载体和基底。"每一个实体都有一个主要的属性，思想是心灵的属性，广延是物体的属性。……广延就构成了物体实体的本性，思想就成为能思的实体的本性。"② 由此，笛卡尔区分了两个实体：一是能思想的实体——心灵；一是有广延的实体——物质。心灵实体和物质实体不是自足和源初实体，而是被造的实体，真正自足、无限和源初的实体只有一个，即神。他说："所谓实体，我们只能看作自己存在，并不需要别的事物的东西。"③ 绝对独立的实体、真正的实体，只能是自因，是神。

斯宾诺莎对实体的定义和使用更加严谨，他说："实体，我理解为在自身内并通过自身而被认识的东西。换言之，形成实体的概念，可以无须借助于他物的概念。"④ "在神的无限理智中没有一个实体不形式地存在于自然中。"⑤ "关于自然，一切的东西全部地肯定属于它，并因此自然包含无限的属性，其中每一个属性在它自类之中完善。而这，和人们关于神的定义整个地相合。"⑥ 实体虽依然被定义为自因，是神，但斯宾诺莎的神不同于笛卡尔的神。笛卡尔的神是无限完满的存在，是有人格、有意志的神；而斯宾诺莎的神不是存在于彼岸世界的创造者、人格神，而是内因意义上的自因，是自然本身。对斯宾诺莎而言，物质和精神不是次一级的实体，而是实体的两大样式，实体是一，样式则是多，多是一的外在表现。思惟与广延是神这个唯一实体的两个样式，亦即神的无限属性，表达着神的无限和永恒的本质。

斯宾诺莎的"神即自然"命题首次用永恒和无限的理智取代了超越的意志，

---

① DECARTES R. *The Principles of Philosophy* [M]. Translated, with explanatory notes, by Alentine Rodger Miller and Reese P. Miller. Dordrecht, Boston, London: Kluwer Academic Publishers, 1982: 23.
② DECARTES R. *The Principles of Philosophy* [M]. Translated, with explanatory notes, by Alentine Rodger Miller a nd Reese P. Miller. Dordrecht, Boston, London: Kluwer Academic Publishers, 1982: 23.
③ DECARTES R. *The Principles of Philosophy* [M]. Translated, with explanatory notes, by Alentine Rodger Miller and Reese P. Miller. Dordrecht, Boston, London: Kluwer Academic Publishers, 1982: 23.
④ 斯宾诺莎. 伦理学 [M]. 贺麟，译. 北京：商务印书馆，1983：1.
⑤ 斯宾诺莎. 简论神、人及其心灵健康 [M]. 顾寿观，译. 北京：商务印书馆，2010：24.
⑥ 斯宾诺莎. 简论神、人及其心灵健康 [M]. 顾寿观，译. 北京：商务印书馆，2010：27.

成为德国观念论"理智"的来源之一。黑格尔曾评论说,斯宾诺莎的实体到了费希特那里,被当作"主观性的规定",谢林要做的就是将它从这种片面性中解救出来,"以便与客观性、实体性相结合"①。

康德在讨论定言判断时提到,一个定言判断的主词总是被构想为诸属性的一个载体,"实体"就是这样一个概念,它"必须永远仅仅被视为主词,而绝不被视为纯然的谓词"②,也就是说,实体是众属性的一个载体,且其本身不是另外某个东西的属性。在康德看来,实体的持久性绝不能由作为物自身的实体概念来证明,只能在经验中得到证明。在经验类比的第一类比中,康德说:"无论显象如何变易,实体均保持不变,实体的量在自然中既不增多也不减少。"③ 就实体的实在性而言,康德的实在性包含主观性;就实体的现象而言,康德的实体带有时间特征,表达着时间中的持存性,"实体的图式是实在物在时间中的持久性"④。一切显象都在时间中,持久的东西乃是时间本身的经验性表现的基底,没有这种持久的东西,就没有时间关系,凭借这种持久的东西,时间中的一切存在和一切变易,都只能被视为常驻不变的东西之实存的一种样式。因此,在显象中,只有持久的东西才是对象本身,是实体,亦即现象;而偶性则是一个实体的种种规定,亦即实体的种种特别实存的方式。康德的证明告诉我们,实体作为基底,并不是独立于现象和时间的,恰恰相反,在时间中作为可变事物的终极主体,就是作为一切变易者的基底的持久的东西,被康德定义为实体。

在康德的先验观念论中,物自身作为实体仅仅是作为经验的质料而呈现,本体与现象区分并不可知,脱胎于希腊传统实体概念的本体并不是康德意义上的实体。在现象界:一方是自我、理智;一方是经验对象、自然。理智不能被理解为单纯被动的实体,理智的自发性恰恰使人为自然立法成为可能;而物自身、世界整体涉及自然之秩序。因此,在康德合目的的理性秩序中,自然秩序在因果性的意义上成立,而我们的经验判断则在规范性的意义上成立。

康德的"个体"是总体性概念——灵魂、世界、神——是超验的理念,属于纯粹理性的理想,是本体,不是生存论意义上的个体。对德意志而言,生存

---

① 黑格尔. 哲学史讲演录:第4卷[M]. 贺麟,王太庆,译. 北京:商务印书馆,1978:343.

② 康德. 康德著作全集:第3卷[M]. 李秋零,译. 北京:中国人民大学出版社,2004:101.

③ 康德. 康德著作全集:第3卷[M]. 李秋零,译. 北京:中国人民大学出版社,2004:156.

④ 康德. 康德著作全集:第4卷[M]. 李秋零,译. 北京:中国人民大学出版社,2005:96.

论意义上的个体意识的觉醒另有其来源,最早发生在深受康德与费希特影响的德国早期浪漫派中,他们从生命、价值出发,对康德和费希特的主体性思想表达自己的不满,"认为其太过刻板、太过干涩,没有充分考虑多彩的、生机勃勃的人类生活特征"①。在耶拿的圈子中,尽管费希特的"自我设定一切"令人着迷,但这个设定着自我与非我的"我"太过抽象,他们甚至怀疑,这个"我"是不存在的。在耶拿早期浪漫派中,费希特的"自我"对自然、对生活缺乏基本经验这一漏洞就暴露出来了。他们主张,所有反思性的自我认识,一切关于对象的意识都是以非反思性的、直接的甚至前反思的自我意识为前提条件的,"我们直接知悉自己的某种方式,不等于通过运用某种标准将我们进行反思的自身和被反思的自身同一起来"②。"我会直接意识到我在疼痛",这与确认这个人就是刚才前来问话的那个警察是不同的,因为感知到疼不需要标准,但辨认出那个人则需要某种标准和规范。耶拿浪漫派的这一思路在荷尔德林和谢林那里生根发芽,荷尔德林直接促动了德国观念论向实存论的转向,而谢林致力于批判康德与费希特自我意识的反思特征,提出哲学方法论是"直观"。

荷尔德林强调了智性直观的直接性。我们并不是先有关于自我的意识,然后才形成关于对象的意识,实际上,"在我们反思性地意识到我们自己之前,甚至在我们意识到对象经验(这总是预设了我们将对象与我们关于对象的经验区分开)之前,有一种对'存在'的'智性直观',这将'存在'看作'是'先于一切同一性陈述的"③。荷尔德林实际上已经看到,"在所有其他判断行为之前,人类行动者将自己理解为作为个人而实存着,并且这种理解,作为一种无标准的自我归属,不仅仅是对他自己的个体实存着的理解,而且也是对'存在'一般的理解"④。与对外在对象的意识不同,自我对自身个体的实存,并没有对象化的个体意识,而是自我归属性的直观,这种直观是不能用判断或命题来表达的。荷尔德林为此指责费希特的自我设定理论,认为费希特从主观出发思考客观性,本质上是另一种形式的独断论,因为在主体-客体区分之前,我们向来总是已经从"在-世界-中-存在"的观念出发,我们自己首先作为世界的一部

---

① 特里·平卡德. 德国哲学 1760—1860:观念论的遗产[M]. 侯振武,译. 北京:中国人民大学出版社,2019:142.
② 特里·平卡德. 德国哲学 1760—1860:观念论的遗产[M]. 侯振武,译. 北京:中国人民大学出版社,2019:144.
③ 特里·平卡德. 德国哲学 1760—1860:观念论的遗产[M]. 侯振武,译. 北京:中国人民大学出版社,2019:145.
④ 特里·平卡德. 德国哲学 1760—1860:观念论的遗产[M]. 侯振武,译. 北京:中国人民大学出版社,2019:145.

分而实存于世界中的观念是前反思的。不是自我意识，而是我们自身的个体实存本身展开了对"存在"的先行理解，然后才有对"物"的理解。海德格尔追随荷尔德林，在《存在与时间》中曾多次强调了人的实体不是主体，而是生存。他说："此在的'本质'根基于它的生存。如果'我'确是此在的本质规定性之一，那就必须从生存论上来解释这一规定性。"① "人的实质是生存。我们曾借这一命题表达出了：不能由实在和实体性来理解具有此在的存在方式的存在者。"② "人的实体是生存。"③

当我们将海德格尔的生存论-存在论与德国观念论的实体-主体论对置时，就会发现，德国观念论者从自我、主体出发，专注于实体和本质；而海德格尔则从此在的生存、先行存在理解出发，探讨存在真理。德国观念论从历史性上来把握自我意识，海德格尔的历史意识着眼于此在的实际性。就个体而言，现实性才是最重要的，因为它"已经存在"，这个"已经"是由它所生存的自然环境、家庭、社会、历史、共同体共同规定的，因此它会在实存中逐渐意识到它在它的自我设定中始终已经是一种被设定了的存在，亦即海德格尔被抛的"实际性"。被设定状态的存在、被抛的实际性与个体的自由和生存必然生成一种对立。早在索福克雷斯的《安提戈涅》那里，城邦与个体就发生着冲突，苏格拉底之死并不能弥合这种裂隙，而是又再次宣告了这种冲突。对个体而言，其实存经验，其生存感受以及伴随而来的冲突对其决断的影响要远远大于国家、宗教和法律方面的影响。安提戈涅的生存处境是每个个体意识觉醒的实存者都必须要面对的：一方面自己设定着自身的自由之实存，另一方面自己的实存从未经历过这种自由。

费希特就认为，"如果一个理性存在者不设定它自己为一个个体，不设定它自己为许多理性存在者中的一员……它就不能把自己设定为这样一个具有自我意识的理性存在者"④。个体同其他理性的、具体的行动者的联系，不是一种因果联系，只能是一种规范联系，是承认（Anerkennung）关系。费希特说："只有我把一个确定的理性存在者作为一个自由的行动者加以看待，我才能要求这

---

① 海德格尔. 存在与时间 [M]. 陈嘉映，王庆节，译. 北京：生活·读书·新知三联书店，2006：135.
② 海德格尔. 存在与时间 [M]. 陈嘉映，王庆节，译. 北京：生活·读书·新知三联书店，2006：244.
③ 海德格尔. 存在与时间 [M]. 陈嘉映，王庆节，译. 北京：生活·读书·新知三联书店，2006：358.
④ 费希特. 费希特文集：第2卷 [M]. 梁志学，编译. 北京：商务印书馆，2014：262.

个存在者承认我是一个自由行动者。"① 承认因此是人的个体性概念的前提。

谢林在讨论康德的"自由"和"自治"概念时，意识到只有人们接受了一种更具人际性或主体间性的能动性观点，个体自由与世界的矛盾才会消散。一旦从主体间性出发，整个责任观念就与一种加于我们的，不由我们自己产生的要求有关，这些外在的要求是行动者相互加于对方的，可见，他人也参与了我的立法活动，对我原本无限的意志施加合理的限制。谢林认为，只有以预设的共同世界为背景，行动者才能通过在显然自由的个体行动中相互展现自身来建立起他们自己在这个"共同世界"当中的个体同一性。这也就意味着在自我立法之前，潜在的行动者必须首先要学会按照他人加于他的那些规则来行动，他必须先从他人为他立法开始，然后才能成长为自治的共同立法者。但是，就人类自由的本质而言，作恶的渴望与冲动，才是个体性的根源。

黑格尔的个体概念隐藏在理性认识到自己就是精神的否定运动环节中，个体化依赖于精神的不断主体化、一般化和总体化。就自我意识这一环节而言，包含三个阶段：α）欲望；β）承认；γ）普遍的自我意识。其中欲望使自我首先被规定为单个东西，其内容总是自私的和破坏性的，"但是，自我在满足中得到的自身感觉，按照内在的方面或自在地并不停顿在抽象的自为存在或其个别性上，相反地，作为对直接性和个别性的否定的结果包含着普遍性的和自我意识与其对象的同一性规定"②。只有在承认的自我意识阶段，个体才真正获得其现实性。"自我意识的单个性的扬弃是最初的扬弃；它因而就只被规定为特殊的自我意识。——这个矛盾产生这样的冲动：表明自己是自由的自身，并且对他者作为这样的自身而在那里——这就是承认的过程。"③ "承认的过程是一场战斗"，因为"我"只有在他人也是自由的并被"我"承认是自由的时候，才是真正自由的，这种自由的承认，只有通过战斗才能获得。在争取承认的战斗中，自由的绝对证明是死亡，但这种情况只发生在单独的人的自然状态中，而在市民社会和国家中，承认的获得是通过"他在克服其自我意识的自然性时服从于一种普遍的东西、自在自为地存在着的意志，即法律，从而以一种普遍有效的方式对待他人，即承认他们是他自己想要被认为是的——是自由的、是人"④。因此，"普遍的自我意识是在别的自身中对自己本身的肯定的知，其中每一个作

---

① 费希特. 费希特文集：第2卷 [M]. 梁志学，编译. 北京：商务印书馆，2014：300.
② 黑格尔. 黑格尔著作集：第10卷 [M]. 杨祖陶，译. 北京：人民出版社，2015：199.
③ 黑格尔. 黑格尔著作集：第10卷 [M]. 杨祖陶，译. 北京：人民出版社，2015：199.
④ 黑格尔. 黑格尔著作集：第10卷 [M]. 杨祖陶，译. 北京：人民出版社，2015：202.

为自由的个别性都有绝对的独立性，但由于对其直接性或欲望的否定都不把自己与别个区分开，都是普遍的和客观的，并且都有作为相互性的实在的普遍性，因为他知道自己在自由的别人中被承认，而他知道这点，因为他承认别的自我意识并知道它是自由的"①。自我意识认识到自己是普遍的概念，是对精神亦即对家庭、国家，以及一切美德、荣誉等的意识形式。当普遍的自我意识将其"自我"这个名称所蕴含的特殊性、个别性、自私性扬弃后，就成为理性。可见，一方面，主体化过程也是个体化过程，另一方面，最终实现为精神的个体是全体。在黑格尔的理性运动中，"生命"也将不再是个体生命。因为一个生命的实践参与社会制度的制定、历史的记忆，它是集体生命的"一个"，这种生命因此也是一个民族的生命。一个主体能够规定它自身，正是通过社会经验实现的，也就是说"自我意识只有通过另一个自我意识才得到满足"②。"一个自我意识为着另一个自我意识存在着。只有到了这个地步，自我意识才真正成其为自我意识，也只有在这个过程中，自我意识才通过他者获得自身统一。"③ 最终，意识认识到"我即我们，我们即我"④。

德国观念论自我主张其思想是自由的体系，但笼罩在绝对理性概念下的自由只是抽象的、理想化的自由。个体意识的自我总是被德国观念论要求为普遍的自我性，这种普遍的自我性是理性、精神、纯粹理性、时代精神。一个自由的个体只有在丹麦哲学家克尔凯郭尔之后才得到人们广泛的确认。克尔凯郭尔哲学主张个体化是一个独立的行为主体在孤独和自由中完成的自我实现过程。黑格尔之后，个体成为主体就不再是一个先验或超验的问题，而是一个"实存问题"、现实性问题。实存、强力意志、生命、此在的本己生存、感性的身体成为后德国观念论时代主体性的形态，主体即个体也打开了通向自由的第二条道路。因此，将认知主体的认识的自我与生命主体的活着的自我区别开来就十分重要。经克尔凯郭尔这个中介环节，海德格尔在《存在与时间》中提出，此在的本质是生存，其存在是向来我属的存在，他对此在的生存论分析专注于此在在世的处身情绪的考察，凸显此在的有限性和实际性。

海德格尔的"此在"虽然经常被人诟病为主体性形而上学的残余，但此在最本己的生存，是个别化的。他对死亡现象的生存论分析强化了这一个体化维

---

① 黑格尔. 黑格尔著作集：第 10 卷 [M]. 杨祖陶，译. 北京：人民出版社，2015：206.
② 黑格尔. 黑格尔著作集：第 10 卷 [M]. 杨祖陶，译. 北京：人民出版社，2015：116-117.
③ 黑格尔. 黑格尔著作集：第 10 卷 [M]. 杨祖陶，译. 北京：人民出版社，2015：117.
④ 黑格尔. 黑格尔著作集：第 10 卷 [M]. 杨祖陶，译. 北京：人民出版社，2015：117.

度：从存在论上分析，"死亡绽露为最本己的、无所关联的、不可逾越的可能性"①。"最本己的"一方面指此在的在世生存不是非本己的常人沉沦于世、操劳于世，而是"向死而在"。"无所关联的"向死而在意味着此在要独自面对这种可能性，不牵涉任何关系和他人，将自己从"共在"中疏离出来，从沉沦于世中提取出来。"不可逾越"意指此在向死而在是其"能在"的应有之义，这里不是常人经验事实意义上的"人终有一死"，而是指此在已经寓于这种可能性中了。死亡现象的存在论意义在于揭示此在存在的整体性结构，这种整体性又反转为个体性、本己性。他说："最本己的可能性是无所关联的可能性。……死并不是无差别的'属于'本己的此在就完了，死是把此在作为个别的东西来要求此在。在先行中所理解到的死的无所关联状态把此在个别化到它本身上来。"② 也是在这个意义上，海德格尔不是将死亡看作虚无、无意义，而是看作自由，是先行摆在此在前面的死亡这一最本己的可能性，为此在提供了从常人的平均状态中解放出来的自由。

海德格尔本己的生存与非本己的生存之区分揭示了本己的生存是此在个体的、特立独行的生存，此在听从"良知"的呼唤，决断（Entschlossenheit）出本己的展开状态（Erschlossenheit），构成源始的真理，即对存在的理解；非本己的生存则是此在日常的、沉沦于世的常人、一般化的生存，此在沉迷于闲谈和公众意见中。无论是本己的生存还是非本己的生存都是此在在世的方式，没有价值和道德上的高低之分。之所以强调这种区分，其意图在于本己的生存是个人的、自己的生存，属于存在论意义上的此在在世；非本己的生存是大众的、非自己的生存，属于现成存在者状态上的此在在世。本己生存的此在凸显"个体实存"，是海德格尔超越"一般主体"的指标之一。

第二节 理论与实践

海德格尔现象学的解释学将哲学定义为解释活动，将现象学定义为存在论，一方面使胡塞尔现象学从意识的理论转向此在的解释学；另一方面它将对存在

---

① 海德格尔. 存在与时间 [M]. 陈嘉映，王庆节，译. 北京：生活·读书·新知三联书店，2006：288.
② 海德格尔. 存在与时间 [M]. 陈嘉映，王庆节，译. 北京：生活·读书·新知三联书店，2006：302.

意义的解释向后投射到康德与德国观念论身上,解释组建着解构、对话与争辩。

随着20世纪20年代一系列弗莱堡讲座和《存在与时间》(1927)的问世,海德格尔在哲学界发起了一场革命性运动:

第一,他重新定义了哲学。哲学不是一门科学,哲学不是世界观,哲学不是认识理论,"哲学是对实际生命的历史性的(随着历史的发生而理解着的)认识。必然会形成某种范畴性的(生存论的)理解或表达(实践中的学问),这些在其中分别开来的内容,不能被解释为流传下来的支离破碎的东西的总和或本原,而是要积极地面对实际生命,即从生命本身的基本行为出发进行解释"①。对海德格尔本人而言,流传下来的哲学史是希腊和基督教化的西方,单就希腊而言,哲学研究本原、原则、原因的智慧之学,是对"是什么"的追问,但他认为,哲学不是事实,而是对事实的拥有,因此不仅要问"是什么"(Was),更要问"如何是"(Wie),让哲学的对象"是什么-如何-存在"(Was-Wie-Sein)变得可通达。"如何存在"在海德格尔哲学中就成为原则性存在(Prinzipsein),也就是说,哲学对象"是什么"在其中作为原理而起作用的"如何",具有实践的特征,因此哲学就是哲学活动,具体而言,哲学就是对实际生命的理解和解释行为,关键在于理解活动本身的存在意义,哲学就是原则性指向存在的意义的认识行为,哲学就是存在论。

第二,哲学活动关注实际生命的存在,哲学就是原则性的存在论,因此哲学的研究对象是人的此在。海德格尔的此在不是主体、一般主体,"实际此在是其所是,始终仅仅作为本己的此在,而不是某种普遍人性的一般此在"②。海德格尔说:"这种存在者的'本质'在于它去存在(Zu-sein)。"③ "这个存在者在其存在中对之有所作为的那个存在,总是我的存在。"④ 这两条规定明确地表达了此在的本质在于它的生存,也就是实际性的生命,活着,而且实际性的生命是我本己的生命、我本己的活着,强调了生命的私己性、个别性。海德格尔此在的生存论分析区分了此在非本己的生存与本己的生存,非本己的生存属于此在在世的常态,沉沦于世间成为公众和"常人",操劳着回避死亡;而本己的生

---

① 海德格尔. 对亚里士多德的现象学解释——现象学研究导论 [M]. 赵卫国,译. 北京:华夏出版社,2012:3.
② 海德格尔. 形式显示的现象学:海德格尔早期弗莱堡文选 [M]. 孙周兴,编译. 上海:同济大学出版社,2004:79.
③ 海德格尔. 存在与时间 [M]. 陈嘉映,王庆节,译. 北京:生活·读书·新知三联书店,2006:49.
④ 海德格尔. 存在与时间 [M]. 陈嘉映,王庆节,译. 北京:生活·读书·新知三联书店,2006:50.

存属于此在在世的非常态，因为本己生存的可能性首先要听到良知的召唤，海格尔说："此在被召唤向何处？向其本己的自身。"① "要有良知"将此在本己的生存与常人区隔开来，"此在，就其作为常人的世俗的领会之对他人与对它自身所是的东西，在这一召唤中被跨越过去了"②。在畏中直面死亡的悬临，做出决断。因为死亡是此在最本己的可能性，如果说此在的生存本身是一种可能性，那么死亡作为生存之整体性就是最具有确定性的可能性，而且它的悬临预示着不可避免和不可替代，最本己的可能性意味着只能自己去经历和体验这种可能性，"任谁也不能从他人那里取走他的死。" "每一此在向来都必须从自己接受自己的死。"③ 只能自己本身去承受这种能在，这份生命之重。死亡不能代理，不能共担，"最本己的可能性是无所关联的可能性"④。亲自赴死，显示了此在最本己的私己性。

第三，此在非本己的生存——"常人"沉沦于世。海德格尔将此在实际性的生命规定为"在-世界-中-存在"（简称"在世"），在世的基本结构为操心（cura/Sorge）。此在如何在世？海德格尔说，是情绪将此在带到它的作为"此"的存在面前，"情绪一向已经把在世作为整体展开了，同时才刚使我们可能向某某东西制订方向。……世界、共同此在和生存是被同样源始地展开的，处身是它们的这种同样源始的展开状态的一种生存论上的基本方式，因为展开状态本身本质上就是在世"⑤。此在以各种情绪、处身情态作为展开世界的方式，世界作为周围世界不是空间性的，其周围性在于此在的操劳着的觑摸（寻视）和操劳着的先行理解。因此，此在在世的同时也是对世界的构建，"我"就是"我"的世界，说的虽是"我"的生存组建着"我"的世界，从周围世界、公共世界，到本己世界，都是通过操劳于世形式地显示出来。但这里的"我"在此在的操劳中并没有明确显示、指示出来，不是自我反思的结果，本己世界因此绝不是"我"自己本身，它与周围世界、公共世界一道存在于此，是生活世界，

---

① 海德格尔. 存在与时间 [M]. 陈嘉映，王庆节，译. 北京：生活·读书·新知三联书店，2006：313.
② 海德格尔. 存在与时间 [M]. 陈嘉映，王庆节，译. 北京：生活·读书·新知三联书店，2006：313.
③ 海德格尔. 存在与时间 [M]. 陈嘉映，王庆节，译. 北京：生活·读书·新知三联书店，2006：276.
④ 海德格尔. 存在与时间 [M]. 陈嘉映，王庆节，译. 北京：生活·读书·新知三联书店，2006：302.
⑤ 海德格尔. 存在与时间 [M]. 陈嘉映，王庆节，译. 北京：生活·读书·新知三联书店，2006：160.

是实际性的生命本身。因此，本己的"我"、私己性的"我"在闲言、好奇、两可以及沉沦中并不现身，现身的是公众和常人，通过人云亦云的闲言、无所住留的贪新鹜奇，以及在与他人共处中不负责任的两可，沉沦于世，彻底溶于公众和常人生活中，"闲言、好奇和两可标画着此在日常借以在'此'、借以开展出在世的方式"①。借以在"此"，借以开展出的"在世"，是沉沦、是逃避，沉沦于普遍性中，逃避自身的特殊性、唯一性，不愿成为自己。沉沦于世是"在之中"的基本存在方式，也就是说沉沦于世才是日常生活的常态。海德格尔强调指出："本己的生存并不是任何漂浮在沉沦着的日常生活上空的东西，它在生存论上只是通过式变来对沉沦着的日常生活的掌握。""沉沦现象也不表示此在的'黑夜一面'。……沉沦揭露着此在本身的一种本质性的存在论结构，它殊不是规定黑夜面的，它组建着此在的一切白天的日常生活。"②

第四，"死亡现象"既形式显示着此在的整体性，也是此在非本己的生存和本己的生存之区分的枢纽。海德格尔说，死亡作为终结组建着此在的整体性，这里不涉及彼岸世界的思辨问题，而是从存在论上将死规定为此在的存在方式、生命现象，此在在死亡中达到整全同时也丧失了在此。实际生命按其存在特征根本就不是一个事件，此在不是一种现成事物，作为生命现象的死亡也不是尚未现成的东西，它是一种悬临（Bevorstand）。海德格尔说："死亡对实际生命来说是某种悬临的东西；实际生命面临死亡犹如面临某种注定的东西。生命以这样一种方式存在，即它的死亡始终不知怎么地为它而在此，为它出现在一个视野中；而且，即使'对死亡的思想'受到拒绝和抑制，也依然是这种情况。死亡呈现为操心的对象，恰恰是因为它以咄咄逼人的顽固性表现为一种生命方式。生命之操心对其死亡的强求的无忧虑状态，是通过向世界性的操劳的逃遁而得到实行的。然而，对死亡的视而不见根本不是一种对生命自身的把握，以至于它恰恰成为生命对自身及其本己存在特征的一种回避。对死亡的悬临着的拥有——既以逃避着操劳的方式又以攫住生命的忧虑的方式——对实际性之生存特征来说是构成性的。在对确定的死亡的拥有（一种攫住生命的拥有）中，生命本身变得显明了。如此这般存在的死亡赋予生命一个视野，并且不断地一道把生命带向其最本己的当前和过去——这种过去植根于生命本身中而与生命亦

---

① 海德格尔. 存在与时间 [M]. 陈嘉映，王庆节，译. 北京：生活·读书·新知三联书店，2006：203.

② 海德格尔. 存在与时间 [M]. 陈嘉映，王庆节，译. 北京：生活·读书·新知三联书店，2006：208.

步亦趋。"① 在如此悬临之际，此在"在之中"所产生的所有关联都被解除了，此在"去存在"之本质显示出来的能在之可能性中止于死亡这种可能性，死亡是此在之可能性的可能性，形式显示为最本己、无所关联、不可逾越的可能性，而且只要此在生存着，它就已经被抛入这种可能性中了。此在生存着，实际上也就是死着，此在之存在本质上也是向死而存在。常人的公众意见将死亡看作"死亡事件"，不断摆在眼前的"偶然事件"。公众意见通过这种总是已经"现实的东西"来掩藏它的可能性本质，掩藏它的本己性、无所关联性和不可逾越性。通过掩藏而逃避死亡，日常状态的"经验事实"让常人"确知"死亡，但暂时尚未到来给了逃避的可能，海德格尔将这种沉沦着在死之前的逃避规定为非本己的存在，而本己的向死存在是对死亡之最本己的、无所关联的、不可逾越的、确知的而作为其本身则不确定的可能性的理解以及决断。本己的向死存在说的不是"想去死"，努力地"实现"死亡，而是指向可能性存在，海德格尔将其规定为先行到可能性中去，他说："向死存在，作为先行到可能性中去，才刚使这种可能性成为可能并把这种可能性作为可能性开放出来。"② 这种可能性的开放能够使此在领会自己本身：生存，即领会最本己的最极端的能在。可见，本己的生存不逃避死亡，更不是遁世。海德格尔说："这种针对沉沦趋向的反运动不能被解释为遁世。"③ 向死存在的本己生存昭示出一种原始的构成存在的作用，亦即对存在的先行理解、对存在的意义的解释。

对海德格尔而言，哲学研究就是要对生命的基本运动，对先行理解着存在之意义的解释活动。其解释工作的主导问题必定是"人的存在""在生命中存在"的意义，这里的"意义"不是价值，而是在逻各斯（λογος）中敞开的意义，是无蔽/真理（ἀλήθεια），即存在本身。因此，我们可以确定的是，对实际性的生命之意义的解释，对此在存在之意义的发问，并不能为生命增加任何价值，也不会因此而组建人类此在的"在世"原则。

"人是理性的动物"与"知识就是力量"在科学技术的进步中展现出强大的规范性力量，"科学的""理性的""逻辑的"已经开始承担起强大的价值判断功能。形而上的理性体系、形而下的社会治理系统都普遍没有了人性，但生

---

① 海德格尔. 形式显示的现象学：海德格尔早期弗莱堡文选 [M]. 孙周兴, 编译. 上海：同济大学出版社, 2004：86.
② 海德格尔. 存在与时间 [M]. 陈嘉映, 王庆节, 译. 北京：生活·读书·新知三联书店, 2006：301.
③ 海德格尔. 形式显示的现象学：海德格尔早期弗莱堡文选 [M]. 孙周兴, 编译. 上海：同济大学出版社, 2004：88.

命、生活的直接感受性，欲望的冲动，个体对幸福的理解，依然蛮横地在每个具体的个体身上起作用。因此，实存哲学不仅是德国观念论理性体系的反动，更是技术统治时代唯一让具体的个人看到希望的思想。面对技术统治时代下的千篇一律、庞然大物般的机械式规范力量，想象、直观、疏朗之地甚至神秘体验这些概念已经全面从理性体系中拔出，只能在实存哲学中才可能拥有一块自留地。德国观念论没有随着技术成为星球法则而愈加繁荣，反而因其思辨和抽象被抛弃、没落。作为德国观念论遗产最大继承人之一的克尔凯郭尔、尼采、海德格尔则敏锐地洞察到现代人的基本问题：人如何超越自己？如何定义人的存在的意义？

海德格尔说："实际生命始终都活动于某种特定的被解释状态中，活动于一种传承下来的，经过修改或重新加工的被解释状态中。"① 哲学作为哲学活动因此只不过是对实际生命的明确解释而已，在海德格尔这里，人的生命、此在、周围世界就成为哲学研究的对象。对现代西方的处身情态而言，实际生命的问题的各种决定性的构造力量交织在一起，被简称为"希腊的-基督教的生命解释"②，当然也包括由这种生命解释所决定的，与这种生命解释相关的反希腊和反基督教的解释趋向。在海德格尔看来，在此种解释中设定的关于人和人类此在的理念，规定了康德的哲学人类学以及德国观念论的哲学人类学。因此，对海德格尔的哲学研究而言，当务之急就是从亚里士多德出发，回溯过去，去理解和解释决定了西方存在论和逻辑学的意义和命运的关键步骤，并从总体上把中世纪神学的知识结构，以及它的注疏，理解为通过确定中介而获得的生命解释。海德格尔现象学的解释学视野和方法论实践就从解释亚里士多德开始，近代"人是理性的动物"的翻译就被海德格尔重新解释为"人是拥有言辞的动物"。将人规定为"拥有言辞的动物"，是对亚里士多德《政治学》"人是政治动物"定义的回归，这意味着"城邦是人类生活的一种可能性，这种可能性出于自然"③。按照拥有言辞这种规定，人的此在的基本特征就是"共在"，通过言辞，宣告了人存在-于-此-世的可能性。人的在世存在方式就是言辞，人的存在本身就是与他人共在。具体而言，人的在世存在就是与世界言说，此在总是

---

① 海德格尔. 形式显示的现象学：海德格尔早期弗莱堡文选 [M]. 孙周兴，编译. 上海：同济大学出版社，2004：83.
② 海德格尔. 形式显示的现象学：海德格尔早期弗莱堡文选 [M]. 孙周兴，编译. 上海：同济大学出版社，2004：94.
③ 海德格尔. 亚里士多德哲学的基本概念 [M]. 黄瑞成，译. 北京：华夏出版社，2014：49.

已经在某种程度上随身带有一种解释。此在在世的可理解性，也就是常人，最终扎根于意见之中，扎根于关于事物和关于人本身的如此平均的看法之中。但近代理性、逻辑至上以来，亚里士多德的政治学对言辞作为共在的形式的强调已经被逻辑取代。尤其是维特根斯坦在《逻辑哲学论》中为思想的表达划了一个界限："凡是可以说的东西都可以说得清楚；对于不能谈论的东西必须保持沉默。"① 这就意味着思想表达属于逻各斯的部分都可以凭借逻辑说清楚，而不属于逻各斯的部分要么显示自身，要么保持隐匿。海德格尔现象学的解释学专注于要显示的东西如何显示自身。

正如海德格尔对现象一词的解释："现象（Phänomen）一词起源于希腊术语 φαινόμενον，后者是以动词 φαίνεσθαι 即自行显示中派生出来的。也就是说，现象乃是自行显示的东西，作为自行显示者显示着自己的东西。"② 现象学因此是存在论，不是对象论。与传统知识论和一切把哲学定义为理论化的世界观的主张相对立，海德格尔现象学的解释学，即现象学的存在论，主张回归生命本身、回归实际性的生活，因此也被称为实际性的解释。哲学是解释活动、个体生命的实践活动，哲学的对象不是追问"什么"（Was），而是追问"如何"（Wie）。他说："我们的阐释工作的主导问题必定就是：人之存在，'在生命之中存在'，究竟被经验和被解释为何种存在特征的何种对象性了？对生命的解释自始借以把人这个对象设定起来的那种此在（Dasein）的意义，究竟是何种意义？"③ 尽管这是海德格尔对亚里士多德现象学的解释的开端，但我们认为，这一主导问题也同样有效地构成了对康德和德国观念论的现象学解释的开端。

海德格尔从普遍的、逻辑的理论态度转向实际生命，其形式显示（formale Anzeige）的方法就具有现象学解释的开端的意义，因为形式显示是一种"指引"，"从不确定的又以某种方式可理解的显示内容出发，把理解带向正确的视野（Blickbahn）"④。在此在的实际性生活中，在世界中与此在前来照面的东西、打交道的东西，都建基在对存在意义的先行领会之上，因此范畴的意义是生存论的，是解释性的、实践-历史的。海德格尔借助于形式显示的方法，尝试摆脱"对象化""表象性"的思惟模式，通过形式显示，确立一种前理论的、

---

① 维特根斯坦. 逻辑哲学论［M］. 贺绍甲，译. 北京：商务印书馆，1996：23.
② 海德格尔. 形式显示的现象学：海德格尔早期弗莱堡文选［M］. 孙周兴，编译. 上海：同济大学出版社，2004：127.
③ 海德格尔. 形式显示的现象学：海德格尔早期弗莱堡文选［M］. 孙周兴，编译. 上海：同济大学出版社，2004：98.
④ 海德格尔. 存在论：实际性的解释学［M］. 何卫平，译. 北京：人民出版社，2009：83.

非对象化的实际经验（存的意义）。因为在海德格尔看来，现象本身只能在形式上得到显示。他将现象具体为三个方向上的意义整体：内涵意义（在现象中被经验的原始的什么）、关联意义（现象在其中得到实行的原始的如何），以及实行意义（关联意义在其中得到实行的原始的如何）①。现象学则是对这个意义整体的阐明，只不过，这里的意义整体已经不是胡塞尔从逻辑上所追求的普遍性、总体性了。克兹尔就曾指出，海德格尔的实际性与逻辑性相对，它是时间的、偶然的、个体的、具体的、一次性的和不可重复的。② 实际上，这里表明的正是海德格尔所坚持的历史性、时间性。

现象学的解释学既是海德格尔的存在论，也是海德格尔的方法论。在对康德的现象学解释中，海德格尔将康德的知识的可能性还原为基础存在论的必要性，也就是具体探讨人之此在的有限性和实际性。既然此在的实际性是用来表示"我们的""本己的"此在的存在特征，那么实际性的解释学因此就是对每个本己的此在按其存在特征来理解这个此在本身。康德将对象的对象性问题归结为主体的主体性问题，落到海德格尔实际性的解释学领域中，就被还原为此在的有限性问题。

在对费希特的解释中，费希特试图通过自我的本原活动重新为形而上学奠基的努力，始终没有摆脱自我被理解为"思想"的命运，剥掉"自我性"一般主体、绝对主体的外衣，剩下的只有自我存在才是最值得追问的。自我性的本质追问因此不是讨论一般自我的逻辑命题，而是事关个别的、实际的自我生存之事实。尽管在费希特的知识学中，逻辑学与形而上学之间的整体关联对于理解德国观念论的一般问题具有重大意义，但海德格尔从费希特那里看到，对存在的追问和与此联系在一起的对人的追问之间的那种整体关联。

在对谢林的阅读中，海德格尔洞察到，一切有限性都被回避了，神在本质的意义上是自然，作为"在其自身的存在"是永恒的。整个先验哲学都是对绝对同一者的直观，这种智性直观将分离实存着的东西结合在一起，不断上升，最终达到审美的直观。因此，他认为，"实存的入场（Einsatz der Existenz）乃是关键"③，从这一立场出发，海德格尔将谢林的《自由论文》看作存在的源初神

---

① 海德格尔. 形式显示的现象学：海德格尔早期弗莱堡文选 [M]. 孙周兴，编译. 上海：同济大学出版社，2004：72.
② KISIEL T. Das Entstehen des Begeriffsfeldes. "Faktizität" im Frühwerk [D]. Dilthey-Jahrbuch. Bd. 4. Göttingen: Vandengoeck & Ruprecht, 1987: 94.
③ 海德格尔. 德国观念论与当前哲学的困境 [M]. 庄振华，李华，译；赵卫国，校. 西安：西北大学出版社，2016：313.

学,"神乃是作为实存者的神本身,也就是说,作为走出自身者和自行启示者,……它就是纯粹的意志,也是精神"①。进一步说,"实存着的神进行启示的可能性条件同时就是为善致恶之能力的可能性条件",而"指明恶的可能性就意味着指出,人类在何种程度上必须存在,……恶的根据恰恰就是人类存在的根据"②。正是由于海德格尔只关注有限性与时间性的关联,而没有留意谢林永恒性与时间性关系中隐藏的秘密,即绝对者/神走出自身、启示自身的过程需要时间这一洞见,海德格尔因此没有意识到在谢林那里,已经准备从无时间的绝对同一性体系过渡到时间体系或世界时代。谢林的"永恒与时间"因此与海德格尔的"存在与时间"形成对峙:(1)时间性是有限者作为实存的本质属性;(2)有限者只有在其自身中蕴含着无限性甚至蕴含着永恒性,它才能够从绝对者中分离并被创生为有限者,也就是说,有限者以有限者与无限者的相对统一为其实存的前提条件;(3)谢林主张无限者在有限者中仅仅以有限的方式反射出来,海德格尔主张存在在此在中仅仅以有限的方式投放出来。

在与黑格尔的争辩中,海德格尔首先革新了自狄尔泰《黑格尔青年史》以来司空见惯的一种做法,即从黑格尔与基督教和神学的关系出发考察黑格尔,而是恢复黑格尔与亚里士多德的密切关联,从西方形而上学在其自身内部的完成视点出发,展开与黑格尔的争辩,问题格局因此被定位在形而上学的本质规定上。令黑格尔感兴趣的并不是自我和主体性本身,而是绝对理性的理念,而海德格尔感兴趣的则是将形而上学带回到它的基础之上,亦即将形而上学建基于时间性之中的此在形而上学,时间性才是形而上学的基本问题。黑格尔虽然在康德的立场中看到了反思哲学的立足点,但他在克服反思哲学的过程中为了发展理性而完成了在笛卡尔那里产生的那个发端,没有追问自我的存在问题,更没有追问有限性本身,而是在完全确定的意义上过渡到无限性上去了。因此,在海德格尔看来,绝对观念论不过是笛卡尔式的沉思的完成、将反思绝对化了而已,是必须被克服的形而上学体系。

德国观念论与康德的争辩是通过将意识和自我意识扬弃到理性中,有限性被克服,无限的、绝对的认识得到保障。海德格尔与康德、德国观念论者的争辩是通过拯救性地恢复此在的有限性,克服康德与德国观念论的反思的主体性,将理性、精神扬弃到此在的在世存在中,有限的、实际性的、本己的存在得到

---

① 海德格尔. 谢林:论人类自由的本质 [M]. 王丁, 李阳, 译. 北京: 商务印书馆, 2018: 237.

② 海德格尔. 谢林:论人类自由的本质 [M]. 王丁, 李阳, 译. 北京: 商务印书馆, 2018: 238.

彰显，存在问题对于意识的优先性得到保障。他坚持康德的先验立场是存在论的；谢林的本质之路是诗性的；黑格尔对形而上学的完成只是思想的开始。海德格尔的历史意识要求他对德国观念论的现象学的解释必须从其当前哲学的问题情景出发，以此在实际性的生存和有限性问题为视点，现象学地还原德国观念论的核心因素——有限性与无限性问题。

第三节　有限与无限

在海德格尔看来，康德与德国观念论之间的对立，是围绕着有限性与无限性问题展开的。他说："德国观念论阵营对康德那里的物自身发起的斗争意味着，对以现象为转移的，有其内在界限的那种直观的斗争。对物自身的斗争意味着从形而上学出发消除有限性问题。"[1] 海德格尔与德国观念论之间的争辩之所以必要，正是因为人的有限性问题在德国观念论中消失了，严格来说，是被辩证法取代了，形而上学问题被设置为对无限者的无限认识了。

有限性与无限性两种立场在德国哲学内部发生的争辩只有放在与海德格尔争辩的维度中，才会产生形而上学的"完成"和"克服"双重问题。因为在海德格尔的存在-历史视野中，德国观念论者几乎穷尽自己的才智才成功建立起的主体-客体、观念-实在、思惟-存在、有限-无限的统一，却依然没有能够摆脱形而上学存在-神-逻辑学之命运，陷入概念化、理性主义、主体主义的反思性思惟中。在他看来，是黑格尔首先开启了克服思想的命题特征，以无限的方式思考有限性，他的变易（Werden）是对有限性的证实。为了与黑格尔进行根本性的争辩，海德格尔揭示了黑格尔辩证法最大的隐秘是这种通过变易运动不断生成的在自身内旋转着的永恒的、当前的、无限的理性，然后与作为时间性的、被投开状态的、此在的有限性，形成对峙。

对海德格尔来说，哲学只能是对实际生命的解释，在此解释中设定的关于人和人类此在的理念，就西方-欧洲人而言，是由希腊的-基督教的生命解释所规定。康德的哲学人类学以及德国观念论的哲学人类学都是由此出发，海德格尔的现象学的解释学的主导任务因此是现象学的"解构"，通过拆解性的回溯，松动传统的占支配地位的被解释状态，并借此进入实际性经验的源始动机中，

---

[1] 海德格尔. 德国观念论与当前哲学的困境[M]. 庄振华，李华，译；赵卫国，校. 西安：西北大学出版社，2016：347.

从而与康德和德国观念论形成解构性争辩。海德格尔说:"解释学只有通过解构的途径才能完成它的任务。"①

在海德格尔现象学的解释中,人之存在,在生命之中存在,人就成为以解释方式有所规定的追问的对象。人之存在的意义究竟被经验和被解释为何种存在特征的何种对象性了?也就是说,人之存在是如何得到概念阐明的,这种阐明的现象基础是什么?在康德的哲学人类学中,康德将对象之对象性归结为人类主体之主体性,对人类主体之主体性的考察,就是对人之存在的追问,康德总结为四个问题:我能够知道什么?我应当做什么?我可以希望什么?最后归结为人是什么?在海德格尔看来,康德在考察人类理性最内在的旨趣"能够""应当""可以"的过程中,在其思想最深处敞开了一种有限性,人的理性在其本质上是有限的。他指出:"着眼于形而上学的奠基,对人的有限性必然进行发问,而将这一基本的疑难展露出来,就是上面对《纯粹理性批判》正在进行的阐释工作的目标。"②

探讨人的有限性,海德格尔认为,从人被标明为一种被造物视点出发,从理性上说是可能的,但这种可能性也仅仅"再一次证实人的有限性的事实状况而已,有限性的本质存在并没有得到明证,也没有将这种本质存在规定为人的存在的基本状况"③。因此,对人的有限性发问的根本任务,是"必须要阐明存在本身(而非存在物)与人的有限性之间的本质关联"④。海德格尔就此提出,对存在的意义的发问才是追问人的有限性问题的正确道路。因为存在问题作为对存在概念之可能性的发问,产生于前概念性的存在之理解,而对存在前概念式理解的可能性的澄清就内在关联着人之此在的生存。"生存作为存在方式,本身就是有限性,而这种有限性的存在方式只有基于存在之理解才是可能的。"⑤可见,人的有限性最内在的本质是"生存"。

康德与海德格尔各自从认识和生存层面看到了此在的有限性与时间性,而

---

① 海德格尔. 形式显示的现象学:海德格尔早期弗莱堡文选[M]. 孙周兴,编译. 上海:同济大学出版社,2004:94.
② 海德格尔. 康德与形而上学的疑难[M]. 王庆节,译. 上海:上海译文出版社,2011:208.
③ 海德格尔. 康德与形而上学的疑难[M]. 王庆节,译. 上海:上海译文出版社,2011:209.
④ 海德格尔. 康德与形而上学的疑难[M]. 王庆节,译. 上海:上海译文出版社,2011:211.
⑤ 海德格尔. 康德与形而上学的疑难[M]. 王庆节,译. 上海:上海译文出版社,2011:218.

德国观念论则通过智性直观和思辨追求绝对的认识。海德格尔评论说:"在康德那里(首先还是在《纯粹理性批判》的第一版里),形而上学本质上属于人的本性,因而它总是对一种有限的纯粹理性的认识。但观念论将认识的这种有限性扫除了,并要求一种绝对的认识。"① 在康德追问"人是什么"这个问题时,对人的有限性的追问与对存在的追问是共属一体的,只是在康德这里,存在首次从时间出发得到理解,但对时间之意义的洞见只是一闪就熄灭了。德国观念论没有看到这一闪光,在德国观念论那里,对精神的思索达到了一种前所未有的强度,甚至决定了它的命运。

康德虽然短暂确立了人的有限性,知性概念的限制性,但他并不否认人类的认识道路就是一条从有限走向无限的超越道路。他说:"我们的一切知识都始于感官,由此达到知性,并止步于理性"②;"为知性有条件的知识找到知性的统一得以完成所凭借的无条件者。"③ 这个无条件者就是作为理性概念的先验理念。康德将知性定义为"规则的能力",将理性定义为"原理的能力",具体而言,知性的功能在于将感性直观中被给予的杂多带向概念的客观统一性,使它们统一起来成为经验知识,而理性的功能则在于把知性判断形成的产物带入一个系统的整体中,使它们统一起来成为原理。也就是说,"知性可以是诸般显象凭借规则而有统一性的能力,而理性则是各知性规则在原理之下而有统一性的能力"④。只不过康德把理性这种超越经验追求最高整体性和系统性的原理能力严格限制起来,将其实在的应用纳入先验辩证论中,对其先验幻相畏之如虎,但这为黑格尔的辩证法开辟了道路。黑格尔一方面以"对立统一"的名义将康德的二律背反纳入理性的辩证运动中,明确将概念、理念提升到无限的位置上,追求绝对的真、整体意义的真;另一方面突破康德对理性所设置的限定,与现实统一起来,"凡是有理性的,都是现实的;凡是现实的,都是有理性的"⑤,现实和物自身一并被纳入理性的世界,并不存在一个完全独立于理性之外的物自身的世界。认识的无限性与主体的有限性就在理念、绝对精神中统一起来。

---

① 海德格尔. 德国观念论与当前哲学的困境 [M]. 庄振华,李华,译;赵卫国,校. 西安:西北大学出版社,2016:339.
② 康德. 康德著作全集:第 3 卷 [M]. 李秋零,译. 北京:中国人民大学出版社,2004:232.
③ 康德. 康德著作全集:第 3 卷 [M]. 李秋零,译. 北京:中国人民大学出版社,2004:237.
④ 康德. 康德著作全集:第 3 卷 [M]. 李秋零,译. 北京:中国人民大学出版社,2004:234.
⑤ 黑格尔. 法哲学原理 [M]. 邓安庆,译. 北京:人民出版社,2016:12.

德国观念论体系中再也不会出现康德先验幻相和"二律背反"的问题。现实与理性的统一,也就意味着德国观念论彻底突破了康德现象与本体之间的区分,在康德那里,现象与本体之间的区分,本质上是有限的认识和绝对的认识、有限性与无限性的区分。对人的努斯而言,存在者是可理解之物;对神的理智而言,不存在任何对象。显然,德国观念论的智性直观概念就是从神视角出发产生的。

在德国观念论中,是费希特首先恢复了属人的智性直观,他主张自我由智性直观给出。他说:"绝对的主体、自我不是通过经验直观给予的,而是通过智性直观设定的。"① 这样,自我意识的同一性就不再是经验的同一性,而是分析的同一性(A=A)。"自我是本原行动"与"自我是绝对主体"就在"自我设定自我"的绝对无条件原理中统一起来。谢林认为,费希特的自我-设定原理是一种单纯的主观性论述,他站在斯宾诺莎主义的立场上,提出的主体-客体无差别的绝对同一性论述,也只能继续在斯宾诺莎"神即自然"的意义上理解,正如皮平所评论的,"本源的'主观性'真正模型,不是康德第一批判的先验的、有限的主观性论述,而是第三批判的'神的'主观性论述,这种主观性显示在自然的美和自然的合目的性之中,而既然它是无限制的、无限的,它真正说来就不是一个'主体',而是神性自然本身"②。谢林的同一性哲学对有限、无限的处理,最是符合皮平所提出的这种"神性自然"立场。他在坚持绝对者之绝对同一的绝对性立场上提出了有限者、无限者、永恒者三个概念,一方面绝对者通过其绝对同一性的形式分离和创生出有限者和无限者的相对统一;另一方面,有限者与无限者仅仅是永恒者的一种样式和映像,其实在性通过相对统一得到保障,且为时间性的,其观念性依然处于绝对理念中,是无时间的。谢林说:"有限者与无限者、实在性事物与观念性事物的完美统一便是永恒的形式,而这统一作为形式同时又是绝对者的本质,因而那个事物在达到了那种相对的统一的时候,便具有了一种假象,仿佛在它之中理念也就是实体,形式也就是直截了当实在的东西。"③ 对个别事物、有限者而言,思惟与存在形成对立,理念引入时间性中,不过,按照绝对同一性立场,思惟与存在就其自身而言,都不服从于时间性,而是"它们中的每一个都只是由于与另一个的相对分离和相对结

---

① 费希特. 费希特文集:第 1 卷[M]. 梁志学,编译. 北京:商务印书馆,2014:421.
② 罗伯特·皮平. 黑格尔的观念论——自我意识的满足[M]. 陈虎平,译. 北京:华夏出版社,2006:88.
③ 谢林. 布鲁诺[M]. 庄振华,译. 北京:北京大学出版社,2020:62.

合而服从于时间性"①。谢林观念论的精髓不是用观念性事物规定实在性事物，而是使双方的对立本身成为单纯观念性的。按照谢林观念论立场，有限者只有在与无限者的关联中才如此这般的存在，"有限者永不为其自身而实存，只有有限者与无限者的统一才为其自身而实存"②。同样，无限者也只是与有限者相对立时才作为无限者本身而存在。

自笛卡尔以来，自我就被赋予确定性的功能，在德国观念论这里，这种自我的确定性被翻转成了绝对者的确定性，绝对者本身成为形而上学的真正主题。这一主题在谢林与黑格尔这里就被表达为绝对同一性问题。在追问绝对同一性的过程中，谢林贡献了自己独特的术语——"永恒者"。有限者与无限者的结合是永恒者的一个摹本，或者说，有限者与无限者对立与统一的绝对统一是永恒者，属于绝对者的同类，永恒者是无时间性的，但二者在它之中或结合起来或分离开来而产生的东西则需要时间过程。就这样，谢林就为个别事物设定了有限者、无限者和永恒者所构成的三一体（Drei-Einigkeit）模型，以表达从绝对者的绝对同一性中自我反射出来的差别并不是单纯的差别，而是差别与无差别状态的统一。当然，谢林在阐述个别事物的三一体时，模仿或者说尚没有摆脱康德的先验逻辑，比如，他将有限者归属于直观、无限者归属于思惟，永恒者归属于理性。有限者在它们身上属于感觉的那些东西，无限者在它们身上则是自我意识的表现，有限者作为实在的东西与无限者作为观念的东西的统一则模仿了永恒者的本性。谢林说："在直观中有限者、无限者和永恒者都从属于有限者，这一现象的根据却仅仅在于灵魂与作为个别事物的身体的直接关系。"③ 事物的灵魂是概念，灵魂又是身体的直接概念，当客观认识从这种概念那里的分离便设定了时间，将有限认识与无限认识关联起来的活动则产生了知识，那知识不是一种绝对无时间性的认识，而是一种适用于一切时间的认识。通过这种关联，直观变得无限，在无限的意义上，被设定的无限者便是我们所谓概念，有限者被接纳到无限者之下，便产生了判断，永恒者在无限的意义上被设定就会产生推理。虽然无限性在这个层面上好像囊括了一切，但这种无限性也只是一种知性的无限性，其中概念的无限性因此属于一种单纯反思的无限性，只能通过时间才能被表现出来。

由此可见，在反思的层面上，知性的形式总是令人惊叹，无论是概念、判

---

① 谢林. 布鲁诺 [M]. 庄振华，译. 北京：北京大学出版社，2020：63.
② 谢林. 布鲁诺 [M]. 庄振华，译. 北京：北京大学出版社，2020：64.
③ 谢林. 布鲁诺 [M]. 庄振华，译. 北京：北京大学出版社，2020：103.

断和推理,还是现实性、可能性和必然性,在谢林这里都可以通过它的三一体形式完美地再构建。有限与无限也从各自的视点得到规定,谢林说:"无限者、有限者和永恒者,在隶属于有限者或差别的情况下作为空间显现出来,在隶属于无限者或相对统一的情况下,作为时间显现出来。那么很明显,这种相对的统一在永恒者的形式下被直观便是理性本身,而且作为理性在概念中表现出来。"① 从存在与思惟的统一关系而言,有限者、无限者和永恒者在直观中从属于有限者,而在思惟中则从属于无限者。所以,有限者究竟是以有限的形式表现为实在的东西,还是以无限的形式表现为观念的东西,抑或以永恒的形式表现为总体性,这都取决于绝对者、灵魂的自我表象和反射。

谢林绝对同一性哲学的立场规定了灵魂对绝对者的智性直观,客观认识仅仅是对从绝对者中分离、堕落出来的绝对者的形式、映像的认识,属于绝对者的自我表象或灵魂的反射。黑格尔思辨辩证法的立场规定了绝对精神自我认识的过程和可能性,两个观念论体系貌似渐行渐远,实则殊途同归。

黑格尔在其观念论体系的开端就规定了"真理是整体"的科学,走向真理的整个过程就是有限通达无限的过程。因此,在黑格尔的逻辑体系中,有限的认识或反思,只是从绝对的同一性中抽象出来的,而无限的认识或思辨则是关于无限事物或绝对者的认识,是对绝对者的理性认识。正如本研究导论所述,"反思"在黑格尔体系中被降格为知性反思,只有"思辨"才上升到理性层面,属于理性独有的能力。因此,反思是对有限事物的认识,其本身也是有限的、分离的、抽象的、固定和静止的知性认识。早在《耶拿逻辑纲领》中,黑格尔就批判了知性的有限性。对他而言,知性或反思只属于被剥夺了关系的那些孤立的、固定的和有限的诸范畴或有限性的诸形式,知性或反思既无法保证诸范畴的关系关联,也无法保证对世界本身的整体把握②。从逻辑的观点看,理性或思辨则可以保证关系和整体,因为在理性或思辨那里,绝对者与有限物并非知性层面上的对立,二者的关系并不是一种外在关系,绝对者在自身之中建立起有限物的诸形式或范畴,又在自身中扬弃了它们,绝对者在自身之中对有限物的扬弃是绝对者的自我扬弃,由此诸范畴的关系关联得以实现,对绝对者或世界本身的把握也得以可能。黑格尔指出,在通达绝对者的道路上,人们必须通过理性扬弃诸知性形式本身,指明认识的诸有限形式对理性而言,具有何

---

① 谢林. 布鲁诺 [M]. 庄振华,译. 北京:北京大学出版社,2020:107.
② DÜSING K. Das Prolem der Subjektivität in Hegels Logik [M]. Hegel-Studien Beiheft, Band 15, Bonn: Bouvier Verlag Herbert Grundmann, 1976:83.

种意义和内容。因此，知性的认识，在黑格尔看来，就其属于逻辑而言，只是理性的一种否定的认识。知性是理性的一个环节，即理性的否定的方面。在他看来，有限的诸知性规定彼此是对立的，无法达到统一，因此它们所能达至的无非是康德所谓二律背反，知性的反思无法有效地处理这些自相矛盾的东西。而思辨的理性则扬弃了知性的这种二律背反，扬弃有限物与无限物的对立，从而达至绝对者，达至真理。也正是在这个意义上，黑格尔批评康德的理性本质上是"摹仿着理性的知性"。显然，这是黑格尔对康德理性的调节性作用的遗忘。实际上，康德提出的"纯粹理性的理想"与黑格尔立场相一致，纯粹理性的理想作为无条件者既是认识的终点，也是认识的界限。康德表达无限的概念是"绝对的总体性"又被称为"绝对的统一性"，共三类，"其中第一类包含着思惟主体的绝对统一，第二类包含着显象的条件序列的绝对统一，第三类包含着一切一般思惟对象的条件的绝对统一"①。简言之，康德的无限概念有三：灵魂、世界和神。灵魂、世界和神既是理性之理想（绝对），是无条件者、是无限，又标识着人类认识的界限，人类认识一旦突破此边界，就会陷入超验存在者的实存领域，构成非法的超越，蜕变为独断。对康德而言，人类知性只能把握有条件者，只有理性才可以设想绝对者和无条件者，有限与无限是有清晰的分界线的，黑格尔轻易就突破了这个分界线，在"非法之地"上成功建立其有限与无限的统一，而谢林则直接否认存在这一绝对的分界线。

  当然，在如何处理有限与无限的统一方面，黑格尔的思辨辩证法确实比康德的知性反思高明许多。辩证法将有限规定为无限的一个否定环节，反思也是走向思辨的一个环节。通过思辨，在反思中认识与对象的分离、主体与客体的对立被克服，反思作为有限的知性思惟，是思辨理性思惟的一个环节，有待于被扬弃的对立环节，被扬弃的是有限认识的有限形式的有限性，上升并构成思辨的内容或理性认识的对象。在黑格尔的逻辑学中，知性最终被自我扬弃走向理性，实现了知性与理性的和解，知性思惟所造成的概念化的、固定的、静止的对有限物的认识最终被思辨理性的统一、绝对精神的自我实现运动过程取代。可见，黑格尔思辨辩证法体系追求对整体、绝对、统一的知识，也只有在黑格尔辩证法体系中，有限与无限不再是对立的两极，有限与无限才最终实现和解。

  实现有限和无限的和解或统一是黑格尔思辨辩证法的核心任务。概念的逻辑进程表明，无限是有限通过它自己的本性转变而来的，也就是说通过自我否

---

① 康德. 康德著作全集：第3卷 [M]. 李秋零，译. 北京：中国人民大学出版社，2004：253.

定的否定之否定而赢得的一个肯定的统一体。黑格尔批判了单纯否定性的"劣的无限"（schlechte Unendlichkeit），提出了肯定性的"真的无限"（wahrhafte Unendlichkeit）概念。"真的无限"并不是一个单一的事物，或者说是一切有限物的总和，而是正在存在和不再存在的物所构成的世界的过程，它表达的是一个必然贯彻下去的趋势，不是终点和结束，而是过程。他说："有限者与无限者二者都是一个运动，即通过它们的否定而回归自身；它们仅仅是一个自身内中介过程，而且二者的肯定因素包含着二者的否定，是否定之否定。"① "无限者事实上是这样一个东西：首先，它是一个进程，在其中，它降格为它的诸规定之一，与有限者对立，随之它自己也仅仅是诸有限者之一；其次，它把这个自身区别扬弃为它的自身肯定，并通过这个中介过程而成为一个真实的无限者。"② 有限通达无限的进程被黑格尔称为"扬弃"运动，在扬弃进程中，有限与无限不是互为彼岸，扬弃是自身对自身的扬弃。因此，有限的扬弃，是有限自己对自身的超越。黑格尔说："有限者虽然被无限者扬弃，但无限者在这里并不是一种外在于有限者的力量，有限者的无限性就在于扬弃自身。"③ 这样，有限向无限的超越就是扬弃自身，而无限概念才真正成为有限与无限的统一，而有限与无限的区分和对立仅仅作为无限概念的两个构成要素而区分与对立。由于有限与无限被黑格尔定义为构成要素，因此有限与无限的统一、有限向无限的自我超越和自我扬弃就是一个进程，在这个进程中有限和无限都将被否定。在否定中，有限与无限都是进程的要素和环节，不分彼此，它们之间的区分和对立在进程中被扬弃和消解了，实现真正的统一，即真无限。真无限是通过自我否定（有限）、自我的否定之否定（无限），有限与无限的无穷变化和转移来实现的。谢林所主张的那种永远宁静的、从不运动的永恒形象，就被黑格尔动态的、自我扬弃着的、无穷的运动过程取代。纵观黑格尔的整个《逻辑学》进程，从开端到终点，真正的无限不是此在，也不是自为存在，而只能是绝对者，自在自为的存在。更准确地说，真正的无限指的是"思想的纯粹自身关系"，是绝对的自身意识的无限。

上述谢林和黑格尔对绝对同一性的追问在海德格尔看来，就是对"共属性"之根据的追问，而且这种共属性还是构成了两极的东西的共属性：自我与非我、

---

① 黑格尔. 黑格尔著作集：第5卷 [M]. 先刚，译. 北京：人民出版社 2019：128.
② 黑格尔. 黑格尔著作集：第5卷 [M]. 先刚，译. 北京：人民出版社 2019：129.
③ 黑格尔. 黑格尔著作集：第5卷 [M]. 先刚，译. 北京：人民出版社 2019：126.

思惟与存在、主体与客体、有限与无限等的共属性的根据。① 海德格尔解释说，这里的根据不是建立某种基础意义上的根据，而是使事物成为可能意义上的根据，也就是说使"共属"成为可能。但使事物成为可能并不是一种空洞的逻辑建构，而是构成了现实性本身。因此，黑格尔逻辑学的基本主题是现实事物的现实性、变易和运动。有趣的是，尽管黑格尔的现实性与海德格尔的现实性都可以追溯到亚里士多德，亚里士多德构成了他们思想的驱动因素，但是黑格尔与海德格尔的争辩也由此展开：

"精神现象学"	"基础存在论"
	"此在形而上学"
无限性	有限性
绝对知识	存在问题
真理——客观性	真理与实存
永恒	历史性
绝对者	被投开状态②

对黑格尔而言，理解现实性问题必须通过绝对精神的自我运动、自我展开来实现，有限的超越是向着自身固有的无限性的超越，因此在超越中，有限的存在首先面对的是自身的"否定"，最终通达的无限本质上就揭示着"纯粹的自身关系"；而对海德格尔来说，现实性问题关乎生命的本质，此在是本己生存的可能性，有限性是此在存在的根本方式，此在内在的是有限的。此在的有限之超越首先面对的不是自身的"否定"，而是本己的能在、被投开状态，是本己生存可能性的投开。海德格尔说："对于我们而言，开端问题就是生存问题。与黑格尔的争辩对于我们而言绝非对任何哲学的驳斥，而是无异于与本己的此在的某种可能性进行争辩。"③

---

① 海德格尔. 德国观念论与当前哲学的困境 [M]. 庄振华，李华，译；赵卫国，校. 西安：西北大学出版社，2016：405.
② 海德格尔. 德国观念论与当前哲学的困境 [M]. 庄振华，李华，译；赵卫国，校. 西安：西北大学出版社，2016：331.
③ 海德格尔. 德国观念论与当前哲学的困境 [M]. 庄振华，李华，译；赵卫国，校. 西安：西北大学出版社，2016：415.

参考文献

康德著作：
1. 康德著作全集：第1~9卷［M］. 李秋零，译. 北京：中国人民大学出版社，2004.
2. 康德书信百封［M］. 李秋零，编译. 上海：上海人民出版社，2006.

费希特著作：
3. 费希特文集：第1~5卷［M］. 梁志学，编译. 北京：商务印书馆，2014.

谢林著作：
4. 先验唯心论体系［M］. 梁志学，石泉，译. 北京：商务印书馆，2006.
5. 对人类自由的本质及其相关对象的哲学研究［M］. 邓安庆，译. 北京：商务印书馆，2008.
6. 论人类自由的本质及其相对对象［M］. 先刚，译. 北京：北京大学出版社，2019.

黑格尔著作：
7. 逻辑学［M］. 梁志学，译. 北京：人民出版社，2002.
8. 黑格尔著作集：第2卷［M］. 朱更生，译. 北京：人民出版社，2017.
9. 黑格尔著作集：第3卷［M］. 先刚，译. 北京：商务印书馆，2014.
10. 黑格尔著作集：第5卷［M］. 先刚，译. 北京：商务印书馆，2019.
11. 黑格尔著作集：第6卷［M］. 先刚，译. 北京：商务印书馆，2021.
12. 黑格尔著作集：第7卷［M］. 邓安庆，译. 北京：人民出版社，2016.

海德格尔著作：

13. 路标 [M]. 孙周兴，译. 北京：商务印书馆，2000.

14. 林中路 [M]. 孙周兴，译. 上海：上海译文出版社，2004.

15. 存在与时间 [M]. 陈嘉映，王庆节，译. 熊伟，校. 陈嘉映，修订. 北京：生活·读书·新知三联书店，2006.

16. 康德与形而上学的疑难 [M]. 王庆节，译. 上海：上海译文出版社，2011.

17. 同一与差异 [M]. 孙周兴，陈小文，余明锋，译. 北京：商务印书馆，2011.

18. 德国观念论与当前哲学的困境 [M]. 庄振华，李华，译. 赵卫国，校. 西安：西北大学出版社，2016.

19. 谢林：论人类自由的本质 [M]. 王丁，李阳，译. 北京：商务印书馆，2018.

20. 黑格尔的精神现象学 [M]. 赵卫国，译. 南京：南京大学出版社，2018.

21. 黑格尔. [M]. 赵卫国，译. 南京：南京大学出版社，2018.

相关研究文献：

22. 张世英. 自我实现的历程：解读黑格尔的《精神现象学》[M]. 济南：山东人民出版社，2001.

23. 杨祖陶. 德国古典哲学的逻辑进程 [M]. 武汉：武汉大学出版社，2003.

24. 梁志学. 费希特耶拿时期的思想体系 [M]. 北京：中国社会科学出版社，1995.

25. 先刚. 永恒与时间——谢林哲学研究 [M]. 北京：商务印书馆，2008.

26. 迪特·亨利希. 在康德与黑格尔之间——德国观念论讲座 [M]. 乐小军，译. 北京：商务印书馆，2013.

27. 罗伯特·皮平. 黑格尔的观念论 [M]. 陈虎平，译. 北京：华夏出版社，2001.

28. 里夏德·克朗纳. 论康德与黑格尔 [M]. 关子尹，编译. 上海：同济大学出版社，2004.

29. 瓦尔特·舒尔茨. 德国观念论的终结——谢林晚期哲学研究 [M]. 韩

隽，译. 北京：中国人民大学出版社，2019.

30. 叶秀山. 海德格尔如何推进康德之哲学 [J]. 中国社会科学，1999 (3).

31. 张汝伦. 从黑格尔的康德批判看黑格尔哲学 [J]. 哲学动态，2016 (5).

32. 马琳. 海德格尔与黑格尔关于非性概念的交涉 [J]. 学术月刊，2017 (5).

33. STRAWSON P F. The Bounds of Sense：An Essay on Kant's *Critique of Pure Reson* [M]. London，New York：Routledge，1966.

34. NEUHOUSER F. Fichte's Theory of Subjectivity [M]. New York：Cambridge University Press，1990.

35. PINKARD T, German Philosophy (1760–1860)：The Legacy of Idealism [M]. New York：Cambridge University Press，2002.

36. ALLISON H E. Kant's Transcendental Idealism，Revised and Enlarged Edition [M]. New Haven and London：Yale University Press，2004.

37. HENRICH D. The Unity of Reason：Essays on Kant's Philosophy [D]. Edited and with an Introduction by Richard L. Velkley，Cambridge，Massachusetts，London，England：Harvard University Press，1994.

38. The Cambridge Companion to German Idealism [D]. Edited by Karl Ameriks. New York：Cambridge University Press，2000.

39. Heidegger，German Idealism & Neo–Kantianism [D]. Edited by Tom Rockmore. New York：Humanity Books，2000.

40. A Companion to Heidegger [D]. Edited by Hubert L. Dreyfus and Mark A. Wrathall. Malden，Oxford：Blackwell Publishing Ltd. 2005.

41. DAHLSTROM D O. Heidegger and the Impact of Idealism [D]. The Impact of Idealism：The Legacy of Post–Kantian German Thought，Volume I. Philosophy and Natural Sciences，Edited by Karl Ameriks. New York：Cambridge University Press. 2013.